编委会名单
（以姓氏笔画为序）

中印研究丛书

季羡林

顾　问：季羡林

王邦维（中）　黄宝生　徐梵澄　薛克翘（中）

丛书主编：季羡林

编　委：王树英　文富德　刘建　王邦维　陈继东
欧东明　杜　杜　孙士海　郁龙余（中）
尚会鹏　雅玛都　林太　谷意会　张敏秋　姜景奎
高　朴　黄心川　郑瑞祥（中）　童友道

董友忱　薛克翘

主　编：郁龙余

主编助理：蔡　枫　黄　轶　王邦华

编委会名单
(以姓氏笔画为序)

顾　　问：季羡林
　　　　　兰密施（印）　刘安武　孙培钧　汤一介
　　　　　契　特（印）　黄宝生　程瑞声　谭　中（印）
丛书题字：季羡林
编　　委：王邦维　文富德　石海峻　左连村　刘　建　刘朝华
　　　　　刘曙雄　任　佳　孙士海　邱永辉　邵葆丽（印）
　　　　　尚劝余　郁龙余　杨晓霞　哈若蕙　赵干城　姜景奎
　　　　　高　伟　唐仁虎　唐孟生　谈玉妮（印）　董友忱
　　　　　董本建　薛克翘
主　　编：郁龙余
主编助理：蔡　枫　黄　蓉　江玉琴

中印兼爱　华梵师表
功比玄奘　忍仙圆成

谭云山

谭中　郁龙余 ◎ 主编

中央编译出版社
Central Compilation & Translation Press

谭云山画像(徐悲鸿画)

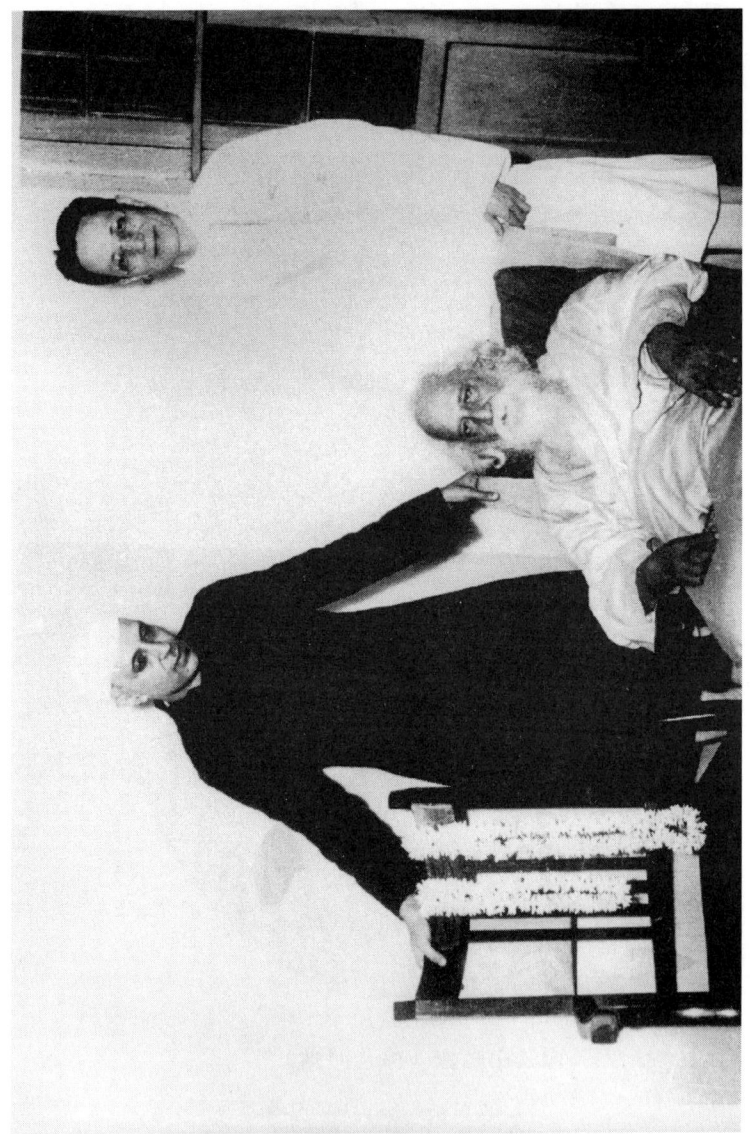

1939年,谭云山和泰戈尔、尼赫鲁合影

谭云山在中国学院办公室工作

1940年4月14日,泰戈尔与谭云山夫妇、三子谭立和长女谭文合影

谭云山一家在圣地尼克坦

1940年11月,中国政府考试院院长戴季陶访问印度

1942年2月,蒋介石、宋美龄夫妇访问印度国际大学

1945年,尼赫鲁在国际大学中国学院主持中印学会年会
左一立者为谭云山,左二坐者为尼赫鲁

1950年1月29日,谭云山与印度第一任总统普拉萨德合影

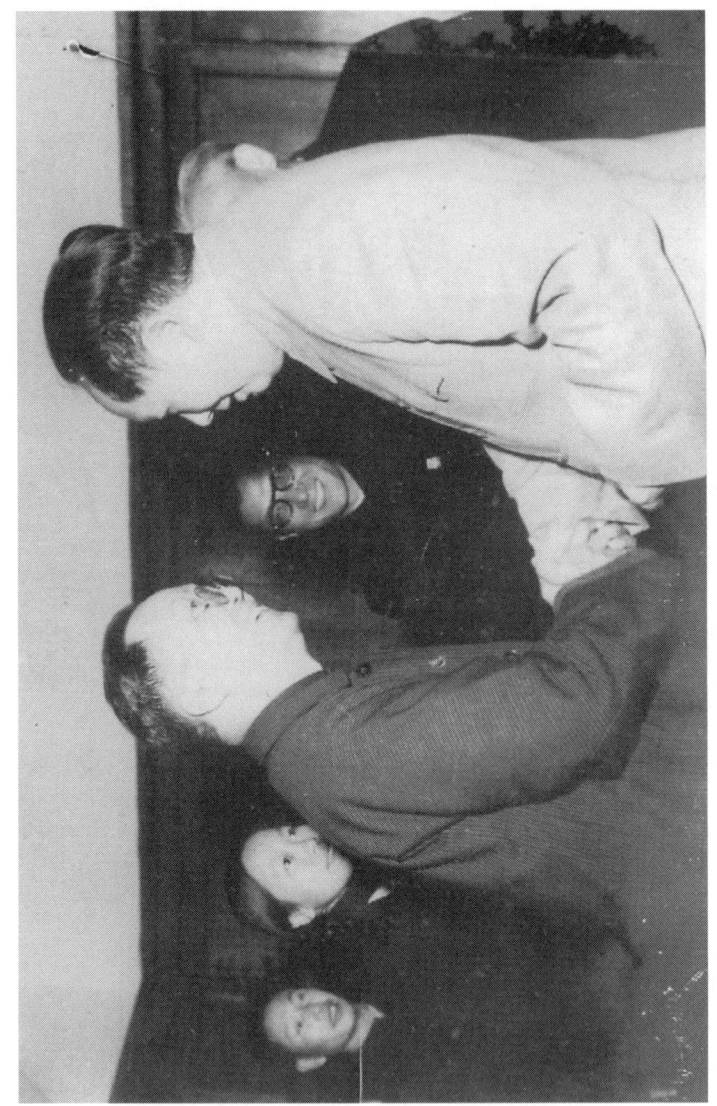

1956年11月,毛泽东主席会见谭云山和女儿谭文

1957年1月，周恩来访问印度，参观国际大学中国学院

印度总理英迪拉·甘地夫人会见谭云山（左二）、长子谭中（左一）、媳妇黄绮淑（右一）、女儿谭文（右二）、长孙谭梵天（谭云山前小孩）

1979年12月，谭云山接受国际大学最高荣誉学位

2006年3月13日,谭中夫妇代表谭云山后人将谭云山文献与物品捐赠深圳大学
图为在捐赠仪式上谭中和深圳大学校长章必功合影

2008年11月21日,印度汉学家师觉月三位女儿访问深圳大学,参加"谭云山中印友谊馆"开馆仪式

2008年11月21日,谭云山后人参加深圳大学"谭云山中印友谊馆"开馆仪式

2008年11月21日,深圳大学"谭云山中印友谊馆"开馆全体嘉宾和深圳大学师生合照

2008年11月21日,谭立代表谭云山后人将谭云山座右铭手迹捐赠深圳大学
图为在捐赠仪式上谭立和深圳大学校长章必功合影

2008年11月23日,首届中国南亚国际学术论坛暨纪念谭云山师觉月诞辰110周年学术研讨会在北京成功举办,以纪念谭云山和师觉月

2011年7月11日,召开《谭云山现象与21世纪中印文化交流
——中印文化艺术届高层论坛》以纪念谭云山

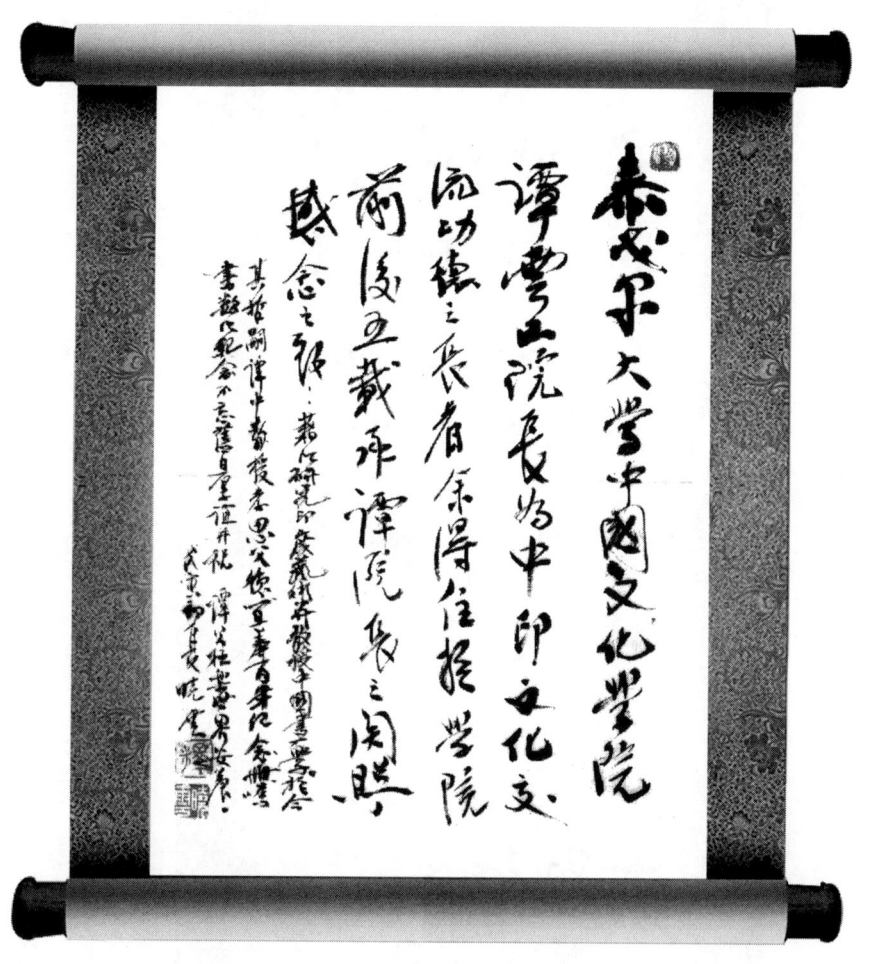

1998年夏,晓云法师(游云山)题赠谭中的手迹,称谭云山为"中印文化交流功德之长者"

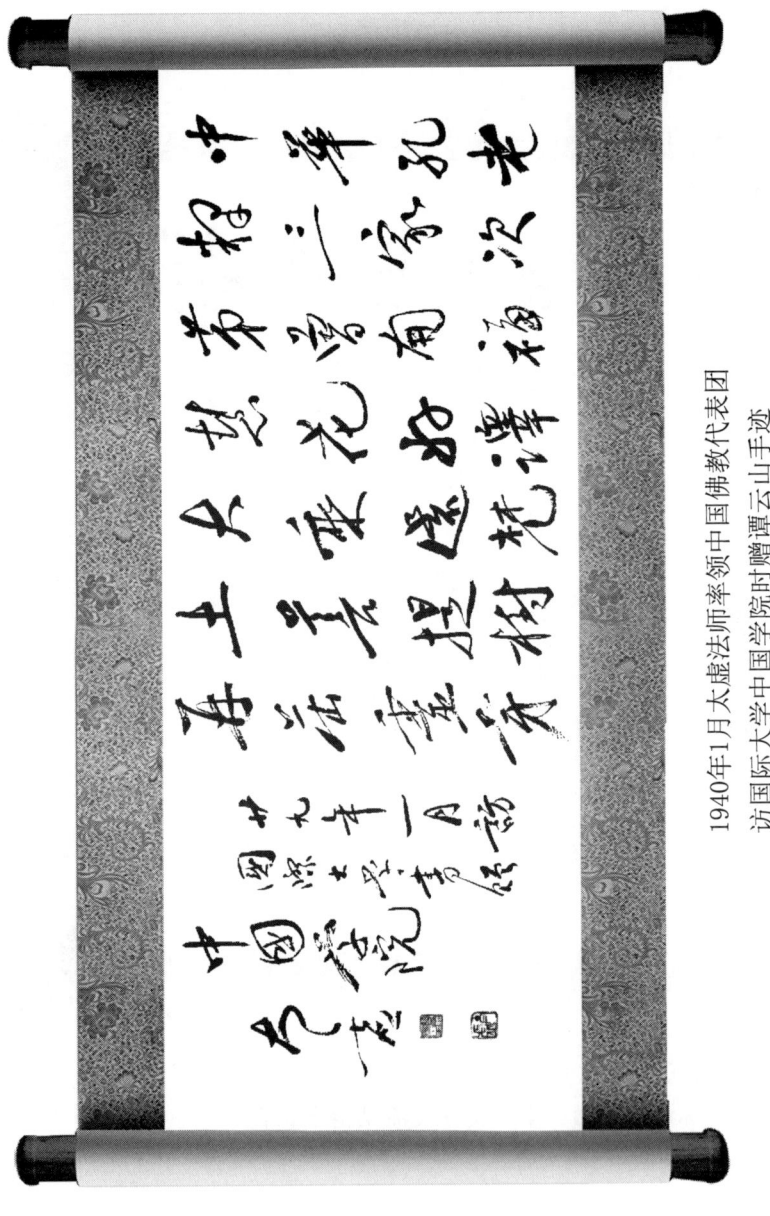

1940年1月太虚法师率领中国佛教代表团访国际大学中国学院时赠谭云山手迹

目 录
Contents

前　言 ·· 1

华夏之心点燃天竺之灯——谭云山的不凡人生道路 ············· 1

中印兼爱、华梵师表：话谭云山精神 ································· 153

泰戈尔与谭云山的中印友好情结 ··· 187

功比玄奘　忍仙圆成——谭云山与中国学院 ····················· 215

谭云山是怎样的人物？ ·· 235

亲切回忆父亲谭云山 ·· 249

父亲谭云山和我 ·· 257

谭云山满崴海外思亲 ·· 267

名人心中的谭云山 ·· 271

谭云山对室利奥罗宾多思想的译释 ···································· 281

附：知觉性的觉醒——室利奥罗宾多带给世界的启示 ······ 290

谭云山中印友谊馆及其学术功能 ·· 297

谭云山年表 ·· 303

后　记 ·· 311

前　言

　　1998年，在印度前总统纳拉亚南KR Narayanan的鼓励下，我为父亲谭云山出了中英文的诞辰百周年纪念集（纳拉亚南总统写了《祝词》，并主持了11月7日在印度国际大学举行的纪念大会），当时我出书的三个动机是：（一）促进中印友谊与了解；（二）对历史尽一点责任（多一点回忆，少一点遗忘）；（三）尽孝。中文的纪念集《谭云山与中印文化交流》是由香港中文大学出版社出的，在中国大陆无法买到、也很难见到。英文集是在印度出版的，对国内的读者更为陌生。十多年来，国内学术界对谭云山的兴趣不断增加。衷心感激兰州大学毛世昌教授的热情推动，文化部门的高层领导批示要研究谭云山，2011年7月在北京举行了一次小型国际研讨会，名为"谭云山现象与21世纪中印文化交流——中印文化艺术界高层论坛"。我因健康原故未能参加，深为遗憾。在那以前，深圳大学的多年好友郁龙余教授久已有志在国内出一本介绍谭云山的书，恰巧北京中央编译出版社也有此要求，这就是本书诞生的种种背景。我义不容辞地承担了编出这本书的任务，好友郁龙余自告奋勇和我合作。现在是2011年编这个集子，和我在13年前出谭云山诞辰百周年纪念集的动机又有了不同，这是因为近年来思想有些发展，下面顺便向读者报告一下。

　　俗话说："知子莫若父"，我想反过来亦如此——"知父莫若子"。从现实的角度来说，父亲谭云山只是一个有湖南特性的平凡的知识分子，我们感觉到值得为他出书，正是证明"时势造英雄、英雄造时势"这个硬道理。现在分别对这两点作一番说明。

　　先说"时势造英雄"，出生于1898年、过世于1983年的谭云山，他经历的是一个轰轰烈烈的伟大时代。和他先后从长沙第一师范学校毕业的知识分子，有许多都成为叱咤风云的历史人物，虽然谭云山和他们擦肩而过，但他与这些校友、特别是和毛泽东的关系，也影响了他的发展与事业。当然，谭云山享受"近水楼台先得月"的优势并不在国内的大革命，而在这个时期的中国和印度之间的交往。从他1928年初次到印度起，一直到他1967年在印度退休时止，这整整40年中，谭云山是处在中印关系发展的激流中。换句话说，他是这个时期中印关系发展的第一线见证人兼参与者。有了这一时代背景，任何平凡的人都可能有一番不平凡的经历。

本书读者大概对印度、对中印交流的课题并不那么激动，但是在谭云山成长的湖南，特别是"潇湘洙泗"、学府林立的长沙，中国传统学术发达，佛教思想茂盛，印度与中印文化交流在谭云山和他的前辈之间的思潮中占有一定的地位。1924年谭云山出国去"南洋"帮助新富华侨教育下一代并弘扬中国文化，他于5月15日写的《长沙临别留赠茶陵学社诸友》（后来刊载在他编的新加坡《叻报》1925年12月28日《星光》副刊23期上）有这样一番话：

"异国远行我独去，如何能分好友手？
临别聊且赠一言，诸君且为我存留。
国事已不堪，乡事更勿云；
造乡与造国，责任在吾人。
……
国人至今昏迷甚，乡人至今更昏迷。
……
若辈原亦有佛体，慧性盖为物蒙蔽。
吾人应以我觉他，蠢蠢见解何足责？
……
大难已来责不缓，愿我好友同努力。"

从这些话中我们看出当时湖南的有志知识分子中，很多人都有唤醒同胞的爱国志向，他们的思潮中有着印度文化的深远影响（谭云山用了"佛体"、"慧性"、"觉他"的概念就是证明）。那就是说，中印两大文明

前 言

历史上的交往在当时的湖南（以及其它地方）的知识分子中发挥着激励人们挺身而出，"救国"、"新民"（谭云山和长沙第一师范学校校友李维汉、毛泽东等人发起的"新民学会"是很接近的）。这么看来，那个轰轰烈烈的时代有一只无形的手在把谭云山推往印度、推往中印交往的方向，那只无形的手就是时代的潮流。

印度的地理位置就像东西方两大世界之间的旋转门，它不断从外界接受文化思潮，又不断向外界送出文化思潮。印度有自己的农业文化，却不断受到外来游牧民族文化影响而发展出超越"安土重迁"的传统，从古到今，印度一直传承着人生到了最后阶段应该"离世出家"（sannyasa）的精神传统。相比之下，中国文化倾向于"安土重迁"与"叶落归根"，也擅长吸收外来文化思潮。"汉明帝梦金人"的典故生动地道出了中国主动邀请印度佛教来神州大地安家落户的热情。我们注意到，印度来到中国的出家人到了中国以后就结束"离世出家"的精神传统，在中国兴建起"安国寺"、"国清寺"、"兴国寺"、"报国寺"等等。这些名字中的"国"字是中国的代名词，这些名字的意思是把中国建设得繁荣昌盛。这一奇特的中印文化交流的结果是：佛教等于离开了印度而在中国安家落户，使得中国文化繁荣昌盛。这就是谭云山对中印交流历史的认识。中国文化传统对印度是非常感激的。谭云山就是现代中国知识分子中对印度表示感激的代表人物。

我认为应该这样从历史发展的观点来分析个别人物或事物。人们说毛泽东的涌现是代表一种历史发展的时代潮流，谭云山虽然不能和毛泽东相提并论，但他的涌现也是代表中国文化的一种潮流。这就是我想说的"时势造英雄"。谭云山是我父亲，按中国传统来说，应该是我崇拜的偶像。可是我的理性认识已经超越了这种传统，我不认为谭云山是天上掉下来的，不认为他是什么"奇人"。但是我毕生对他的观察使我感到他是一种中国文化的典型，代表了中国文化的一种思潮。他毕生推动中印交流的事业得到许多重要人物支持，国民政府时代的考试院院长戴季陶（曾经是孙中山的秘书，差一点变成中国共产党的发起人之一，后来成为蒋介石的智囊）就是重要的例子。戴季陶之所以大力支持比他年轻得多的、初出茅庐的谭云山，正是因为他们同是一种思潮的代表。我从这一点来看，认为我们出这一本书的意义就超越了介绍某个人的目的。这本书是想通过介绍谭云山来增进我们对前面所说的非常奇特的历史上中印文化交流的认识,希望也能起一种鼓励年轻学者深入研究这一课题的作用,因为这一课题非常重要,却被学术界忽视。如果认真研究,一定会成果丰硕的。

我还想顺便补充一点,中国和印度是当今"民族国"世界中两个唯一的"文明国"。两国人口总和占全人类三分之一左右,又同是当前经济发展非常兴旺的大国。如果两国能成为亲如手足的合作伙伴,对两国人民的幸福与世界和平都会起巨大作用。印度大文豪泰戈尔是现代世界上第一个把中印两国视为"兄弟国家"的思想家。深受泰戈尔影响的印度开国总理尼赫鲁在 20 世纪 50 年代发动印度民间唱起"Hindi-Chini Bhai Bhai/印度和中国人民是兄弟"的歌。汲取了泰戈尔与尼赫鲁的灵感的当代印度政治家、现任印度联邦政府内阁部长兰密施 Jairam Ramesh 发明了新英文字"Chindia"(我把它译成"中印大同")。这些事实代表了一个促进中印友谊与了解的潮流,我们应该把这个潮流推动起来,使两国真正成为"Chindia/中印大同"式的亲如手足的合作伙伴。实际上,谭云山对这一潮流的形成是有贡献的。我们出这本书也等于推动这一潮流。

我们的讨论已经进入"英雄造时势"这一课题了,我们已经认识到谭云山在推动现代中印友好的事业上的积极努力了。谭云山虽然没有发明"Chindia"这个英文字,但"中印大同"却是他毕生提倡的。他对促进"中印大同"这一伟大事业也是有贡献的。1924 年,泰戈尔在中国各地讲演,苦口婆心地恳求中国知识界和他合作"恢复古代中印交往的渠道"而效果甚微,谭云山却单枪匹马地闯出一条新路,在中国和印度组建"中印学会",1937 年在泰戈尔的国际大学建立起 60 余年来被认为中印友谊与交往的里程碑的"中国学院"。这个"中国学院"使得泰戈尔小小的"和平乡"(Santiniketan)分别于 1942 年及 1957 年迎来了两位中国重要人物——蒋中正与周恩来。谭云山的名字和"中国学院"共生、共存,永远拆不开了。季羡林说:"谭云山是中印之间的金桥。"我们也可以认为谭云山是"Chindia/中印大同"先行者与里程碑。

谭云山和殖民时代的印度民族精英交往甚密,这些精英后来都成为独立印度共和国的开国栋梁。谭云山发起的"中印学会"在 20 世纪 40 年代的会员名单中有许多印度名人,印度共和国第一、二、三任总统都

前 言

在内。谭云山在抗战时期争取印度名流支持中国抗日、谴责日本侵略起了很大作用,得到国民政府颁发的"胜利勋章"。他在争取新兴印度共和国对中国友好也起了很大作用。1950年他写信给毛泽东主席建议中国采取"中印友好"政策而被采纳,这些都是历史事实。从这一角度来看,我们出这本书也是有意义的。读者可以从谭云山走过的人生道路去感性地体验现代中印交往的一些情节。

谭云山在世时经常道出要写一本《我在中印之间》的书的愿望,却没有动笔。他和中印两国领导人交往的详细内容如果都写进书中,那就会是极为珍贵的史料,却都被他带到另外一个世界去了,这是巨大损失。我们出这本书,虽然不能弥补这一损失,但至少可以使当时历史发展的轮廓保存下来,将来写历史的人可以在这个轮廓中逐渐充实内容。这对保持历史的真实性与恢复历史的原状都是有益的。比方说,印度总理尼赫鲁强烈的亲华情调与增进印中友好的建树由于种种原因而被人们忽视、甚至遗忘了。学者们从谭云山和尼赫鲁的交往与通讯中可以找到恢复这一历史原状的钥匙。这又使我们这本书的意义超越了个人传记的小范围,而把读者的注意扩大到中印两国关系的大范围了。

我们这本书的大部分内容属于谭云山的后人对他的回忆,有着比较浓厚的家族感情。我感激表妹胡玲玲挑起写作谭云山"生平"的重担。她不是谭家的一员,因此具备跳出感情小圈子的优点。她又不是没见过与全不了解谭云山的陌生人,这就避免了陌生人写名人传记时可能犯的主观臆测、信口开河的偏向。胡玲玲为了写这篇文章而刻苦钻研、到处收集信息,填补了很多空白,是长期住在国外的谭云山的后嗣所无法办到的。胡玲玲虽然生在桂林,却一直生活在湖南,她的事业也在湖南。她对湖南有深刻的感情与洞察,使得她能够怀着对湖南的深厚感情与深层理解来"入位了解"(我们对历史与历史人物只能从我们自己的位置进入历史去了解)从湖南的文化土壤上产生的谭云山精神与事业,这就大大加强了传记的历史真实性。我敢说她这篇"生平"将会是有关谭云山的最具有真实性与权威性的传记。在这本书中,这篇"生平"所占的篇幅与重要性都是最最突出的。

深圳大学印度研究中心主任郁龙余教授是出这本书的最坚强支柱与动力。在深圳大学校长章必功教授的热情支持下,于2008年在大学校园内建立"谭云山中印友谊馆",馆内收集了谭云山的遗物,郁龙余领导的深大印度研究中心已经开始对遗物进行整理与初步研究,并且正在收集更多有关谭云山的信息资料。郁龙余和他的团队是世界上对谭云山的信息掌握得最全面的。没有他和他的团队的大力支持就不会有我们这本书问世。我代表本书读者向他们致谢、致敬。

最后还要感谢中央编译出版社为我们出的这本精美的册子。2010年,中央编译出版社和印度SAGE出版社签订了合作协议,是两国出版界合作交流的创举。中央编译出版社已经是中国和印度文化交流的急先锋了。出版社的邓彤博士是这本书的倡议者与责任编辑,为这本书付出了心血,值得我们大家共同称道与敬佩。

谭 中

2011年12月18日于芝加哥海德公园

华夏之心点燃天竺之灯
——谭云山的不凡人生道路

胡玲玲

谭云山是我的姨父。我母亲和姨母从80多年前在南洋结识他就一直很敬仰他，20岁出头就在马来亚当小学校长的姨母陈乃蔚（当时我母亲陈篥笙与姨母同在南洋）是一位超前的新女性，却在大好年华主动放弃向她微笑的事业前程而和谭云山结合，挑起贤妻良母的重担。我在抗战胜利以后在长沙见到姨父时还很小，后来姨父回国观光我又略瞻风采，只有短暂的接触。我对姨父的深厚感情一方面是妈妈的影响，另一方面也是近年来和表哥谭中、谭立、表姐谭元以及表侄谭梵天的交往而培养起来的。我很高兴把自己所知道的有关谭云山的事迹写下来，向读者介绍这位跨越国界而致力于中印大同的既平凡又不平凡的人物。

一、风华正茂求学时代

清光绪戊戌年（1898）九月初五申时，在湖南省茶陵县下东乡长乐村的一户人家，一个男孩呱呱坠地——他就是谭云山。谭云山的祖父谭名汉，父亲谭洪谋（号清能、又号云龙），都是念过私塾的，父亲还得到满清九品衔的议叙，这在过去的中国农村，可以算是文化水平较高的知识分子家庭了。谭云山的母亲肖氏，是典型的未受过学校教育的中国农村妇女。

茶陵位于湖南东部，和江西接壤。现在比较偏僻，不在交通干线上，古代却是个四通八达的"吴头楚尾"。它受到中亚热带季风的影响，气候温和，雨量充沛，物产丰富，是世界稻米文化的发祥地之一。传说中华民族始祖炎帝神农氏"崩葬于茶乡之尾",因此它得到"茶陵"这个名字(历史上也称"茶王城","茶王"是神农的别名之一)。这一浓厚的"农业文化"背景是潜伏在谭云山的文化基因中的。

茶陵由于历史地理的原因,是个出人物的地方。它在古代不是兵家争夺的要害之地,战争相对较少,再加境内"好山千叠翠、流水一江清",农业生产条件较好,成为动乱年月北方的人们南迁落户的目的地之一。人们从茶陵的族谱中发现:宋、元、明三代从北方南迁到茶陵的姓氏有47个。他们在茶陵定居,兴办私塾、书院,开创出一种勤耕、苦读的社会风气。这种"耕读文化"传统历久不衰。中国文化史上,茶陵一个县就出了122名进士,这数目是相当多的。在"学而优则仕"的拔尖人物中,茶陵在明朝出了刘三吾、李东阳、张治,清朝出了彭维新——他们是茶陵历史上的"四大学士"。以李东阳为首的"茶陵诗派"还曾经名噪一时。茶陵又以私塾、书院著称,数目在湖南名列前茅:宋代居第三位、元代居第二位、清代居首位。

现代史上,特别是中国共产党领导的革命武装斗争中,茶陵人又赢得"茶陵铁牛"的称号。在中国共产党领导的"武装斗争"革命时期,茶陵县有3万多人为革命理想流血牺牲,占当时全县人口七分之一,解放后被正式追认在册的革命烈士有5270人。从1955到1964年,茶陵出了5位中将、20位少将,茶陵得到"将军之乡"的美誉。当然,这段历史发生时,谭云山已经不在国内了。

我们从谭云山毕生的事迹中,可以看出他是有"茶陵人"的气息的,是这种气息在他的事业中迸发出火花。我这么说不是宣扬"大茶陵主义"或者"大湖南主义",谭云山平生从来不强调自己的出生地点,因为他是个四海为家、超越了狭隘地方界限的人,提倡的是"中印大同"和"世界大同"。

谭家有田地10亩左右,在当地也算是殷实之户。他是满崽老五,有比他年纪大得多的两个哥哥和两个姐姐。他们属于"启"字辈,两个哥哥的名字是"谭启丁"和"谭启财",谭云山的名字是"谭启秀"。从这三兄弟名字中的"丁"、"财"、"秀"就显露出父母农民文化的期望:对老大期望的是"人丁兴旺",对老二期望的是"财富满屋",独有对谭云山不寄望这些,而是期望他变成"秀才",在学术上有所造就。谭云山出生后最受父母宠爱，可是好景不长，在他6岁的时候，父母便先后因病去世了，于是小小年纪的谭云山便成了可怜的孤儿。

我们在后来谭云山在新加坡《叻报》他所编的《星光》副刊上发表的《海畔沉吟》诗（作于1925年9月30日，发表于1925年10月30日）中可以看到他对童年回忆的片断。诗中说：

孩提父母掌上珠，长大人间孤弱儿；
流泪满盈两大海，写怀满足五车书。

儿时我亦号神童，智慧聪明满里中；
五岁读书随父帐，半年四子自成讽。

朝骑父背游庭阶，晚睡母怀坐绿苔；
邻舍翁姑每笑我，龙儿仔仔凤儿孩。

从这些回忆中，我们看到自幼有"神童"之称的谭云山五岁开始随父亲读书，半年以后自己就会做诗了。他小时顽皮，父亲让他当马骑在院子里转圈。左邻右舍都夸他。但后来父母双亡而使他变成"孤弱儿"。

谭家在茶陵黄塘乡有一位亲戚名叫黄勿仁，是乡下的富人。他喜欢谭云山天资聪慧，又怜悯这小小孤儿，就把他接过去住到自己的家里，同时送他上学。那时科举废除，新学方兴，黄家首先让他就近到私塾走读，等谭云山有了自理生活的能力之后，就送他去县城的茶陵第一高级小学寄宿。谭云山对黄勿仁的养育之恩是一直念念不忘的。

关于谭云山的名字，有一个走出族谱继承、朝向远大前程的思想转变过程。自古以来，中国知识分子就有经过这种转变而改名的。唐朝当过大官的白居易，自称"乐天居士"和"香山居士"，于是"白乐天"和"白香山"的名字就传开了。谭云山小时父母给的名字是"启秀"、字号是"联科"，他进茶陵第一高小是用"谭绍书"的名字注册的——"绍书"与"联科"象征着同样的志愿。"谭云山"这个名字是后来到长沙念书时期开始用的（也许和"谭绍书"并用）。其实，"谭启秀"的名字后来也没有被遗忘（我姨妈素有在家具上标名的习惯，桌椅盆等都写上"谭启秀堂"字样）。为什么取"谭云山"这个名字？谭云山自己没有说过，人们只能猜测。谭云山喜欢读诗，从唐诗开始，"云山"是中国诗歌中常见的词汇。中国，特别是南方，是多山之地，望远一看，云里有山、山里有云——人们称它"云山诗意"，是充满诗意、充满想象、充满神秘的景象，国画中非常普遍。谭云山自名"谭云山"，使自己的社交环境变成诗境，意味深长。但也有人说，茶陵县城外三公里有座云阳山，方圆70余里，层峦叠嶂，钟灵毓秀，素有"小南岳"、"亚衡山"之称。谭绍书改名谭云山，一方面带着对故乡的深深眷恋，以茶陵名胜为象征，走出茶陵，同时也借山水明志，激励自己在人生道路上奋勇登攀。

如今人去名存，我们怎么探讨也只能纸上谈兵了。总而言之，谭绍书一变而为谭云山是他走出茶陵，展翅高飞的转折点。先是从茶陵读完高小，到湖南首府长沙求学，继而他又离开长沙去到南洋，再去到印度。谭云山到长沙求学是他一生中极为重要的关键阶段，有三方面的重要性。第一，长沙是他把国学基础打好的地方，以后他无论走到哪儿，再也没有那样的机会了。可以这样形容说，谭云山的智慧头脑与精神品质是在长沙充足了电，以后在国外受用无穷。第二，长沙自古以来就是神州大地的一座文化名城，许多著名文人、诗人都在这儿住过，学府林立，以"潇湘洙泗"（这是北宋真宗皇帝赐给岳麓书院的匾上的四个字，变成长沙文化兴盛的标榜符号）著称。从宋代开始，长沙的学术研究就全国闻名，有"湖湘学派"之称，明清以来又出了王夫之、曾国藩、左宗棠、谭嗣同等历史名人。20世纪上半叶，长沙更变成中国的"革命摇篮"，清朝末年及民国初年有黄兴、蔡锷、陈天华、宋教仁等脱颖而出，从长沙发迹的共产主义革命英雄人物更是数不胜数。第三，谭云山是在长沙进入了追随毛泽东的激进知识分子的圈子，和毛泽东早期在知识界发起的进步思想运动有了很深的情结，这对以后谭云山的人生经历大有影响。

谭云山究竟是哪一年离开茶陵到长沙去求学的，还有一些疑点不能排除。一种说法是他1914年到长沙先进了城南书院再进第一师范，但我查了一下，城南书院在1903年11月就和湖南师范馆（同年3月成立）合并成立湖南师范学堂，1912年改为湖南公立第一师范学校，1914年3月湖南公立第一师范学校又与湖南省立第四师范学校合并成立湖南省立第一师范学校。这样看来，对谭云山进城南书院就读的说法只是一种抽象的、带象征性的——就是说，谭云山进第一师范等于进了宋儒朱熹讲过学的、有历史意义的城南书院。谭云山是哪一年进入第一师范的也有不同的说法。我认为1919年8月是最为可靠的，因为在"湖南省立第一师范学校民国十一年下学期学生一览表"中，记述着谭云山为该校"十八班"学生，入校时间为（民国）8年8月。

刚才谈到湖南省立第一师范学校最早的前身，是南宋大儒张栻及父张浚创办的著名学府"城南书院"，我们不必追溯到那么久远。就从当代来说，它也是中国历史上著名的学府。2011年6月17日温家宝总理在北京师范大学首届免费师范生毕业典礼上的讲话就说了："湖南省立第一师范学校是民国时期一所著名高级中学，曾培养出毛泽东、蔡和森、何叔衡、任弼时等许多优秀学生，其中一个重要原因就是它拥有像黎锦熙、周世钊、杨昌济、徐特立这样一批老师。他们中有的是大学教授、学者，有的是诗人、文学家，堪称大师。"谭云山一走出偏僻的茶陵就投身这样的学术环境，受到良师益友的思想熏陶，对他以后的事业发展是极为重要的。从思想潮流来看，谭云山到了长沙、到了湖南第一师范就是进入一个新时代的新精神世界。

谭中小时候，父母教他杨度的《湖南少年歌》，他过了70多年还隐约记得"若把中国比希腊，湖南就是斯巴达；中国若是德意志，湖南便是普鲁士"（查看原文，应该是："中国如今是希腊，湖南当作斯巴达，中国将为德意志，湖南当作普鲁士"），"若要中国亡，除非湖南人尽死"（原文是："若道中华国果亡，除非湖南人尽死"）。这首一直激动着湖南青少年的爱国歌和另一个湖南爱国知识分子陈天华写的慷慨激昂的文章《猛回头》，反映出20世纪初湖南的爱国热情在中国人民的觉醒中是分量很重的。毛泽东和他的一大批湖南同志都被卷入这一慷慨激昂之中，我们可以想见，谭云山在长沙求学的这一段时期也是被卷入这一慷慨激昂的爱国热潮之中的。

谭云山加入"新民学会"也是重要的里程碑。根据李维汉晚年《回忆新民学会》反映，"在五四运动以后，中国共产党成立以前，新民学会在湖南地区的革命运动中起着核心领导作用"，湖南的许多早期革命领袖，例如毛泽东、蔡和森、何叔衡、李维汉、向警予、夏曦、郭亮、蔡畅、肖三等，都是"新民学会"会员。谭云山作为这个只有78个会员的、昙花一现的、在现代中国革命史上留下深刻足印的、湖南知识分子的进步组织的一员，可以想象他在长沙风华正茂的求学时代爱国热情如何壮怀激越，虽然我们找不到有关他在"新民学会"活动的具体报道。

谭云山生前忆旧时经常提到的两位同学好友，一位是夏曦，另一位是郭亮。从第一师范的老名册上看到，谭云山是十八班的，夏曦是十六班的，郭亮比谭云山晚一年入学。夏曦是湖南益阳人，在大革命时期，担任过中共湖南省委委员、省委书记、国民党湖南省党部常委，参加过南昌起义，到苏联留过学，曾经当选为中国共产党第六届中央委员。从苏联回国后，当过湘鄂西中央分局书记，1936在长征中牺牲。郭亮是湖南长沙人，1921年加入中国共产党，当过湖南总工会委员长与共产党湖南省委工委书记、第五届中央委员、湖南省委书记，参加过南昌起义，后来又担任湖北省委书记、湘鄂赣特委书记，1928年在长沙被捕牺牲时还只有27岁。谭云山后来对这两位曾经志同道合、后来分道扬镳的老友总是念念不忘。

我想可以借用毛泽东1925年写的沁园春词《长沙》中的"恰同学少年，风华正茂；书生意气，挥斥方遒。指点江山，激扬文字，粪土当年万户侯"这些句子来形容谭云山在长沙求学的那几年，好像十分吻合。我这当然不是把谭云山和毛泽东相提并论，而是想趁此机会向读者讲述表哥谭中告诉我的一个信息。那是1966年，德里大学为刚刚成立的中国研究系征聘教授而举行面试，请了谭云山和其他人当专家。面试以后，在德里大学教书的谭中到校长会议室去接父亲回家休息，恰巧面试完毕时谭云山和另一位专家聊上了。那位专家当时是印度外交部东亚司主管，他就是后来成为印度副总统、又成为印度总统的纳拉亚南。纳拉亚南对谭云山的人生经历很熟悉、也很敬仰，要他谈谈当年和毛泽东同学的情况。谭云山略略介绍了以前是志同道合然后就感叹说："我们分道扬镳了！"当时还有德里大学文学院院长、"泰戈尔讲座教授"达斯古普多R. K. Dasgupta先生在场，他富有诗意地补了一句："一个变成了圣哲（saint），另一个变成了先知（prophet）"。"圣哲/saint"指的是谭云山，"先知/prophet"指的是毛泽东。我觉得这一花絮很有意思，也间接地证明谭云山在长沙求学的那段经历对他来说是不平凡的，对中印两国来说也成了文化的趣闻。

谭云山在长沙结交的人中，最重要的当然是毛泽东。谭云山进第一师范时，毛泽东已经从学校毕业并应聘为一师附小主事（即校长），不久又应聘为一师的国文教员，毛和谭本来是师兄弟关系，现在变成半师生关系，但毛泽东是接近群众的，经常和比他年轻的学生们在一起。谭云山的两位好友夏曦和郭亮都是毛泽东发起的"新民学会"的早期会员，谭云山也跟着参加了，因此有机会经常和毛泽东在一起。1950年谭云山从印度写信给毛泽东久久不见回信，1956年谭云山应国务院邀请回国观光，毛泽东在刘少奇、李维汉的陪同下在中南海接待他（还有同行的女儿谭文）和他详谈。毛泽东对谭云山说，1950年的那封信他收到了，起初记不起你谭云山是何人，后来记起来了。毛泽东在阔别了30多年后还能记起谭云山，这也说明当时两人是相当亲近的。

谭云山经常向家人谈过去，也谈到一些鲜为人知的细节。那时这位来自偏僻农村的青年学子受到了感染，意气风发地投入到新文化运动中，全国青年意气激昂，纷纷投入这场轰轰烈烈的激流之中。当时他对毛泽东非常敬仰，他和许多青年男女经常跟随毛泽东活动。他曾经对家人讲过一件事。那时毛泽东的一群热烈追随者经常和毛泽东一起去郊游，毛泽东喜欢游泳，看见水就往水里跳，游完以后上岸，常常当着年青男女换内裤而无遮蔽。这在传统保守的湖南是一种越轨的行动，他旁边的年轻人就会叫"你疯了！"（这是湖南人对好朋友常用的带点责备的惊呼），就这样，"毛疯子"的名字就叫开了，可是那些热情的思想进步革命青年并没有因此而离开毛泽东，跟着"毛疯子"领头羊切磋琢磨，他们循规蹈矩的天性也逐渐改变，毛泽东移风易俗的力量感染了他的"粉丝"，包括谭云山在内。

谭云山加入了毛泽东创办的新民学会和新文化书社，自己也响应毛泽东的号召而积极组织新文学社，编辑《湖南日报》星期日增刊《新文学》周刊，传播先进思想。在毛泽东离开长沙之后，他又创办了中兴学社，批判封建思想，宣传革命道理。他还担任过湖南全省学生总会主席。1923年，谭云山从第一师范毕业后，又仿效毛泽东，一边在长沙一师附小教书，一边进入船山书院从事文化学术研究。可以这样说，谭云山是跟在毛泽东后面亦步亦趋的。他也像毛一样，喜欢用白话文写散文，用古文作诗，一方面有深厚的国学基础，另一方面又拥抱新的思潮。那是一个非常动荡的大时代，毛泽东的成长正是中国拥抱这一大时代的象征，谭云山和其他青年就不由自主地也拥抱这一象征了。

据李维汉透露出："新民学会"的一项重要活动就是"积极倡导留法勤工俭学运动"，谭云山当时为自己确定的人生道路就是在湖南学习以后参加到留法"勤工俭学运动"中去。现在我们知道，青年毛泽东为"改造中国与世界"，一方面积极动员并组织中国革命青年参加勤工俭学运动（并且有"勤工俭学励进会"组织具体推动），去法国、俄国留学，另一方面他自己也有到俄国去学习的打算，但他想先找个俄文老师教他俄文，却始终没有如愿。与此同时，毛泽东也有过组织新民学会成员去日本、南洋留学的计划。谭云山正是趁着有许多"新民学会"会员响应"南洋"华侨向国内吁请知识分子去教育他们的子女的机会而把去南洋教书当作最后抵达法国的中途站的。谭云山曾经作过一首《走出云阳山》的诗：

生当浊世自艰难，今日情形又别看；
利器在怀聊一试，披荆剪棘斩楼阑。①

表面上看，这"走出云阳山"应当是谭云山离开茶陵到长沙去求学的时代，但从诗句的老练成熟来看，可能不会那么早。"今日情形又别看"这句更是指谭云山生平的一个转折点。由于没有资料考证，我们也不必去追究成诗的具体年月。有一点是肯定的："利器在怀聊一试，披荆剪棘斩楼阑"说明的是谭云山年轻时代的抱负。他是以"走出云阳山"来表达内心的凌云壮志，把"云阳山"当作偏僻与闭塞的符号，宣称自己已经进入"广阔天地"的境界，要以披荆斩棘、勇往直前的精神去干出一番事业来。1924年谭云山正是怀着这种心情结束了求学时代而进入社会，也正是在这一人生的转折点上，他离开了祖国。

有人说谭云山是1921年到南洋的，也有人说他下南洋是在1924初，我从网上看到谭云山为新加坡《叻报》编的《星光》副刊第24、26、27、28、30、37、39、40、42期发表的《南游途中诗稿》看出，他于1924年5月下旬到汨罗江、武昌、南京、苏州、上海、杭州、广州等地

---

① 1957年，谭中经考试取得印度学士学位，谭云山将此诗送予谭中，以示激励。详见谭中《谭云山与中印文化交流》，香港中文大学出版社，1998年，第4页。

游历，6月27日才从广州西江码头坐船去香港出国。这样就证明谭云山是在当年印度诗圣、大文豪泰戈尔访华之后才出国的。那样的话，我现在就必须把镜头转向当时中印交往的一桩大事，那就是泰戈尔访华讲演，在中国造成"泰戈尔热"，因为这对以后决定谭云山的命运起了重要作用。

泰戈尔是印度著名诗人、文学家、作家、艺术家和社会活动家。1913年他凭借宗教抒情诗《吉檀迦利》获得诺贝尔文学奖，他是非白人获得诺贝尔奖的第一人。他虽然不是中国人，但他的文学成就得到西方世界的最高承认，不但为东方人争了面子，也唤醒了处在极端颓丧状况的东方文化的自信心。这项消息宣布后，中国的学术界和文学界也分外兴奋，在中国掀起了一股股"泰戈尔热"。

1924年4月，应梁启超领导的讲学社的邀请，泰戈尔一行来到中国访问。泰翁对中国向往已久，他访华的首要目的，就是恢复中国和印度之间历史悠久的友好交往。在中国朋友为他举行的欢迎茶会上，他充满感情地说："朋友们，我来向你们要求重辟交往的通路。这条路我相信还是存在的，虽然被荒草和荆棘湮灭了，但还是有迹可寻的……希望你们不要把我当做一个登门造访的来客，应该把我当做一个久别归来的兄弟。"

泰戈尔也不忘向他所遇见的中国学者介绍他所创建的国际大学，希望有人去帮忙开展中国研究和中印研究，欢迎中国知识分子去学习与交流。他说，中印文化合作开始在数千年前，而这种亲密关系由于外来的干扰，中断已久。目前我们都已觉醒，不甘各自消沉，让我们迅速恢复这种关系，从而产生新的力量，为各国作出示范。"继往开来的事业，请从我的大学开始吧"。梁启超曾经答应带领中国学者去国际大学开展中国研究项目，后来没有实现。

早在长沙船山学社时，谭云山就结识了年轻法师、佛教改良派领袖、佛教现代复兴运动的倡导者太虚法师（1890—1947）。太虚是1924年积极欢迎泰戈尔访华的中国公众领袖之一，并在上海欢迎了泰戈尔的到来，受太虚影响而成立的佛教青年会在北京和汉口都接待过泰戈尔。佛教青年会1924年4月26日在北京法源寺举行欢迎泰戈尔的招待会的英文请柬，现在仍保存在国际大学泰戈尔博物馆。信中称泰戈尔为"伟大的佛教诗人/great Buddhist poet"、"慈悲明星/star of great love"与"佛教文明代表/representative of the Buddhistic civilization"。泰戈尔欣然应邀前往，太虚率领僧人热情欢迎。当时正值春深夏渐，素以丁香花闻名的千年古寺内，宾主饮茶赏花，交流气氛颇为轻松融洽。五六月间，泰戈尔一行又到湖北武昌游览，武汉佛学新青年会成员也参加了武昌各界人士欢迎泰戈尔的盛大集会。会后，太虚法师又一次与泰戈尔等作了一次会谈。谈过以后，太虚法师到船山学社设坛三天讲"身心性命之学"。谭云山当时就很敬仰泰戈尔，听了太虚法师的讲座，又加深了他对佛教对泰戈尔和印度文明的亲切感。谭云山当时已准备出国，第一次和法师交流，两人对中印两大文明古国交往的历史意义都有共同感受。太虚法师早期从著名诗人画家苏曼殊（1884－1918）那儿学过英文，谭云山对苏曼殊也很钦佩。这一切都为谭云山追随泰戈尔铺平了道路。

二、负笈南洋教书办报

"一九二四（民十三）年底夏天，我为环境与好奇心所驱使，独自跑到了星岛（Singapore），过我海外漂荡的生涯。当我初到星岛的时候，离开了我大好的故国河山，分别了我许多的良朋爱友，精神上的孤寂与苦闷，实在达到了极点！人生在这种孤寂与苦闷的当中：自然至少要有点慰籍；否则，真会要孤寂与苦闷到死去。"

这段话出自谭云山写的《海畔》诗集"卷耑语"，是我们所掌握的谭云山对自己到了"南洋"以后的极少的"自述"史料。对重感情的谭云山来说，离开了值得留恋的故国而来到人地生疏的异国环境，必然会产生"孤寂与苦闷"情绪。我们从谭云山到了新加坡以后的一些写作中看出，他把当时的"星岛"（新加坡）看成文明的黑夜与文化的沙漠："小小的荒而且孤的岛上：天日黑得看不见人了……苟长此地黑下去：真不知道这（长夜漫漫何时旦）呢？"（1925年10月9日《叻报》《星光》副刊发刊词）。"我是一个洪荒中的难民，我困苦颠沛流离在这沙漠的岛上"（1926年9月29日《新国民日报》《沙漠田》副刊，《阿弥陀佛》文章）。这些对新加坡荒芜之地的观念加深了他的"孤寂与苦闷"。

但是，谭云山是个热血青年，又是胸怀抱负而来到南洋的，当然会投入事业之中，并且拓开文学的园地来取得精神上的"慰籍"：

哦，我光明美好的明星哟！
我祝福你，我祝福你：
你从此把厄运脱了！
你今后永永地旧照！
永永地闪闪烁烁皎皎！

（1926年9月14日《新国民日报》《沙漠田》副刊，《明星》诗）

我们要了解谭云山这段时间在"南洋"的经历，必须先对谭云山到达马来亚时代背景有一定的了解。与"闯关东"（华北地区近世纪向东北三省的大迁移运动）和"走西口"（从明朝中叶到民国初年山西人背井离乡、打通中原腹地与蒙古草原的经济和文化通道的迁移运动）有同等重大历史意义的中国人"下南洋"移民运动，随着传媒的宣传正在受到越来越多人的关注。这个"下南洋"移民运动和近代中国半殖民地化与"南洋"（即东南亚）国家殖民地化的进程是同步的。1820年"南洋"华侨大概只有15万，到1906年就达到400万。这些人绝大多数是"应洋人之招，为苦工于绝域，彼族以牛马视之"的华工，其中不少是当作"猪仔"贩卖过去成为半奴隶式苦力的。他们缺少文化，但有中华文明的根。到20世纪初，很多人富裕起来，有着在异域延续中华文明的强烈愿望，就到国内来招募年轻知识分子去教育他们的下一代。就这样，在整个"下南洋"移民运动中又出现一个中国知识分子"下南洋"教育华侨子弟的运动。1924年谭云山在长沙船山书院研究告一段落之际，长沙是酝酿内地知识分子去南洋教书的热烈中心之一，谭云山是湖南知识分子中响应这一号召的最早者。

写到这里，一切都清楚了，谭云山的出国并不是前面所引的他自己说的那样，"我为环境与好奇心所驱使，独自跑到了星岛（Singapore），过我海外漂荡的生涯"，而是有长远打算的。我们根据谭云山生前口述，他是趁南洋需要国内知识分子之际而决定先在马来亚停留一段时间，然后再到欧洲去参加勤工俭学运动的。前面已经提到，当年毛泽东"也有过组织新民学会成员去日本、南洋留学的计划"，谭云山"下南洋"可能也是贯彻毛泽东他们组织进步青年出国的齐头并进计划中的一个项目。最近我在新加坡国立大学所提供的网上《叻报》《星光》副刊中又发现新的信息。

谭云山在 1925 年 11 月 9 日《叻报》的《星光》副刊第十期以"未了的因缘"为题，发表了好友（《星光》副刊的积极投稿者）周了因在回国前写给他的信。信的一开始就说："山哥：我要怎样感谢你呢：我只希望你的伟大的计划早日实现呵"。更重要的是：谭云山这"伟大的计划"是在出国以前就和知己好友经常谈到的，这一信息是从 1926 年 3 月 12 及 15 日《叻报》的《星光》副刊第 40 与 41 期谭云山以"不忍释手的一封信"为题，连续发表了好友"永生"从长沙寄给他的信中反映出来的。在《星光》40 期发表的部分，永生称他为"云山爱兄"，在《星光》41 期发表的部分，永生写道："你想到印度国际大学去，并游历俄罗斯，我很赞成，我想以你的心灵和印度、俄罗斯那个民族伟大的心灵相接触，将来在社会上必有伟大的贡献就是我也必定有无穷的领受的，但不知何时成行？请你一定要预先告诉我！"我猜想，这就是谭云山当时的"伟大的计划"，而这个"伟大的计划"中已经包括了"到印度国际大学去"了。这是一个新的信息，对我们了解谭云山一生的经历是非常重要的。

谭云山一贯热爱生活，在社会上兢兢业业、诚诚恳恳做人。到了南洋以后，他被上面已经提到的、教育华侨下一代以及向广大华侨输送中华文化的伟大事业所吸引，又全身心地投入其中。他于 1924 年一到新加坡就在英俄街的工商学校教书。1926 年 10 月，柔佛（Johor）州麻坡（Muar）市中华学校的中学三年级主任、他的好友"绍崖"因为要到槟城/槟榔屿（Pinang）去当报馆编辑，学校不放他走，除非他能找到谭云山去接替他。谭云山一方面鉴于帮助友人解决问题，另一方面也想换换环境得到点休息，就离开了新加坡而去到麻坡中华学校教书。他后来又从麻坡去瓜拉丁加奴的中华维新小学当教务主任（或者校长），他还在南洋华侨学校任教过，后来又参加了柔佛州巴株巴辖/峇株吧辖（Batu Pahat）市的爱群女校的兴办。除了教书以外，谭云山又在报刊撰文探讨南洋华侨教育问题，尖锐地指出南洋华侨教育存在的问题，不仅对南洋华侨教育从师长教育上层方面给出改革建议，甚至认为"学生必须要有反抗过时威权和创造新的精神"，主张学生要有反抗精神，现在看来真是惊世骇俗，其实是当时的社会所迫。

值得一提的是谭云山的好友、马来亚华侨作家林参天写的小说《浓烟》（1935年由上海生活书店出版，被誉为"马华文学史上最早的一部长篇小说，也是战前出版的唯一的长篇，同时还是反映华侨教育的小说的滥觞"，50年代，新加坡青年书局把它列为《南方文丛》之一出版，2005年又以简体字再版），写的是稍微戏剧化了的真人真事。谭云山的化身就是书中主人公、学校教务主任毛振东，他有理想追求，爱自己的工作，爱学生。"自动教学法"就是他在经验积累的基础上，对学校现状审时度势后提出的科学主张。由于这一主张以尊重学生个体生命和个性为核心，深受学生的欢迎，课堂教学也因此而显得更有活力。这个"毛振东"的角色实际上就是谭云山的写照。林参天的小说也是对20、30年代马来亚华侨子弟教育工作的一种批评，小说中主角"毛振东"遭遇到的不少冲击也给我们提供了谭云山在马来亚初出茅庐想有所作为时的困难境遇的一个侧面。由于谭云山自己没有详细记录他当时的生活，我们也找不到其他人对谭云山那段经历的叙述，林参天写的"毛振东"就变得对谭云山的历史具有重要参考意义了。《浓烟》于30年代后期在中国文坛引起了轰动，知情人也从"毛振东"的故事上看出对谭云山当年事迹的肯定。1959年，谭云山在印度从《南洋商报》上看到《浓烟》小说在新加坡再版，就写了《跋》如下：

《浓烟》一书，为30年前在南洋同事老友林参天兄所作。采用通俗文艺小说体裁，描写南洋华侨教育生活实相，并提示若干严重问题，以供热心从事南洋华侨教育工作者探讨，用意深远，文笔畅达，可作故事小说读，亦可作教育论文读。……迨至1941年5月3日，林参天兄始由南洋马来半岛首都吉隆坡寄我一册。循环展读，未忍释手。书中故事，却以余为主角，化名'毛振东'。读完之后，不禁报然失笑。其实所叙若干内幕情节，余当时亦在'浓烟'笼罩之中，尚未知也。因随笔题书四句加上，略志感想，今事隔30年，比时彼此年仅20余岁。余尝自云：'不知老之将至'。谅老友林兄，亦依然'留得青山'如昨矣！

谭云山《跋》中提到的"随笔题书四句"如下：

谁是毛振东？书中主人翁。
更名又换姓，立意在大同。

谭云山

　　仔细查阅《浓烟》小说，主要写的是两个"二十几岁的青年"的经历，年轻一点的是新从中国来到马来亚教书的"李勉之"，另一个年长一点、"眼上架着一副二百五十多度的近视眼镜"，就是"毛振东"。作者林参天是1927年从中国去南洋的，小说中的"李勉之"是他自己无疑。这样看来，《浓烟》小说所写的基本上是谭云山1927年从麻坡去丁加奴州首府瓜拉丁加奴的中华维新小学当教务主任（或者校长）的那一段经历。

　　令人寻味的是为什么谭云山会在林参天《浓烟》小说中"更名换姓"变成"毛振东"的。我们都知道，林参天写小说的时候，毛泽东已经声名赫赫。很难想象，林参天虚构"毛振东"这个人物时脑中没有毛泽东的印象。要是有了，那和"毛泽东"的名字只有一字只差的"毛振东"就是有所指了。林参天也没谈过他的写作动机，但是却好像在小说中暗示谭云山也是毛泽东那样勇于"造反"的湖南人。他也许更知道谭云山和毛泽东在长沙有过的那一段交情。

　　20世纪对中国来说是一个刚刚开放的世纪，就像从中国农村中成长的千千万万青年那样，谭云山对海外也憧憬着一个"黄金世界"。他到了马来亚所看到的完全不是那么回事。正如谭云山在《叻报》副刊《星光》发刊词中说的："我们到了这里看看，所谓黄金世界，原来黄金已变成黑金了！"这"黄金梦"的破灭对一个初出茅庐的青年谭云山来说，打击是不小的。他身体又不好（害了肺结核），住的是便宜的住宿，床上都是臭虫，难以入睡。有位比他年长的张女士（后来回国和长沙枫林小学校长周方结婚，我表哥谭中和谭正都是枫林小学学生，张女士没有孩子，把他们当做自己的亲人），经常讲谭云山独自在新加坡生活的故事。她说，住在街边楼上宿舍的谭云山晚上睡不着，就捉臭虫。捉到了不忍弄死它们，就把它们从窗口扔出去。同屋的人对他说，你这样做不算积德，因为你把臭虫放生，它们还不是去咬别人了。这件小事也是当时谭云山在南洋生活的一点写照。

　　谭云山自己在文章中也间或透露一点他在新加坡的生活片断，下面是他叙述到新加坡教书不久的一件小事：

　　　　我怕还是前年年尾南来，不久的时候，一位米斯（Miss）请我看了一回影戏。那时看到十一点多钟才出来，出到街上电车已停了，等了很久,才等到一个 Bus 底空位坐了回来,回到学校,门已关得紧紧的,叫了很久,又才叫开,及趟在床上,还没有睡着,天就亮了。第二天上课,简直说不出的辛苦,当时我就立了一个誓,'以后再不看银幕。'一直到现在,还没有违犯。但我底生活,并不枯燥,我除有特别事故以外,每次吃过晚饭,都要到海边去,看我底海的影戏,我一到海边,就好似睡在母亲底怀里,一种美丽的愉快,简直用言语说不出来,较之影戏场,简直是:一个是馨香的'芝兰之室',一个是腐臭的'鲍鱼之肆'。①

谭云山傍晚去海边散步当然不完全是躲避被约去看电影,而是他爱海。他说:"母亲是第一个生我者,海却是第二个母亲",又说:"我在这孤寂苦闷当中的慰籍,就是一个唯一的可爱的海畔"。那就是新加坡的丹戎百葛海滩,"从情感上说来,我着实可以说是这海畔底唯一的主人"。他在海滩上作了不少诗,后来整理成诗集。随着 1928 年下半年陈望道、汪馥泉主编、在鲁迅的支持下创办的《大江月刊》的问世,谭云山的《海畔小诗选》也在这昙花一现(只出过三期)的高水平文学刊物上出现。它们最后于 1930 年由广州青野书店以《海畔》为书名变成诗集。"五四"新文化运动先锋之一,20 年代初曾在长沙第一师范学校执教并且于 1925 或 1926 年到过新加坡的汪馥泉为这本书写了"序"。这本《海畔》诗集现在被公认为马华文学的先锋——是继 1923 年出版的《高梦云诗集》以后的第二本创作。根据现在掌握的信息,马华文学史上的第三本诗集也是谭云山的著作,叫《印度洋上》,1931 年在中国出版。但是,现在马华文学最早的这三本诗集,两本已经失传,只有谭云山的《海畔》流传下来,高梦云的名字跟着《高梦云诗集》失踪,谭云山的《海畔》就成为马华文学的首座里程碑了。

谭云山 1924 年到达新加坡,1925 年 10 月 9 日就为《叻报》开创文艺副刊《星光》(是马华文坛第二个新文学刊物)并担任主编,他在该刊的创刊词中阐明了编刊宗旨,想以"小小的星光点燃在黑暗寥寂的长夜"。谭云山从创刊号编至第 44 期为止,而且常在此园地提倡新文学,鼓吹新思想与新精神,颇具影响力。他还没有离开《星光》副刊编辑部就已经于 1926 年 9 月 2 日和"骆驼社"社员陈子实、张登三及何学尼共

---

① 参见方修:《马华新文学大系》(七)《散文集》,48 页,引自 1926 年 2 月 1 日《叻报》《星光》副刊。

同为《新国民日报》（其前身是孙中山创办的《国民日报》）创办文艺副刊《沙漠田》，共出版了 20 期左右。1927 年 3 月之后，由于谭云山离开新加坡，这一副刊也出了终刊号而停办。谭云山在这一时期加入了国内新文学运动中成立最早、影响和贡献最大的文学社团之一的"文学研究会"，成了该会仅有的 100 多名会员中的一员。现在研究"马华文学"的学者们都把谭云山列入其先锋人物之一，虽然谭云山在马来亚只有短暂的 4 年时光。

  谭云山是胸怀大志去到南洋的，当然不会因为生活现实而灰心。他在《星光》中写道："我们既然到了这里，不论是黄金世界，还是黑金世界，我们暂时居于斯，立于斯，衣食于斯了，我们就不能不尽点小小的责任，对于斯不能不有点暂时的小小贡献"。他勤于阅读与写作。他喜欢诗，因此爱上了泰戈尔的作品。谭中在最近出版的《泰戈尔与中国》书中第五部分"深刻认识泰戈尔与中国、亚洲的情结"文章中写到初到新加坡的谭云山和比他早到日本留学的郭沫若同是"泰戈尔福音"的受惠者。我们可以把在日本留学时受到泰戈尔影响的郭沫若和在南洋教书时受到泰戈尔影响的谭云山作一比较。

  郭沫若在 1924 年发表的《泰戈尔来华的我见》文中生动地描写了他于 1914 年一到日本就拼命寻找泰戈尔的诗篇，当他于 1915 年在冈山买到一本《新月诗集》时简直就像小孩见到画册一样喜悦。谭中根据自己的研究发现郭沫若在日本是经过了一段时期的沮丧才变成坚持马克思主义的革命家的，这其中就有泰戈尔思想的影响。郭沫若到日本以后还没有来得及投身于中国革命的伟大事业就爱上了一个日本姑娘，还有了孩子。他对日本姑娘的爱和他对亟待爱国革命者去拯救的苦难的祖国的情感强烈冲突。心中的内疚使他有了自杀的念头，泰戈尔《新月诗集》中的乐观主义给了他力量去追求理想。在文章中，谭中引了郭沫若 1916 年写的《死的诱惑》诗以及这首诗对泰戈尔《新月诗集》中《终结》（*The End*）诗的模仿而得出这一结论。郭沫若变得坚强以后于 1920 年写的《晨安》诗就有对"泰戈尔翁"和泰戈尔"自然学园里的学友们"的问候，1921 年郭沫若乘船从日本回国靠岸时作的《黄浦江口》诗，两次重复："平和之乡哟！我的父母之邦！"他这"平和之乡"就是影射泰戈尔"自然学园"所在地——"Santiniketan/圣地尼克坦"。这种感情等于说，郭沫若把中国比作泰戈尔的理想境界，是他怀着泰戈尔的理想而投身于中国革命事业。

正像郭沫若那样，谭云山在新加坡，喜欢到海滨散步。在汹涌的海涛面前他的思潮澎湃。像郭沫若一样，他离开了苦难的祖国时只有20余岁。他在中国的农村中生长，幼年丧失父母，在许多人的爱护与帮助下得到教育。当他寻求事业之时，他不能忘他们，也无法报答他们。他觉得前途渺茫，身体又不好。自杀的念头有时出现。他说："一次，不知怎地，特别感觉得苦闷，恨不得一下掉到海底去，因随口念了下面几句诗：

干枯人世几时休？极目云天无限愁；
心到忿时欲蹈海，俛思前路泪痛流！

我们知道，上世纪初及20年代是中国新诗的滥觞时期，以徐志摩为首的"新月派"（因泰戈尔的《新月集》取名）独领风骚就证明中国早期新诗深刻受到泰戈尔的影响。前面提到，谭云山从小就学会吟咏，到弱冠就有很好的旧诗根底。他在南洋接触泰戈尔文学的机会多，也是在这时候开始写新诗，那他所受的泰戈尔的影响就更加明显了。

我只一微笑，海面
便满浮着波纹了！
……
我睡在明月底怀里，
明月却嵌在我底心里。

谭云山的这几句诗中充满了泰戈尔诗的风味。发表在1926年9月21日《新国民日报》《沙漠田》副刊上的谭云山的《Pure Love》文章说："Pure Love是'不生不灭'的爱，是'爱轮回'的爱。苍海有变，此情不变；天地有时尽，此爱无尽时"。这和泰戈尔所说的"从爱中醒觉并不是从甜蜜的世界中醒觉，而是生命从死亡那儿赢得永久、快乐从苦难那儿赢得价值的英勇事业的世界中的旨趣"。"爱的意义照耀我们的世界，使生活在每个地方都有'足够'的感觉，这就是它的'丰宴'。"（引自泰戈尔的英国友人安德鲁斯 C. F. Andrews 编的《泰戈尔的思想》*Thoughts from Rabindranath Tagore*）异曲同工。和郭沫若一样，谭云山也是受到泰戈尔诗歌的感化而思想坚定起来的。郭沫若从来没有见过泰戈尔，谭云山却是在1927年见到泰戈尔以后就找到了生命与事业的方向。谭云山到了印度以后说出："毕生从事于对印度人的中国教学同时在自己与子女心中接纳印度，使中印大同油然而生"。郭沫若从来没有到过泰戈尔的"平和之乡"，只是在想象之中敬爱它与泰戈尔，谭云山却是由于敬爱泰戈尔而把自己毕生的事业都贡献给泰戈尔的"平和之乡"。

谭云山在南洋遇到了两个人，成为他一生命运的转折点：一个是刚才提到的泰戈尔；另一个就是我的姨母陈乃蔚（1902 - 1980），后来成为谭云山夫人。陈乃蔚生长在湖南洞庭湖畔的汨罗县。她的祖父名陈晓楼，字敦诗，是一代书生，毕生从事教育事业。陈晓楼通古博今，以办私塾为生，他还精通医理哲学，长于书画，思想豁达，具有助人为乐的精神。他免费行医，不坐轿，不受礼；他不满旧社会的科举制度，拥护孙文学说，反对女子缠足、男子蓄辫；对于子女和青年学生影响很大。陈乃蔚的伯父陈子厚、字本固，曾就读于湖南岳麓书院法律系，毕业后分配在湖南高等法院民庭工作，于湖南政变时还乡，任中、小学教师。陈子厚于1922年积极参加农村革命工作，1925年加入中国共产党，被任命为湘阴县熟塘乡清、塾、源三乡农民协会书记。1927年马日事变时牺牲。陈乃蔚的父亲陈子树、字本卓，读过私塾，精通四书五经，他除了在家管理家政以外还与其兄陈子厚一起参加农村革命工作，1928年死于白色恐怖避难之中。陈乃蔚的伯父陈子厚没有子嗣，将弟弟陈子树的二女（我姨母陈乃蔚和我母亲陈策笙）一男视为己出。

20世纪初，汨罗县桃花镇办起新式学堂，出身于书香门第的陈乃蔚放开被缠住的小脚走进课堂。当时的农村妇女从小不让读书，只学"女红"（针线活）。陈乃蔚这位中国第一代新知识女性打破了这一传统，小学毕业考入长沙第一女子师范学校（即稻田女子师范），毕业后还不到20岁就到湖南湘乡谷水白鹭弯的陶龛小学教书，是学校第一位女教员。那时候的湖南农村社会是很保守的，陈乃蔚住在陶龛小学董事长（实际上是校长）罗辀重家中，每早要走十多分钟去学校上课。乡下来了一个不缠足的未婚女子在外抛头露面变成了一件不寻常的事，陈乃蔚每天走在路上都会有一群孩子跟着她，好像她来自另外一个世界。1926年她与妹妹陈策笙去到马来亚先后在槟榔屿、新加坡华侨子弟学校教书。1927年，马来亚柔佛（Johor）州巴株巴辖/峇株吧辖（Batu Pahat）市益群书报社办的爱群学校进行扩建，分设男校与女校。谭云山参与女校的兴建，陈乃蔚成为爱群女校的第一任校长。

陈子厚在遗嘱中说："四弟（陈乃蔚之父）：我昨日的消息你大概已经得到了，我的死也无法挽救了，你也不必为我奔走呼号，去想法子挽救我，我常常讲的，不革命毋宁死。我这乡里的坏东西，土豪劣绅贪污分子，流氓地痞，地主恶霸，他们毕生是我们的死对头，我不死在他们的手里，他也是我们革命人士的眼中钉，终久要拔去的，我死在这乌天黑地的时期，是有重于泰山，我就死了，我们的同志总有一天出头的日子，革命是生生不息的事业，前赴后继，有人来革命呢，我没有成功就是殺身成仁，也未尝不可。我的死，我并没有什么害怕，没有什么伤心和留恋。但是我要嘱咐你们的，你要为我担负一些重担，第一就是要继承我未完成的革命任务。其次就是82岁的老父，你要为我好好的奉养他老人家。……永寅（陈乃蔚）、策笙（陈乃蔚的妹妹）两女儿你不要写信告诉她们，让她们在外面安心工作，华侨的教育事业，也是很重要的工作，我们读书人所做何事？应以先知觉后知，以先觉觉后觉，这就是我要送她们去学师范的目的。你若去信告诉了她们，她们一定要伤心、要沉痛，势必影响教学，误人子弟"。陈子厚兄弟俩先后去世后，家人遵照烈士的遗嘱，当时都没有将死讯告诉远在南洋的陈乃蔚姐妹，一直到1931年谭云山到新加坡把夫人和儿子送回国以前才得知噩耗。

陈乃蔚比谭云山晚两年到达马来亚。她到达时，谭云山在华侨中已经小有名气。湖南人到海外的数目是很少的。湖南人的同乡观念又特别浓，所谓"老乡见老乡，两眼泪汪汪"。陈乃蔚先是敬佩谭云山，后来两人发展成彼此爱慕，志同道合，于1928年结婚。当时我母亲陈策笙和姨母陈乃蔚形影不离，是这一切的见证人。看到自己的姐姐和姐夫婚后恩爱，生活幸福，她以后经常和我们谈及姨母有福气，嫁了谭云山这个好丈夫。姨父谭云山不但以事业为重，将事业做得有声有色，在家庭生活中更是顶梁柱，有大家长的风范，他严以律己，宽以待人，对姨母陈乃蔚和孩子十分关心体贴。他在家时每天很早起床，做操、祷告后，姨妈都没起床。他体谅夫人带孩子辛苦，晚上睡不好，早上总是让她多睡会儿。湖南，特别是湖南农村，女主内，男主外，家里的一切家务以及带孩子等全是女人的事，以前没有男人比女人先起床的先例。

　　前面已经提到，我们从《叻报》《星光》副刊中找到的谭云山在很早以前就已经和友人们谈他的"伟大的计划"（包括"到印度国际大学去"以及"游历俄罗斯"）的信息。那时中国青年出洋主要想到外国"留学"。谭云山"到印度国际大学去"的计划可能是想去念书的。没想到蝴蝶居然飞进他的梦中。1927年7月，他所景仰已久的印度诗圣泰戈尔以新加坡为基地，到东南亚各地讲演。谭云山就特地到酒店去拜会泰戈尔。没想到两人一见如故（因为泰戈尔正希望有中国学者到国际大学去开展中国研究），有相见恨晚的感觉。谭云山一见到这位诗圣的圣容，一听到诗圣高雅的谈吐，什么"在黑暗寂寥的文化长夜创造星光"等一切设想都抛到了脑后，而使他想到了玄奘、想到了天竺，他觉得泰戈尔就是天竺的象征。他向泰戈尔敞开心扉谈自己的人生理想、谈对天竺的向往。泰戈尔很喜欢这位热情的有理想的中国青年，真诚地邀请他去印度国际大学教书，他高兴地答应了。1928年9月3日，为了重走唐玄奘的西天取经路，为了他当时自己也说不清的人生理想，他辞别了新婚的妻子与已经在腹中的"爱之果"（谭中），辞去了南洋的职务，中断了他在南洋的新文化新思想的传播。抱着"白马投荒步昔贤"的宏伟壮志，只身去到印度的圣地尼克坦国际大学。

三、飞入印度泰翁鸟巢

　　在印度西孟加拉邦首府加尔各答市西北约158公里处，有一座小城波尔普尔（Bolpur），而在距波尔普尔七八公里处，有一个名叫圣地尼克坦（Santiniketan，意思是"平和安静的住所"，中文译成"和平乡"，也有人叫他"寂乡"）的地方，既是国际旅游业的景点，又在世界文学、文化史上有很高的地位。它并不是因为风景有任何特殊而变成国际旅游景点的，虽然它的景物在徐悲鸿的名画中占有一定篇幅（因为徐悲鸿在他创作的黄金时代在圣地尼克坦住了一年）。这个地方之所以吸引国际游客以及专程访问、考察的学者、作家与社会活动家，是因为印度诗圣泰戈尔在那儿创办了一所特殊的学府。

　　泰戈尔把这所学府取名为"Visva-Bharati"，是把古印度《吠陀经》

（Veda）上一句格言"*yatra visvam bhavati ekanidam*"（全世界在这个鸟巢中相会）压缩而成。现在中国把这名字译成"国际大学"，也有人分析说：这"Visva-Bharati"，前半部是"世界"的意思，后半部是印度的名称，从字面上看是如此，却不是泰戈尔的原意。泰戈尔的这所"国际大学"是一所理想的"使世界聚会的鸟巢学府"。泰戈尔视这所学校为"世界鸟巢"。"世界鸟巢"就必须有"外国鸟"来栖身。在泰戈尔的"国际"领域中，中国是一个重点。泰戈尔办学的第一年，请了巴黎大学的著名法国汉学家列维（Sylvain Levi）来做访问教授，教授中文也谈论中国文化。列维的中文班有5个学生，其中之一就是现代印度第一位汉学家、北大第一位印度访问教授师觉月（P. C. Bagchi）（中国学院建立以后，谭云山请他担任研究部主任，后来被印度政府任命为国际大学校长）。

列维在国际大学只呆了一年（他的费用是由慈善机关赞助的）。1924年，缅甸肯门郸（Kenmendine）中文学校校长林我将应泰戈尔邀请去国际大学教中文，1926年又离开了。谭云山是到国际大学开中文课的第三位教员，可是他和两位前任有两点不同：一是他不是像列维与林我将那样答应泰戈尔邀请作短期访问的，更不是为了"谋生"的目的而去（当时国际大学的教员都是尽义务而不拿工资的，谭云山也一样），他去到印度的目的是为了"利器在怀聊一试，披荆剪棘斩楼阑"，是追求宏伟的理想，想干出一番事业；二是他自己的追求和泰戈尔的追求结合起来，他就在国际大学长期待下来了。

已故的国际大学孟加拉文学教授、泰戈尔研究权威乔杜里（Bhudeb Chaudhuri）是谭云山晚年的好友。他在纪念谭云山诞生百周年时幽默地写出："是诗翁泰戈尔和他那使命与理想侵占了谭云山的青春"。他熟知印度诗圣泰戈尔在圣地尼克坦有他的"梦境"，谭云山在风华正茂的求学时代也有他自己的"梦境"，是谭云山放弃了自己的"梦境"而走进泰戈尔的"梦境"。乔杜里这番话，有点代表泰戈尔、代表圣地尼克坦感激谭云山的意思。我觉得从谭云山的角度来看，他自己的"梦境"和泰戈尔的"梦境"并不冲突。前面已经谈到谭云山在出国以前就有到泰戈尔的国际大学"留学"的计划，也就等于想飞进泰戈尔的"梦境"。出乎他意料的是：他去到泰戈尔的国际大学实际上不是去"留学"，而是去帮助泰戈尔实现他的美梦。他怀着这样的心情去了就不觉得是自己有所"牺牲",而是喜出望外地去"奉献",在"奉献"中建立起自己的事业。如果拿"鸟巢"作比喻,谭云山并不是掉进泰戈尔的"鸟巢"飞不出来,而是爱上了这一"鸟巢"而流连忘返了。

我想,我们从谭云山的出身背景可以看到他飞入泰翁鸟巢是有两大主要原因:第一个原因是佛教,第二个原因是中印大同。现在先谈第一个原因,他生长的家乡湖南是佛教文化盛行的地方。湖南佛教的兴盛在唐朝已见端倪,杜甫曾到长沙岳麓山游佛寺,曾留下"地灵步步雪山草,僧宝人人沧海珠。","莲花交响共命鸟,金牓双廻三足乌。","依止老宿亦未晚,富贵功名焉足图。"等诗句。"雪山"就是喜马拉雅山,"沧海珠"就是海底龙宫取珠的印度典故,杜甫的诗句把湖南和印度联系起来了。湖南有中国五岳中的南岳,是佛教庙宇集中的地方。佛庙的修建从南朝开始,唐宋不断修缮。佛教文化在湖南是很盛行的,拜佛的人很多,出家做和尚尼姑的也大有人在。

湖南近代出过一些名僧,有湘潭人敬安法师(1851-1912),是1912年成立的中华佛教总会选出的第一任会长。还有衡山人道阶法师(1866-1932),他于1906、1928及1931年三度去印度朝圣,对谭云山的影响很大。还有湘乡人虚云法师(1840-1959),曾多次到南洋化缘,和谭云山见过面,也有过联系。谭云山和浙江的太虚法师交往很深,前面已经提到,以后还会介绍。谭云山从小就接触到佛教思想。印度和尚到中国时,读起经来抑扬顿挫,对中国发展四声做出了贡献。谭云山读经时也有抑扬顿挫,是一种从小就学会的功夫。可以这么说,如果不是小时候受到佛教文化的熏陶,那谭云山也许不会去印度,去了印度也不会久留。湖南文化对谭云山步西天取经的高僧们的后尘形成一种因果关系,这也是十分耐人寻味的。

顺便提一下,台湾佛光山1988年出版的《佛光大辞典》把谭云山也列进去了,说他"法名忍辱","晚年与锡兰(斯里兰卡)、泰国、缅甸等十国佛教界人士创建世界佛学院,世界大讲堂,并成立中华佛学研究所。并于讲学之余从事著述及梵文佛典之翻译。《佛光大辞典》基本上是一套简明佛教百科全书。他把谭云山的简介收入也是对谭云山佛教修养的一种承认。很久以前谭中告诉我,一位在美国加利福利亚大学柏克莱分校研究佛教的韩国学者看到了这段介绍后不禁向他发问："你父亲是和尚？"因为这"法名忍辱"把他搞糊涂了。这虽然是趣话，也反映出佛教是一种把泰戈尔和谭云山结成知己的纽带。

写到这里，应该强调一下泰戈尔对佛教的敬仰以及他对佛教把中印两大古文明融合到一起的重视。泰戈尔于1921年用孟加拉文写的《文化的结合》（*Sikshar Milan* 即 *Union of Cultures*）文章中有这样一段话："佛陀认识到人类是整体中的一个巨大的结合，他的教导像从不朽的源泉中发出的光芒照耀到中国。可是，现代的寻求霸权的商人出于贪婪，背弃了这一人类整体的真理，恬不知耻地把致命的鸦片毒物送到中国，不，是用炮口（把鸦片）塞进她（中国）的喉咙。"这番话是把近现代西方列强对中国的蹂躏和古印度文明对中国的友谊与影响形成尖锐对照。谭云山不但同意泰戈尔的分析，而且认为应该把佛教这"不朽的源泉中发出的光芒"发扬光大。他在新加坡的时候，曾于1926年9月28日《新国民日报》《沙漠田》副刊上发表《阿弥陀佛》文章说："我最敬爱的三个古人，就是一孔子，二释迦，三耶稣。我以为我们做人，应该拿三位先生底伟大的精神来效法并加以融化，而去其残酷的杀戮。我所敬爱于释迦牟尼佛的，我所取法于释迦牟尼佛的，是——（一）高尚的觉悟的思想，（二）伟大的救世的精神"。正是这种信仰加强了谭云山加入到泰戈尔的世界"鸟巢"中去的热忱。

《佛光大辞典》之所以包括"谭云山"，是因为他在海外佛教社会有一定的名气。佛教提倡平等，没有等级区分，所谓"佛教社会"，包括四种人：和尚/比丘（Bhiksu）、尼姑/比丘尼（Bhiksuni）、男居士/优婆塞（Upasaka）、女居士/优婆夷（Upasika）。"忍仙"与"圆成"是谭云山以居士自称的名字，就像唐朝李白自称"青莲居士"，白居易自称"乐天居士"和"香山居士"那样。谭云山从小就受到古代寻求"思想高尚"（印度民俗提倡的是"生活俭朴、思想高尚"）的"维摩诘"（Vimalakirti）式的不出家、但心在佛教精神领域之中的王维、李白、白居易等人物典型的影响，却又更进一步在1928年抱着"白马投荒步昔贤"的宏愿，一鼓作气去了印度。

我表哥、表嫂谭中和黄绮淑夫妇在研究谭云山"白马投荒"的典故时得到中国社会科学院薛克翘教授的帮助，发现谭云山是效法苏曼殊

（1884－1918），他作过两幅《白马投荒》画，被友人称为"白马投荒第二人"。谭云山小时佩服苏曼殊，苏曼殊又是太虚法师的好友，他把"白马投荒"的典故内化自然不足为奇。苏曼殊是"白马投荒第二人"，尊奉唐僧玄奘（600－664）是"白马投荒第一人"。按照这一逻辑类推，谭云山就是"白马投荒第三人"了。

谭云山不但继承了苏曼殊"白马投荒"的道路，而且还受到苏曼殊生平那种"菩萨精神"的影响。我们看到汪树东与龙红莲编的《苏曼殊作品精选》介绍说：

"苏曼殊的入世既是为求得自身的'力证菩提'而得解脱，同时也是以'自觉觉他'，'自利利他'的大乘菩萨行精神来试图挽回末世颓风的个人英雄主义行为。"这"自觉觉他"和"自利利他"的话都是谭云山平常引以自勉的。在谭云山亲自设计建设的国际大学中国学院大堂中有一幅临摹阿旃陀石窟的"降魔图"，两边是谭云山题字：上款是"地狱未空誓不成佛"，下款是"众生普渡方证菩提"，这里又有苏曼殊"力证菩提"的影响。

当今人们把谭云山称为"现代玄奘"，但与玄奘相比，谭云山又有不同。玄奘先是"白马投荒"去到印度，后来又"白马驮经"回到祖国。谭云山只有"白马投荒"而没有"白马驮经"，这是一大区别。玄奘从印度归国，唐太宗与唐高宗为他在长安（今西安）建"大雁塔"；随后到印度"取经"的义净也是"白马投荒"，回国后唐武后为他在长安建"小雁塔"。这历史上的"白马"都变成了候鸟回到中国了。谭云山这投荒的"白马"也变成了鸟，但不是回归的候鸟，而是在泰戈尔的世界"鸟巢"扎根的鸟。

现在再谈第二个原因：中印大同。印度文明对中华文明的贡献实在太多，很多客观认识祖国文化而不带狭隘民族沙文主义的中国学者都能看到这一点。谭云山就是他们之中的一个。他说："中印这两个姊妹国家，这是我自幼读书以来，即念念不忘的。我总觉得：印度这块地方，是不可不到的，印度这个民族，是万不可不注意的。而印度与中国的关系，更是特别重要中的特别重要。"他认为，无论是"世界和平"、或"世界革命"、或"人类文明"、或"人类亲善"都必须有中印两国"切实联合"与"共同努力奋斗"。谭云山于1939年发表的英文诗"My Love to India／我爱印度"（1998年由谭中译成中文），有这样的话：

> 那珍贵的文化
> 从最早的远古发芽，
> 却又从来不屑
> 把那无价的纪入史册。
> 你那数不尽的儿子、圣贤
> 教人类慈悲、奉献，
> 伴随和平、融洽
> 仁爱而活着，不伤不杀。
> 世俗的记忆，
> 你却一点也没留下。
> ……
> 可记得你的古老朋友，
> 你的兄弟国家
> 就住那儿
> 翻越喜马拉雅。
> 同样有圣哲、道德，
> 同样理义高尚的生涯。
> 我们这地球
> 既没见过也没听过
> 这么真挚的友情，
> 几千年从不变心。
> 我们决不见面沙场
> 扬起霸王鞭
> 争夺对地球垄断。
> 但我们会面
> 高尚朋友之间
> 把精神礼物交换。

这些话和泰戈尔的思想是志同道合的。泰戈尔1937年在国际大学中国学院开幕典礼上就讲过："那时代的两大领袖民族（中国和印度）不在沙场以敌对姿态会面、争夺地球的霸主地位,而是作为高尚的朋友相会,以交换礼物为荣。"泰戈尔和谭云山真是一唱一和的当代两位竭力提倡"中印大同"的哲人。我们从印度圣地尼克坦的角度来看,谭云山是泰戈尔世界"鸟巢"中最突出、最持久的一只外国鸟。

前面提到的印度"生活俭朴、思想高尚"(simple living, high thinking)的民俗,也是泰戈尔国际大学校园生活的特点,这对中国一般人来说,近乎《论语》上的"一箪食,一瓢饮,在陋巷,人不堪其忧。回也不改其乐"。谭云山初到圣地尼克坦,就在这点上受到考验。再有,泰戈尔办国际大学和印度一般精神领袖办的"圣院"(ashram)一样,去到那儿工作(包括教书)的人一般地说都不拿工资,食宿由校方供给。印度各地去的学问大师都是校方配备粮食、自己煮来吃。谭云山去了,泰戈尔特别嘱咐要以上宾招待。他住最好的招待所,有厨子特别做饭。招待所的伙食有两种,最好的是西餐,次一等的是印度餐。校方安排他吃西餐,他看到年长的资深的印度学者吃得那么苦(一点米饭和一点豆子汤),坚决不吃西餐而吃印度餐。虽然是自告奋勇的选择,真正生活起来却觉得非常艰苦。他作了一首打油诗来形容:

> 拭盆如扫地,倒饭似打铃;
> 蕃薯杂木叶,咖喱和豆羹。
> 临餐思往哲,饭后想穷民;
> 有食原足乐,未可云苦辛。

这"临餐思往哲"是影射颜回那"人不堪其忧。回也不改其乐"的清苦生活。"蕃薯杂木叶"是印度普通人的菜蔬煮土豆,煮时放了最便宜的香料叶,"咖喱和豆羹"是印度无论穷人、富人都喜欢的豆子汤(后来变成谭云山毕生在印度每顿饭都不可少的)。"倒饭似打铃"是形容侍者为他盛饭时因为有沙子,到了盆中叮当作响。"拭盆如扫地"是描写他用餐的盆子先由侍者用抹布似的毛巾(看上去很脏,实际上不一定)擦一擦,然后摆在他面前。谭云山又写道:"伙食虽然恶劣,我的精神生活却极愉快。……常念着我们陶渊明先生几句诗:'东方有一士,被服常不完;三旬九遇食,十年着一冠;辛苦无此比,常有好容颜。'其景况实不啻替我此时写照。但我且把陶先生的诗后两句改为'快乐无此比,常有好容颜。'了，一笑！"在林参天的小说《浓烟》中，谭云山（毛振东）被描写得很会适应马来亚的新环境。上面谭云山这段自我描写也证实了他在印度很快就适应下来。

谭云山刚到印度，有比较宏大的计划，是他在 1933 年出版的《印度周游记》中透露的："我来印度，还是在四年前。原来的计划，是想纵不能如玄奘大师留居那么久，至少也要以五六年的时光消磨在印度：先以五年住学，从书本研究印度之语言、文学、哲学、宗教、文化等学问；后以一年或半年周游，作实地考察印度之古迹、名胜、社会、风土、人情等状况。在五年住学之中，又打算以三年在东印度诗哲泰戈尔先生之圣地尼克坦国际大学，以两年在印度圣哲甘地先生之沙巴马地 Sabarmati 真理学院 Satyagraha Ashram。然后再实行中印民族之结合与中印文化之沟通，一面恢复两国过去的旧情谊，一面创造两国未来的新关系。"

1928 年谭云山一到圣地尼克坦，就完完全全投入到在国际大学教书及发展中国研究的事业中去，忙于和那儿的印度与外国学者交流，相互学习。特别有一位懂 50 多国文字（也懂中文）的英国教授珂琳斯 M Clins（照录《印度周游记》上的名字，此人详情待查）向他学《论语》和《老子》，他够忙了。泰戈尔那时年事已高，大学的具体事务多半由他的儿子"小泰戈尔"Rathindranath Tagore 负责。"小泰戈尔"和谭云山年龄相近，对谭云山很尊重。谭云山和大学负责教务方面的教授交往最多的是两位：一位是夏斯特利 Vidhusekhara Sastri（谭云山在《印度周游记》中的"沙斯子力"），另一位是克蒂莫亨·沈 Ksitimohan Sen（谭云山在《印度周游记》中的"克什提摩哈沈"）。前者是大学研究部主任，后者曾随泰戈尔于 1924 年访华（他是当今国际著名经济学家、1998 年诺贝尔奖金获得者、哈佛大学的阿莫尔多·沈 Amartya Sen 的祖父。他和谭云山互为师生关系——是谭云山的中文学生，又教谭云山梵文。

我们再把前面提到的谭云山初到印度的计划和他到国际大学安顿下来以后的实际情况相比，就会发现两大转移：一是从全印度的"面"转移到圣地尼克坦的"点"上来，二是从开展个人对印度的研究转移到聚焦于如何在国际大学发展中国研究以及如何推动中印研究上来。他感觉到责任重大、孤掌难鸣，就向大学的研究部门建议并且和他们取得共识，有四点：

第一，多招收几个中国学者来印度。
第二，在国（际）大（学）特别设一个中国学院。
第三，多介绍几个印度学者去中国。
第四，在中国方面特别办一个（印度）学院。

（以上这些都是谭云山的话，摘自《印度周游记》）

可以明显地看出，这四点计划完全是谭云山的意见，也大大超越了泰戈尔"全世界在这个鸟巢中相会/*yatra visvam bhavati ekanidam*"的初衷——泰戈尔的"国际大学/Visva – Bharati"是要中国学者到那儿去交流，谭云山这四点计划却是把中印交流扩展到两国的领域。这在"国际大学/Visva – Bharati"内"特别设一个中国学院"也是超越了泰戈尔那世界"鸟巢"理想的。看样子，这四点计划只是谭云山和夏斯特利（"沙斯子力"）与克蒂莫亨·沈（"克什提摩哈沈"）之间的私议，并没有报到泰戈尔那儿去备案的。我想，这四点计划也不过是谭云山的宏伟理想而已，当时夏斯特利和克蒂莫亨·沈也不过是"成功的祝愿者"（well – wishers）而已。

如果从保守的角度来看，谭云山和印度朋友订出这四点计划是超越了个人的本领与环境的现实的。他只不过是一个初出茅庐的普通中国知识分子，除了有一个思想新颖的脑袋以外，并没有多大"本钱"。他在中国国内与海外的友好屈指可数，也都是些普通的中国知识分子。他自己既无钱、又无名、无势，要实现这四点计划谈何容易！但谭云山天性是"湖南牛"，只要脑子里有了某种打算，就会产生一种"蛮劲"，想方设法地去为其实现而奋斗。他想起了"南洋"有名的富翁胡文虎，就写信给他，请他捐"一两万块钱"到泰戈尔的国际大学兴建"中国学院"。胡文虎起初真的回信说："区区之数，不成问题"，但真正要他掏出这么多钱来，却不见下文了。关于实现第三点"多介绍几个印度学者去中国"的计划，谭云山也写信给南京中央大学校长蔡元培，也没有结果。

谭云山去到印度，为什么夫人陈乃蔚不同行呢？那是因为两点原因。第一，陈乃蔚已经怀孕，需要有个比较安定的环境把孩子生下来，而谭云山去印度是一种"闯天下"的打算，不排除艰苦跋涉。第二，去到泰戈尔的国际大学教书的，绝大多数是去奉献而不拿工资，谭云山也是这样。谭云山又生性大方，在南洋教了好几年书并没有积蓄，他去印度又经常旅行，即使住在圣地尼克坦也得有些零花钱。那时姨母陈乃蔚和我母亲陈箓笙都教书（姨母还是校长）、拿工资，省吃俭用，两姐妹寄钱到印度去维持谭云山的"教授"身份。由于泰戈尔喜欢谭云山，给了他"教授"的头衔及社会地位，泰戈尔口口声声"Professor/教授"，别的人从一开始就"Professor/教授"长、"Professor/教授"短地称呼谭云山，他要保持那样一种身份，衣着也不能太马虎，也会有一定的应酬。正像俗话所说："男人的后面都有女人支撑"。谭云山当时在泰戈尔的国际大学良好形象的建立后面是有一位"贤内助"夫人、再加一位有感情的小姨的贡献的。

谭云山是1928年秋天去印度的，1929年4月他们的第一个孩子在马来亚巴株巴辖/峇株吧辖（Batu Pahat）呱呱落地，他就是谭中，谭云山为他取名"爱之果"。后来要上学了，谭云山觉得"谭"字（那时没有简体字）有19笔，儿童写起来太难，就给他取了个只有四笔的单名"中"，又能代表祖国。谭中生下来只有两个月，姨母和我母亲就抱着他坐船去印度与父亲相聚，又在父母的怀中在加尔各答、或者圣地尼克坦拜见泰戈尔。泰戈尔很喜欢儿童，他看到这中国婴儿很高兴，就给了谭中一个印度名字"Asoka/阿输迦"。谭中说："我从来没有机会把这个印度名字印在名片上，但它却印在我的心上，并且决定了我一生的事业"。见了泰戈尔以后，姨母和我母亲就抱着他回巴株巴辖去了，因为我母亲马上就要去法国（她1929年到法国后不久就结婚，1930年就生了我大姐胡仁）。谭中后来是1955年初再去印度的，拿的是中华人民共和国护照，护照上用中文与法文（是国际通行的外交文字），法文的"出生地点"那项，中文是"籍贯"，写的是"湖南"，因此谭中出生在马来亚的事实在印度无法得到承认，他这文件上是"湖南"出生的人，更没有机会变成中印合璧的"Tan Asoka/谭阿输迦"了。

谭云山在国际大学发展中印学术交流的四点计划暂时无法实现，他那周游印度、研究印度全国情况的计划又从心头涌现。1930年夏天，他计划在暑假（5、6两月）过后开学之初把大学的教学作了安排以后就启程去印度西部（主要是到圣哲甘地先生的"沙巴马地 Sabarmati 真理学院"去进修。恰巧在这时，夫人陈乃蔚在马来亚接到从家乡迟来的父亲与伯父双亡的噩耗，"由星岛函电交驰，急似星火"，谭云山就在假期匆匆离开了圣地尼克坦坐船去了新加坡。

　　谭云山于1930年夏天到新加坡和妻儿团聚以后又发生了新的情况，缅甸首都仰光《兴商日报》要找个主编，朋友们劝他去，认为那工作对他最适合。他就安排夫人和孩子坐船回国，自己于7-8月间去了仰光，本以为可以安定地工作一个时期，谁知又有意想不到的事发生。在仰光结交了湖南同乡道阶老法师，通过道阶法师又接触到一位同乡要人与他要办的国家大事。出于爱国热情、同乡情谊与拔刀相助的精神，谭云山卷入到一件重要的差事而登上喜马拉雅的"香格里拉"。

　　事情是民国十九年（1930），受英帝国主义唆使，尼泊尔向西藏出兵，中国国民政府派出两位专员：巴文峻和谢国梁分别到尼泊尔和西藏去调解纠纷。谢国梁是湖南人，曾经在西藏统领过藏兵平定叛乱，他"在藏五年，颇悉藏情"，又和13世达赖喇嘛有私交。国民政府派他入藏也是要疏通中央与西藏的隔阂。由于他年事已高，政府派他儿子谢瑞清随行，当他的秘书。原来的路线是避免英殖民当局注意与干扰而从缅甸进入云南、再去西藏。但谢瑞清在滇边境遭遇瘴气，于9月22日在瓦成病逝。谢国梁回到仰光，由道阶法师帮忙料理，并经与中国驻仰光和加尔各答的领事馆商量，认为由云南去西藏太辛苦，因此改道经印度入藏。他们认为谭云山对印度情况熟悉，又通语言，就请他担任谢国梁的秘书，陪同他一同去拉萨。

　　谢国梁于1930年11月6日抵达印度加尔各答，谭云山要向报馆辞职，办完一切手续，到11月18日才到加尔各答。谭云山到了以后，当天谢国梁就乘晚班火车去印度邻近西藏的边境重镇噶伦堡Kalimpong（谭云山报告中的"加岭崩"），谭云山次晚赶到。22日，两人化了装，混进一个藏人商队，每人都有一个雇员引领，他们跟在自己雇员后面，谭云山骑马，谢国梁骑驴，以防英国探员发现。26日越过边界乃堆拉山口进入西藏，夜宿亚东附近的春丕客栈，谢国梁就感到不舒服。可是由于租雇的驴马及马夫有定好的赶路行程，不能停留休息。28日到达帕格里，谢国梁病势加重。但那儿"气候恶劣，饮水污浊，据云凡旅人到此，久留必病，病人更不能久留"。他们就决定继续赶早前进。但第二天谢国梁病得没有力气骑马，因此只好改乘"花杠"（轿子）。"从此一路皆雪地冰天，沿途既无医药，复无地可以停留，艰辛困苦，实难言状"。12月8日到达拉拢，谢国梁病情加剧，已呈"神经错乱"状况。"拉拢天气较暖，停住一日。"11 日到达弄甲次，再停一天。谢国梁"神志渐清明，饮食亦好，惟四肢软弱无力"。14 日到达曲水，谢国梁更加虚弱，上下轿都要人背。17 日由曲水往拉萨途中，遇到达赖喇嘛派来的使者（还有谢国梁以前在西藏的妻子）一同来迎接，谢国梁看到他们面露笑容，但晚上在客栈就断气了，此时离目的地拉萨只剩一天的路程。

谢国梁之死使谭云山十分悲恸，也为谭云山此行带来困难与考验。谭云山不是国民政府派去的，他加入此行的唯一目的是好好护送政府专员抵达拉萨、完成使命。他只知道这使命的大概，而不清楚其详细内容。在一同入藏的时候，为了保密，他和谢国梁根本不谈"正事"（像他在事后送给政府的详细经过报告中说："因秘密乔装，一入客舍，即装聋作哑，不谈一事"）。现在到了这个地步，他决定认真担当起"专员秘书"的责任来。谭云山的《报告》说：

抵拉萨后即以来意传报达赖。一以谢专员此次不避险阻，间关来藏，系负有中央之重大使命；二以谢专员与达赖私谊甚好，此次来藏，于国于藏均有莫大好处。不幸距抵拉萨前一日死去！是谢专员此次之死，一面即为国为藏而死，一面亦可谓为国为达赖私交而死。现谢专员已将一切责任交付于本人，不能不为之担负。兹拟先办谢专员丧葬（因藏俗人死即丧即葬），后谈公务，希望达赖毋因谢专员之死而有所差别。幸达赖喇嘛此次对谢故专员及云山，均算甚好。一方面对云山多方安慰，表示极端欢迎，一方面即为谢故专员赶造衣衾棺椁，安排丧葬，凡有请求，无不应允；凡有指示，无不依从。

没有受过任何训练的谭云山展示出不俗的政治外交风度。他于 12 月 22 日"第一次晋见达赖，面递蒋主席及马委员长致达赖信，并代表中央加以慰问，及略言此次途中经过与谢专员病故情形。公务则只云待政府命令今后再说"。达赖喇嘛对他也亲切、尊重，一天交谈好几次。

谭云山于 1930 年 12 月 26 日在拉萨起草的呈"国民政府蒋主席、各院长、蒙藏委员会马委员长、王副委员长"的信（从拉萨电报传给加尔各答中国总领事馆转外交部），报告了他如何变成谢国梁专员的秘书、如何陪同谢专员入藏、如何料理谢专员的后事以及如何把政府信件交给达

赖喇嘛以及在拉萨的情况。信中说

一、云山于二十二日晋见达赖，已将蒋主席信及马委员长信面型递交，并代表政府加以慰问，及略言此次来意与中途经过，谢专员病故情形。公务只云须待政府命令，他未道及只字。所带礼物则系托董洪盛、邦达昌随后发运，尚未到，到后即当致送。达赖见时极为喜慰，据侍从及传话者云，达赖此次高兴实为从来所未有。

二、云山现居诺布岭冈，达赖招待甚好。其唯一爱臣见舍公皮拉，时来周旋，更为殷勤。由接谈吐露，诸事似尚易解决。

……

四、谢故专员既将一切责任交付，云山自不敢不谨慎尽力担负，公务是否仍应继续，进行之方针如何，仰即详细训示，并请正式加以名义，电知达赖以昭威信而便行事。

……

八、此次谢故专员因多方周折，款早用亏，丧葬等费均暂由达赖之管事人与数经手汉人代为垫用，共约费去三千余元（详细数目尚未结算），合以上修墓立碑建亭等费三千元，及熬茶、布施、馈赠等二万五千元，共计三万一千元。此外云山在西藏约须留驻三个月，一切开支（邮电、雇员、伙食及其它一切杂用）及回国川资，至少亦需五千元，总合计约三万六千元。此款恳政府速即电汇（可由邦达昌与董洪盛转）以救万急。……

九、云山个人对于名利二事素视为粪土，不如生平极慕印度圣哲甘地先生之为人，愿毁身济众苦行自修，此次偕谢故专员入藏，实出于谢故专员之恳求不得已，与欲籍此考查西藏文化之一点好奇心，所请加以名义与电汇款项，原为便利行事，成就大计，以求毋负此次困苦艰难之远行与政府派遣谢专员入藏之至意，及谢故专员病中之厚托而报国家也。至云山所经手用费，一分一文均有详细帐目，后当呈报，此亦不得不预为表白。

谭云山打电报向国民政府请示，但迟迟不见回电，"遂不能多有作为，除将谢故专员丧葬及谢专员所带公事办妥外，只得以私人关系将中央之主义政策，略为方便宣传而已"。因为接不到政府指示，谭云山在拉萨住了两个月，就于1931年2月15日离开拉萨，23日到江孜，27日抵帕格里，3月1日抵竹木杯比塘，达赖派的护送人员到此为止。他又跨越乃堆拉山口进入印度，3月7日抵噶伦堡，22日抵加尔各答。

到了加尔各答，谭云山怀念阔别了将近一年的国际大学故人。他先从噶伦堡上山到避暑胜地大吉岭 Darjeeling 休息几天，在大吉岭寄了信给圣地尼克坦的好友夏斯特利和克蒂莫亨·沈。国际大学的同仁听到他的消息后极为高兴，欢迎他回学校去。克蒂莫亨·沈还亲自到加尔各答去迎接谭云山。谭云山也迫不及待，于到达加尔各答的次日就回到圣地尼克坦去了。恰巧那时泰戈尔游历英国、欧洲大陆及苏联归来，谭云山得以拜见，泰戈尔见到谭云山十分高兴，特别和他谈到访问苏联的印象，认为革命是会成功的。前面已经提到，谭云山出国前以及在南洋的"伟大计划"中，一个是到印度国际大学，另一个就是去苏联，他听了泰戈尔访问苏联之后的乐观态度，也很高兴。

谭云山和夏斯特利与克蒂莫亨·沈两位教授的重逢甚是亲切。他们和谭云山紧紧拥抱后，劈头第一句话就是："你不会再走了吧！"谭云山本来是要在1930年陪夫人回国探亲并悼唁岳父的，那事还没有完成，又加上要回国向国民政府报告陪同谢国梁专员入藏以及和达赖喇嘛会谈的情形。他不能把心事和盘托出，却脱口说出现在是非回中国去不可了。两位教授着急地问道："我们的计划如何实现呢？"谭云山不假思索地说："我们的计划要等我回到了中国才能实现。"他这并不能算是信口开河，因为他这几年早已想过这个问题，想要回国去拓开局面的。

年前夫人陈乃蔚急电催他去新加坡以前，谭云山已经有了西游、特别是去见"圣雄"甘地的计划，这次他到西藏去完成意外任务，达赖喇嘛又交给他一个新任务，就是托他带一封信给甘地。他因此必须在1931年离开印度前完成西游计划。最初约定拜会甘地的地点是德里，谭云山4月下旬赶到德里时，甘地已经回到沙巴马地的真理学院去了，谭云山追到沙巴马地，甘地又去了巴多利城，谭云山再追到巴多利，最后终于拜会了甘地。他把达赖喇嘛的信交给"圣雄"，并邀请甘地到中国去访问。甘地的回答是："若印度未能获得自由，我是不会离开印度的。"谭云山告别时，请甘地给中国青年一个简短的指示。甘地给谭云山留了一张便条，上面写道：

亲爱的朋友，你必须再来看我，时间可随你的便。我对中国青年的忠言，是中国之拯救，要用纯白无疵的和平与爱，不宜硬用威权，徒伤生命。①

四、中印学会中印金桥

谭云山于 1931 年 4 月 26 日在印度西部古贾拉特邦的巴多利城拜见了"圣雄"甘地（也完成了达赖喇嘛交给他的任务）以后，他的入藏任务还没有完结，还必须回国去向政府报告详情，还有陪谢国梁专员入藏的费用需要报账。他于是兼夜启程，28 日抵达加尔各答。把行装及一切整理与处理以后，就乘船于 6 月 18 日抵达香港，又乘船于 6 月 22 日抵达上海，6 月 30 日到南京去向政府呈交报告。在此以前，国民政府外交部已经接到印度总领事卢春芳的密呈，知道了谭云山陪同谢国梁入藏的经过。外交部长王正廷在 1931 年 4 月 13 日的内部公文中说："窃查谭（云山）秘书此次随前谢专员进藏，趁此机会作关系之宣传，居藏两月颇得各方好感，此可谓不幸中之幸也。职（王正廷）观其（谭云山）为人并无世俗习气，只有书生本色。据其所称，沿途照顾谢专员及送终安葬等等，亦令感佩。如此人才倘得派赴拉萨以助达赖，教育藏人，岂不事半功倍之效乎？是否有当，谨先密呈鉴核，仰祁转咨蒙藏委员会马（福祥）委员长核阅"。那时国民政府办事效率不高。外交部长王正廷的建议也中途夭折。不然的话，谭云山的人生经历又会大转变了。

1931 年 7 月初谭云山到南京国民政府报告、交账时，大概也没有见到高层官员。他呈交了 7 月 8 日写给"国民政府主席蒋"的信，信的最后一段说：

西藏现在大局颇为安定，政权操于达赖一人之手，人民部属均绝对服从。……从多方面观察，达赖实有倾向中央与希望早日解决中藏问题之意。其政府人物向分亲英亲汉两派，但现在均略变方向，趋慕中央。至西藏人民，一致希望中藏和好，不起纷争，更恐发生战事。社会局面

---

① 关于谭云山去西藏的经过，参见西藏社会科学院西藏学汉文文献编辑室编：《谢国梁入藏记》，中国藏学出版社。

虽安,但经济落后,人民生活甚苦,亦均盼望中藏和好,中央有所救济。总之中藏问题现已达到解决之时期,若再迁延错过时机,则将来更觉困难。……至云山在藏之工作,除担负谢专员所遗之艰难责任外,曾以个人名义从事宣传。云山初拟借此机会作一大规模之宣传与联络,因未得中央电令,不果实现,颇为可惜。因此转变方针,从私人谈话间,说明世界大势,与中藏之历史、地理、政治、宗教、民情、风俗种种利害。……

这封信蒋介石大概过目了,但没有任何反应。1931年7月16日"国民政府文官处"代理文官长叶楚伧把它抄送给"行政院"说:"奉主席发下谭云山呈报赴藏及返京经过情形……此次考察条陈管见数端……奉谕并交行政院"。这些信息谭云山毫无所知(我们是从《谢国梁入藏记》中看到的),他的入藏"探险"经过就此结束,变成西藏问题研究史料中虽不是十分重要却是有参考价值的一个篇章。

回国以后,谭云山把在印度游历的记录写成《印度周游记》,于1933年出版,1935年又出版了《印度丛谈》,还在报上发表文章,多视角地介绍印度各方面的情况,帮助中国人民更多更全面地了解印度。从他到印度国际大学任教时开始,谭云山经常在《东方杂志》上撰写了关于印度文化、民族运动的文章,受到国内读者的欢迎。前面已经说过,谭云山于1930年和1931年先后在广州青野书店的"青野文艺丛书"中出版了诗集两种《海畔》和《印度洋上》。根据各方信息,他在这一时期共出版了大约10种著作及译著,除了上述的书外,还有《圣哲甘地》、《南洋回忆》、《世界历法与历法革命》、《印度自治》(翻译甘地原著)、《诗圣泰戈尔与中日战争》等,可惜现在都很难找到了。

谭云山这一时期办的最重要的事情就是建立"中印学会"。这"中印学会"先在中国成立,然后得到泰戈尔的赞同在圣地尼克坦建立其印度的化身,名叫"Sino-Indian Cultural Society"。这个组织很特殊,它在中国实际上是一种基金会的性质,是中国政府及私人向泰戈尔的国际大学发展中印研究以及开展中印政治与文化交流做出捐献的渠道。它在印度却是国际大学"中国学院"的接生婆,在"中国学院"建成以后就成为"中国学院"的影子或者魂魄。前面已经提到1931年4月谭云山和国际大学好友夏斯特利与克蒂莫亨·沈两位教授告别时夸下海口说："我们的计划要等我回到了中国才能实现"。那时还没有、也不可能产生建立"中印学会"的念头。那就是说，谭云山回国后从他为实现"计划"而奔波的实际经验中创造出这一机构来的。这是我从研究谭云山生平用普通常识得出的推论。

我也看到另外一种说法，说谭云山虽然胸怀雄才大略，却深知仅靠自己一己之力是不可能达到泰戈尔所企望于他的，需要组织、动员更多的有识之士，投身到中印文化交流之中，推动两大民族的独立解放运动。根据这种说法：谭云山在印度的时候就提出了一个大胆设想：建立中印（印中）文化协会，主持和推动两国的文化交流。他将这一设想告诉泰戈尔。却发现泰戈尔早有此意。原来早在1924年泰戈尔访华时，就有有识之士何雯向他提此建议。泰戈尔虽"本有此意"，但觉得条件尚未成熟，就没有正式提出倡议。当然，在泰戈尔心中一直有此想法。现在，他觉得条件已经成熟。就大力支持谭云山。这一说法真可谓绘声绘色，但是我查遍谭云山写的回忆，没有发现支持这种说法的证据。我想，这也不过是一种推论而已。

我把这两种意见都和表哥谭中商讨，他说，从历史学的角度来看，一定要有实际的证据才能盖棺定论。上面这两种推论都有说服力，也都有证据不足的缺点。但他倾向于我的看法——"中印学会"是谭云山1931年回国后身体力行中创造出来的机制。他认为谭云山于1928至1931这段时间和泰戈尔在一起多半是在公共场合与许多人面前，真正两人私下促膝谈心的机会极少，因此他们的谈话多半是宏观的课题，并不触及如何在国际大学发展中印学与中国研究的具体做法与步骤（只能是和夏斯特利与克蒂莫亨·沈两位好友的交谈才会触及）。另外，如果"建立中印（印中）文化协会"已经在谭云山和泰戈尔之间取得了共识，那就不可避免会变成谭云山与夏斯特利和克蒂莫亨·沈交谈的中心课题，不会不反映于谭云山的写作中的。还有一点是：在这段时期中，先是有徐志摩在1928年10月访问圣地尼克坦，继而有1929年3月与6月泰戈尔北美之行的来回途中两次到上海徐志摩家做客，这段历史也详细记载于文献中，却没有看到"建立中印（印中）文化协会"的想法从文献中反映出来。

关于"中印学会"建立的日期,也有不同的说法。著名泰戈尔专家兼圣地尼克坦历史家邬玛·达斯古普多 Uma Das Gupta 教授在最新出版的《泰戈尔与中国》书中的《国际大学的中印研究:中国学院建立经过》文章里引了他亲自采访谭云山的下面这段话:

> 我个人微不足道的一点努力还不算白费。我的号召得到了极大的回应,这是我所未预料到的。中印学会在我的发起和组织下于 1933 年成立,学会的宗旨是联结两大文明,交流文化,促进友谊,最后为世界和平和人类友好作出一番贡献。中印学会成立之后,我于 1934 年再次回到国际大学,向师尊(泰戈尔)作了报告,同时也在印度成立了中印学会。

我们看出,这是谭云山自己说出的"中印学会"是他"发起和组织"的(支持了上面说的第一种推论),也肯定了数十年来都没有异议的说法,这就是谭中 1998 年由香港中文大学出版社出版的《谭云山与中印文化交流》书中所肯定的史料,即 1933 年先在南京建立"中印学会",1934 年再在圣地尼克坦成立 Sino-Indian Cultural Society(可以翻译成"中印文化协会"实际上是"中印学会"的化身),为一般人所接受了的。可是深圳大学郁龙余教授在他 2004 年出版的名著《梵典与华章》第十一章第一部分《功比玄奘 忍仙圆成——谭云山与中国学院》一文中,引了谭中书中的资料以及谭云山在 1935 年出的《印度丛谈》来把这一顺序颠倒。他说,"中印学会""实际上正式成立于 1935 年南京",因为谭云山在《印度丛谈》自序中说:"一到去年头,中印学会在国内发起已告完竣,我又应泰戈尔先生之召到印度去了,及到去年 5 月,学会在那边又已发起完竣,并且已先于我们这边正式成立。"所以郁龙余的结论是:"中印学会"的成立在中国比印度晚了一年,是在 1935 年才正式启动的。

我又把这日期上的分歧和表哥谭中商讨。他的意见是:郁龙余着重强调了"正式成立"并且有了《印度丛谈》谭云山自序的话为证,这是不好推翻的。但是这并不等于"中印学会"的建立是先在印度启动,然后才到中国推开。谭中建议读者重温前面提到的邬玛·达斯古普多教授写的《国际大学的中印研究:中国学院建立经过》文章里的下面这段话:

> 在谭云山的推动下,中华民国考试院院长戴季陶博士建议派出一个

代表团前往国际大学参加中印学会的成立式。这个建议立刻就被泰戈尔接纳,1934年4月,谭云山与陈友生博士到达国际大学并立即开展工作。4个月不停息的忙碌准备之后,1934年8月19日,成立大会在泰戈尔的住所举行。圣地尼克坦成为中印学会印度分会的所在地,泰戈尔强调全印度都能向中印学会开放。考虑到日后将有日益增加的学生和学者前去印度访问,中印学会中国分会承诺在中国募款在圣地尼克坦建立一个中国招待所。这计划后来成为1937年成立的中国学院。

达斯古普多教授受北京大学印度研究中心之托,把圣地尼克坦泰戈尔博物馆所存文献全部搜索一遍,把凡是有关中国与和中国交往的信息都整理出来了,将来会由魏丽明教授编辑发表成书。上面这段叙述就是出自她的收集,是重要的信息。这段话帮助我们对"中印学会"成立的来龙去脉有了更深刻的认识。

现在一切都清楚了。郁龙余教授所强调的先在印度举行"中印学会"成立仪式的说法是符合事实的。在上面这段叙述中,达斯古普多所看到的是戴季陶和泰戈尔通讯后的发展,但两人之间穿针引线的却是谭云山。谭云山留下的遗物中有一本旧笔记簿,他把早年一些重要通讯都抄在上面,其中内容除了谭中在1998年的《谭云山与中印文化交流》书中引用了一点以外,都没有发表过,是件珍贵文物,现存深圳大学"谭云山中印友谊馆"。

我认为笔记簿中最能帮助我们了解"中印学会"是怎么建立的就是下面这封信。谭中在《谭云山与中印文化交流》曾经简短地报道了它,但我认为有必要让本书读者看到信的全文(原文及中文翻译)。信是1933年9月谭云山从南京佛教协会写给泰戈尔的,原文如下:

> The Buddhist Association of China, Nanking
> September, 1933
>
> Dear Gurudeva,
>
> Having the honor, some time ago, to pen you a few lines which I hope had safely reached you, I was very glad to know from Sastri's letter of last month your good health and the flourishing condition of Santiniketan.
>
> Since I left India, I have been, with inspiration from your noble spirit, de-

voting myself to the worthy attempt of blending Indian and Chinese cultures, especially with a view to the exposition and propaganda of the mission and ideal of Santiniketan, which has greatly aroused interest and sympathy among the Chinese literary personages. Some well – known learned gentlemen and scholars and I are now initiating one 'Sino – Indian Cultural Society' for the purpose of carrying out the unification of the cultures, and restoring the dear, old, historic friendship of our two nations. The society, properly organized and widely sympathized in China, will come into formal existence before long; so it is sincerely hoped that you will kindly give us your valuable aid on the side of India, and join the society together with the professors of Santiniketan. With our combined effort in such a society for a basis, we hope to realize your great idea of creating a universal peace by developing and magnifying our Eastern cultures.

I am sorry to say Mr. Aw Boon How owing to his own unfavourable circumstances, has not yet fulfilled his promise to build in Santiniketan a Chinese Hall, but now the Chinese national leader Chiang Kai – shek and Mr. Tai Chi – tao, President of the Examination Yuan of the National Government of China, have in an interview with me lately promised to do what Mr. Aw has failed to do. So I take the liberty of asking for your kind advice as to the necessary steps taken for its establishment, the approximate amount of finance, and the need of fund, books and other equipments. Mr. Tai is also willing to build in Rajgriha a Buddhist Temple, and please kindly tell me how much is the maximum expenditure and if Santiniketan will kindly undertake the work of construction on behalf of Mr. Tai at his own cost.

Mr. Tai, who is a Chinese sage and great Buddhist scholar and one of the national leaders, has profound sympathy with your spirit and great respect for your career, and bids me to present you three of his best books with his own handwriting on the cover which are of great classic value:

……

I should like to come to India again and continue my work and study in Santiniketan, when the Sino – Indian Cultural Society has been completely organized, and the building of the Chinese Hall can be carried on after your favourable approval and information. Kindly favour me with an early reply. With best regards,

 I remain,

 Yours very sincerely,

 Tan Yun – shan"

下面是谭中的中文翻译：

南京中国佛教会
1933 年 9 月

亲爱的师尊：

  不久前曾呈数言，谅已收悉。高兴从上月夏斯特利信中敬悉您身体康健，圣地尼克坦蒸蒸日上。

  自从离开印度以后，云山在您高贵精神激励下为印中文化融合竭尽全力，特别致力于宣扬圣地尼克坦的使命与理想，在中国文人中产生了巨大兴趣与同情。许多知名人士和云山正发起'中印学会'（Sino – Indian Cultural Society），目的在于把我们两国的文化联合起来并恢复亲切、古老的历史情谊。已经有适当组织并在中国得到广泛同情的中印学会不久将正式建立。特此恳请您和圣地尼克坦的教授们从印度给予宝贵支持并且加入。以中印学会为基础，经过我们共同努力，定能实现您通过发扬东方文明来构造宇宙和平的伟大理想。

  很遗憾，由于他自己面临困境，胡文虎没有实现他在圣地尼克坦建立中国学院的承诺。可是，当云山最近会见中国领导人蒋介石和考试院院长戴季陶时，他们答应了实现胡文虎所作的承诺。因此云山恳请指示建设中国学院的步骤以及大约的经费，所需的款项、书籍及其他装备。戴先生还愿意援款在王舍城建立一所佛庙。请赐告经费的极限以及能否由戴先生自筹款项请圣地尼克坦代为兴建等。

  戴先生是中国圣哲、佛学专家及国家领袖之一，对您的精神无比赞赏，对您的事业无比钦佩，有三本著作托云山寄赠给您，书上还有他的珍贵墨迹：

  ……

  一俟中印学会完全建立，云山愿意回印度到圣地尼克坦继续工作、学习，您回示及批准后，中国学院的建设即可进行。敬请早日赐覆。

此颂金安

谭云山顿首

  这封信之所以重要就在于它澄清了一直存在于人们心头的疑问而显示了从圣地尼克坦谭云山与夏斯特利和克蒂莫亨·沈的桃园三结义时定出的在泰戈尔的国际大学开展中印学的笼统计划到1933年在南京摸索出一个头绪来的过程。这个头绪的关键在于建立"中印学会"并且获得当时国民政府最高领导蒋介石以及重要人物考试院院长戴季陶（戴传贤）的赞助，解决了在圣地尼克坦建立"中国学院"的经费问题。到写这封信时，似乎是万事俱备、独缺东风（即泰戈尔的批准）了。从信的内容看出，谭云山是1933年"恳请您（泰戈尔）和圣地尼克坦的教授们从印度给予宝贵支持并且加入"中印学会的，可是对在圣地尼克坦建立"中国学院"却没有恳请泰戈尔批准，很明显，谭云山与夏斯特利和克蒂莫亨·沈订的计划以及谭云山写信给新加坡胡文虎捐款的事，泰戈尔都是知道的。

  从这封信的口气看出似乎建立"中国学院"的钱已经就绪，只等泰戈尔开口了。这是谭云山一贯超前、乐观的作风，实际上并不如此，有事实为证。1936年4月13日，谭云山和学生魏风江到泰戈尔加尔各答的住所去拜会诗圣，魏风江看见桌子上有一封刚从中国寄去的"中印学会"会长蔡元培写给泰戈尔的英文信，信中说："我对谭云山教授为建立中国学院而筹集基金的富有勇气的努力将尽我所能尽的微薄力量。不过，中国当前的财务十分拮据，谭教授如果没有那股热忱可能早就泄气了"。这封信所反映的大概是1935年年底的情况，隔上面谭云山写给泰戈尔的信又有两年多了，连"中印学会"会长蔡元培对筹建中国学院的款项还没有把握。但蔡元培对"谭云山教授为建立中国学院而筹集基金的富有勇气的努力"的那种蛮劲的描写却十分生动。

  谭云山当时在中国社会上还只能算是无名小卒，既无名、又无钱，凭的只是像湘籍歌唱家李谷一对自己的形容："吃得苦、耐得烦；不怕死，霸得蛮"的那样一种湖南人的霸蛮精神。泰戈尔和他在圣地尼克坦的同仁对这点是很欣赏的。1935年8月4日，泰戈尔在给谭云山的一封信中写道："我不能忘记你，因为我知道，这件大事只有你那不知疲倦的活动才能办到。"

从上面谭云山写给泰戈尔的信就看出，这是"中印学会"运作的开始，虽然那时"中印学会"还没有一个公开的面貌。到了达斯古普写的"中华民国考试院院长戴季陶博士建议派出一个代表团前往国际大学参加中印学会的成立式，这个建议立刻就被泰戈尔接纳"，戴季陶就变成"中印学会"的公开的面貌了。还有1933"中印学会"派魏风江去国际大学留学，如果那时"中印学会"尚未成立是不可能的。魏风江于1986年由贵州人民出版社出版《我的老师泰戈尔》（是一本有重要参考价值的书），陈玮君写的"前言"，其中说："（魏风江）先后就读于春晖中学、上海立达学园，成绩优异，深得谭云山先生垂爱。1933年，'中印学会'成立，经谭先生推荐，会长蔡元培批准，只身赴印，晋谒泰戈尔氏……"。谭中记得，那时全家住在上海江湾永义里的立达学园宿舍中，魏风江夫妇，还有一个婴儿和他们住在一起。

再回到前面谈到的1931年7月初谭云山到南京向国民政府汇报他陪同谢国梁入藏的经过，虽然呈交了一封信给"蒋主席"，但根本没有见到任何高层官员。那是很自然的。一则谭云山什么"身份"也没有，二则没有人引见要人。可是，我们看到从谭云山1933年9月从南京中华佛教协会写信给泰戈尔以后，谭云山已经有了"身份"，他已经成为考试院院长戴季陶（他曾经是孙中山的秘书、当时是蒋介石的智囊）和泰戈尔之间的中介人了——换句话说，已经变成中印两国伟人之间的桥梁了。谭云山这"身份"上的从无到有是怎么回事，我弄不清楚，谭中也弄不清楚。可是他告诉我，虽然谭云山比戴季陶年纪小得多、资历也浅得多，但从那时开始却有了越来越深的交情。根据谭中分析，谭云山和戴季陶的共同点有三：（一）信佛（二）主张中印友好（三）崇拜泰戈尔。众所周知，蒋介石领导的国民政府里面，派系很多，互相倾轧，办事不容易。谭云山根本是圈外之人（人家劝他加入国民党，他没有加入），不属于任何派系。但是关于"中印学会"以及其后"中国学院"的事，他之所以能够顺利开展，主要是靠"戴先生"（或者"戴院长"）这块牌子。而与戴季陶的关系，谭云山最早是依靠佛学家欧阳竟无的帮助建立的。

1972年，国际大学校友会特别在圣地尼克坦为早已退休的谭云山举行一次隆重的庆贺，谭云山在会上的自我回忆中突出了蔡元培、戴季陶和太虚法师三人对他成立"中印学会"以及其后筹建"中国学院"的帮助。前面提到谭云山在印度时曾经写信给当时的中央大学校长蔡元培推荐印度学者之事，虽然事情没有办成，但他回国后要晋见蔡元培（后来成为中央研究院院长）还是容易的。太虚法师却是谭云山在长沙船山书院就见过的，谭云山要找他也很容易。再有，谭云山在南京以中国佛教会为基地，太虚法师和戴季陶又熟，谭云山通往戴季陶的渠道就有了。

总而言之，上面引的谭云山致泰戈尔的信标志着"中印学会"的启动，引起了一连串的中印文化互动。我们看到：泰戈尔于1934年4月18日写信给戴季陶：

亲爱的戴季陶先生：

我高兴地见到我们的老朋友谭云山教授和他的同伴陈友生教授，又从他们那儿收到你的问候。我同时应该感谢你托谭云山教授捎来由你赠送给我的你自己的著作。

我非常愉快地在你身上看到增进我们两国文化交往的伟大事业中的同志。两国在过去曾经很接近，今天，我们有责任把我们自己从数世纪的相互冷淡中拯救出来，并且以我们最好的东西相互奉献给彼此的将来。我真心赞成建立中印学会的计划，并且乐意献出我们的圣地尼克坦作为它活动的中心。

一个扎实的开端就是兴建一座大厦，叫做'中国大厦'，专供贵国的学生和学者住宿，以便和我们合作致力于文化复兴。需要的费用，包括大厦的维持费，大约为三万卢比。当然，如果计划考虑到中印学会的运作，包括奖学金和教授们的薪俸以及一个像样的图书馆，其费用就会不少于三万五千英镑。这具体的预算都是本校办公室去年寄去给谭云山教授的。不过，当做一个谨慎的开始，开始得越早越好。应该先把大厦建起，这样今后的更宏伟的事业就会有一可靠的基础。请接受我对你和贵国人民的问候。

泰戈尔的第二封信，日期为1934年4月23日。泰戈尔请谭云山传送国内，希望在中国报纸上发表，转达给他所深爱的中国人民：

谭云山

我的中国朋友们：

我们，当你们中国的古德巡礼到我们印度，与我们印度的古德巡礼到你们中国时，所获得的真理与正义，一直到如今，并未遗失。

那是一个何等伟大的巡礼！那在历史中是一个何等伟大的历史时代！今日吾人之责任，应追随那条古先伟大的巡礼的道路，以恢复那个伟大的巡礼的高尚英武的精神；那条道路，不仅是一条地理上的道路而已，却是一条伟大的历史道路；那条道路是越过了许多种族的差异与不同语言、习俗等种种艰险阻障而建筑起来的；由那条伟大的道路直达精神的乐园，在那乐园里，全人类被仁爱与合作的纽带连成为一。

1934年9月22日，在泰戈尔的指导下，谭云山在圣地尼克坦制定了一个中印文化交流的计划。他请国际大学同仁一同商定，准备要带回中国去给中印学会的领导人看，还会报请中国最高当局，争取筹足经费，回印度破土动工。

计划非常具体，共分4个部分：第一，建造中国学院，包括1个大厅，1间阅览室，1间厨房和12间客房，总共需费3万卢比印币（合3万3千法币）；第二，中国学院将设立基金，数目是12万卢比（合13万2千法币）供聘用两位教授（一位为中国文化讲座教授，另一位为中国佛教讲座教授）之用（月薪250卢比）；第三，中国学院将设立奖学金，分甲、乙两级。甲级奖学金每月100卢比，乙级奖学金每月50卢比，每级共4名。设立8名奖学金的基金将需14.44万卢比（合15万8千法币）。第四，中国学院将设图书馆，书籍将由各方捐赠。

泰戈尔看了表示同意，并在这项计划上写了批语："我欣然做东道主，让中印学会把我在圣地尼克坦的大学当做在印度的活动中心。我希望中国朋友们会衷心欢迎中印学会，并给予我的友人谭云山教授以慷慨的援助，俾使这个计划实现，为中印两国紧密的文化交流创造一个永恒的机构。"

1934年10月，谭云山离开圣地尼克坦回到上海和南京，写信给泰戈尔报告。泰戈尔于12月8日回信说："我高兴地知道你平安回到祖国。我们将以极大的关怀注视着你与中印学会有关的工作。我并且真挚地希望中国学院的计划不久将会实现。"

谭云山回忆说:"我带着上述计划于1934年10月回国去筹集建立一个这样的机构所必需的款项和书籍。我在中国花了一年多工夫才完成这一使命。虽然我没能使整个计划实现,但得到了充足的经费开始兴建。我募到的钱足够完成中国学院的建筑,并购置家具。我所募到的捐书更超过原来的估计。中印学会在中国买到10万卷中文书,其他朋友和出版社又赠送了大约5万卷。"

谭云山带着上述计划于1934年10月回国,去筹集建立一个这样的机构所必需的款项和书籍。他花了一年多的时间才完成这一使命。他募到的钱足够完成中国学院的建筑,并购置家具,募到的书籍更超过原来的计划。1935年8月4日,泰戈尔写信给谭云山说:"中印学会已经寄给我作为建筑中国学院费用的三万一千七百十二卢比七安那半的支票。我已给他们回信,告诉他们支票收到,并表达了我的感激。可是,我不能忘记你,因为我知道,这件大事只有你那不知疲劳的活动才能办到。我们何时能把你盼到圣地尼克坦来呢?"信发出14天后,泰戈尔又于8月18日写信给谭云山,催促谭云山回圣地尼克坦共商建立中国学院的细节。

中印学会向印中学会陆续赠送一批图书,首批就有6万册,前后共有十多万册。这包括《四部丛刊》、《四库珍本》、《二十五史》、《万有文库》、《太平御览》、《册府元龟》、《玉海》、《古今图书集成》、《艺文类聚》、《皇清经解》、《宋碛砂藏经》、《大清龙藏经》、《大正大藏经》、上海《频伽藏经》,及其它重要字书、词书、学报等等。据说东南亚方面,中国学院的中文图书算是最丰富之一,这不算是过誉。这些图书至今仍是印度国际大学的镇校之宝。

谭云山在国内住了一年多。1936年春天,他将10万多册图书分批装运到印度,自己也返回国际大学。当时,泰戈尔打算在图书馆增建一个房间放置这批图书,另盖一座房子给中国学人居住。但是谭先云山觉得,图书与人分开不大方便,因此他建议集中盖一座比较大一点的楼房,既放置图书,又让中国学人居住。泰戈尔同意。于是立即动工,历时将近一年,楼房主体部分基本建成,包括学院主楼的楼下部分、楼上中央图书馆及办公室。全部建筑费用大约4万卢比。

根据各方的信息,1933年帮助谭云山建立"中印学会"牵涉到的知名人士除了蔡元培、戴季陶和太虚法师以外,还有王一亭、黄警顽、黄涵之、张道藩、徐悲鸿、周谷城、梁漱溟、于右任、陈立夫、朱家骅等人。1935年5月"中印学会"正式成立时，蔡元培是理事会主席，戴季陶是监事会主席，戴季陶在"中印学会"章程的序言中说："谭云山教授在印度教学多年，致力于中印文化的融合，他倡议组织中印学会，这种努力在意义上不亚于佛教高僧玄奘、义净的壮举。"可是谭云山在"中印学会"只有一个普通"理事"的名义。不过，他这时已经是"中印学会"在印度的姐妹组织"Sino-Indian Cultural Society"的秘书。我们看到："中印学会"既是一个组织，又是跨国的、在中印两国并行运作的组织，是两个国家使它一分为二，是谭云山使它们合二为一。

翻开1943年中印学会的名单，它的名誉主席是（1）圣雄甘地，（2）蒋介石元帅，（3）奥罗宾多（Aurobindo）先知（由独立运动积极分子一变而为超人式的师尊），（4）戴季陶院长，（5）尼赫鲁，（6）蒋夫人宋美龄，（7）奈都Sarojini Naidu夫人（有"印度夜莺"盛名的诗人和政治家，紧跟圣雄甘地的杰出女领袖）。它的会员都是当时的知名学者或知识分子，有18位当时的与前任的大学校长。换句话说，由于泰戈尔的名望以及谭云山的交往，许多在印度独立前夜的知识精英都加入了中印学会，投入了中印两大文明之间现代交流的事业，这是谭云山一生中所做的最有意义的大事。不久以后，印度独立了，中印学会的会员都成为政府要人或社会名流。最值得一提的是：印度独立后的第一任印度总督拉贾戈巴拉查理（Rajagopalachari）和1952年印度共和国成立后的第一任总统普拉萨德（Rajendra Prasad），第二任总统拉达克里希南（Sarvepalli Radhakrishnan），第三任总统侯赛因（Zakir Husain），他们都是印度"中印学会"的普通会员。很多其他普通会员后来也都成为印度政界的重要人物。

从这些事实也看出文化交流的无形的力量。我在前面形容谭云山在这一阶段是个既无名、又无钱的"无名小卒"，那只是一种相对的看法，并没有把谭云山所从事的文化交流的威力计算进去。当然，如果我们把30年代回到祖国的谭云山和他1924年出国以前相比，他在身份和形象上已经大大改观，他已经是印度国际大学的教授，已经是印度大文豪与诗圣泰戈尔的志同道合的好友，已经受到中国社会上层如戴季陶和蔡元培这样的领袖人物的尊重，已经有了一大批中国和印度的知识精英成为他的熟识、甚至知己。他的言论与行动也逐渐受到社会舆论注视，这从下面的例子即可看出。

1933年夏，甘地为印度解放运动而绝食3星期，引起世界人士的重视与同情。谭云山素来同情印度的解放运动，又亲自拜见过甘地，对他特别敬仰。所以他在南京得知消息以后就宣布与甘地同时绝食。报章对谭云山的同情绝食也报道了，在中国和印度都引起了反响。太虚法师于5月13日亲自去探望绝食时的谭云山，第二天又打电报给圣雄甘地劝他"进食"〔这一重要信息出自印顺法师写的《太虚大师年谱》，原文见"民国二十二年"部分："十三日，大师访随甘地绝食而绝食之谭云山。翌日，致电甘地，劝其进食（电劝甘地进食）"〕。我们还看到：印度兴都佛陀社的嘛多普拉沙得咯那特地写信给谭云山说：

敬爱的先生：吾人由报纸上得闻先生开始绝食，不胜感痛，此种苦行举动，虽极难能可贵，但在佛教则不甚赞许，我主释迦牟尼佛在未成道前亦有此举，但终生废弃。及成道之后，乃切戒其徒，毋为此举。此当为先生所熟知也。先生之生命，对于贵国比对于印度更为重要。谨以至诚，向先生劝慰。愿先生接受吾人之请求，立即舍弃此种举动，并愿我主助汝健康。汝诚实之嘛多普拉沙得喀那。

以上这些已变成中印人民友好的历史佳话。

顺便应该交待一下这段时期谭云山和家属的生活情况。1930年夫人陈乃蔚带领两岁的谭中回国，主要为了追悼伯父和父亲，同时看望母亲，住到儿时生活过的桃花镇官沙塘的大坳上。1931年7月谭云山在南京向政府汇报了入藏经过以后，也回到桃花镇住了几个月。他们的第二个儿子谭正就是在这时生的。有了两个孩子，夫人陈乃蔚就不再教书。为了方便组建"中印学会"的活动（需要在南京和上海交际活动），谭云山就携家小去到上海，在湖南同乡、过去第一师范教师与"新民学会"同志、开明教育家匡互生（达人）于1925年创办的立达学园兼个教职，住在江湾永义里的教师宿舍，也解决了生计问题。后来谭云山要穿梭于中国和印度之间，就把夫人陈乃蔚和在上海生的第三个儿子谭立安顿在长沙住下，谭中开始在第一师范学校的附属小学念书。这时我父母也带了我大姐胡仁从法国回来，两家人住在一起，谭家又添了第四个孩子谭文。

谭云山在桃花镇小住，也在亲戚邻里间引起一阵轰动。对陈家来说，谭云山是"女婿"，是外地人，又在国外当大学教授，人们当然刮目相看。陈家祠堂每年要举行一次族人团聚宴会，破例让谭云山（族外人）和夫人陈乃蔚（女性）赴宴。陈乃蔚的祖居大坳上，虽然有大树参天的优美环境，但屋子太小，没有地方专门为谭云山做书房，就借居官沙塘在镇上有很大屋场的姑母杨家，四乡八邻的乡亲都来探望。谭云山虽然出身在农村，但由于长期在外求学、教书已具有很浓的知识分子的气质。外表庄重，又戴副眼镜更有一副学者的风范，让人肃然起敬。但他平易近人，不摆架子，在官沙塘除看书写作研究佛学外，有闲还与乡亲们拉家常，特别是一口湖南话拉近了与乡亲们的距离，谭云山教给他们科学种田和科学饲养家禽的方法，深受乡亲们的爱戴。我 2004 年去陈家村拜访时，陈九如舅舅还能流利地背颂出谭云山书写的书屋旧址的书屋联："东山暂住二三月，书屋长留百万春"。

五、中国学院文化厚礼

谭云山毕生的事业和泰戈尔国际大学的中国学院变成共生关系，从一个角度来看，如果不是谭云山的构想与脚踏实地的努力是不会有"中国学院"的；从另一个角度来看，如果不是有了"中国学院"，谭云山的毕生事业就不会那么不平凡、那么值得纪念了。要把这一点阐述清楚，先让我们再回到前面已经提到的泰戈尔创办国际大学的初衷——建立一所理想的"使世界聚会的鸟巢学府"。泰戈尔把它命名"鸟巢"，不只是引用古典，而且是谦虚地表达出他的博大的国际主义精神。1920 年（即国际大学成立的前夕），中国作家许地山访问圣地尼克坦，当时在美国访问的泰戈尔从纽约写信欢迎他说："对我们来说，只有一个国家——世界。我们只有一个民族，那就是人类"。"让地理障碍的幻景至少在印度的一个地方消失吧——让圣地尼克坦成为这样一个地方吧！"这就很清楚地说明了泰戈尔想在我们这个被西方文明逞强的狭隘"民族主义"沙漠化的地球上孕育出一个国际主义绿洲的理想。前面我们已经发现，谭云山和夏斯特利与克蒂莫亨·沈拟定的在"国际大学"内"特别设一个中国学院"是把泰戈尔办学时那世界"鸟巢"理想发展了的。经过谭云山

1931年回国奔波、取得中国权威人士戴季陶、蔡元培等的具体帮助而最终在圣地尼克坦建立的"中国学院"更不只是一个打破国界的"世界鸟巢"式的、只强调和平共处的园地，而是要把"鸟巢"变成更积极的带伸延性、构筑性、攀登性的国际大桥，这实际上是极其符合泰戈尔的理想，特别与泰戈尔1924年访华的目的吻合的。关于那次访华目的，著名印度经济学家、哈佛大学教授、1998年诺贝尔奖金获得者阿莫尔多·沈（Amartya Sen）（他恰巧是谭云山当年好友克蒂莫亨·沈的孙子）特别为谭中编的《泰戈尔与中国》书写的文章中谈的比较深入，认为泰戈尔心目中所强调的是：联合中印两大文明来帮助克服西方文明危机。谭云山为"中印学会"制定的宗旨是：

> 研究中印学术，
> 沟通中印文化，
> 融洽中印情感，
> 联合中印民族，
> 创造人类和平，
> 促进世界大同。

这36个字正是精辟地总结了泰戈尔的理想，因此泰戈尔对"中国学院"建立的极端兴奋心情无可言喻。

前面所引的1933年9月谭云山从南京寄给泰戈尔的信上用英文提到的"中国学院"并没有按其中文意思译成"Chinese Academy"，而是用了"Chinese Hall"，很明显，这就是现在"中国学院"的印度名字"Cheena-Bhavana"的英译。这个"Bhavana"（有"建筑物"、"部门"、"机关"等含义）是谭云山最熟悉的国际大学各部门的名字。看来上述谭云山的信是所有文献上的最早的"中国学院/ Chinese Hall/ Cheena-Bhavana"概念的出处。有两种可能：一是谭云山在1928-1931年那段时期在圣地尼克坦的时候制定发展中印研究计划时，这概念已经有了，而且得到泰戈尔的认可，另一是直到谭云山1933年9月写信时才想出来的。前面已经提到，谭云山在1933年9月的信中并没有请泰戈尔批准在国际大学建立中国学院的动议，好像泰戈尔早已有了这样的念头了，因此第二种可能应该排除。换句话说，在国际大学建立中国学院早已是泰戈尔、谭云山和其他印度朋友的共同愿望。

1937年4月14日,印度国际大学中国学院正式成立。富有民族特色的庆典隆重热烈,载歌载舞,花团锦簇。泰戈尔从外地请来了许多贵宾,加尔各答中国领事馆官员和印度华侨领袖也前去参加。泰戈尔的兴致特别高,热情洋溢,喜形于色。他的发言滔滔不绝,带着诗意,足足讲了一个多钟头。

泰戈尔在中国学院成立庆典上的讲演被认为是不朽的经典著作,谭中和他的印度好友邬玛·达斯古普多特别欣赏它。达斯古普多为谭中编的《泰戈尔与中国》撰写的特别探讨"中国学院"的文章一反学术论文的纪律,把这篇讲演全部收入,一字不漏,和谭中合编这本书的印度德武(Amiya Dev)教授认为达斯古普多这样做是具有勇气的创新。我读了谭中对那篇讲话的翻译以后,也认为这是有关中印友谊的最生动、最深刻、最精彩的论述,因此把它整个收入,以飨读者。下面先抄录原文,再以谭中的汉译文对照:

The most memorable fact of human history is that of a path – opening, not for the clearing of a passage for machines and machine guns, but for helping the realisation by races of their affinity of minds, their mutual obligation of a common humanity. Such a rare event did happen and the path was built between our people and the Chinese in an age when physical obstruction needed heroic personality to overcome it and the mental barrier a moral power of uncommon magnitude. The two leading races of that age met, not as rivals on the battle field each claiming the right to be the sole tyrant on earth but as noble friends, glorifying in their exchange of gifts. Then came a slow relapse into isolation, covering up the path with its accumulated dust of indifference. Today our old friends have beckoned to us again, generously helping us to retrace that ancient path obliterated by the inertia of forgetful centuries, and we rejoice.

This is indeed a great day for me, a day long looked for, when I should be able to redeem, on behalf of our people, an ancient pledge implicit in our past, the pledge to maintain the intercourse of culture and friendship between our people and the people of China, an intercourse whose foundations were laid eighteen hundred years back by our ancestors with infinite patience and sacrifice. When I went to China several years ago I felt a touch of that great stream of life that sprang from the heart of India and overflowed across mountain and desert into that distant land, fertilising the heart of its people. I thought of that great pilgrimage, of those noble heroes, who for the sake of their faith, their ideal of the liberation of self that leads to the perfect love which unites all beings, risked life and accepted banishment from home and all that familiar to them. Many perished and left no trace behind. A few were spared to tell their story, a story not of adventurers and trespassers whose heroism has proved a more romantic excuse for careers of unchecked brigandage, but a story of pilgrims who came to offer their gifts of love and wisdom, a story indelibly recorded in the cultural memory of their hosts. I read it when I was received there as a representative of a revered race and felt proud as I traced the deep marks our ancestors had left behind of their achievements. But I also felt the humiliation of our long lasting evil fate that has obscured for us in an atmosphere of inanity the great human value of a noble endeavour, one of the most precious in the history of man.

I told my Chinese hosts on that occasion: My friends, I have come to ask to re-open the channel of communication which I hope is still there; for though overgrown with weeds of oblivion, its lines can still be traced. I have not the same voice that my ancestors had. I have not the wisdom they possessed. My life has not attained that consciousness of fulfilment needed to make this message fruitful. We in India are a defeated race; we have no power, political, military or commercial; we do not know how to help you or injure you materially. But fortunately we can still meet you as your guests, your hosts, your brothers and your friends. Let that happen. I invite you to us as you have invited me. I do not know whether you have heard of the institution I have established in my land. Its one object is to let India welcome the world to its heart. Let what seems a barrier become a path, and let us unite, not in spite of our differences, but through them. For differences can never be wiped away, and life would be so much the poorer without them. Let all human races keep their own personalities, and yet come together, not in a uniformity that is dead, but in a unity that is living.

That has happened and friends are here from China with their gift of friendship and cooperation. The Hall[of Chinese Studies] which is to be opened today will serve both as the nucleus and as a symbol of that larger understanding that is to grow with time. Here students and scholars will come from China and live as part of ourselves, sharing our life and letting us share theirs, and by offering their labours in a common cause, help in slowly rebuilding that great course of fruitful contact between our peoples that has been interrupted for centuries. For that Visva – Bharati is, and will, I hope, remain a meeting place for individuals from all countries, East or West, who believe in the unity of mankind and are prepared to suffer for their faith. I believe in such individuals even though their efforts may appear to be too insignificant to be recorded in history.

It might be supposed that in a world so closely known by railways, steamships and airlines, where almost every big city is cosmopolitan, such special invitations for contact are superfluous. But, unfortunately, the contacts that are being made today have done more to estrange and alienate peoples from one another than physical inaccessibility ever did. We are discovering for ourselves the painful truth that nothing divides so much as the wrong kind of nearness. Peoples seem to be coming in each other's way, dodging and trapping one another, without ever coming together. We meet others either as tourists when we merely slide against the surface of their life, entering hotels only to disappear from their land, or as exploiters in one disguise or another. We are living in a world where nations are divided into two main groups—those who trample on others' freedom, and those who are unable to guard their own; so that while we have too much of intrusion on others' rights we have hardly any intercourse with their culture. It is a terrorised world, dark with fear and suspicion, where peaceful races in dread of predatory hordes are retreating into isolation for security.

I am reminded of my experience as we were travelling up from Shanghai to Nanking along the great river, Yang Tse. All through the night I kept on coming out of my cabin to watch the beautiful scene on the banks, the sleeping cottages with their solitary lamps, the silence spread over the hills, dim with mist. When morning broke and brought into view fleets of boats coming down the river, their sails stretching high into the air, a picture of life's activity with its grace of freedom, I was deeply moved and felt that my own sail had caught the wind and was carrying me from captivity, from the sleeping past, out into the great world of man. It brought to my mind different stages in the history of man's progress.

In the night each village was self – centred, each cottage stood bound by the chain of unconsciousness. I knew, as I gazed on the scene, that vague dreams were floating about in this atmosphere of sleeping souls, but what struck my mind more forcibly was the fact that when men are asleep they are shut up within the very narrow limits of their own individual lives. The lamps exclusively belonged to the cottages, which in their darkness were in perfect isolation. Perhaps, though I could not see them, some prowling bands of thieves were the only persons awake, ready to exploit the weakness of those who were asleep.

When daylight breaks we are free from the enclosure and the exclusiveness of our individual life. It is then that we see the light which is for all men and for all times. It is then that we come to know each other and come to cooperate in the field of life. This was the message that was brought in the morning by the swiftly moving boats. It was the freedom of life in their outspread sails that spoke to me; and I felt glad. I hoped and prayed that morning had truly come in the human world and that the light had broken forth.

This age to which we belong, does it still not represent night in the human world, a world asleep, whilst individual races are shut up within their own limits, calling themselves nations, which barricade themselves, as these sleeping cottages were barricaded, with shut doors, with bolts and bars, with prohibitions of all kinds? Does not all this represent the dark age of civilisation, and have we not begun to realise that it is the robbers who are out and awake?

But I do not despair. As the early bird, even while the dawn is yet dark, sings out and proclaims the rising of the sun, so my heart sings to proclaim the singing of a great future which is already close upon us. We must be ready to welcome this new age. There are some people, who are proud and wise and practical, who say that it is not in human nature to be generous, that men will always fight one another, that the strong will conquer the weak and that there can be no real moral foundation for man's civilisation. We cannot deny the facts of their assertion that the strong have their rule in the human world; but I refuse to accept this as a revelation of truth.

It is cooperation and love, mutual trust and mutual aid which make for strength and real merit of civilisation. New spiritual and moral power must continually be developed to enable men to assimilate their scientific gains, to control their weapons and their machines, or these will dominate and enslave them. I know that many will point to the weakness of China and India and tell us that thrown as we are among other ruthlessly strong and aggressive world peoples, it is necessary to emphasise power and progress in order to avoid destruction. It is indeed true that we are weak and disorganised, at the mercy of every barbaric force, but that is not because of our love of peace but because we no longer pay the price of our faith by dying for it. We must learn to defend our humanity against the insolence of the strong, only taking care that we do not imitate their ways and by turning ourselves brutal, destroy those very values which alone make our very humanity worth defending. For danger is not only of the enemy without but of the treason within us. We had, for over a century, been so successfully hypnotised and dragged by the prosperous West behind its chariot that, though choked by the dust, deafened by the noise, humbled by our helplessness, overwhelmed by speed, we yet agreed to acknowledge that this chariot – drive was progress, and that progress was civilisation. If we ever ventured to ask, however humbly: "Progress towards what, and progress for whom?"—it was considered to be peculiarly and ridiculously oriental to entertain such doubts about the absoluteness of progress. It is only of late that a voice has been heeded by us bidding us take account not only of the scientific perfection of the chariot, but of the depth of ditches lying across its path. Today we are emboldened to ask: what is the value of progress if it make a desert of this beautiful land of man? And though we speak as members of a nation that is humiliated and oppressed and lies bleeding in the dust, we must never acknowledge the defeat, the last insult, the utter ruin of our spirit being conquered, of our faith being sold. We need to hear again and again, and never more than in this modern world of head – hunting and cannibalism in disguise that: By the help of unrighteousness men do prosper, men do gain victories over their enemies, men do attain what they desire; but they perish at the root.

It is to this privilege of preserving, not the mere body of our customs and conventions, but the moral force which has given quality to our civilisation and made it worthy of being honoured, that I invite the cooperation of the people of China, recalling the profound words of their sage, Lao – tze: Those who have virtue attend to their obligations; those who have no virtue attend to their claims. Progress which is not related to an inner ideal, but to an attraction which is external, seeks to satisfy endless claims. But civilisation, which is an ideal, gives us power and joy to fulfil our obligations.

Let us therefore abide by our obligation to maintain and nourish the distinctive merit of our respective cultures and not be misled into believing that what is ancient is necessarily outworn and what is modern is indispensable. When we class things as modern or old we make a great mistake in following our calendar of dates. We know that the flowers of Spring are old, that they represent the dawn of life on earth,—but are they therefore symbols of the dead and discarded? Would we rather replace them with artificial flowers made of rags, because they were made "yesterday"? It is not what is old or what is modern that we should love and cherish but what has truly a permanent human value. And can anything be more worthy of being cherished than the beautiful spirit of the Chinese culture that has made the people love material things without the strain of greed, that has made them love the things of this earth, clothed them with tender grace without turning them materialistic? They have instinctively grasped the secret of the rhythm of things,—not the secret of power that is in science, but the secret of expression. This is a great gift, for God alone knows this secret. I envy them this gift and wish our people could share it with them.

I do not know what distinctive merit we have which our Chinese friends and others may wish to share. Once indeed our sages dedicated themselves to the ideal of perfect sympathy and intellect, in order to win absolute freedom through wisdom and win absolute love through piety. Today we cannot boast of either such wisdom or such magnanimity of heart. But I hope we are not yet reduced to such absolute penury of both as not to be able to offer at least a genuine atmosphere of hospitality, of an earnestness to cross over our limitations and move nearer to the hearts of other peoples and understand somewhat the significance of the endless variety of man's creative effort.

下面是谭中的翻译（是对这篇重要讲演最新的汉译，第一次完整发表，它纠正了过去发表过的译文的一些错误）：

在人类历史上，披荆斩棘开辟道路最值得怀念，不是为机器或机关枪开路，而是有助于各民族感情融合、同舟共济。这是稀有的历史事实，我国和中国人民以个人无比毅力克服地理障碍并以异常的精神威力战胜思想隔阂而开辟出一条通道。那时代的两大领袖民族（中国和印度）不在沙场以敌对姿态会面去争夺地球的霸主地位，而是作为高尚的朋友相会，以交换礼物为荣。这通道后来逐渐退隐致使两国彼此隔绝，通道上积累了不相往来的尘埃。今天，故人重又与我们聚会，给予我们慷慨援助，使被健忘的世纪的惰性所埋没的古代通道上重新恢复过来，使我们欢欣鼓舞。

这是大喜的吉日，我盼望已久。我现在可以代表我的同胞把我们过去暗中的诺言付诸实践，承诺维持我们和中国人民之间的文化交流和友好相处。早在1800年前，我们的祖先就以无限的艰忍与牺牲为这一交流奠基。许多年前我去到中国，亲身体验到：从印度的心脏地带跨越雪山与沙漠而蔓延到远方的那股生命的洪流，使得那儿的人们的心田受到灌溉与滋润。我憧憬着那伟大的朝圣时代，那些高尚的英哲，为了信仰，为了解脱的理想，发展出对万物的十全十美的爱心，舍生忘死，离乡背井，自我流放，抛弃红尘。许多人踪影全无地消失。少数人幸存，他们的事迹传播开来——不是那种探险与侵略者为永无止境的强盗行为赢得浪漫合理性的英雄事迹，而是奉献出爱心与智慧的礼物而赢得他们的东道主在文化上永远铭记的朝圣故事。当我成为可敬民族的代表而受到（中国人民）欢迎之时，也正是我听到这些故事而为我们（印度）前辈遗留的荣耀感到自豪，我也踏着他们留下的深深脚印而游历了（中国）各地。另一方面，我却感到羞愧，我们（印度）遭受长久的厄运，我们在岁月的蹉跎中丧失了高尚事业的人类历史上最宝贵的伟大价值。

我对中国的东道主说：朋友，我此行的目的是请求重开我们之间的交往通道，相信它依然存在，即使荒草丛生也不致辨认不出。前辈的那种洪亮声音我不具备。前辈的那种聪慧炯识我不具备。我的毕生成就也欠缺能使我这一恳请功德圆满的觉悟。我们印度是被击败的民族，我们没有政治、军事或商业的威力，我们也不知道怎么去在物质上帮助你们或伤害你们。但是很幸运，我们仍然是你们的座上客，仍然是你们的东道主，仍然能和你们像兄弟似的、朋友似的欢聚。让我们欢聚一堂吧！我邀请你们去我们那儿，就像你们邀请了我来这儿一样。也不知道你们听说过我在印度办的学校没有？它的唯一宗旨就是欢迎全世界进入印度的怀抱。让我们把障碍变成通道吧，让我们联合起来，不是把我们之间的差异搁置一边儿，而是通过差异联合起来！差异是消除不了的，生活中如果没有差异，那将会太贫乏无聊了。世上所有民族都应该保持各自的特性而走到一起，不搞僵死的千篇一律，而是生气勃勃地团结一致。

那情景现在都变成现实了。今天在座的中国朋友给我们带来友谊与合作的礼物。今天要揭幕的中国学院将成为那种与时俱进的、宏观的（中印）了解的核心和象征。来自中国的学生和学者们将住在这儿，变成我们的一部分，他们和我们将分享彼此的生活方式。他们将为我们的共同事业献力，逐步使得已经中断了许多世纪的两国人民之间硕有成果的伟大事业重新建立。我希望国际大学永远会和现在一样成为来自东西方各国人士的欢聚之所，这些都是提倡人类团结的人士，为了信仰而不怕吃苦。虽然他们的努力可能太微薄而不能载入史册，我对他们表示敬意。

可能有人认为，大城市差不多都变成国际大都会了，我的这种加强联系的特殊邀请已经大可不必了。不幸的是，今天人们之间的交往比过去交通不发达时代更使人们疏远和异化。我们痛心地发现：错误的亲近最使人们分道扬镳。人们似乎相互阻碍、躲避、设障而走不到一块儿。相会的人们只是那种从彼此的生活表面一闪而过的旅游者，人们住进外国客栈为的是要从那儿消失。还有另外一种人们的相会，他们都是一些披着各种伪装的剥削者。我们生活的世界上只有两类民族——践踏别国自由的民族与无力保卫自己的民族。过多侵犯别国权利的人们却几乎不与别国开展文化交流。这是一个恐怖的世界，恐惧和猜疑的乌云笼罩，爱好和平的民族畏惧掠夺者，为了安全而退缩到孤立的绝境。

我还记得从上海乘船沿着长江去南京的经验。我晚上不断走出船舱看岸上的美景。孤灯闪烁的入睡的村庄，山间的静寂，薄雾朦胧。黎明照耀着江上的船队，风帆招展，构成自由烂漫的生活画卷。我深深陶醉，感到自己生命之舟一帆风顺，从囚禁中解放，从以往的酣睡到进入人类的伟大世界。我的脑海出现人类进化历史的不同阶段。

入夜，每个村庄变成自我中心，每个村落都被无觉悟的链条锁住。我看到这一景象就知道，这些沉睡的灵魂的迷梦浮荡，更使我强烈地意识到：沉睡使人们关闭在个人生活的狭窄圈内。村庄的孤灯在黑暗中是完全孤独的。虽然我看不见，一定还有那么一些清醒的鬼鬼祟祟的小偷，正在忙于利用沉睡者的弱点，从中取利。

黎明以后，人们走出个人生活的狭隘圈子而自由活动，然后认识全人类以及从古到今的真相，然后互相了解并在生活领域中合作。这就是快速前进的航船在黎明带给我的启示，也就是生活的自由风帆招展和我对话。我感到高兴。那时我希望也祈祷黎明真正降临人间，光明普照大地。

我们现在所处的究竟是怎么样的时代呀？它不就是人间的黑夜吗？！这人间不就在沉睡吗？！各个种族群体不正是藏在自己的界限以内，称自己为民族，就像这些沉睡的村庄那样，用门闩、插销把屋子关紧，使出各式各样的限禁？！所有这一切景象不就是代表文明的黑暗时期吗？！人们有没有意识到：只有小偷是清醒着，在外面到处活动？

我并没有垂头丧气。正像在黎明前起床的小鸟，唱着歌迎来旭日之升，我的心唱起歌来，宣告伟大的未来正在歌唱，它已经向我们走近。我们必须随时准备迎接新时代的来到。有些骄傲、聪明、务实的人们说，人之初，性本虐，杀戮成性，恃强凌弱，人类文明毫无道德根基。他们所举的人间发生的一些事实我们无法否认，但我绝对反对把这种说法当作真理。

文明的威力与优越性在于合作与爱心、互信与互助。我们应该不断地发扬精神和道义力量，使人类从科学进步中获益却把武器、机关枪控制起来，否则人类倒会被它们凌驾和奴役。当然会有人指出中国和印度有它们的弱点，因此要我们在已经被投入世界的无情、强悍与侵略成性的民族中间也必须逞强、上进，以免毁灭。诚然，我们软弱、缺乏团结，所有野蛮势力都来欺侮。但那并不是因为我们爱好和平，而是因为我们不再舍身取义。我们必须学会反对强权霸道、保卫人类，但不东施效颦而使我们自己变成强暴，使得我们最珍贵的人性遭到毁灭。因为危险不仅来自外部的敌人，也来自我们内部的不义。一个多世纪以来，繁荣的西方把我们绑在大车之后、拖在地上，虽然是灰尘呛鼻，喧声震耳，孤立无助，被速度震撼，我们却仍然把这种被人拖在车后看成是一种进步，把这种进步当作文明。请让我冒昧地提问：这是向何处进步？是为何人而进步？这一提问已经被认为是我们东方对进步的绝对必要性所持的特有的、荒唐的抵制了。只是在最近，我们才听到另一种声音，要我们留心，虽然飞车有其十全十美的科学性，但前进路上却有个深坑。我们今天要壮起胆来质问：这种把人类秀丽的山河变为荒漠的进步有何价值？我们意识到自己被羞辱、被压迫，遍体尘埃，浑身是血，可是我们从不承认失败，因为那是最大的侮辱，那是志不可辱的毁灭、是自信心被出卖。我们应该不停地、特别在当今这样伪善的猎取人头与吃人的现代世界、重复这一信念：不仁者可以致富，好战者可以战胜，贪婪者可以有求必应，但他们都会从根底上烂掉而身败名裂。

  我邀请中国人民合作正是为了争取继承的权利，不只是继承我们风俗习惯本身，而是继承我们文明之所以荣耀的道义力量。我特此引他们（中国）哲人老子的精辟名言："有德司契，无德司彻"。只受外来诱惑而无内在理想的所谓进步，似乎为了满足无穷尽的要求，但作为理想的文明，却能给我们带来尽忠职守的力量与愉快。

  那就让我们尽忠职守来继承与发扬各自文化的优点而不误信旧的总是过时、现代的总是不可或缺吧！从日历时间先后来区别古老与现代是错误的。春天的花朵是地球黎明的代表，如果它们旧了难道就变成死亡与废弃的象征了吗？！难道能用昨天的布条做成的假花取代它们吗？！我们所爱所惜的并不在于它究竟是古老还是现代，而是在于它有着永恒的人间价值。试问能有任何比中国文化的美丽更值得向往的东西吗？中国文化使得人们爱物质却不贪婪，使人们喜爱世上的一切又把一切变成那么温柔可爱却不提倡物质主义。他们（中国人）本能地掌握了事物旋律的奥妙——不是科学威力的奥妙，而是情感的奥妙。我羡慕他们这一天分，希望我们（印度）人民能够与他们分享这一天分。

也不知道我们究竟有何优点值得中国和其他朋友来到我们这儿一同分享？我们的圣哲过去的确功崇惟志，厚德弘道，志通解脱，敬生博爱。他们的博厚聪智与我们今天相比真有天壤之别。但愿我们在德智两方面仍能尽地主之谊，诚挚地超越本能的局限性，和其他各国人民同心同德，尽量认识人类创造的无穷万象。

这哪儿是一般的开幕词呀！？简直是一篇战斗的宣言！谭中和一些印度学者认为，这篇讲话和1941年泰戈尔临终前宣布（也是在4月14日孟加拉新年那天，泰戈尔已经气力很弱，让别人宣读）的《文明的危机》，是泰戈尔两篇最突出的、互相共鸣的伟大作品。它所涉及的是如何冲破文明的"黑暗时期"，如何迎接文明新时代的曙光。谭中熟悉泰戈尔1924年在中国的讲演内容，认为这中国学院成立庆典上的讲话是他1924年在中国讲演的最精辟的总结。泰戈尔说"那情景现在都变成现实了"，是把"中国学院"的建立当作他1924年访华所作的努力的结果。"今天要揭幕的中国学院将成为那种与时俱进的、宏观的（中印）了解的核心和象征"。泰戈尔这样说也就是把"中国学院"的建立看成历史动力的本身，把它提到推进中印了解的高度。

我们还要看到在这篇讲话中，泰戈尔两度提到他在圣地尼克坦办学建立"世界鸟巢"的理想时说："它（国际大学）的唯一宗旨就是欢迎全世界进入印度的怀抱"与"我希望国际大学永远会和现在一样成为来自东西方各国人士的欢聚之所"这些话。这也就是说，谭云山帮助泰戈尔建立的"中国学院"是被泰戈尔看成实现他毕生理想的事业高潮之一。

印度人与中国人一样，有"开张大吉"传统习俗，像中国学院成立这样的大事，当然必须举行隆重的庆典活动。泰戈尔认为这是一桩头号大事，应该邀请一位印度著名人士来揭幕。他首先想到了在印度享有崇高威望的圣雄甘地。与甘地联系了以后得知，甘地已经有了到其它地方去的日程，不可更改，他便改请另一位著名人物尼赫鲁前来。不过，泰戈尔仍然给甘地写了一封信，全文如下：

我亲爱的圣雄：

我从玛哈德瓦Mahadevan（甘地的秘书）写给钱达Chanda（泰戈尔的秘书）的信上知道，您另外有会议安排不能来圣地尼克坦参加中国学院成立庆典，这使我很失望。我只好请尼赫鲁帮忙。他接受了我的邀请，这我很感激。我认为，我的中国朋友和我们自己，都很希望您能为这一喜庆寄一封祝贺信来，表明你愿赏光，在一定程度上支持中印学会。如果您不反对这样做，请将贺信在本月 12 日前寄给我。庆典将在 14 日举行。

向您致以爱慕！

泰戈尔
1937 年 4 月 5 日

泰戈尔和甘地虽然政治主张不同，人生道路也不一样，但彼此欣赏，结下了深厚的友谊。他的信虽然措词客气，却委婉地表示了他的意愿，请甘地重视中国学院成立这件事，也请甘地对中国学院有所表示。甘地很快回信给泰戈尔，可以当成一封祝贺信件：

如果我不是要在当天去贝尔高姆 Belgaum，我一定会去参加庆典同时也探望您与圣地尼克坦的。我已经有好几年没去您那儿了。尽管这样，我在精神上会同你们一起庆祝。祝愿中国学院成为中印两国当今来往的象征。

送给圣雄甘地的邀请函，是从谭云山办公室发出去的。谭云山除了代泰戈尔寄出了给甘地的信外，自己也写了一封邀请信给圣雄甘地。甘地回信给泰戈尔的同时，也亲笔给谭云山写了回信：

感谢你的来信。我已经写信给师尊泰戈尔表达了我完全不可能参加成立庆典。诚然，我们希望开展两国之间的文化交往。你做了有价值的努力，祝你成功！

甘地
1937 年 4 月 9 日

泰戈尔写信给印度国大党主席尼赫鲁，请对方到圣地尼克坦主持中国学院成立庆典，以他那德高望重，又和尼赫鲁交情深刻，信中明显地用了吩咐的口气，而不是恳求。他说：

谭云山

这庞大的图书馆以及5万卢比的基金，是中国人民赠送给印度人民的礼物。如果我们看不到它的意义那就太可惜了。这一捐助的机构——中印学会——是由中国社会领袖们组成……这就使我们有义务必须用恰当的友谊和合作的精神来迎接这份礼物。而中国学院的庆典仪式，应该隆重到使我们的中国朋友觉得我们是不会辜负这份瑰丽礼物的人。我认为你是主持这庆典仪式最恰当的人。你一定要去！

泰戈尔既然这样恳切，尼赫鲁乐于应承。他接到泰戈尔的信时虽然身体有点不适，但对泰戈尔如此重大的盼咐不敢怠慢，心想即使有点小毛小病也得赴会，就满口答应了。泰戈尔发出的邀请信中都宣布了尼赫鲁会来为中国学院揭幕以表隆重。不料，到开幕前一天，尼赫鲁突然发高烧，不能出远门了。他赶忙写了一封信，叫女儿英迪拉连夜坐火车送去圣地尼克坦，代表他出席庆典仪式。尼赫鲁在信上说：

生病竟会使我不能参加明天在圣地尼克坦举行的中国学院成立庆典，使我不能实现我的诺言，对此我感到非常惭愧。我很少遇到这种情况，我答应参加成立庆典时是抱着充分信心能参加到这伟大典礼中来的，它的伟大在于它勾引起对远古往昔的回忆，伟大也在于它使我们寄望于将来的同志关系，能使中印两国更紧密联系起来。过去我们（中印两国）有那长久的友好交往和相互影响的历史，从未受到政治冲突和侵略行为的干扰！我们一直是在思想、艺术、文化方面进行交换，取长补短，彼此丰富各自的民族遗产。

……

中国和印度，从历史的黎明以来就成为姊妹民族，彼此都有悠久的文化传统和思想的和平发展，应该在世界舞台上扮演主角……

我们都知道，尼赫鲁是受到泰戈尔的影响而特别主张中印友好的。他和谭云山也有很深的私人交情，这点以后还会谈到。前面我们已经提到，尼赫鲁是"中印学会"的名誉主席。他从一开始就支持泰戈尔和谭云山建立"中国学院"加强中印文化交流的事业。"中国学院"建立以后，他是常客（一有机会去圣地尼克坦就一定去"中国学院"拜访谭云山），独立后变成印度的开国总理仍然是这样，他是世界名人与政要光临

"中国学院"最多的。

泰戈尔还写信邀请了当时英国殖民政府孟加拉邦的首席部长哈克 Abul Kashem Fazlul Huq。他是孟加拉的政治家（伊斯兰教徒），有不凡的生涯，曾当过印度国大党的秘书长、加尔各答市长、孟加拉邦首席部长，在印巴分治以后又当过东巴基斯坦（现孟加拉国）的首席部长、巴基斯坦的内政部长以及东巴基斯坦的总督等等。泰戈尔3月29日向他发出的信上是这样写的：

不久前，我从中国朋友那儿得到一个图书馆（的书）以及一笔可观的款项用来在国际大学为中印学会建立一个学术机构。这个中印学会是由蒋介石元帅及其他国家部长组成的，但这件礼物应该被看作是中国人民对印度的友谊和好意的表示。如果低估这一赠予对国家的重要性以及它的国际价值那将是严重的错误。我们如果没有恰当的精神与适合的姿态来接受这一礼物就是我们失责。……虽然我知道你的事务很忙，但由于这成立典礼的历史重要性，所以我毫不犹豫地恳请你参加。

这段话中，泰戈尔把"中印学会"说成是"由蒋介石元帅及其他国家部长组成的"（当然并不准确），是故意在一位政府要人面前强调了中国学院的建立有了中国领导人的参与，以吸引这个政府"首席部长"（即总理）的注意。泰戈尔与哈克大概也很熟，信中好像用了教训式的口吻来突出中国学院这件"礼物"的国际意义。这也算是一段历史佳话。

泰戈尔邀请来参加开幕式的社会名流很多，其中还包括印度著名的贝纳拉斯印度教大学（Benaras Hindu University）创始人、著名印度学者、政治家（曾被选为印度国大党主席）兼社会领袖马拉维亚（Madan Mohan Malaviya）。泰戈尔4月2日写给马拉维亚的信上说：

你已经从谭云山教授那里知道建立中国学院的事，你一定会高兴地知道中国学院现在已经落成，将由尼赫鲁于本月14日（孟加拉）新年元旦开揭幕，这是有历史意义的大事，因为它又一次揭开印中文化交流的帷幕。我们一定要尽一切努力把成立庆典仪式弄得越隆重越好。我正在邀请一些朋友来到会，特别希望你拨冗光临。

泰戈尔把中国学院成立庆典看得这么重要，为举行成立庆典负具体责任的谭云山（有泰戈尔的秘书钱达和他配合）更是忙于寄信、打电报，还特别敦促中国要人们寄来贺电。在成立庆典上宣读的有两份重要的贺电：一份是以中国政府蒋主席的名义发的，另一份是以"中印学会"领导人的名义发的。第一份贺电的内容是：

泰戈尔先生：

  中国学院成立，曷胜欣慰，愿共同努力发扬东方之学术与文化，以进人类于和平幸福之域而谋大同世界之实现，谨电驰祝，并颂先生健康。

蒋中正

  第二份贺电的内容是：

泰戈尔先生惠鉴：

  中国学院成立，曷胜欣慰，愿共同努力发扬东方之学术与文化，以进人类于和平幸福之域而谋大同世界之实现。谨以至诚祈中印文化合作伟大之成就，并祝

先生暨诸同志健康。

蔡元培、戴季陶、陈大齐同叩

  可以很明显地看出，这两份贺电是同一个人起草的，此人非谭云山莫属。

  泰戈尔在成立庆典上把中国学院成立提到文明振兴的高度以后却让谭云山全权操作去使中国学院为实现崇高理想而努力。谭云山在1933年"中印学会"启动以后就一直是这一事业的火车头，中国学院成立以前，他是没有任何名义的实干家，中国学院成立以后，他有了名义，成为当然院长。按正常说法，他这"院长"是泰戈尔聘任的，其实没有任何聘书。这是一种非常特殊的现象，我想简单交待一下。

  正像谭中指出的，中国学院的筹备与建造以及中国学院成立以后的运作（一直到1951年国际大学变成由印度中央政府大学拨款委员会财政支持的"国立大学"为止），没有用过泰戈尔的国际大学一文钱。名义上

说，中国学院的筹备与建造以及中国学院成立以后的运作都是"中印学会"出钱，中国学院成立以后，它实际上变成中国国民政府教育部属下的一个机构，中国政府负责其绝大部分经费。这当然不是说，中国学院是由中国政府操作、借了国际大学的地点来活动的机构，因为它的建立与运作本身，正是像泰戈尔所反复强调的：是中国送给印度的一份"礼物"（没有任何政治的、经济的、或者其它的目的）。再有，中国学院的一切活动都是由谭云山独自操作，而谭云山却是个典型的"并无世俗习气，只有书生本色"（国民政府外交部长王正廷的话）的读书人，是泰戈尔的忠实信徒，是全心全意投入实现泰戈尔理想的伟大事业中去了的。总而言之，泰戈尔与谭云山之间，从1928年开始就不是、现在当然更不是雇主与雇员的关系，他俩都是中印文化交流神圣事业中的同志与忘年交。

我强调这点并不是要冲淡中国学院作为国际大学一部分、作为学术研究机构的重要性。从国际大学、从学术研究来看，中国学院建立起来以后，圣地尼克坦就有了两大新内容。第一，泰戈尔的"世界鸟巢"学府从此就有了永久性的中文班、永久性的中国研究机制以及永久性的中文图书馆，出现了一种新学术领域——中印学。第二，正像泰戈尔揭幕词中所说，国际大学成为中印文化与中印学术交流的前沿阵地。谭云山主掌中国学院立刻就把这两大任务抓起来，立竿见影。

中国学院院长谭云山积极执行这两项任务具体抓的是两点：一是在学院中建立起印度研究、梵文、佛教的雄厚力量，二是利用学院的奖学金与住宿吸引国际学者、特别是中国学者来进行交流。我们先看第一点，他邀请了许多著名印度学者住进中国学院。他们中间有：（1）曾于1924年在国际大学从林我将博士学过中文的郭克雷 Vasudev Gokhale 于1937-38年担任梵文兼藏文教授；（2）与谭云山1928年一进国际大学就成为好友的、前国际大学教务主任夏斯特利于1938-45年担任研究部主任（并于谭云山出国期间照顾学院的事务）；（3）1924年在国际大学从列维教授学过中文、现代印度第一位汉学家师觉月于1945-47年担任研究部主任；（4）著名佛学家兼汉学家巴帕提（P. V. Bapat）于1945-48年担任教授（并于谭云山出国期间照顾学院的事务）。这四位是特别有名的。师觉月后来成为北京大学第一位印度访问学者，回印度后就担任国际大学研究部主任，以及成为国立大学后的国际大学第一任校长。1956年印度庆祝佛陀诞生、成道、涅磐2500周年，按照尼赫鲁总理的旨意特地在德里大学建立佛学系，其第一、二任系主任就是巴帕提和郭克雷。中国学院雄厚的印度研究实力显而易见。

再看第二点，1937年有了中国学院以后，圣地尼克坦的国际气氛大大加强，不但来了许多中国学者，还有亚洲其他国家的学者与佛教高僧也慕名前来，由于宿舍不够用，谭云山又在中国学院后面加盖了四所供家属住的屋子，其中一所变成1939年夫人陈乃蔚带了儿女来圣地尼克坦以后的谭家住宅。这所名叫"季陶斋"的宿舍，以前只是外国学者的公共食堂，后来加盖了一间大房，就成了以后谭云山夫妇的卧房和客厅，在那儿接待过许多名人。

顺便应该谈一谈中国学院的"风水"（我指的不是迷信，而是中国文化传统的一种得到国际好评的神秘的、奇特的、创造性的"天人合一"的风景观）。泰戈尔把圣地尼克坦最好的一块地方腾出来建设中国学院，中国学院在整个校园占的是"咽喉重地"的地势。中国学院既然是中国送来的"礼物"，泰戈尔就让它用中国的风格"包装"起来。这个任务落到谭云山头上了（国际大学派了建筑师帮他设计蓝图）。那是一片平地，但谭云山的设想是在山顶上建庙，他的构想是中国名胜中那种陵墓式的建筑，背靠火车站方向，面对大学图书馆和"芒果林"天然课堂，远望泰戈尔的居住区"北照区/乌塔拉扬"（Uttarayan，"太阳向北移动"的意思）。中国学院主楼中央镶着中华民国主席林森写的端正秀丽楷书"中国学院"四个大字，从远处就能看到。这座建筑在概念上是中国式，但外表上有印度建筑的特征，因此与周围的环境形成天然的结合。它建成以后一直是圣地尼克坦最雄伟的建筑物，虽然近年来老校园的周围有了比它更高的楼房，但它的气势仍然不减。院内大厅正中墙上有印度著名画家、已故国际大学艺术学院院长鲍斯（Nandalal Bose）临摹的印度著名阿旃陀石窟的"降魔图"，大厅外的墙上还有鲍斯带领学生画的阿旃陀式的壁画。这一切，都使"中国学院"成为印度的一个旅游景点，吸引全国各地以及外国参观者，直至今天仍然如此。

1937年印度还没有独立，但"中国学院"建成以后，中国和印度的学术、文化交流就因有了学术机构为基础而逐渐开展起来，特别是1939

年由谭云山穿针引线而促成的印度独立运动领袖尼赫鲁访问重庆与昆明，尼赫鲁与中国国民政府达成协议，两国开始交换访问学者与留学生。40年代由圣地尼克坦派到中国去的印度留学生中出了一些杰出人物。例如不久前去世的白春晖（Vasant Paranjpe），在50年代变成尼赫鲁的中文翻译，后来成为印度外交官，是全世界少有的普通话说得比非北京的中国人更标准、更地道的"老外"之一。他退休后晚年写了许多报刊文章，称赞中国，宣扬中印友好。还有南希珍（K. Vankataramanan），到北大留学以后回到国际大学担任哲学系教授，谭云山退休后由他接任中国学院院长，由于精通中文、研究佛学，在学术上有一定贡献。还有泰无量（Amitendranath Tagore），原是中国学院的研究生，到北大留学以后回到中国学院教中文，后来到美国宾夕法尼亚大学与奥克兰大学执教，现退休回到圣地尼克坦闲居。中国派到印度的交换留学生中，有沈琦（后来到台湾当外交部高官）、王汉中、魏圭荪（在印度取得博士学位后长期在中国学院教中文，后来当过中国学院院长）等人。1940年，太虚大师率团访问印度、锡兰及东南亚佛教国家，回国后征得教育部同意，派遣弟子法舫、白慧、达居三人赴印留学。后来，达居留在缅甸学习巴利文，法舫和白慧到了印度，进入国际大学攻读。

还有许多中国知识分子不是经过政府渠道，而是以中国学院为媒介（有些人得到中国学院的奖学金）而去中国学院访问、或者到国际大学留学的。其中许多人都回到中国以及世界其他国家而做出贡献。有最早参加中国学院的巴宙，长期在印度、锡兰（斯里兰卡）教书，后来成为北美的宗教学权威，从艾奥瓦（衣阿华）大学（Iowa University）退休。有先在印度孟买大学取得博士学位然后到中国学院的周达夫（后来改名"周达甫"），与师觉月合作写了《菩提伽耶的宋代中文碑铭考》文章，后来回国先后在中山大学、北京大学、中国社会科学院任教授，著述很多。有1945年到中国学院的徐琥（后来改名"徐梵澄"），又从圣地尼克坦去印度南部的印度现代圣哲奥罗宾多（Sri Aurobindo）的学苑教书与从事翻译（他用文言文把许多阿罗频多的著作都译成中文由该学苑出版，七十年代末退休回国，在中国社会科学院任职，颇有名气）。有与徐琥同时在中国学院的国画家游云山女士，后来去香港出家，成为"晓云法师"，后来在台湾创办华梵大学，把泰戈尔的办学风气传到台湾。有1947

年由谭云山从中国带去圣地尼克坦的陈祚龙，在印度得到学位以后又去英国、法国留学，获得法国巴黎大学文学博士，长期在巴黎大学任职，现任法国国立远东学术院院士，在台湾学术机构也担任过教授及研究员，对佛教学及敦煌学造诣甚深，蜚声国际学界。有40年代在中国学院的吴晓玲与石素真（又名"石真"）夫妇，他们回国后先在北京大学、后在中国社会科学院工作，石素真成为中国最早的孟加拉语专家之一，翻译了许多著作。还有50年代初由香港去中国学院的冉云华，长期担任中国学院图书馆主任并从事中印研究，得国际大学历史博士，后来去加拿大麦克马斯特大学任教，成为北美宗教学权威，在台湾学术界也有名。

还有一些到过印度的中国学者都和谭云山及中国学院有过渊源。其中知名的有金克木，后来成为北京大学发展中印研究的前辈之一。有研究艺术的常任侠和他的女婿杨瑞麟，后来都在中国社会科学院工作。还有巫白慧（在中国学院时是法号"白慧"的和尚），后来成为中国社会科学院研究印度的台柱，1984年被国际大学授予最高荣誉、名誉文学博士学位。还有"中印学会"的赞助人之一、著名画家徐悲鸿，也因为有了中国学院而到圣地尼克坦住了一年。1939年他在圣地尼克坦举行画展时，泰戈尔在欢迎词中说："我满心欢喜，期待着我们与邻国一同步入温暖的亲谊时代，期待着（文明）历史力量在东方施展，把我们从四面袭来的黑暗中解救出来。"徐悲鸿在致答词时说：

圣地尼克坦是我理想中的艺术文化中心。……全世界都应该来此朝圣，呼吸这儿在印度伟大诗人灵感的直接领导下的创作努力的愉快气氛。我的来访就是朝圣。我不是来给予而是来接受印度像过去那样给予我国和我国人民的伟大礼物。

"中印学会"的赞助人特别到圣地尼克坦去探望谭云山和参观中国学院（他们送给印度与泰戈尔的"礼物"）的还有太虚法师和戴季陶。1939年，太虚法师率领一个佛教团体到"西天朝圣"，在中国学院住过一个星期。1940年11月3日至12月14日，戴季陶访问印度。他参观了国际大学，会见了泰戈尔，在中国学院住了三天，并捐赠6千卢比。1942年2月9日至26日，蒋介石偕夫人宋美龄访问印度。2月19日，蒋介石与宋美龄专程赴国际大学参观，在那里住了两天一夜，并向泰戈尔纪念馆馈赠 5 万卢比，又向中国学院捐赠 3 万卢比。如果把 1957 年周恩来总理访问国际大学、接受名誉学位以及参观中国学院加在一起，中国学院创造了两次迎接中国最高层领袖的纪录。至于印度最高层领导参观过中国学院的次数，那就多了。

图书是中国学院这份送给印度的"厚礼"的重要组成部分。先是谭云山向中国各大出版事业募捐得数万册书籍，后来 1957 年周恩来总理访问圣地尼克坦、接受国际大学荣誉学位以后，又向中国学院捐赠了许多（如《万有文库》、《丛书集成》等）大丛书。从国际大学保存的档案中查出，当年通过谭云山"化缘"而得到的向中国学院捐赠图书的机构有国民政府教育部、湖南省政府、中央研究院、北平研究所、北京大学、重庆大学、四川大学、新亚洲文化社、宋藏民国协会、商务印书馆、医学书店、佛学书店、叶先生（Yeh Yu–Fu）、朱先生（Chu Tzu–Chiao）、何先生（Ho Yun–Chiao）等。中国学院图书馆收藏的 10 余万册中文书，除了有好几部连国外著名图书馆都少有的"珍本"以外，整个收藏对研究中国历史、文化都是重要的一手资料。前面提到的冉云华的成就最足以证明这一点。冉云华十余年和书籍打交道，据他自己说，每天要看完一本书。那一段经历使他成为一本"活字典"（walking encyclopaedia）。后来他去到加拿大一鸣惊人，北美各大学研究中国的专家教授都经常向他请教，因此出名。

六、团结印度抵抗侵略

中国学院开幕两个多月以后，决定人类命运的一件大事——抗日战争——打响了！1937 年 7 月 7 日，卢沟桥事变爆发，日本军国主义变本加厉地疯狂进犯中国，中国人民忍无可忍奋起抵抗，抗日烽火燃遍中华大地，广大华北的黄土地上已经摆不下一张平静的书桌了，谭云山坐在中国学院楼上的院长办公室里心情也不能平静，他身在异乡，心忧祖国。

日本吞并中国，图谋已久，发动卢沟桥事变，凶猛挺进，很快就占领了沿海各大城市，进一步向中国大后方伸延。这一形势的发展是谭云山和夫人陈乃蔚几年前回国时所没有预见到的。谭云山从 1934 开始穿梭中印之间，那时已经有了谭中（大果子）、谭正（二果子）、谭立（三果子）三个儿子，维持家庭、抚养下一代的责任就落到夫人陈乃蔚的肩上。说也奇怪，我姨妈陈乃蔚和我母亲陈策笙年轻时候，都是富有冒险精神、远离祖国去开创新时代新事业的新型女性。她们在结婚以后却立刻回归到中国传统，变成贤妻良母。姨妈陈乃蔚的打算是当好后勤，让姨父谭云山安心致力于中印交流的事业而无后顾之忧。她喜欢住在离老家不远的长沙。起初带着孩子在城中离第一师范学校不远（主要为了谭中到一师附小走读）租房住下。恰巧那时我父母从法国回来，父亲在长沙的湖南资源委员会找到工作，姐妹两家人就住在一个屋里。我大姐胡仁（乳名"丽丽"）年龄在"大果子"谭中和"二果子"谭正之间，三人小时候一起玩。后来我父亲换了工作，我们家（那时还没有我）离开长沙去了湘西，姨妈陈乃蔚就在长沙北门外买了块地，建了一栋两层红砖小楼房，和四个孩子（那时大女儿谭文也出生了）搬进去住，谭中和谭正就在附近的枫林小学念书。从年轻时代勇闯江湖、越洋跨国一变而为安土重迁的陈乃蔚满以为可以在长沙长期安居，把下一代好好儿地教育成人，但动荡的国际形势不给她的长期打算开绿灯。

抗日战争打响，疯狂的"日本鬼子"占领沿海各省，就想把从汉口到广州的粤汉铁路打通，地处粤汉铁路中段要害的长沙就变成"日本鬼子"的眼中钉，他们攻不下长沙，就拿长沙的老百姓出气，每天都派飞机对长沙的民房进行狂轰滥炸。谭云山夫人陈乃蔚和四个小孩住的红砖房，周围都是绿油油的菜田，变成了日寇残暴的攻击目标。为了安全起见，陈乃蔚请人在房后修了一个简单的防空洞。一听到空袭警报，就把门窗锁上，带着四个孩子躲进防空洞中。有一天，一架日机飞来到，低空盘旋，对着红砖房扔下一枚炸弹。炸弹没有命中目标，在偏离房屋20公尺左右的田中爆炸，炸出一个小池塘大的深坑，溅起的泥土把一个趴在田埂上的农民活埋（警报解除后把他救出来，已经断气了）。

70余年过后，谭中回忆起当时的情景，仍然心有余悸。在防空洞里，起初空中机声隆隆，与地面高射炮的子弹交织成恐怖的气氛。过了不久，不但听到爆炸声震耳欲聋，而且有一阵气浪刮过来使人窒息。不到10岁的谭中感到天翻地覆，弟妹们也号啕大哭，谭中感觉到好像一切都完了。等了很久以后，解除警报响了，陈乃蔚带着孩子走出防空洞，看见红砖房屋无恙，但锁着的大门被冲开，窗玻璃全都粉碎，似乎是死神刚刚来访问过。在这种情形下，陈乃蔚十分焦急、慌乱，马上打电报到印度叫谭云山回来。

中国学院建成以后，谭云山完成了友人蔡元培、戴季陶等交托的重任，本来也应该回国向他们以及其他"中印学会"的赞助人汇报，同时把今后中国学院如何开展工作的计划告诉他们，取得经费上的支持。现在夫人陈乃蔚的火急电报到了，更使他赶忙准备回国。泰戈尔和其他国际大学的友人也很体谅他，同意他回国去把家人安顿好。泰戈尔还让谭云山带一封信给中国国家元首蒋介石，支持中国抗战。

谭中记得小时候母亲常说："爸爸是个书憨子（湖南话做事慢吞吞的意思），人家着急他不急"。谭云山素来乐观、镇静、临危不慌，这是事实。但家小在长沙面临生命的危险，他当然也是着急的。可是一来他必须把中国学院的事情交待好才能离开，二来中国英勇奋起抗日，国际舆论肃然起敬，印度朋友同情关心，他也必须积极发表言论，争取印度舆论支持中国抗战。陈乃蔚的电报到达之时，以国大党领袖尼赫鲁为首的一场反对帝国主义、支持中国抗日的轰轰烈烈的运动已经在印度民间展开，泰戈尔和谭云山都已经投入了这场运动中了。

"七七事变"刚过两个月，尼赫鲁于9月10日提出每年9月26日这天定为印度的"中国日"，全国各地举行集会反对日本侵略、支持中国抗战，在集会时募集款项支持中国抗战。1937年9月30日，尼赫鲁在公开讲演中说："我们已经向我们的中国兄弟姐妹们表示了深切的同情。但仅仅同情是不够的。让我们做更多的事，帮助处在困难时刻的中国人民。"泰戈尔带头响应这一"中国日"运动，他个人捐款500卢比，国际大学举行义演，募得5000卢比。谭云山也投入"中国日"的活动中，在国际大学并到外地讲演，把中国人民抗战的真相告诉印度朋友，击败日本在印度的歪曲宣传。

接到夫人陈乃蔚的急电后谭云山决定回国，立刻写信告知好友尼赫鲁，尼赫鲁很快就回信说说：

你要回中国去了，我希望你把印度人民的深切同情转告给当前正在经受折磨的中国人民。你一定要告诉他们印度人民如何怀着焦急和痛苦的心情关注着日本军队对中国的侵略，如何对侵略者的暴行感到震惊……以往无数世纪中，中国和印度倡导了人生的某些理想……我深信这些理想会使我们两国在世界和平和自由的事业中共同合作。

1938年8月11日，尼赫鲁在加尔各答的《前进》日报发表了一篇题为"印度为何支持中国"的文章。文章说："有很多原因使印度对中国寄予同情"，他说："印度和中国一样，都是向往民族自由并为此而斗争的，两国应该团结起来反对那种为了剥削与征服的帝国主义欲望，宣誓阻止帝国主义在彼此国家中使用他们本国的人民和军队。应该共同保卫自己，不和帝国主义侵略者发生任何经济关系，做好准备，共同打击一切帝国主义，并在彼此需要的时候雪中送炭，进行金钱、药物和其他一切可能的支援。"为此，他认为印度应该完成四项任务：

（一）应该不断地谴责把印度军队送往中国，要求从中国撤回印度军队以及在英国领事馆工作的一切印度人员。

（二）应该有效地抵制日货。

（三）应该教育人民决不向英国在战争中提供人力、物力。

（四）应该付钱给中国，直到他自己感到拮据为止。

尼赫鲁于1938年以国大党名义向中国派遣了五位印度大夫：爱德华（M. Atal），卓克华（M. Cholkar），柯棣华（Dwarkanath Kotnis），巴苏华（B. K. Basu）和莫克华（D. Mukherji）组成的印度援华医疗队。五位印度大夫到达汉口时，谭云山也在那儿。他帮助五位印度朋友适应中国的生活，解决他们面临的困难（巴苏华大夫于七十年代在德里大学讲话回忆当年的情景时说："谭云山教授在那儿对我们有很大的帮助"）。这五个人的中文名字都是谭云山为他们取的，谭云山特别在他们每个人的名字中都加进了一个"华"字，这样，他们的名字就都紧紧地与中国的命运联系在了一起。

日本侵略中国，世界上大多数国家都支持中国抗战，印度人民也不例外。可是我们应该看到，印度是一个受了两百多年西方侵略的国家，印度政治的主旋律是反对英殖民主义。在这一总的背景下，20世纪日本的崛起得到了印度人的赞赏，认为这是代表东方人出了一口气，认为日本是亚洲各民族的榜样。泰戈尔年轻时对日本非常敬佩。1902年日本国立艺术大学校长冈仓觉三（冈仓天心）访问印度，就住在泰戈尔的加尔各答家中,和泰戈尔促膝谈心,两人在"泛亚主义"上产生共鸣。1905年日本战胜俄国,泰戈尔燃起营火庆祝。此后他结识了许多印度日本朋友,并于1916年、1924年及1929年四次访问日本。由于泰戈尔亲日,孟加拉上层社会对日本文化、艺术、风俗、宗教都极感兴趣,对日本了解的程度也高于中国。

由于西方知识界一直看不起中国,这种成见也传到印度上层社会。谭云山到了圣地尼克坦以后,不遗余力地宣扬中国文化,情况逐渐改观。特别是在中国本身十分困难之际,由于谭云山的努力而捐出巨款来帮助泰戈尔把圣地尼克坦打造成"世界鸟巢校园",使得泰戈尔分外感动。1936年4月12日孟加拉新年前两天,泰戈尔带着谭云山参加加尔各答市民举行的反侵略集会,谭云山和中印学会派到国际大学的第一位留学生魏风江坐在主席台上。泰戈尔讲话时激动地说:"在我身边,坐着几位中国的儿女,他们亲自听见了,他们亲自看到了,我们印度人民,分担着他们的苦难,我们将与中国兄弟并肩战斗,击败侵略者。"

魏风江是中国学者中唯一亲眼看到谭云山和泰戈尔之间的亲密关系的人,也是唯一的写书对此作见证的人。在他的《我的老师泰戈尔》书中,他写道:

北京沦陷了,南京沦陷了。外文报纸上,天天登载着触目惊心的消息。我和谭(云山)先生相对叹息,为祖国的命运担忧着。但谭先生在担忧中保持着镇静。他认为日寇必败,最后的胜利,一定会属于我国的。古鲁特父(Gurudeva即"师尊"泰戈尔)每次见到我们师生两人时,总劝慰我们。他说:'我坚信中国是不会被征服的。日本侵略军愈凶残,溃却的日子也就愈早。中国终于会得到独立和自由'。古鲁特父说,他不是一个宿命论者。他断言日本必败,但不是说我们可以听任日寇长驱直入,不加抵抗,坐等他自己溃退。中国人民的抗战,已经把日寇拉进愈陷愈深的泥潭里了。它无法再动弹了。河水一停止,就会倒流。

反映出印度人民反英殖民主义的主旋律和他们在中国抗日战争中所处立场的复杂性的最典型的例子,就是孟加拉邦的民族领袖鲍斯(Subhas Chandra Bose),由于政见分歧,他不但脱离了印度国大党,还于1941年1月潜离印度国境,经阿富汗到达苏联,再去到德国,然后到日本。在新加坡把日本俘获的英国军队中的印度士兵组成"印度国民军"（Indian National Army），由日本运送到印缅边境，打回印度。虽然鲍斯没有成功，但他仍被认为是印度历史上的爱国英雄（日本投降以后，人们发现鲍斯已死，但什么时候死的、如何死的，始终不明不白，这是后话）。鲍斯于1938年2月21日主持印度国大党51届全国大会时，大会通过决议说："国大党以焦切的关注来看一个野蛮的帝国主义（日本）对中国的侵略，以及侵略所造成的恐怖和惨状……国大党向正在苦难中的中国人民致以最深的同情，对他们为维护自由和领土完整的英勇斗争表示崇敬"。1938年4月23日，鲍斯从加尔各答把这一决议寄给圣地尼克坦的谭云山说："我可否谦逊地恳请你再一次把我们的深切感情和对中国文化的敬意转达给中国人民，并转告他们，我们对他们抗战的无比同情？"

另一方面，日本军国主义发动侵华战争打着"东亚共荣"、"亚洲是自己的亚洲"的口号，在印度也进行无孔不入的宣传，到处都可以看到日本人出的小册子为军国主义辩护，并且诬蔑中国。有一次，泰戈尔发表谈话吁请印度人民捐献支援中国。谈话后，马上有日本人给他送来一个古瓶，想以珍贵文物收买他。谭云山在抗战中所起的重要作用主要表现在说服争取印度政府、知识界与广大民众站在中国一边，支持中国抗日。在这样一种大气候中，要争取印度民心在抗日战争中倒向中国反对日本当然有一定难度。谭云山是对政治问题敏感的人，中国学院的诞生在抗战烽火燃烧的年代，使他更关心政治局势发展。另外，他从在印度宣扬中国文化的过程中，也自然地看到印度朋友对中国的发展缺乏了解，需要多多提供中国抗战的信息。他也看到，中国的抗日战争如果没有邻国，特别是像印度这样庞大的邻国的同情和支持，就会孤掌难鸣。中国学院的创立使他看到印度对中国的重要性，抗日战争的爆发却更增加了印度的重要性。

为了争取印度人民对中国抗战的支持，谭云山充分利用他与印度上层领导人和社会名流的私人关系，广泛寻求印度人民道义上的支持，谴责日本军国主义的法西斯暴行。他还经常在印度和中国的报刊上发表文章，使印度朋友了解中国抗战的真相，不被日本和其他法西斯宣传引入误区，也使中国同胞了解印度朋友对中国抗战的支持与同情。在他发表的所有言论中最重要的是他于1942年3月7日写的发表于印度所有报纸的《良心的呼吁》。在这篇文章中，他请求印度朋友以大局为重，稳住印度的政局，保证同盟国反法西斯战争的胜利，也请求英国当局立即宣布印度独立自主。他公开对印度朋友说："你们梦寐以求的争取自由、争取印度独立的愿望是我全心全意支持的，其实这也是我梦寐以求的。"他说："当今的战争，也是联合国和轴心国之间的战争。换句话说，是民主国家和侵略势力之间的战争，是自由和奴役、公理和非公理、善与恶、道德与不道德、人道与野蛮之间的战争。因此，印度不仅不要妨碍与骚扰英国以及联合国的作战行动，更应该参加到它们对轴心国，特别是对日本的战斗中去。日本已经在敲印度的大门了，它一旦上了你们的国土就会是你们最危险、最无人道、最凉血的敌人。"

他提醒印度朋友："你们应该认识到日本军国主义者的残酷、无情和种种暴行以及他们的非道德、非人性。你们绝不要听信日本的宣传，那尽是些欺骗和撒谎。你们绝不要作换个主子的打算，像圣雄说过的那样，如果不幸有一天日本变成印度的主子，对你们来说就更糟，比任何帝国主义更糟。这点你们可以从日本人在高丽、在台湾、在中国沦陷区的所作所为而看出"。他指出印度的前途是光明的，就等待印度人民去参加反轴心战争。谭云山的努力在印度朝野造成了很大的反响，中国人民的抗战获得了印度各阶层人民广泛的支持和同情。

1938年谭云山回国，7月9日在汉口拜谒蒋介石，转呈了两封重要的信，一封是鲍斯寄给他的信和国大党支持中国抗战的决议，另一封是4月12日泰戈尔写给蒋介石支持中国抗战的信。泰戈尔给蒋介石的信是在1938年4月12日写的。他在信中说：

你们的邻国日本，她继承了你们的文化礼物是理应和你们建立同志关系而最后受益，却突然受到西方帝国主义贪婪的传染，而把在东方建立起一种高尚精神命运的机遇变成阴暗的灾难。她那穷兵黩武的咆哮、她那杀人如麻的残狠的纵情，她那对教育中心的摧毁，她那对人类文明道德条规的毫无血性的背道而驰，使正在为自己在新时代中挣扎出荣耀和显著地位的现代亚洲精神受到羞辱"。泰戈尔在信中还说："你们是世界上唯一伟大的从不炫耀武力，从不视武力为民族精神，从来没有这种市侩庸俗气息的民族。当你们的国家被那可耻的能干的军国主义的兽力所克制时,我们衷心地祝愿你们再一次经受住考验,在这情愿认贼作父的胆小鬼世界上,显示出你们对更高人类的真实英雄精神的信任。即使当前具体的成功在躲避着你们,你们在道义上的收获是永远不会丧失的,在这可怕的抗争中,胜利的种子已为你们撒播,你们生存的深层会一次又一次地表现出永生不灭"。

蒋介石对这份诗意甚浓又充满热情的印度来鸿,立刻做出了积极的反应。他在1938年7月14从汉口向泰戈尔发出的信中写道:

尊敬的泰戈尔师尊:

谭云山教授回国后带来你的赐示以及对我国人民的祝愿,从信中我们看出我们两个国家广阔大陆上人类的正气依然盛行。东方诗哲对我们这种巨大的同情和热情的鼓励,的确使我们在精神上得到强有力的支援。我们不但对你深深感激,而且被你的金玉之言大为振奋。

日本军国主义不但猖狂地侵略了中国,而他们的行为中极尽恐怖之能事:抢劫、屠杀、奸淫无辜妇女,毁灭了所有教育、文化中心。最另人痛心的是有时日本兵在满足了他们的兽欲之后,又进行一种非人道的寻乐,把妇女残酷地屠宰。所有这些暴行和劣迹,完全失去了人性,正如你信上所说,使伟大的亚洲大陆的精神蒙受奇耻大辱。

我国所有人民,不分文武,都决定并决意同声相应,同气相投,抵抗到底,不但为了我们民族的生存,而且为了整个世界的和平而奋斗。我们毫无疑惑地深信,只要世界上仍有正义,中国就一定能取得最后的胜利。

我殷切希望你继续赐予你的高贵呼声,帮助把正在远东蔓延的巨大羞辱洗涤。

蒋介石在这次信件来往中抓住了机遇,抓住了泰戈尔在印度知识界、文化界、舆论界起着关键作用这一环,帮助中国抗战在印度取得道义上的优势,这是值得赞许的。从这次信件的交换中我们也可以看到谭云山那根无形的针在双方之间的穿引。蒋介石信中将泰戈尔称为师尊、诗圣无疑都是谭云山的语言。

对于泰戈尔同情、支持中国人民抗日战争的态度,日本军国主义者非常恐慌,希望利用著名诗人野口米茨郎与泰戈尔的友情,一而再、再而三地做泰戈尔的工作,企图中立泰戈尔。野口是泰戈尔一贯尊重的友人,曾经在抗日战争没有爆发以前访问圣地尼克坦,泰戈尔特别热情地欢迎过他。魏风江回忆说:

几年前,当野口米次郎来国际大学访问的时候,古鲁特父(泰戈尔)曾在林间张着彩棚,举行欢迎会。野口离去后,我愤愤地向古鲁特父表示不满。我说,野口表面上道貌岸然,可是文章都是虚而不实的。他的诗篇,只是拾中国古诗人的牙慧。古鲁特父曾劝我,不可对野口持偏见。他曾说:"对日本的文学艺术之士,我们要尊重并争取他们。"

1938年7月23日,野口写信给泰戈尔,在信中想仿效1902年冈仓觉三以"泛亚主义"思想和泰戈尔共鸣而强调"亚洲是自己的亚洲",说什么日本侵华是为了"纠正中国的错误观念"。他又强调国民党政府腐败,说日本的军事行动是要摧毁国民党统治,拯救中国那些"简单而愚昧的群众"。泰戈尔意料不到这位为他敬仰的著名日本诗人竟然当起战争贩子的发言人来。泰戈尔在9月1日的回信中,一开始就说出自己的意外:"你写给我的信使我深刻地惊讶。这封信的情调和内容与一直以来我从你的写作中感到的敬仰以及我从和你亲自的接触中产生的感情迥然相悖。"他驳斥野口把侵华美化成"在亚洲建立起一个崭新而伟大的世界"的谬论。他甚至用了严厉的言辞指责野口:"你是在观念上建立这样一个亚洲让他出现于尸骨的高塔之上"。又严肃地批评:"你的'亚洲是自己的亚洲'理论是政治讹诈的工具"。再加上一句:"你是说(日本)对中国妇女、儿童的轰炸,对庙宇等古建筑以及大学的摧毁就是为了亚洲而拯救中国的手段!?"

泰戈尔在信中说:"中国是无法被征服的,她的文化,在蒋介石的无畏领导下展示出惊人的潜力"。泰戈尔再补上一句:"今天我比以前更加了解那位心怀广阔的日本思想家冈仓觉三曾经向我说过的'中国很伟大'的热情含义"。泰戈尔幽默地说,野口谴责蒋介石的政府是他自己也没意识到的"你牺牲了本国的骄傲而歌颂你的邻国(中国)"。他说:"日本的悲哀在于,正像蒋介石夫人所说……他正在制造鬼魂。中国不朽艺术文物的鬼魂,无可取代的中国学术机关的鬼魂,被奴役的、拷打的、毁灭的爱好和平的伟大社群的鬼魂。'谁来安魂呢'？她（宋美龄）问道。我们希望日本和中国人民将会携手，真正的亚洲精神将会再生。"

泰戈尔在信中仍然把自己当做日本人民的朋友。他说："我对你们人民是了解的。我简直不愿相信他们竟会自愿参加用鸦片和海洛因去毒害中国的男女"。他接着说："我确信有一天你们人民会绝对失望的。在几个世纪的辛勤努力中他们会清除那由本国疯狂的军阀在他们文明上建立的废墟。他们会认识到这一场对华侵略战争是远不及其对日本的英豪气质的严重破坏。"

野口看到泰戈尔的回信后恼羞成怒，他在写给泰戈尔的第二封信中竟说出："莫，你应该停止胡说八道！"，他激动地说："我们决不为了知识界的虚名而交出我们的祖国"。但是，他又邀请泰戈尔出面当中日之间的"和事佬"（peace-maker）。这当然是日本军国主义者的异想天开，好像一场赤裸裸的侵略战争并不存在，只是中日之间发生纠纷而已。

泰戈尔的回信仍然平心静气，他感谢野口花大力气来以日本军国主义的观点说服他。他说："我看我们俩谁也别想说服谁"。他仍旧幽默地说："如果你能说服中国人民使他们认为你们军队炸毁他们的城市，使他们的妇女儿童变成无家可归的乞丐……如果你能说服这些受害者使他们相信这一切都是接受你们的恩德、最终会'拯救'他们的国家，那你就不必费神来说服我们，使我们了解你们高尚的意图了"。他也感谢野口请他出来当"和事佬"。他说为了中日友好他愿意鞠躬尽瘁，但他已经丧失说服力，因为"我的道德说服力已经被你的雄辩口才批驳得荒唐无稽了"。他说："你要我主持公道，我怎么能劝说蒋介石停止抵抗他们的不停止的侵略者呢？"

泰戈尔在这封信中语重心长地说："请原谅我，如果我心中的话听起来不舒服。请相信我，我写信给你是出于伤心与羞辱而不是愤怒。我心里深切地难过，不但因为中国受难的信息绞着我的心，而且因为我从此再也不能骄傲地举出一个伟大日本的典范了"。阿莫尔多·沈、谭中和其他研究泰戈尔的学者都被这句出自肺腑，但在道义上千钧压顶的话所感动。由于日本东施效颦、蹈了西方逞强称霸、侵略扩张，帝国主义与殖民主义的覆辙，使得泰戈尔忍痛割爱，把其作为"伟大典范"的资格取消了。这场辩论也是泰戈尔对中国抗战做出的极大贡献，这一贡献中是有谭云山的投入的。

魏风江回忆在这场大辩论后泰戈尔和他的交谈：

古鲁特父说，他仍旧爱着日本，他相信日本人民也是军国主义的受害者。中国人民要从胜利中获得自由和幸福，日本人民却要从溃败中获得自由和幸福。古鲁特父说，日本国内，愈是上层的人，愈不知道历史的规律，甚至像野口米次郎，居然几次来信，为日本侵略中国作辩护。……当古鲁特父批评野口的时候，眼睛就对着我，显然认为我过去批评野口是恰当的。

魏风江这段描写泰戈尔在和野口辩论了以后的神态很有历史参考价值。泰戈尔是个胸襟宽大的人，但也嫉恶如仇，野口替日本军国主义张目，所以他才在信上说了一些严厉的话。

这场诗人大舌战发生之时，谭云山已在中国。他在汉口谒见蒋介石、戴季陶和其他中印学会的赞助人，商讨了中国学院今后工作开展计划以后，就直奔长沙去为正在着急的夫人陈乃蔚解决危难。说也凑巧，在红砖楼房引来日本炸弹之前，陈乃蔚在家中接待了两位来自湘乡陶龛小学罗家的稀客，陶龛小学校董主任罗辀重的大女罗光缨和三女罗光玲，她们特别来探望20年代在陶龛小学教过书的"陈老师"，并且转达了她们父母欢迎陈乃蔚重访陶龛的愿望。那时候，陶龛学校在国内已经很有名了（所谓"北有育才，南有陶龛"），湘乡比长沙更偏西，也安全些。谭云山立刻同意陈乃蔚的意见，全家搬去陶龛学校。由于人多、行李也多（有很多箱书），就包了一条帆船，从湘江再上涟水（毛主席小时游泳的河），船走了将近一个月才到达目的地——湘乡古水白鹭湾。罗辀重的陶龛学校在抗战时期也不知接待过多少东来西往（从华北、江浙逃难到重庆、昆明等地去）的文化人士，但陈乃蔚这次却是来长期寄居，让孩子在陶龛上学的。罗辀重夫妇特别热情欢迎（还有罗辀重的姐姐，原来住在白鹭湾时认陈乃蔚为干女儿，那时家在壶田，也高兴看到陈乃蔚回来）。罗辀重的堂弟罗季则（是"民主人士"，后来为湖南"和平解放"做出贡献）也把他在校院内的房子腾出来，让陈乃蔚和孩子们住。谭云山把他们安顿好以后，就赶回印度去了。1939年，抗战形势更为恶劣，谭云山在圣地尼克坦也需要夫人照管。他们就决定把谭中和谭正留在陶龛学校，带了两个较小的孩子（谭立和谭文）去了印度。谭云山定期从印度汇款过来给罗钠重，作为两人的教育与生活费用。罗钠重也把谭中和谭正当做自己的儿子一样。

现在再回过头来看谭云山对抗日战争的贡献。在印度人民支持中国抗战的历史上，1939年尼赫鲁访华也是重要的里程碑。那时尼赫鲁是人民领袖，是反对英国殖民主义的独立运动领袖，中国和英国是二战时期的盟国，政府不便正式邀请尼赫鲁访华，就通过"中印学会"和谭云山的渠道。我们从谭云山的文档中找到一份他于1939年8月18日发给重庆的电报，电文说："重庆分送中央党部朱秘书长并转蒋总裁、戴院长、教育部陈部长并转孔院长、叶部长钧鉴，印度领袖尼赫鲁定20日飞华，已代致欢迎，到请款待。谭云山叩。"

当时，中国的抗战正处于极度困难中，国民政府被迫退缩到西南一隅，陪都重庆更是屡遭日军的猛烈轰炸，所以尼赫鲁之行充满了危险。8月23日，在历尽艰险后，尼赫鲁终于飞抵重庆，准备对中国进行为期一个多月的访问。在当时发表的声明中，尼赫鲁明确指出，此行的目的是考察中国抗战的实际情况，以其经验与教训作为印度民族解放运动的借鉴；同时代表国大党以及印度人民，向中国抗战表示深刻的关怀和同情。按照他的计划，除在战时首都重庆各地参观访问外，还准备前往成都，然后转往西北各地，以实地考察中国共产党及其领导下的各抗日根据地的斗争情况。

在重庆期间，尼赫鲁受到了中国人民的热情款待。他不但多次与国民政府军政要员蒋介石、孔祥熙、陈诚等会晤，商讨中印合作及印度革命方略等问题，还多次发表讲话，对中国人民的英勇抗战表示高度赞誉和同情。在重庆期间，尼赫鲁亲眼目睹了日军大轰炸后的惨景，感受到了中国人民坚持抗战的精神。

8月30日，尼赫鲁由重庆飞往成都，准备在那里参观后转赴西北、华北前线视察，并与仰慕已久的中共领导人会面，领会八路军的抗战经验。不料在9月1日，尼赫鲁突然接到国内急电，称欧洲爆发战争，催促他迅速回国。尼赫鲁不得不取消原定计划。9月5日，在中国访问了13天的尼赫鲁乘飞机返回印度。正是基于对中国人民抗战的切身了解，后来他在自传中深有感触地说："我想，不会有任何力量能够摧毁这个古老而又年轻民族的精神"。在这次访问中，尼赫鲁提出了《增进中印接触的备忘录》，其中列举了增强合作的七项措施，中国最高当局根据尼赫鲁的建议，也制订了《中印合作措施纲要》，此后不久就付诸实施。这次访问不仅鼓舞了中国人民的斗志，也把印度人民同情中国抗日的热情推向了高潮。

蒋介石的智囊、考试院长戴季陶笃信佛教，对组建中印学会和创办中国学院都起了关键性作用（谭云山是通过他才能推动中国政府部门的），谭云山私下曾多次建议他访印。尼赫鲁访华后，作为答谢尼赫鲁的回访，戴季陶于 1940 年 11 月访问印度。他受蒋介石的委托，特地去拜会圣雄甘地，亲自把蒋介石写给甘地的信呈交。为了隆重起见，谭云山安排印度民族资本家、甘地的同乡巴佳基 Bajaj 邀请戴季陶为座上客，然后由巴佳基亲自陪同戴季陶到甘地的住处晋谒圣雄，戴季陶和甘地进行了长谈，谈话的摘要在当时的印度报刊上都有发表，且已收入《圣雄甘地全集》（*Collected Works of Mahatma Gandhi*）。

1942 年，中国抗日战争和世界反法西斯战争进入最困难阶段。1942 年元旦，美、英、中、苏等 26 个国家在华盛顿发表《联合国家宣言》，决定打击共同敌人，不与敌人单独媾和。在 26 国联合宣言中，英国已同意让印度独立，成为一个联邦国家。印度国大党意识到日寇是比英国殖民主义者更危险的敌人，便于 1942 年 1 月通过了尼赫鲁提出的同情世界反法西斯斗争的决议。然而，英国拒绝了立即让印度独立的建议，国大党因此坚持二战爆发以来所采取的不支持英国作战的方针，英印双方形成僵局。盟国首脑了解到印度一触即发的局势，都寄希望于蒋介石夫妇对印度的访问。

蒋介石访印的目的，一是协调远东战区防务，与英国驻印度总督和英军总司令魏菲尔讨论对日防御，保障援华物资的供应和交通畅通等问题；二是调解英国殖民当局与以甘地和尼赫鲁为首的要求印度民族独立的力量之间的对峙，以使英国能够把印度的人力、物力和财力充分调动起来，全力抗击日本侵略。这次访问，难度极大，既不能得罪印英当局，又不可与民族领袖失和，还得襟怀坦白，实话实说。

访问的难点不在印英当局，而是如何和民族领袖谈。当时，泰戈尔已逝世，最有影响力的领袖是圣雄甘地，其次是尼赫鲁。考虑到尼赫鲁对中国文化历史有深入了解，与中国感情较深，决定以尼赫鲁为会谈重点对象。

1942年2月，蒋介石以中国最高元首的身份在夫人宋美龄的陪同下访问印度。除了与印英当局会谈之外，和甘地在加尔各答火车站的三等列车厢里谈了5个小时。效果并不理想。事后甘地于5月25日在给国大党另一位领袖帕特日的信中说："他空手而来，又空手离开。……他说来说去只有一句话，'请你无论如何要帮忙英国，他们比别人强，此后更会改进的'"。蒋介石和尼赫鲁的谈话，情况就不一样。这得感谢谭云山，他出谋划策，牵线搭桥，幕前幕后做了大量工作。这种工作，不是自治领袖能做的，只能由他以民间人士的身份来做。安排蒋介石与尼赫鲁会谈，印英当局肯定有所忌讳，谭云山就利用中国学院院长的特殊身份，将他们请到圣地尼克坦，并一同乘火车到加尔各答举行公众活动，这样他们就有了充足交谈的机会，谈得十分融洽透彻。

2月21日，蒋介石夫妇启程回国，当天，宋美龄广播了蒋介石的《告印度人民书》英文稿。文中说，中印两国人民命运相同，因此应并肩作战。他同时要求英国能够"不待印度人民有任何的要求，从速赋予印度国民以政治上之实权"，使他们能发挥精神和物质无限之伟力。

《告印度人民书》得到印度民族主义力量的高度评价，尼赫鲁称蒋的访问"是一个具有历史意义的伟大事件，象征中印两个伟大民族的友好和未来的同志关系"。蒋介石的建议及舆论反响对英国当局形成巨大压力。

蒋介石夫妇回国后，希望尼赫鲁能做甘地的思想工作。4月22日，蒋介石叫宋美龄给尼赫鲁写了一封信，表达他的担心，希望认真对待他离印时的告别声明。信中同时告诉尼赫鲁，蒋已将访印情况通报华盛顿和伦敦，他认为印度形势极为严重，英国应立即将政权移交给印度人民，而不应等到日本攻击印度的那一天。

尼赫鲁深明大义，他做通了甘地的工作，甘地于1942年6月14日给蒋介石写了一封长信，内容、语气与以前的甘地判若两人：

我急切地要告诉你，我呼吁英国退出印度不是要在任何形式上减弱印度抵御日本的军防，不是要妨碍你们的抗战……我决不犯下牺牲你们国家的自由来换取我国的自由的罪行。

　　为了明白地表明我们将不惜一切来阻止日本侵略，我个人同意盟军以和我们签订条约的形式保持它在印度的军队，并且利用我国作为抵抗日本进攻的军事基地。我决不冒昧行事，不管我在运动中采取任何建议都一定不以伤害中国利益作为前提。

　　有了这一保证，中国安心了，盟国放心了，反法西斯战争的东方战场有了可靠的后方。应该感谢甘地，感谢尼赫鲁，感谢印度人民，是他们作出了民族牺牲，才换来反法西斯战争胜利的迅速到来。当然，中国人民和全世界人民反过来也大力支持印度人民的独立解放，帮助他们很快就获得了胜利。

　　谭云山在抗战时期所作的贡献，除了上述的桥梁作用、穿针引线以外，最重要的是在印度为祖国占领了不小的宣传阵地。谭云山在印度不断写文章在报刊发表，在公众集会上讲演，宣传和介绍中国中国人民的抗日战争，这些印度报刊也常有登载，在印度人民中也引起了共鸣。孔子说："德不孤，必有邻"。纵然正义在中国一边，如果没人宣传，印度朋友也不一定会对中国抗战有足够的了解与同情。站在道义的战线上与日本侵略者作斗争虽然比不上战场上的浴血拼搏和牺牲，也不是可有可无。抗战时期谭云山每次回国都接受各地报刊记者访问，向国人报告印度公众领袖，特别是泰戈尔、尼赫鲁等对中国抗战的支持，对中国人民的同情。他说：回到国内，一方面报告中印学会以及他在中国学院的工作，另一方面也是考察抗战的实况，搜集抗战史料，以便回到印度后做更强有力的宣传。

　　中国抗战的胜利，取决于诸多因素：全世界反法西斯力量的支持，中华民族的同仇敌忾、众志成城，全体将士的浴血奋战，宣传文化战线、隐蔽战线的同志的不懈努力。其中，当然包括谭云山的卓越工作。虽然我们无法对他的贡献做出准确的定量分析，但根据已了解的情况，我们认为谭云山以非常的身份，在非常的时期、非常的岗位，为中华民族抗击日本军国主义的侵略作出了非常的贡献。这一贡献，其威力之巨不亚于十万雄师。抗战胜利以后，国民政府授予谭云山"胜利勋章"，承认他对胜利作出的贡献。

在这一期间，另一位"中印学会"的赞助人太虚法师也于 1940 年访问了印度。太虚法师曾于 1924 年在中国三次（上海、北京、汉口）欢迎泰戈尔。时隔 16 年之后，太虚法师与泰戈尔第四次会见，而这一次却是在泰戈尔的故乡印度。1 月 17 日，太虚法师一行到达圣地尼克坦，谭云山安顿他们在中国学院住宿。当天，国际大学为中国佛教访问团的到来举行了热烈的欢迎会，80 高龄的泰戈尔亲临主持并发表讲话。19 日，谭云山也设茶话会欢迎太虚法师一行，泰戈尔再次率领国际大学的百余名教授出席茶话会。太虚法师即兴题诗赠予泰戈尔："佛消梵化一千载，耶继回侵七百年。冶古陶今铸新圣，觉源遥期育王前"。希望印度文化界人士反思历史，重振印度的古国雄风。印度民众仿佛在太虚法师的身上又看到了一千多年前大唐高僧玄奘法师的身影。

太虚法师又率团周游印度，访问了菩提伽耶（菩提场）、那烂陀、贝那纳斯、拘尸那、勒克瑙、阿格拉、阿旃陀石窟、爱罗拉石窟、孟买、蓝毗尼、古舍卫城及祇园故址，遍礼了佛祖遗迹与佛教圣地。在菩提伽耶，太虚专诚朝礼了纪念释迦牟尼佛在此成道的金刚塔，并在金刚座上静坐，为国难祈祷。瞻望着塔前高耸的菩提树，东面具有长达 1800 余年历史的大菩提寺也历历在目，太虚暗暗发愿："觉树枯荣几度更，灵山寂寞倘重兴。此来不用伤迟暮，佛法宏扬本在僧。"

太虚法师还到"真理学院"拜会"圣雄"甘地。两人见面后，甘地陪同太虚法师参观了他创办的平民纺纱厂。访问结束前，太虚法师又赋诗一首盛赞甘地和泰戈尔："中国古墨子，印度今甘地。要见活庄周，来会泰戈尔。寄语庄墨徒，休钻故纸堆！好从面对时，证知实如此"！在诗中形象地把甘地和泰戈尔比做中国古代为了和平四处奔走的思想家墨子和道家的庄子。太虚法师这次访印，对增进中印友谊与了解也做出了贡献。在与印度各界的接触中，在贝那纳斯举行的欢迎尼赫鲁及太虚的游行参加者竟有 10 万之众。太虚与尼赫鲁的会谈最有成效，中印两国都有悠久文明，都有如今的落后与屈辱的遭遇，因此共同语言很多。太虚说，中国近来受强邻的侵略，这也是东方文化偏于精神一端所致。但西方文化也有把人当做机器物质的偏向，所以世界战争的危机日深。尼赫鲁说，印度由于以往"看不起物质文明"被凌辱，中国也是这样。西方科学文明本应用来为人造福，现在反弄来危害世界。双方达成共识，要把科学放在道德的管制之下。为此,要加强中印文化交流,发扬东方文化。太虚提出,第一步先在佛教上取得联络。尼赫鲁说,这可以在现有的中印学会的基础上,多设分会,交换教授与留学生,多派代表来往。目前,他很想派妇女代表团赴中国,把印度妇女对中国抗战的同情转达给中国人民。太虚回答,还希望能够向中国介绍印度近代文化,同时把中国的大乘佛法译还印度,并使印度人民了解中国人民艰苦抗战的精神。太虚的访问为滇缅公路被切断后,中印"空中通道"——驼峰航线的开通做了铺垫;这也成为印度独立后中印人民好友交往的先声。

七、回国创建大同学校

在湖南省长沙市韶山北路与八一路交汇处,有一所大同小学。该校素以校风严谨、学风浓厚、教学质量过硬著称,赢得了社会的广泛赞誉。学校现有24个教学班,1500余名学生,教职员工72人。有东西两栋教学楼,共有教师办公室10间,教学用房共计52间,有多媒体教室、语音室、科技实验室、美术室、仪器室、音乐室、体育室、电脑室、图书室、阅览室、电子阅览室、校园电视台、活动室等专业功能室,并都按省一类标准配置了教学设备,各室均有专人管理。学校坚持"抓科学管理,管教管导;抓常规教学,保质保量;抓素质教育,形式多样;抓教学科研,探索求新"的办学理念,全面贯彻党的教育方针,积极开展课程改革,全面实施素质教育,整体提高教学质量,努力打造"大同"品牌。

该校是长沙市示范性学校,曾先后被确定为全国教育科学"十一五"规划课题实验学校、全国小学语文教学研究会立项课题发展与创新实验学校、国家教育部授予的"全国青少年科技后备人才培训基地"、全国家庭教育先进单位、湖南省现代教育技术实验学校、长沙市文明标兵单位、长沙市科普示范性先进单位、长沙市科技挂牌实验学校,长沙市篮球传统学校,是湖南省小学校长培训基地之一。学校党支部多次被评为"芙蓉区优秀党支部";学校团支部被授予长沙市"青年文明号"光荣称号;学校少先队组织多次被评为"长沙市标杆红旗大队"、"湖南省红领巾示范学校"、"全国红领巾示范学校"称号。学校多次被评为区督导评估先进单位、市人民防空先进单位、2005年被授予"芙蓉区青少年法制教育基地"。2006年3月《科技新报》分上、中、下篇刊登了《继往开来，走向世界——记走在改革前沿的大同小学》的长篇纪实报道。紧接着《人民时代潮》、《人民日报网》、《求是》副刊、《共产党人》收编报道，"大同"越来越为更多人所熟知。

大同学校的创办人就是谭云山夫妇，所以我特别把它的建立也写进谭云山的生平，因为其中的一些经过是听说过谭云山的人所不知道的，也把前面谈到的陈乃蔚离开湘乡陶龛学校后的情况作一点交待。陈乃蔚有七个孩子，但对"大果子"谭中最疼，有三方面的原因。第一，谭中是第一个儿子，很多年独占了母爱。第二，陈乃蔚在中国的期间，丈夫谭云山多半时间在印度，她和孩子们之间，只能和年龄最大、懂事最多的谭中能够有点交流。第三，1939年做出把谭中和谭正留在国内让他们自我成长时，陈乃蔚和一直在自己身旁10年之久（一天也没有离开过）的大儿子分别，心里特别难过。谭中到陶龛，已经进高小了。两年后毕业，进中学得去远地寄宿（陶龛学校是像家中一样，起初有佣人做饭特别照顾，后来佣人撤了，在大食堂吃饭，却和罗辀重同桌，有机会分享罗辀重家中送来的"添菜"），罗辀重觉得他年纪太小，就让他读了一个学期"先修班"（专为准备上中学的学生设的）。后来他考进蓝田的长郡中学（每学期录取湖南每个县两个学生，谭中籍贯茶陵，没人和他竞争，很容易就考进去了）。三年初中毕业后，弟弟谭正已考进蓝田国立师范学院附属中学，谭中在陶龛多读了半年，变成春季始业，国师附中是秋季始业，他又停学一个学期，罗辀重就让他在陶龛学校帮忙教书。后来谭中也考进国师附中的高中，两兄弟又同校、同住一个宿舍。1945年抗日战争胜利时，谭正初中毕业，升入高中，谭中读完高二，学校也从溆浦搬去衡山县的南岳。谭中、谭正读中学时都是公费，谭云山继续通过罗辀重寄钱给他们，兄弟俩假期也回陶龛，好像回家。那样的生活，其实是很不错的。当然，父母不在身旁，两人就有孤儿的感觉，谭中特别是个多情、善感的孩子，常在家信上流露出这种情绪，陈乃蔚每次看到他的信就流眼泪。

陈乃蔚到了圣地尼克坦以后，又生了三个孩子。次女谭元生于1940年，泰戈尔很喜欢她，给她取名"Chameli/嘉美丽"（孟加拉语、也是印度语"茉莉花"的意思，其实中文"茉莉"就是梵文的音译）。她下面又添了两个弟弟,谭吉和谭同。谭云山夫妇在印度华侨中有对好友丘庆昌夫妇,没有孩子。丘庆昌对谭云山在汇兑上帮过很多忙,谭云山很感激。丘太太就向谭云山要一个初生孩子,谭云山满口答应了。本来是决定把陈乃蔚去后怀孕的第一孩子送去的,但丘太太要的是男孩,生下的谭元是女孩,不合适。再过两年,谭吉出生,就被丘太太接过去了。后来,谭吉在广东梅县和寄母生活,1948年丘太太去世(丘庆昌却长住香港),陈乃蔚就把他接回来了。

谭云山和陈乃蔚感情一直很好,但是谭云山把精力全部投入中印交流事业,他又是四海为家的人。他爱祖国是一回事,个人生活上能随遇而安又是另一回事。陈乃蔚长期当贤妻良母,上面谈到的经历使她儿女情长,特别想念留在中国的两个儿子。1945年抗日战争胜利了,她归心似箭。1947年,在她身边的稍大的两个孩子(即"三果子"谭立与长女谭文)已分别进入国际大学中、小学部学习,谭云山夫妇就决定让他们留在圣地尼克坦,托朋友照顾,他俩带着两个最小的孩子谭元和谭同(谭吉已经送给丘家了)回到长沙,陈乃蔚又一次决定在长沙安居下来。恰巧这时候,我们家(我父母再加七个孩子)也到长沙来定居。两家又住到一起了。

谭家以前北门外的红砖屋子已经有人住了,回不去了,需要另外找个窝安居。恰巧有位家道中落的地主把长沙小吴门外市郊袁家岭的一幢原来相当豪华的两层钢筋混凝土洋房和一块很大的地皮出售。洋房在战争中被日本飞机炸掉四分之一,但仍有四分之三还十分坚固。卖主要价很低,谭云山夫妇用来修复房屋的钱比购买房地产的钱还要多。那时中国国内的形势也很混乱,人民生活水平普遍下降。谭云山和陈乃蔚商量说,在这种时期我们住这样的洋房太不合适,应该利用这个居住条件创办一个学校,为周围的居民做点好事。这就是创办"大同学校"的最初动因。

我必须声明,这种分析不是我的看法,是谭中要我这样写的。我比谭中小13岁,那时我还是个不懂事的小姑娘,我们全家到长沙时,洋房已经修复,办学的决定已经有了,谭中是知道当时的实情的。我和谭中在这个问题上交换过意见,我们都同意,办学是谭云山和陈乃蔚最喜欢的事,凡是有了机会,他们都会这样做的。这是应该强调的,有很多信息可以证实。

谭云山从小熟读经书，平生喜欢引经据典，他特别喜欢在家及课堂上引用的话，就是《孟子·尽心上》的："君子有三乐，而王天下不与存焉。父母俱存，兄弟无故，一乐也；仰不愧于天，俯不怍于人，二乐也；得天下英才而教育之，三乐也"。这"得天下英才而教育之"是谭云山亲身的经验。换句话说，办学就是他与孟子有同感的平生最大乐趣。正是这种乐趣才有创办"大同学校"动机的诞生。

谭云山热爱办学决定于他的人生观与世界观。他从年轻的时候开始就坚信孟子"性善"学说，坚信王阳明的"良知即是天理"。他在1925年11月13日《叻报》的《星光》副刊11期发表的《赤道上的呼声：致意》文章中说：

有志的青年朋友们：我们不幸而生在这个冷酷堕落的世界里面，我们底工作应该要怎样做才好呢？我的意思是：凡是有志的青年，要大家联合起来，一面丰富地培植我们自己底热烈感情，深厚地修养我们自己底优美的人格；一面以我们底热烈的感情，使这冷酷的世界温暖，以我们底优美的人格使这堕落的世界超拔。

谭云山赞成"建国君民，教学为先"。他在1926年4月5日和4月19日《叻报》的《星光》副刊44期和47期发表的《与永生学尼论改造》文章中说，他对当今人们提倡的"改造"运动既不反对，也不赞成，因为他觉得社会改善与进步的根本之道在于教育，在于唤醒人们的良知。他说：

我们应该在这（黑漆团团）的当中，安放一盏合照的长明灯，把各种不同的主张者聚合拢来，同寅协躬，分工合作，以期达到共同的目的……

我觉得：社会不良的根本原因，总是由于人的不好。人之不好，就是没有觉悟，没有良心上的觉悟。……假使人人良心上觉悟到应该做好人，那就人人做好人了。人人不做坏人而做好人，社会还有什么不好呢？所以我们要改造社会，首先要改造人。改造人，就是要使人有良心上的觉悟；要人有良心上的觉悟，就只好用教育的方法去感化。

谭云山在1926年1月29日《叻报》的《星光》副刊31期上发表了两篇有关教育的文章:《南洋教育之朕兆》与《教育者的感情与人格》。在《南洋教育之朕兆》中,他坦诚地谈了自己以前在长沙当学生以及1924年以后到新加坡当教员的一贯态度说:"我前两年当学生,是一个'反抗'的学生,现在当教员,常常提倡学生要'反抗',因为学生要有'反抗',办教育者才能认真。"他说:"我们要知道:教育底效能,就国家方面讲,要养成一种隆盛的民气,就人生方面讲,要培养一种蓬勃的生机"。

谭云山在《教育者的感情与人格》中说:"现代人类之所以堕落,社会之所以糟糕,其原因固属多端,然而最重且要者,则为人们底感情和人格。但人们底感情和人格,要靠何人,用何方法,在何处培植呢?这不待说,个个都知道。自然是要靠教育者用教育的方法,在教育上培养"。他又说:"我们要知道,办教育,原来是直接为学生谋幸福,间接为社会谋幸福。为学生谋了幸福,学生只有感戴,断不至于仇视,所以感情人格富足,教育办得好的人,当他要不办的时候,学生总是不住地苦留……我希望一般办教育者,赶快觉悟到这一点,然后教育才有希望,也可以说人类才有希望。"这最后一句话,把办学校提到使人类获得希望的高度。总之,他的这些言论说明他一直是一个热爱办学的人,是把办学当做一种神圣的职责的人。

前面我已经谈到,谭云山在南洋的时候就热心办学,还当过马来亚瓜拉丁加奴的中华维新小学的校长或者教务主任。林参天的真实性强的《浓烟》小说中描写的化名"毛振东"的谭云山更生动地说明从年轻时期开始,谭云山就是个热心的、富有创造性的教育家。更有趣的,1941年谭云山读了友人林参天的《浓烟》小说以后写的诗是:

> 谁是毛振东?书中主人翁。
> 更名又换姓,立意在大同。

那是1941年的谭云山把办学和"大同"理想结合起来,好像早已为1947年在长沙建立"大同学校"留下伏笔了。

谭云山在印度长期与泰戈尔共事,受到泰戈尔思想的熏陶,毕生为实现泰戈尔的理想贡献出力量,泰戈尔即是热心办学的伟大榜样。当时谭云山夫妇选择长期定居的环境很复杂。洋房住宅前的公路对面是大片的农田，洋房左右边都是菜园，洋房住宅后则是荒山，左边菜园相邻是燕山街和中心点，中心点那儿还集中居住着一些城市贫民。谭云山夫妇发现住宅周围很多儿童流离失所，目不忍睹。抗战胜利以后，中国正处于百废待兴的状况，因此谭云山产生了教育救国、创办大同学校的想法。学校定名为"大同学校"，体现了谭云山世界大同的理想。由于谭云山、陈乃蔚夫妇在印度、马来亚和新加坡的办学与教学的经历，以及他们从事促进中印文化交流的经历，产生创办大同学校的想法是很自然、很实际、而且是可行的。他们欲将泰戈尔创办印度国际大学（世界鸟巢）的理念应用于创办长沙大同学校，践行泰戈尔办学思想。谭云山当时将大同学校的远景规划为：建立从幼儿园、小学、中学、大学到研究生院的完整学校体系，像国际大学一样，它的学生既包括学龄前的儿童，也包括白发苍苍的老者。这一高瞻远瞩的完整的教育规划，当时在国内是罕见的，尽管这个规划由于种种原因未能完全实现。但是正是因为有了这个规划，所以大同学校建校时虽然办的是小学，又有了社会教育这一块，当时国民政府也就允许学校被命名为"大同学校"，而未命名为大同小学。

  大同学校的办学经费主要来源于谭云山夫妇的积蓄及变卖各自祖传的地产、房屋及田产，也包括他们向海外朋友借来的部分资金，前面提到的谭云山的好友丘庆昌也捐助了一部分。

  由于有了很高的远景规划和较为充裕的资金投入，因此，初建的大同学校无论在硬件还是软件上，在当时都是国内一流的。建设者在燕山岭下开辟校区，通过征地、开山、平整土地，建成了当时堪称完善的标准校舍以及各项附属设施，包括室外与室内运动场（风雨操场），是长沙市附近区域校舍条件最好的学校。学校还购置了成套的音乐和体育器材等齐全的教学设备，这在当时的湖南是少有的。

  我本来不想写的，但谭中一定要我实事求是，把我父母对"大同学校"的贡献也写进去。因为谭云山在大同学校建校后仍回印度主持中国学院的工作，把"大同学校"办好的责任就落在我姨妈陈乃蔚和我母亲陈策笙的肩上。她俩从小感情极深，又一同去南洋，同在一个学校教书，所以合作无间。学校从无到有的阶段，谭中高中毕业了，考取了天津南开大学,但姨妈舍不得他马上离开,当时北方情况也乱。他就在家呆了一年(其间去广州中山大学住了几个月),1948 年才去上海交通大学念书。谭中对我母亲当时为创办"大同学校"所作的贡献是亲目所睹。他回忆说,我母亲组织能力特别强,号召力量大,姨妈放手让她应对。那时姨妈也不容易,她不但要理财,而且要进城采购,姨妈经常碰到一些不顺心的事,妈妈就好言相劝。妈妈一插进来,姨妈就心情平和不少。1949 年 5 月姨妈陈乃蔚带了三个孩子(谭元、谭吉、谭同)去印度了,主持"大同学校"就全靠我妈妈了。还有我爸爸胡宗腾也全心全意来帮忙建设"大同学校"。

前面略为谈到,我母亲陈策笙从小过继给伯父陈子厚(共产党员,马日事变时壮烈牺牲)当女儿,小时候女扮男装求学,与姐姐陈乃蔚一同毕业于稻田师范,师从名师徐特立等。后来又与姐姐同去马来亚教书,到法国留学时和父亲胡宗腾结婚,两人分别获得法国都鲁斯大学经济学硕士和艺术学士。他们回国后,长期从事从幼儿教育、小学到大学各个层次的教学工作,有丰富的教育和教学管理经验。姨父谭云山、姨妈陈乃蔚和母亲陈策笙从前在长沙有许多同学和朋友,都热心帮忙,参加到"大同学校"的建设中来。他们中有任培谊(任弼时的妹妹),有鲁迅先生写的《纪念刘和珍君》中的"张静淑君"——张静淑。还有王守弗、朱运清、张纯良、王焕、张曼之、陈六奇等。更有一些热心平民教育的人士为大同学校来尽义务。"大同学校"师资雄厚起来,在长沙教育界也为人所知了。

大同学校初建时,首先设立了小学部和民教部(即成人教学部),后增设了妇女部。民教部开设了识字班、裁剪班、缝纫班等技能班,配备了当时稀少的缝纫机,吸引了不少妇女来参加学习。学校秉承平民化教学理念,实行低收费、免费入学体制,除正规小学按政府标准收费外,儿童班与妇女班一律免费入学。由于大同学校软、硬件等各方面的条件都很好,获得社会广泛好评和良好声誉,无论家庭经济状况宽裕还是贫困的家庭,都愿意送孩子到该校读书。姨妈陈乃蔚当时还亲自到大同学校所在的袁家岭、中心点地区挨家挨户劝说穷苦人家,劝他们将失学儿童送到大同学校免费读书,接受教育。当时甚至被人们称为"当代武训"。

初创时的大同学校，初步实现了谭云山夫妇在祖国兴办教育事业的理想，也部分地实现了他们对大同理想的追求。大同学校的学生既有当时的政府官员、军队将领和官商子弟，也有贫苦工人农民家庭的子弟，这些不同家庭背景的学生一起在大同学校接受教育，体现了孔子"有教无类"的思想，体现了对和谐社会的追求。时任湖南省省长程潜的女儿程渝就在大同学校与农民、平民子弟同班上学。大同学校既有正规教育，也有成人教育和妇女教育。在新中国诞生的前夕，经常有进步青年在大同学校组织讲座与社会活动，学习传播先进思想。在当时的大同学校除了儿童以外，也包括了青年人和老年人。远在印度的谭云山夫妇高兴地看到大同学校渐渐实现泰戈尔办学的理念。1949年湖南和平解放，解放军进入长沙时部分队伍在大同学校借住。以陈策笙校长为首的大同学校师生热烈迎接湖南解放，得到社会好评。

长沙解放后，也像全国各地经过了许多激烈的社会改革运动，但是作为私立学校的"大同学校"在陈策笙校长的支撑下，得到当地社会各界的支持而办了下来，直至1953年为政府接管，大同学校从此变成公立学校，并改名"大同小学"。陈策笙继续担任校长、教导主任等职务，1957年因工作需要调入中学任教。政府接管了大同学校以后，补偿谭云山私房（即那幢洋房）3万元人民币，其实谭云山本人早就把房产捐给了大同学校，所以陈策笙将补偿款悉数捐赠国库，作为支持新中国发展教育之用。1956年10月，谭云山应国务院邀请回国观光时，于11月到长沙拜会乡亲故友，大同小学为他举行了热烈的欢迎会。如今，谭云山的名字仍然作为创办人铭记在大同小学师生的心中，湖南各界都把大同小学看成是一座纪念谭云山的丰碑。①

八、重温旧情回国观光

从1945年第二次世界大战结束（即中国抗日战争胜利）到1949年

---

① 创建大同学校事主要参考了段维彤与胡阳：《谭云山的大同思想及其对印度、中国教育事业的贡献》，《南亚研究季刊》，成都四川大学南亚研究所出版，2009年第3期。

中华人民共和国成立是世界形势大变迁的四年。在这四年中,印度也起了天翻地覆的变化。战争结束,英国再也不能食言,让印度独立成了必须兑现的现实。1946年,由尼赫鲁领导的印度临时政府在英国总督蒙巴顿(Louis Mountbatten)的督导下,开始逐步接管政府事务,1947年8月15日,尼赫鲁主持了印度独立的仪式。在8月14日晚上快接近12点的时候,尼赫鲁在印度的临时国会、"印度宪法制定大会"(Indian Constituent Assembly)上宣布说:"许许多多年前,我们就和自己的命运结缘了。现在我们当年的誓言即将兑现,虽然不是全部、也并不完整,却是极为实在的。当半夜的钟声敲响,当世界都在酣睡,印度会醒来迎接生命与自由"(Long years ago we made a tryst with destiny, and now the time comes when we shall redeem our pledge, not wholly or in full measure, but very substantially. At the stroke of the midnight hour, when the world sleeps, India will awake to life and freedom)。他的这几句话已经变成人间名言,和毛泽东主席1949年10月1日在天安门城楼上说的:"中华人民共和国成立了!中国人民从此站起来了!"有异曲同工之美。

尼赫鲁不但是谭云山多年好友,而且在1941年泰戈尔去世以后,特别关心圣地尼克坦国际大学的发展以及"中印学会"和中国学院的活动。他接受了"中印学会"名誉主席的职务,并且在1945年到中国学院主持了"中印学会"在印度举行的盛大"年会"(只有那么一次,以前没有,以后再也没有)。他在这次年会上的讲演,也和泰戈尔1937年的中国学院成立庆典上的讲演一样,对增进印中友好有精辟的论述。所以,我也将其重要部分收入这篇谭云山的传记中来,以飨读者。先看英文原文,再看谭中的中文翻译:

It was, I think eight and a half years ago that Prof. Tan Yun-Shan asked me to come here to open the Cheena Bhavana. I gladly agreed, but a very unusual thing happened on the day of my starting. I fell suddenly ill and was unable to come and had to be content with sending a message with my daughter, Indira. The last occasion I visited the Cheena Bhavana was when I came here in the company of the illustrious leader of China, Generalissimo Chiang Kai-shek.

譚云山

I am very happy today to be able to participate in the meeting of the Sino-Indian Cultural Society. I have listened with pleasure and attention to the report of your activities. And yet I have felt how much more could be done in respect of increasing the contact between China and India, having due regard to the numerous bonds that bind these two vast countries. Like all members of your Society I am anxious to develop all manner of contacts, cultural and otherwise between them, both intensively and extensively. I would like to see branches of the Society in a large number of places in India and China, so that its activities might extend beyond a few specialists, to the common man in both the countries.

Perhaps the conditions created by the war during the last five or six years have come in the way of developing this contact, as they have come in the way of much else. And yet the war has certainly brought us nearer and closer to China than ever before, both physically and psychologically. The war has made China look to the west of her rather than to the east of her. The centre of activities in China came nearer to India with the development of communications by road and air. Today it is possible to be in the heart of China after a brief day's journey. All these factors, which might have taken place in course of time, but which have been expedited by the war, have led to the closest associations and approximations between China and India. That association should have a greater and wider effect on the public mind, rather than be limited to our small Society of experts specialising in research. By that I do not mean to say that their work is without value. The scholars can do much by way of guiding popular enthusiasm, by providing data for them and by canalising their feelings.

It seems obvious to me that in the future India and China will necessarily come nearer to each other. By that I do not mean mere continuation of the ancient bonds, although they will of course be there. Taking an objective view of world situation as it seems to develop, it seems inevitable that in their own interests, China, India and some other countries of South East Asia will have to hang together and develop together, not only culturally but economically as well, through the contacts of trade and commerce. They will not be able otherwise effectively to resist the aggression of the so-called Western Powers. Mutual contact and agreement are essential for their self-preservation.

The tempo of the world changes rapidly today and it is foolish to prophesy anything. But one thing is patent to everybody and that is that although the war has just ended, even now we see signs of trouble and conflict. Even among the victors in this war there are already dark hints of further wars on a far more extensive scale.

Whether another war is likely or not I cannot say. But nobody can ignore the possibility of such a thing happening. We should put our own house in order before that fear materialises. India and China, which have played a different part in world affairs, are passing through some kind of turmoil today. In China it has taken the obvious course of a civil war and in India the trouble is deep-seated. These differences among our own people result in a certain weakening of our ability to influence the world which is extremely unfortunate. Now that hostilities have ceased in the Pacific Theatre, India and China should have had the privilege of directing the future course of events. Instead we have helplessly to watch things happening which are not only injurious and detrimental to our interests but which are positively hateful. It is hateful to think, e. g. , of the recent events in South East Asia.

Things would certainly have improved if China could take a hand in the South East Asian affairs. China undoubtedly is one of the principal powers of the world today. Naturally therefore many eastern countries look to China today with the hope that she would give a lead to Asian affairs, that she would play as vital a role in peace as she has done during these eight years of war. It is therefore a matter of deep anguish for many of us who think of China that there should be so much internal trouble there at the present moment. You have rightly passed a resolution congratulating China. What she did and what she passed through during these eight years is something which is difficult for us even to imagine. The sufferings the Chinese have undergone and the heroic courage they have shown are something unparalleled. …

Let us hope that the present state of affairs in China will end soon and give place to a strong feeling of unity and solidarity. A strong and united China and a strong and united India must come close to each other. Their amity and friendship will not only lead to their mutual benefit but will also benefit the world at large. There are in China and India certain elements and traditions, which the West does not have, elements which are essential for world equilibrium.

However that may be, one thing seems to be dead certain and that is this: There is going to be no equilibrium in this world unless there, is equilibrium in India, China and South East Asia. There is not going to be harmony or peace even for a short time, and much less for a long time, unless the problems of Asia are settled satisfactorily, unless aggression and interference by western countries in Asian affairs cease once for all.

Tremendous power has been unleashed in the closing stages of the war by the Atom Bomb. It may be that this discovery relating to atomic energy may give such resources for physical might to certain nations that they might ignore with impunity the claims of other nations. It may be that success in the last war has made some nations feel that they have no obstacles left and they can do whatever they like with the rest of the world. But I imagine that, if such be their feeling, they will very soon find that they are exceedingly mistaken. Whatever the atomic energy might not do, even this mighty source of power is not going to enable the countries who possess it to go on imposing their will on the countries of Asia for all time to come.

Those who desire peace for the world must know once for all that there can be no equilibrium or stability for either the East or the West unless all aggression, all imperialist domination, all forced interference in other countries´ affairs end completely. This is the lesson which the East still has to teach the West, which China and India have to teach, and it is this lesson which your Society has to teach as well, if it is to live up to its ideals worthily.

下面是谭中的中文翻译，也是第一次公开发表：

我记得大概是8年前，谭云山教授请我到这儿来为中国学院揭幕，我欣然同意了。可是当我启程（去圣地尼克坦）时突然病倒而不能来此，只能让女儿英迪拉带来书面祝贺。上次我来参观中国学院是和尊敬的蒋介石总司令一起的。

今天我很高兴能来参加中印学会的年会。我高兴地、认真地听了（谭云山作的）你们活动的报告，但是也觉得：鉴于两个大国之间（有史以来）的亲密联系，我们对增进中国和印度的交往仍然有许多事情要做。我像（中印）学会所有的会员一样，急切地希望两国之间广泛而深入地发展文化及其它各种各样的交流。我希望看到学会在印度和中国建立许多分支，那样的话，活动就不会限制在少数专家之间，就会在两国普通民众之间展开。

也许，过去这五、六年的战争造成了阻碍这种交流的环境，就像它阻碍了许多其它事情一样。然而，战争也在物理上与心理上使我们和中国靠得更紧。战争使中国从朝东看变成朝西看。公路与航空交通使中国的活动中心离印度更近。今天，一天的旅行就可以到达中国的中心。这些需要较长时间建立，可是被战争加快建立了的条件导致中国和印度最靠近、最紧密联系起来。这种联系应该在公众的心里制造更深远的影响，而不是只限制在我们学会的研究专家的小圈子中。当然，我并不是说他们的工作没有价值。学者们可以为主导群众热情起很大的作用，可以为激发群众的感情提供资料。

我的看法是：印度和中国在将来必然会走到一起。我的意思并不仅是继续古代的友谊，当然那也是继续着的。我们客观地看世界发展的形势，为了他们自己的利益，中国、印度以及一些东南亚国家必然会在文化上与经济贸易上团结起来，共同发展。不然的话，他们就无法有效地抵制所谓的西方列强的侵略。互相交往与意气相投是他们保护自己的必要条件。

世界发展变化神速，我不可能预见到一切。但有一点是大家都看得清楚的：虽然战争结束了，纠纷与冲突仍然显而易见，甚至在战胜国之间更大规模战争的阴影已经出现。

我很难肯定地说下一次战争会发生。谁也别对此掉以轻心。在那种可能性出现之前，我们必须把自己的国家搞好。在国际事务中扮演过另外角色的印度和中国，今天正经历某种形式的动荡。在中国已经明显出现内战的局势，在印度却有着根深蒂固的麻烦。我们国内人民之间的分歧削弱了我们影响世界的能力，这是非常不幸的。太平洋战区停火了以后，印度和中国本来应该出来引导事物向前发展的。相反地，我们却爱莫能助地看到事物朝向损害自己利益而且也是显然可憎的方向发展。比方说，最近在东南亚发生的事情是可憎的。

如果中国的局势改善就可以介入东南亚的事务。今天的中国无疑是世界上的主要强国。许多东方国家自然而然地希望她在亚洲事务中起领导作用，希望她像在8年抗战时期那样起着维护和平的作用。因此，我们许多人对中国当前发生的这么多的内部问题感到忧虑。你们通过了祝贺中国（抗战胜利）的决议是做得对的。她（中国）在过去8年中的经历对我们来说简直是无法想象。中国人民所经受的痛苦以及他们展现的英勇是无可比拟的。……

我们希望中国目前的状况会及早结束，会导致团结一心的强烈愿望。一个强大而团结的中国和一个强大而团结的印度必须紧密合作。他们之间的友谊与情感不但会有利于自己，也会有利于广大世界。中国和印度有许多要素与传统是西方所没有的，是世界平衡发展必需的要素。

无论如何，有一点是十分肯定的：如果在印度、中国和东南亚没有平衡发展，全世界都不会有平衡发展。如果亚洲的问题不圆满解决，如果西方国家对东南亚事务的侵略与干扰不停止，（世界）就不会有短暂的和谐，更不可能有长期的和谐。

（第二次世界）大战结束阶段释放出了巨大的原子弹的威力。可能这种原子能的发现，会增强某些国家的物质威力使得他们无视其他国家的权利而不受到惩罚。可能上次战争的胜利使得某些国家觉得他们可以对世界其他国家毫无阻碍地为所欲为。在我的想象中，如果真有这样的感觉存在的话，他们很快就会发现自己严重的错误。原子能的力量也是有限的，即使它是万能的，拥有它的国家也不能永远地把自己的意志强加于亚洲国家。

所有希望世界得到和平的人们都必须永远记住：无论是东方或是西方，如果一切的侵略、一切的帝国主义统治、一切的对别国的武力干涉不完全停止的话，平衡与稳定是不可能的。这是东方仍然应该教导西方的，中国和印度应该教导的，也是你们（中印）学会应该教导的，如果真要把理想变成现实的话。

作为谭云山的好友，尼赫鲁从 1946 年开始就变成印度临时政府的第一把手，1947 年 4 月 29 日（离宣布印度独立还有 3 个多月），印度政府外交部把一份情报部门有关谭云山的秘密报告送给尼赫鲁审阅。报告是这样写的：

在印度有一个国民党机关的网络要把住在印度的中国人团结在它们周围；有特别的学校传播国民党的理想；有中国的情报集团进行间谍活动；中国人还进行走私和犯罪；有和印度建立文化往来的大量活动而在其中最突出的角色就是谭云山。

尼赫鲁看到这份报告后，作了很长的批示。他说，如果是有走私、犯罪、盗窃政府秘密及间谍活动是应该制止的，但不能把这些和公开的、正当的文化活动混为一谈。他说：

凡是促进中印关系的机构都应该受到鼓励，事实上我们过去就是这样做的，谭云山教授是这些机构中的突出人物，是圣地尼克坦中国学院的院长，泰戈尔博士曾经是它的庇护人，我也是它的庇护人。事实上，很多年以前是我主持它的揭幕典礼的。

尼赫鲁日理万机，记忆十分准确。两年前他在中国学院讲演中记得他因病没有能去主持中国学院的揭幕典礼，在这批语中却说了"是我主持它的开揭幕典礼的"，这个明显的错误，应该是他有意为之。可是这段插曲却生动地反映出两点。第一，对印度政府的公安情报部门来说，谭云山在印度的活动是受到注视（甚至怀疑）的，在英印殖民政权时如此，恐怕在印度独立以后仍然不会幸免。第二，有了当时尼赫鲁那样的批语，有了和尼赫鲁那种彼此信赖的友谊，谭云山在尼赫鲁以及后来在尼赫鲁的女儿当总理的期间是不会被怀疑的。以上这一插曲，谭云山根本就不知道，是他逝世以后出版的《尼赫鲁选集》（Selected Works of Jawaharlal Nehru）把它公布出来的。

顺便说一下谭云山在印度的身份。从 1928 年到印度，至 1983 年逝世，谭云山在印度几乎生活了一辈子，可以算是真正的印度人了。但是，他从来就把自己看成"国际公民"，他和中国的联系一直未断。他在世时，印度政府（特别是英迪拉·甘地总理执政时）曾经想授予他国家莲花奖，后来查看谭云山档案发现他不是印度公民（当时国家莲花奖是只授予印度公民的，现在开放了），因此未果。谭云山初到印度是从英殖民地马来亚去的，拿的是殖民政府的证件（他后来经常回国，也有了中国护照）。印度共和国成立后，他自认为是"世界公民"而没有申请入籍，他的身份是"无国籍"（他的旧中国护照在新中国成立后失效）。1956 年他回国观光，中国大使馆发给他中华人民共和国护照。他持此护照一直至死。从印度行政管理及民族主义的角度来看，谭云山当然是中国人，既然是中国人，处处都会从中国的利益出发，即使谭云山的一切活动都是出于热爱印度，人们要在中国和印度之间划出楚河汉界当然会把他划到中国一边的，也会把泰戈尔划到印度一边。

印度独立了，中国马上承认印度独立，中国大使罗家伦是到达独立印度首都的第一位外国大使。罗家伦是"五四运动"的急先锋（"五四运动"这名字就是他取的），曾经在四个国家的五所著名大学（普林斯顿、哥伦比亚、伦敦、柏林、巴黎）留学七年，担任过清华大学与中央大学的校长，参加过"北伐"，中国政府派出这样富有学问与经历丰富的人当首任中国驻印大使，说明对印度的重视。

我必须向读者报告一件涉及罗家伦的中印关系的佳话（也富有中印文化交流的历史意义），这是罗家伦自己记述的，现在由于他女儿的各种出版物而广为人知了，那就是：印度的国旗上的"法轮"和印度以阿育王石柱的狮子头为国徽的决定都是出自罗家伦的建议。这个建议产生于1947 年 7 月 30 日罗家伦在官邸招待尼赫鲁、潘迪特夫人（尼赫鲁妹妹）、英迪拉·甘地夫人（尼赫鲁女儿）和其他印度贵宾的晚宴上。尼赫鲁解释他迟到是因为国会热烈讨论印度国旗的设计，接着印度朋友要罗家伦发表意见。罗家伦起初说，作为中国大使，他不便参与意见，想不到印度朋友越发坚持。本来大家的意见倾向于采用国大党的党旗，即三色旗中间加手纺机。罗家伦说，国旗是全国普遍的标志，必须设计简单、容易为广大人民制作。罗家伦说在英国征服印度以前，印度从来不是一个统一的国家，但过去印度统一程度最大是在阿育王统治时期，因此他建议以阿育王石柱顶上的"阿育王轮"取代甘地的手纺机，而以阿育王石柱顶上的狮子头为印度国徽。结果尼赫鲁采纳了罗家伦的建议，后来国会又采纳了尼赫鲁的建议。罗家伦的贡献是了不起的，值得特书大书的。

谭云山在世时曾向家人透露，国民政府委任罗家伦为驻印大使后，曾经有政府中的友人询问他是否有点失望（因为他自己没有当上大使），他不禁失笑地对友人说，罗家伦当大使资历足足有余，至于他自己，从来就没有过当官的奢想。看来那些询问的人也是当局授意去"安抚"谭云山的（其实完全没有必要）。政府另外一个"安抚"（同样没有必要）的措施是委任谭云山为"文化专员"，谭云山结果也变成有名无实的外交官员了。

形势变化很快，到1948年底，国民党兵败如山倒，蒋介石表面上"引退"（由李宗仁代理总统），实际上回到老家，积极筹划退守台湾。曾经是中国共产党发起人之一、在"赤都"广州国共合作期间担任国民党宣传部长（而毛泽东是他的副部长）的戴季陶，看见大势已去，便于1949年2月在广州吃安眠药自尽，这对谭云山是极大的打击。

1949年10月1日中华人民共和国成立。谭云山从电台中听到北京天安门城楼上发出的"中国人民从此站起来了"的响亮声音，这是他年轻时熟悉的浓厚的湘潭口音，使他回忆起隔绝了30年的"风华正茂书生意气"的求学年代，和他一同在池塘里打过"泡揪"（湖南话游泳的意思）的、他年轻时最崇拜的"师兄"、如今当上了国家主席的毛泽东。世事沧桑使他感慨万千。此后不久，以尼赫鲁为首的印度和中华人民共和国建立外交关系，和退居台湾的国民党政权断交，谭云山主掌的中国学院的财政来源断了。谭云山也不向国际大学求援（国际大学自从1941年泰戈尔逝世以后，在小泰戈尔的主持下，财政情形每况愈下，也穷得不能帮助中国学院了），靠预算中的积蓄、向友人募捐，也把夫人陈乃蔚积存的私房钱用来维持学院员工。谭中从中国到了印度以后，曾经遇见过加尔各答华侨、面厂老板李虎（他曾在中国学院当过研究员），他告诉谭中说，有几年中国学院的食堂快揭不开锅了，他赶忙送些食物过去帮助度过难关。

无论情况如何困难，谭云山心里仍然不能平静下来。1950年他写了一封信给毛主席。信不是很长，简单几句重温旧情以后就提出三点建议。（1）新中国在国际上不搞一边倒，要执行独立的外交政策；（2）中印两国要加强团结、友好；（3）国共两党应该和平解决纠纷。信寄出后有如石沉大海，谭云山也忙于其他事务，把它忘之脑后。

大概是 1952 年，谭云山家里突然来了一位稀客，这就是新中国驻印大使，从首都新德里不远千里而来探望他的袁仲贤，袁大使操起湖南口音，和谭氏夫妇两位同乡攀谈，一见如故。谭云山夫人陈乃蔚告诉袁大使她还有两个儿子在国内，一个在上海念书，另一个参加了人民解放军海军。说着说着就热泪盈眶。袁大使安慰了她，答应帮助把她的大儿子谭中送到印度来和父母团聚。

1955 年初谭中到了圣地尼克坦，住下不久，谭云山就从档案中把五年前写给毛主席的信的草稿拿出来，要谭中抄录一份，寄给中国驻印度大使馆。不久以后就有了回应，使馆转来了中国国务院寄来的信，邀请谭云山回国观光。

我们知道，谭云山信中建议第一点触及的"一边倒"（坚决站在苏联与国际共产主义集团的那一边，反对以美国为首的西方阵营），是毛主席根据当时的国际形势审慎考虑后制定的重大外交战略。正是由于那一战略，50 年代一般中国驻外使馆都接受当地的苏联大使馆的指导，比方说，应该和该国哪些人做朋友，应该避免哪些人等，都按照苏联提供的名单活动。可是，袁仲贤却有明确的指示，要把印度看成特别的友好国家，要根据中国本身的利益与情况尽可能广泛团结印度各界人士。按照斯大林领导的正统的共产主义观点，泰戈尔、甘地、尼赫鲁这些人都不是进步人士，而是资本主义、帝国主义的附庸、甚至"走狗"。当时的印度共产党就持这种看法，而印度共产主义运动在世界上是相当强大的，印度共产党人在共产国际中的影响是很大的。可是，在毛泽东和周恩来的具体指导下，中国驻印度大使馆和以尼赫鲁为首的国大党政府特别加强团结，对谭云山也特别注意、关怀。正因为那样，1950 年谭云山寄给毛泽东的信，从一开始就受到重视，就传到了中央领导人那里，就启动了一系列的对谭云山的背景与一贯表现的调查与鉴定，这当然是需要时间的。谭云山久久得不到回音，也不会想到有被邀请回国的可能性，却坐在自己办公室作了几首诗（实际上是长短句）。开头的一首是：

祖国秋高，江山无限好；
安得插翅归故园？梦魂缭绕！

这充分表达了他内心对于回归祖国的急切心情，像这样的心情对每个华侨华裔都是一样的。但他的爱祖国又自然地和爱印度联系在一起，"祖国"对他来说既是中国又是印度。他在 1956 年 10 月 15 日北京中央人民广播电台的广播词中说

  中国与印度，不但是世界上两个文明最古老优秀的国家，而且是世界上两个历史最悠久长远的国家。打个比喻：我们中印两个伟大的国家和人民，就好像我们两个国家中间的喜马拉雅山一样，从古自今，任你风吹雨打，雪飘冰冻；我们绝不动摇，绝不颓废；而且风越大雨越狂，我们的抗拒力量，也越勇越猛；冰越厚，我们的生存力量，也越强越坚。可以说：有喜马拉雅山存在的一天，就有我们中印两国和人民生存的一天。所以中国和印度，真是如我们古书所说：'博厚配地，高明配天，悠久无疆'的国家。

  谭云山的广播词后半部就是 1916 年泰戈尔在东京帝国大学讲演中说的"古希腊的明灯在初点燃的土地上熄灭。罗马的威力被埋葬在他广大帝国的废墟之下。但是建筑在社会与人的精神理想基础上的文明仍然活在中国和印度"的精神。泰戈尔是国际人士中最早指出中印两大文明不但历史悠久，而且持续地发展，一直至今，是世界其他国家所没有的现象。谭云山却是第一个中国学者不但把泰戈尔所说的肯定下来，而且引了《中庸》的格言来充实它。他打的喜马拉雅山的比喻更是惟妙惟肖。

  这次应邀回国观光，夫人陈乃蔚也被邀请。但陈乃蔚想到身边有 6 个儿女、一个媳妇、再加上一个孙子，她那慈母的秉性使她不放心也不愿走动，只好由大女儿谭文陪父亲回国观光。我想，陈乃蔚那次如果同去了，到了祖国、到自己的故乡、故土进行两个月的感情融合，到长沙去经受大同学校师生对创办人的热情欢迎，她那思想境地肯定会发生极大的变化，她肯定会在以后的年月、在睡梦中也会感受到祖国召唤的。但那次机会错过了，也错过了她人生可能发生一次大转变的契机。谭中认为我这种想法也有一定的道理，他说，每个人都受环境的影响。他认为母亲结婚以后是自愿地牺牲了自己的志愿而选择了贤妻良母的事业，由于看到父亲的事业越来越重要，她的牺牲精神也变得越来越博大。她晚年的时候，仍然亲自去市场采购、进厨房做饭、种菜、养牛，任劳任怨。坐下来时，不管是手头闲着还是干活，口里就念佛经。1980 年临终

之前，卧病不能起床，神志昏迷之际，却能把整篇佛经背出来，孩儿在旁看了分外感动。谭中一想起母亲，总觉得内疚。自己很少能让母亲换个环境，享几天"清福"。弟弟谭立在加拿大、谭吉在美国，都有很好的居住条件，也没能把母亲接过去看看、玩玩。但母亲从来就不计较这些，是为了谭云山的事业，鞠躬尽瘁，死而后已。

1956年，谭云山携女儿谭文于9月中，从香港进广州就开始参观，又从广州坐火车到长沙会见亲友。然后一路乘车北上，参观了武汉又去北京。国庆过后又参观了东北各地，11月中离开北京，参观青岛、济南、南京、上海、杭州，由江西入湖南（可惜无法去家乡茶陵看看）又参观了韶山，再去长沙停留了三天三晚，重访第一师范、船山书院，并出席大同小学的欢迎会。这以后，再经广州到香港返回印度。

中国政府对这次谭云山回国观光活动非常重视，接待也无微不至，整个行程中，专门有人陪同；每到一个地方，都有当地政府特别招待并安排参观、访友、旅游，大小宴请也多。谭云山兴致很高。50年代，可以说是中国历史上的黄金时代，虽说人民的生活没太显著的改变，但人民大众意气风发，个个都有一颗像黄金一样闪亮的心。解放前的一切陈规陋习一扫而光，真是做到了路不拾遗，夜不闭户。像那样的精神状况也不知道是否能再返回神州大地。谭云山一路耳闻目睹，感慨万端。他想起年轻求学时代和同学、朋友们看到社会那种黑暗，盼望的就是要有这么一天。

30多年前，那是1924年5月15日，谭云山在离别长沙远行出国前写了《长沙临别留赠茶陵学社诸友》（后来在1925年12月28日《叻报》的《星光》副刊上发表），是这样写的：

　　……
　　异国远行我独去，如何能分好友手？
　　临别聊且赠一言：诸君且为我存留。
　　国事已不堪，乡事更勿云，
　　造乡与造国，责任在吾人。
　　民本吾同胞，物本吾同与。
　　造福固当在人类，但须造乡造国始。

> 行远必自迩，登高必自卑。
> 吾人看眼固当大，下手须从小处起。
> 国人至今昏迷甚，乡人至今更昏迷。
> ……
> 若辈原亦有佛体，慧性盖为物蒙蔽。
> 吾人应以我觉他，蠢蠢见解何足责？
> 做事根本在良心，良心应做直须做。
> ……
> 大难已来责不缓，愿我友好同努力！

谭云山在这次观光中会见不少旧友。其中有些是政府领导，有些是民主人士，茶余饭后，谈出许多中国当时进行社会改革的形形色色的"造国"与"造乡"的经历。有位到国外学过技术，回国后当过上海某纺纱厂经理的任弼时的亲戚，在北京计划委员会工作，曾下乡去体验过土地改革运动。他告诉谭云山说，刚开始是发动农民斗"恶霸"地主，后来"恶霸"地主没有了，就发动农民斗"善霸"地主。谭云山说：怎么会有"善霸"，为什么要斗"善霸"呢？亲戚回答说，醉翁之意不在酒，主要不是"斗"，而是把几千年习惯于服从乡间权威势力的农民的觉悟唤醒起来，使他们真正有"翻身做主人"的感受。谭云山听了很有感慨。这岂不也是把群众的"蒙蔽"除掉而还原他们的"慧性"与"佛体"吗？！

谭云山把他这次观光的诸多感受都写在 1956 年 11 月 26 日在湖南株洲作的最后一首诗的这两句话中：

> 游罢东南返故乡，乡音既改，鬓毛苍；
> 天翻地覆乾坤转，且喜三湘增国光。

他的这种喜悦是由衷的，他为看到了养育自己的母亲——三湘大地取得那么辉煌的成就而欢欣，而并非为自己的衰老而伤感。

谈到斗"善霸"，谭云山在这次观光中也得知陶龛学校罗辀重先生在土改中不愿被当"善霸"批斗而投塘自尽的噩耗。罗辀重是现代中国了不起的教育家，把毕生精力奉献于教育事业。他思想开明进步，在陶龛

谭云山

学校提倡"血性",把学校办成抗日救亡的摇篮。1944年6月日寇占领湘乡县城,他带领陶龛学校师生响应"青年从军",他自己以"老青年"身份进入73军,从普通士兵受训开始,直到担任军法处处长(他的大女儿罗光缨甚至化装成乞丐去敌后侦察)。他曾经帮助中共地下党员逃离白区。1949年湖南和平解放后,他把5个子女送到长沙参加革命。在土改运动时期,每个农村都要发动农民,毛主席要求民主人士(绝大多数民主人士都是"地主身份")要过好"土改关",可惜罗辀重没过好那一关而成为中国教育界一大损失。在那次回国观光中,谭云山也了解到在大同学校当地农民中也经过土改运动,谭云山也是个"善霸"地主,不过他不在国内,没法"斗"他,是我爸爸胡宗腾代替他象征性地挨了一场斗。他很感激。

谭云山1956年那次为时两个月回国观光,最大的收获是受到30余年前的第一师范故人毛泽东的接见,陪同毛主席接见他的还有湖南同乡刘少奇与李维汉(也是第一师范同学、新民学会同志)。毛主席对谭云山说,当时接到信以后,起初记不起你谭云山这个人,过后却记起来了。毛主席又说:"当时你的三点建议,我考虑了,但只能接受你的第二条"。于是,他大大的发挥了一通,讲了当前两大阵容,不倒向苏联是没有办法立足的。对于和平解放台湾的问题,他也有强烈的反应。谭云山从小深知毛泽东的脾气,故人已见到,他自己和往昔也在鹊桥上团聚了,也就心满意足,犯不着和天不怕、地不怕的"四海翻腾云水怒"的伟人争个面红耳赤。

谭云山的三点建议,除第三点外,都是牵涉到外交政策。而外交是周恩来分管的大事。谭云山的信自然会转到周恩来的办公室里。其实,岂止那封信,连谭云山本人也在周恩来办公桌上的文档中备了案。周恩来的脑子就像汪洋大海,百川流过都能容纳。他对印度特别感兴趣。建国初期,他就指示,一个是日本,一个是印度,要做好这两个国家的工作。谁知正当谭云山等待毛泽东回信等得望眼欲穿的时候,周恩来的手下就开始为毛泽东所同意的谭云山信中的第二点——加强中印合作而忙碌了。周恩来另外约了时间和谭云山长谈(在拜会毛主席和周总理时,女儿谭文都在场)。谈了两小时,周恩来也有点累了,谭云山见状就想告辞,周总理说:"不忙,还没有吃面哩!"于是让服务员送上汤面。谭文回忆说，面似乎很简单，但味道很鲜，大概是鸡汤面。这恐怕是周总理平常的生活习惯，办公累了，就休息吃点汤面。周恩来为人谦虚，不耻下问，他对印度特别有兴趣，在谈话中问长问短，向谭云山征求增进中印友谊的建议。正是在这次谈话中，谭云山建议周总理去访问圣地尼克坦，接受国际大学名誉学位，顺便看看中国学院。周总理满口答应了，后来也成为事实。谭云山的另外一些小小建议也被采纳。比方说，杭州丝织厂制作尼赫鲁、甘地、泰戈尔的丝织像，等谭云山回国时，大大小小的泰戈尔、甘地、尼赫鲁等印度伟人的丝织像也装进了他的行囊，让他到印度去分赠朋友。

谭云山这次回国观光，会晤的湖南故人很多，有亲戚、有师长、有同辈、还有新民学会的老同志。其中之一就是只比他大两岁的一直跟随毛泽东闹革命而又是毛泽东传记权威的校友肖三。肖三当时是作家协会的领导人，两人不约而同地谈及毛主席的诗词。谭云山对肖三说，他特别喜欢毛泽东1936年写的《沁园春·雪》那首词，但觉得其中有一个字应该改，那就是把"数风流人物还看今朝"改成"数风云人物还看今朝"，那样就十全十美了。谭云山是出于对故人的敬爱、满怀热情从文艺作品的完美出发，却不料肖三连声回答说："主席写的东西，不能改，不能改！"

1956年10月19日，北京《光明日报》登载了该报记者采访谭云山的报道。谭云山说："解放以后，这是我第一次回国。一进国门，看到的新气象万千，心里就深深感到祖国前途的无限光明。特别是国庆节的那一天，天下大雨，而浩浩荡荡的游行队伍在通过天安门的时候，秩序井然，人人精神抖擞无比，更叫我感动万分。它充分象征着伟大中华民族的前进步伐不是任何力量可以阻挡得住的。"

根据周总理让谭云山今后经常回国的指示，1957年谭云山在政协全国第二届委员会常务委员会第34次会议上增选为委员，那就可以借政协举行大会的机会使得邀请谭云山回国制度化。1959年9月，谭云山应邀参加政协会议，第二次回国观光。可惜后来中印关系恶化，这个定期邀请谭云山回国的制度就无法继续，1959年变成他最后一次回国。

谭云山在1959年回国观光之前，特别在印度印制了一本《观光祖国诗及其它》的小册子。他在"后记"中道出了印制小册子的目的："今年适当中华人民共和国成立10周年纪念，国内同胞，人人都在准备於国庆日大献礼。我愧多年在海外工作，无礼可献。特把我上次返国观光时所写的诗词连同观光发表的感概等，合成一个小册子，作为中华人民共和国成立10周年纪念的献礼。这只是略略表示我对祖国的热爱与祝贺而已！"他最后说："今后只有更加努力，益增奋勉；以求对中印学术研究、文化交流、和友好团结等事业，有更大的成就与更大的贡献！"

可是这一年回国观光却没有三年前那种热情、兴奋的情绪，这里面原因很多。三年前是头一回看到解放后的新气象，三年后再来看，新鲜的程度就减少了，这是其一。这一次没见到故人毛泽东，观光的色彩当然不免减弱，这是其二。当时国内开始三年困难时期，经济状况不佳，人民情绪低落，这是其三。还有中印边界刚刚有过一次小冲突，中国边防军打死了几个印度在边界上（因为边界有争议）的巡逻兵，两国之间第一次出现紧张气氛，这是其四。正是谭云山在北京的时候，中国政府提出了双方的边防部队从有争议的边界上，往后撤退20公里的建议。建议发表以后，周恩来总理马上接见谭云山向他详细讲述这一建议的内容和目的，还请谭回印度以后向尼赫鲁传达。周恩来再三表示不愿意两国紧张空气继续下去，希望恢复到友好的日子中去。

谭云山在北京还见到其他领导人。已经是副总理兼外长的陈毅元帅是1956年在游韶山时见到并谈了一阵话的，1959年又接见了谭云山。陈毅是个典型的四川人，性直、豪爽，讲起话来细中带粗。他和谭云山谈起中印关系时，突然说："我是个军人，打仗我是喜欢的"。他说这话的意思可能是想通过谭云山转告给尼赫鲁和其他印度朋友不要走极端，如果要跟中国硬碰硬是会吃亏的。当然陈毅也再三作了只愿与印度和好而不愿与印度冲突的重申。谭云山回到印度以后，关于周恩来的叮嘱肯定是直接或间接地传给了尼赫鲁。但他怎么能把陈毅的话传过去呢？那不等于火上浇油吗？谭云山虽对中印两国的情况都能理解，对这一对矛盾看得比较清楚，但他既不是印度政府的人，又不是中国政府的人，很多话他也无法直说，说了也起不了作用，就只能眼睁睁地看着中印关系恶化而无能为力。

1962年中印边境上的那场战争，使得两国几千年以来积累起来的浓厚感情严重损伤，至今没有完全恢复。谭中认为：被这一仗打得最伤心的两个人，一个是尼赫鲁，另一个就是谭云山。尼赫鲁深受泰戈尔的影响，1924 年，泰戈尔访问中国时有联合中印两大文明帮助西方解决文明危机的意愿，尼赫鲁更是想使中印两国联合起来，使两国在改变由西方统治的国际秩序的事业中起支柱作用。早在 1939 年，尼赫鲁就说了："今天，世界上两个不可一世的强国是俄国和美国……两个未来的强国将是印度和中国"。他在 1946 年说："我们的邻邦，那个有着强大的过去的强大的国家——中国，和我们有过许多世纪的友谊，这友谊会继续而且增长"。前面我们已经引了的、尼赫鲁于 1945 年在中国学院的讲话，他说出："一个强大而团结的中国和一个强大而团结的印度必须紧密合作。她们之间的友谊与情感不但会有利于自己，也会有利于广大世界。中国和印度有许多要素与传统是西方所没有的，是世界平衡发展必需的要素"。1950 年 3 月 17 日，尼赫鲁在《致各邦首席部长书信》中写道："中国是我最敬佩的国家"。正是在尼赫鲁 1954 年访问中国受到热情接待后的第二年，印度全国响起了"Hindi – Chini Bhai Bhai/中国印度人民是兄弟"的歌声，唱出了尼赫鲁亲华政策的最高潮。1962 年中印这一仗，不但把中印"兄弟"情谊的高峰冲垮了，而且使得尼赫鲁的政敌大肆攻击他的内政外交政策，他在国际上的声望也一落千丈。有人观察，原来尼赫鲁爬楼梯，一步要上两级，那一仗打过以后，他就再没有那样的劲头了，一年多以后，他就逝世了。

关于 1962 年中印战争以及尼赫鲁与谭云山之间的关系，还有一段插曲。1962 年 12 月，中印战争停火还不到一个月，尼赫鲁作为国际大学的"名誉校长"（Chancellor），照例到圣地尼克坦主持年会及毕业典礼。那也是在中印战争以后尼赫鲁首次在公众场合中发表讲演，印度和世界传媒的记者都云集国际大学校园，人们也预计尼赫鲁的讲演会充满反华的火药味。尼赫鲁是个直性子、脾气也大，讲话中骂中国是很有可能的。他站在讲台上，看见听众中坐着白色印度式服装、挺直的"金刚座"姿势的谭云山，他的心马上就软了下来。他说：

在尽责保卫国家的时刻，我们必须牢记印度文化的原则。比方说，在国际大学，你们有许多部门，你们有中国学院，有著名的中国学者（指谭云山）领导。这是一件好事，会使你们经常记住你们现在和将来都不会与中国的文化或者中国的伟大开战。你们对中国人民不会发生恶感……如果你们（有人）认为有好几亿人的中国是你们的敌人，那就不对了……这就是为什么我很高兴你们有中国学院这样的象征着国际合作、象征着中印合作的机构。

谭云山听到这番话，不觉热泪盈眶，摄影记者都把镜头对着他。第二天这一情景成为印度各报的头条新闻。

九、开发印度中国研究

前面提到现代印度的第一位"中国通"师觉月，当1921年泰戈尔开创国际大学，请了法国著名汉学家列维来讲中国文化并教中文时，他已经是加尔各答大学的讲师，大学的校长把他送到圣地尼克坦，目的是培养他为印度最早的中国研究专家。这一时刻可以说是印度中国研究的萌芽。我们已经看到，当时印度所有学术机构中唯一对中国研究具有敏感性的就是泰戈尔的国际大学。我们也看到，中国研究真正在国际大学繁荣起来是1928年谭云山参加以后，尤其是1937年中国学院成立以后。这样看起来，是泰戈尔和谭云山共同成为现代印度中国研究的始祖，国际大学中国学院又是现代印度开创中国研究的滥觞。

关于这一点，我们还得回到前面提到的谭云山制定的"中印学会"、也就是中国学院的宗旨："研究中印学术，沟通中印文化，融洽中印情感，联合中印民族，创造人类和平，促进世界大同。"这六项内容决定了现代印度的中国研究不是"象牙塔"式的，是受到一种崇高的理想指导的，它属于"地缘文明范式"，有别于"地缘政治范式"。两者之间的区别在于：后者是民族至上，一味逞强，认为邻国之间只能敌对、竞争，不能共处、共荣；前者却恰恰相反。泰戈尔和谭云山提出的是"沟通中印文化，融洽中印情感，联合中印民族，创造人类和平，促进世界大同"的"地缘文明范式"，是为了实现这些理想来"研究中印学术"。换句话说，谭云山开发现代印度的中国研究，最重要的是把现代印度的中国研究的大方向确立起来。谭云山在中国学院开展的是起一种带头作用与示范作用的中国研究活动。

可以这样说,谭云山所制定的现代印度的中国研究的大方向是从1937年开始一直延续到1962年为止。前面引的中印停火后尼赫鲁在圣地尼克坦国际大学年会上讲话强调了中国学院是"象征着国际合作、象征着中印合作的机构",强调了印度"现在和将来都不会与中国的文化或者中国的伟大开战",就是对谭云山所制定的现代印度的中国研究的大方向的积极赞许。讽刺的是,1962年的中印战争代表了中印关系并没有朝向"地缘文明范式"的理想发展,而是受到"地缘政治范式"的破坏。在这样的背景下,谭云山就不再可能继续领导现代印度的中国研究的大方向了。这一点我们稍后再交待。

中国学院的研究不同于一般大学与研究机构,它把自己设计成中印研究的宜居环境而把中印专家吸引到那儿去,专家去了就更增加环境的宜居性,研究环境与研究人员相辅相成。我们可以把中国学院比做电源,让中印研究人员来"充电"。中国学者可以来到这儿学英文、梵文及其它印度语言,印度学者可以到这儿来学中文。早期到中国去留学的印度学者,有许多都先在中国学院呆过一个时期。前面提到的周达甫、吴晓铃、石素真、常任侠、杨瑞麟等现代中国的印度专家都得过中国学院的益处。还可以谈谈北京大学与季羡林同事及齐名的印度专家金克木,虽然国内媒体的传记都没有提到他和中国学院的关系,但在1957年谭云山编的英文《国际大学中国学院20周年》纪念册(Twenty Years of the Visva – Bharati Cheena – Bhavana)中却提到:"金克木先生在1941至1945年间在中国学院住过许多次,每次都住几个月"。金克木还在加尔各答的中文报纸上发表过介绍谭云山和中国学院的文章(剪报现存深圳大学谭云山中印友谊馆)。

《国际大学中国学院20周年》纪念册还谈到太虚法师送到中国学院来的两位弟子白慧和法舫。白慧(即"巫白慧")前面已经介绍过了。关于法舫,纪念册中是这样写的:"法舫法师,已故太虚法师的高足之一,精通佛学,1942年来到中国学院当研究员,专攻印度佛教。3年以后,他去锡兰(今斯里兰卡)研究南传佛教,1945年回到中国学院担任讲师,教了两年中国佛教,然后回去中国。后来,他应锡兰大学邀请去讲授中国大乘佛教,不幸于1952年在那儿圆寂"。从法舫的例子可以看出当时在谭云山领导下的中国学院不但对学者起了"充电"作用,而且帮助佛教研究在印度、中国与锡兰开展起来，起了传播学术的作用。

中国学院成立以后，谭云山向泰戈尔请示研究的重点，泰戈尔一贯认为佛教是历史上中印文明亲属关系的灵魂，希望中国学院注重佛教的研究。谭云山贯彻这一指示采取了三方面的行动。第一，谭云山把中国学院研究气氛的重点放在佛教领域；第二，谭云山根据這一重点领域而招徕专家并充实图书馆；第三，谭云山专门设计了一项佛教研究项目：把中文佛经译回梵文。

关于第一方面，谭云山有意识地把中国学院发展成各国佛教专家交流的场所。他自己对佛学就有兴趣，而且有比较深的探讨研究。他在佛教界的朋友也多。前面已经提到，戴季陶有过捐款到印度建庙的打算。戴季陶虽然是虔诚的佛教徒，究竟毕生从政，没有时间对佛教事业如此关心（后来建庙的事也无结果），可能这念头是跟谭云山交往之中产生的。但新加坡及其他各地，的确有诚心诚意要捐款到印度建庙的。新加坡的富商李俊臣即为一例。谭云山和中国学院对李俊臣在印度各地捐款建庙尽了不少力气。此外，谭云山也和许多锡兰的佛教大德（特别是"Mahabodhi Society/摩诃菩提会"在印度各地的主持）关系很深。

这就牵涉到第二方面，谭云山邀请到中国学院的学者中有不少佛学家。除了前面已经提到的太虚法师的高足白慧和法舫在中国学院当研究员以外，从锡兰来的佛教和尚有苏曼格拉 Sumangala 和潘纳西里 Pannasiri，已经还俗的印度和尚"寂法师"Santi Bhikshu 也在国际大学呆了很长时间。除此之外，还经常有泰国和尚、西藏和尚等来短住并研究。当然，前面已经谈到的、在中国学院任过职的巴帕提和郭克雷，都是印度第一流的佛学家。在谭云山筹建中印学会和中国学院的过程中，请求中国国民政府总统府及教育部向印度各大学捐赠上海频伽《大藏经》10 部，中国学院建立以后，10 部宝贵的佛教经典也寄到了，由谭云山负责分赠下列 10 个印度学府：

1）加尔各答大学（Calcutta University）

2）帕特纳大学（Patna University）

3）贝纳拉斯印度教大学（Benaras Hindu University）

4）安德拉大学（Andhra University）

5）浦那（Poona/Pune）潘达尔卡东方学院（Bhandarkar Oriental Institute）

6) 提鲁跋提（Tirupati）文克特什瓦东方研究院（Sri Venkateswara Oriental Institute）

7) 拉合尔（Lahore）国际印度文化学院（International Academy of Indian Culture）（拉合尔现在巴基斯坦）

8) 鹿野苑"摩诃菩提会"（Mahabodhi Society）

9) 加尔各答"孟加拉佛教协会"（Bengal Buddhist Association）

10) 国际大学中国学院

关于第三方面，谭云山起初设计的中国学院的课程大纲，可谓无所不包，有以下十项：

1. 语文：包括中文，梵文，藏文，孟加拉文，印度文，还有其它现代印度语文。
2. 佛学：包括中国、印度和西藏的佛学。
3. 其它宗教：印度教，犹太教，孔子思想和道家思想。
4. 哲学：印度哲学和中国哲学。
5. 文学：印度和中国的文学。
6. 历史：印度和中国的历史。
7. 文化研究：包括从古至今的印度与中国的文化研究。
8. 从中文和藏文的著作中重新找寻失去的梵文。
9. 翻译中文、梵文、巴利文和藏文著作。
10. 编译中文和梵文书本等。

在实际执行上却不可能如此面面俱到。谭云山把重点放到第8和第9两项，第8项的所谓"从中文和藏文的著作中重新找寻失去的梵文"，是根据佛教在中国的发展而着想的。现在全世界佛教经典以中文最全（藏文第二），作为原始佛教经典文字的梵文和巴利文却远远不及中文和藏文的收集。这其中的重要原因就是印度古文明只重口传，不重文字记载，中国却最最注重书传。从最早汉明帝欢迎印度高僧竺法兰和摄摩腾那时起，就请印度嘉宾从事翻译，其后的各个时期的不同政府都大力组织人力、物力翻译佛教经典，一直到宋朝为止。很多佛教经典、特别是大乘佛教经典、都是由印度高僧口授而译成中文的，其印度原文本在古代就阙如（以致引起唐高僧玄奘"西天取经"），这就是现在中文所保存的佛教经典数目远远超过梵文和巴利文的主要原因。从另一方面来看,古代印度没有纸张,佛教经典写在贝叶和树皮上,难以保存,因此就在中国翻译的经典不断增加的同时,在印度的梵文和巴利文原本却不断灭迹,这样就造成了印度原文版本"流失"的现象,但又可能从中文和藏文的译本中去"重新找寻失去的"内容。

谭云山有鉴于此,就别出心裁制定了一套把中文的大乘经典翻译成梵文,企图恢复其原来的状况(古代印度"小乘/上座"佛教的经典是由巴利文写成,大乘经典是由梵文写成)。他的一个学生曾在一篇文章中提及:"他(谭云山)一生的神圣梦想就是要把这些书都译回梵文。这工作可能要几百年才能完成,因为圣地尼克坦中国学院收藏的(佛经)是如此浩繁。"翻译复原工作进行了一段时间,50年代还出了成果,发表了一些,但后来由于人员和经费的原因,这一宏伟计划只能知难而退。

前面提到的谭云山把10部上海频伽《大藏经》分送给印度10个学术机构与佛教组织,其意义巨大,它象征着中国学院在印度担负起中国研究的带头作用,开始扩散其影响。事实上也如此。中国学院建立了以后,印度各地政府及学术机关凡是对中国问题感到兴趣的、或者是想开办中文班以及开始中国研究项目的、或者是咨询有关中国问题的,都来找谭云山,他顿时变成印度各地的中国问题权威与义务顾问,邀请他去讲演的、要求他发表文章的、对他进行采访的事例也越来越多,谭云山也乐意,总是有求必应,渐渐变成民间的中国使者。比方说,印度政府机构与大学的中文班,除了加尔各答大学以外(加尔各答大学的中文教育早于中国学院的成立,却一直没有什么发展,就有一个印度教员,上课时多半说孟加拉语,教出的学生不能用汉语对话,数十年如一日),几乎都是由谭云山制定课程,由中国学院派出的学者创办发展起来的。

1947年印度独立以后,谭云山作为中国研究与中国问题权威的地位无形地在以尼赫鲁为首的印度政府各部门中建立起来,他被聘任为大学拨款委员会(University Grants Commission)、联邦政府文官征选委员会(Union Public Services Commission)(相当于中国国民政府考试院)的专家,经常到首都新德里参加会议、或作为专家面试各种与中文或中国研究职务的应征人。联邦政府文官征选委员会的中文试卷(其它试卷也一样)都是"绝密",起初请谭云山出卷,后来由其他中文专家轮流出卷,但审卷的工作却长期由谭云山担任。许多重要的公众庆典（如1950年1月印度共和国成立的开国大典）以及学术会议（如1947年3月在新德里举行的"亚洲关系大会/Asian Relations Conference"、当时又称"泛亚会议/Pan-Asian Conference"）都请谭云山参加。谭云山也经常被邀请到各地去讲演。

谭中认为，从谭云山设计"中印学会"以及确定中印学会的目的是"研究中印学术"来看，"中印学"这样一个新课题的轮廓显示出来，反映出泰戈尔对中印问题的整体观念。由于受到泰戈尔思想的熏陶，谭云山把中印两国文化看成一尊佛的不同面孔，中国文化是其中国脸，印度文化是其印度脸，中印学就是研究中印两张脸之间的共鸣、呼应，英文叫做interface。中印学就是中印两张脸互看。通过互看，从对方的脸看到了自己，认识了自我。中国人如果深入研究印度文化就能更进一步地理解中国自己的文化，反之亦然。中印学是一门综合性学科，所有学问都可应用到中印学上来。谭中认为这样一种"中印学"可以视为泰戈尔与谭云山的文化遗产，他毕生努力把它继承下来，也希望能在学术界推广。

谭云山对中印文化关系有着深刻理解。他在国际大学中国学院成立大会的发言中说："我们两国是一对姊妹国家，我们的关系、我们的友谊是伟大的、古老的、亲密的。我们从历史、地理综观世界上所有的国家，再也找不到任何两国能和我们两国相比。"他还经常对学生们说："印度和中国文化上的结合将会造成精神的觉醒，放出精神的光芒，而只有这种精神力量才能将人类从即将到来的完全消亡、毁灭中拯救出来"。泰戈尔要重新把中印精神文明丝线织成光辉灿烂的绣锦，谭云山是实现泰戈尔这一设计的织匠。

我在前面谈到从1937年开始一直到1962年为止，由于国际大学中国学院在印度开创中国研究的先锋作用，可以说谭云山是这一期间印度中国研究的精神指导，这一期间印度各地对中国进行研究都是以谭云山制定的"沟通中印文化"和"融洽中印情感"为宗旨的。当然，那一时期印度的中国研究并不算太发达，经费与人员都比较有限，出的成果也相对较少。

1962年中印那一场短暂的边界战争使得总的情况完全改变。印度统治精英意识到《孙子兵法》的"知己知彼、百战不殆"的极端重要性。

前面我举了 1962 年 12 月尼赫鲁在圣地尼克坦国际大学年会上说印度"现在和将来都不会与中国的文化或者中国的伟大开战"和印度不把"有好几亿人的中国"当做"敌人",那是事实。可是也要看到,由于中印两国在边界问题上的争议,特别是 1959 年已经有过印度边防警察在边界西端前沿与中国边防军擦枪走火,几名印度军警被击毙的冲突,两国之间的"地缘文明范式"早已被"地缘政治范式"所取代,中国实际上已经开始成为印度战略政策上的"敌人"(这是违背尼赫鲁的本意的,但他作为印度的总理不能不服从这一"范式转移")。还要看到,印度的统治精英(包括尼赫鲁在内)和西方各国、特别是英美的统治精英交往是很深的,也受其很大影响。美国自从朝鲜战争以后就根据《孙子兵法》的"知己知彼、百战不殆"的精神大力发展中国研究,当时有"know thine enemy/要了解敌人"这样一句话指导着美国的中国研究。这样一句话也在印度统治精英心里扎根。印度政府有了新的动力与动机来加大印度中国研究的发展。美国不但把这一动机传给印度,还由福特基金会出面给予德里大学财政援助,建立了仿效美国的中国研究系,聘请了在美国深造过的印度学者到中国研究系开展中国研究。这样一来,谭云山就不再是像过去那样作为印度中国研究的精神指导了。

可是也不能说谭云山从此在印度的崇高声望一落千丈了。虽然 1962 年以后新的旗帜出现了,但谭云山这旧的旗帜仍然飘扬。他仍然是印度中国研究的先锋与元老,仍然充当顾问与专家的角色。举个例子,德里大学新建的中国研究系的系主任必然会是印度中国研究的一面新的旗帜,可是他在参加德里大学之前也必须受专家面试,充当这一重要专家角色的当然非谭云山莫属。前面我曾经谈到的谭云山和当时在外交部任职的印度前总统纳拉亚南以及德里大学文学院院长达斯古普多之间的有趣交谈,就是在审查与决定德里大学中国研究系主任的会议后发生的。

1962 年以后,国际大学中国学院仍然是学术界的一面旗帜。1951 年,尼赫鲁为了拯救作为泰戈尔的珍贵遗产的国际大学,由印度中央政府接管了它,使它由私立学校变成国立大学。随着这一巨大转变,谭云山主掌的中国学院也起了根本的变化。在此以前,中国学院实质上是独立自主的,这一点前面已经谈过。1951 年以后,中国学院变成国立大学的组成部分,当然不能继续以往的独立自主了。另外,以前对中国学院作财政支持并起某种领导作用的中国国民政府已经完全和它断绝关系了。谭云山虽然一如既往地主掌中国学院，但也自觉地不闹独立、不搞特殊化。然而，印度中央政府以及国际大学校方仍然保持了以往的对谭云山的特殊照顾与尊重。比方说，谭云山1956年回国观光建议周恩来总理访问圣地尼克坦去接受国际大学的荣誉学位，首先是出自他的想法，取得了周总理同意以后，再回国际大学向校领导正式建议而一切顺利进行的。前面已经提到，"Bhavana"作为"部门"，是国际大学的基本结构，各"Bhavana/部门"的主管自然而然地成为大学的领导骨干，参加到大学的执行委员会及教务委员会中去。国际大学所谓的"Bhavana/部门"，主要有"Vidya – Bhavana/研究部"、"Siksha – Bhavana/本科部"、"Kala – Bhavana/美术部"、"Sangit – Bhavana/音乐部"、"Rabindra – Bhavana/泰戈尔博物馆"、"Hindi – Bhavana/印地语部"等等。谭云山领导的"Cheena – Bhavana/中国学院"也是与它们同等的一个独立的、特殊的"Bhavana/部门"，谭云山也参加校领导的各种最高会议。1967年谭云山退休后，他的接班人没有谭云山那样的声望与地位，校方马上把"Cheena – Bhavana/中国学院"从大学的结构中取消，改成"Department of Chinese Language and Culture/中国语言文化系"，先是摆在"Vidya – Bhavana/研究部"名下，后来更降一级摆在"Siksha – Bhavana/本科部"名下。系主任在大学领导结构中地位很低，要见校长很不容易，不像谭云山主掌中国学院时，校长不请自来，谭云山的建议很少不被接受的。

还应该看到，虽然1962年那场战事以后印度也仿效美国开展"了解敌人"式的中国研究，但其后印度各大学主流的中国研究的发展，基本上没有像美国那样变成"地缘政治范式"的俘虏，泰戈尔与谭云山提倡的"地缘文明范式"精神仍然存在，而且有了发展。这一点在本文的最后一节还会详细谈到。所以，虽然1962年以后印度中国研究大大扩展、走出了谭云山当年制定的文明、文化、历史、佛教的范畴，引进了现代西方（特别是美国）社会科学的研究手段和理论，但并没有完全和谭云山当年制定的"沟通中印文化，融洽中印情感，联合中印民族，创造人类和平，促进世界大同"的宏观方向背道而驰。这也跟前面提到的尼赫鲁在圣地尼克坦讲演中强调了印度"现在和将来都不会与中国的文化或者中国的伟大开战"和印度不把"有好几亿人的中国"当做"敌人"是相互关联的。1962年那场战事以后，许多西方反华、反共人士都希望印度从此成为中国的宿敌，却惊讶地发现事实并未如此发展，这也间接说明了由泰戈尔与谭云山提倡的"地缘文明范式"精神、提倡"中印大同"理想对两国关系的发展是起了良性影响的。

数十年来，中国学院的中文教学节目一直是很好的，学生很多，成绩也不错，至今如此。有了中国学院，圣地尼克坦的国际大学在近年来仍然吸引中国学者去留学。中国学院从建立开始一直到今天，都是印度国内与国际旅游的景点之一，很多人不远万里而来参观。这一现象丝毫没有受到1962年中印战争的影响。前面曾经提到，1956年谭云山回国观光，带回杭州织锦厂特制的印度伟人的织锦。谭云山就把尼赫鲁和周恩来两位总理的织锦像框双双挂在中国学院楼上的办公室，打仗以后也平安无事。大概到了60年代中，一群游客参观中国学院办公室时，其中一位高声喊道："看，周恩来的像！"这话被谭云山听到以后，他就陷入沉思。那些年两国关系不好，舆论经常炒作中印矛盾，议会也不时提出问题（主要是反对党议员趁机给执政的印度国大党制造难堪）。谭云山又想到国际大学是国立大学，如果为了一张周恩来的像而挨国会一顿批评，他也对不起圣地尼克坦的友人。于是他就把原来也算一景的中印两国总理的织锦像取下来，用别的像框取代了。

谭云山个人的研究著作主要用英文发表，共有以下17种：

1）《印度与中国的文化交流》（*Cultural Interchange Between India and China*），1937

2）《今日中国的佛教》（*Buddhism in China Today*），1937

3）《中国的宗教是什么》（*What is Chinese Religion*），1938

4）《印度对中国文化的贡献》（*India's Contribution to Chinese Culture*），1942

5）《印度的中国研究》（*Chinese Studies in India*），1942

6）《我献身给师尊泰戈尔》（*My Dedication to Gurudeva Tagore*），1942

7）《国际大学中国学院》（*The Visva-Bharati Cheena-Bhavana*），1944

8）《现代中国》（*Modern China*），1944

9）《中国、印度与第二次世界大战》（*China, India and the War*），1944

10）《印度与中国文化的精神》（*The Spirit of Indian and Chinese Cultures*），1949

11）《世界大同与亚洲联合》（*Great World Union and Union of Asia*），1949

12)《中印文化的"不害"精神》(*Ahimsa in Sino – Indian Culture*),1949

13)《中印关系》(*Sino – Indian Relationship*),1950

14)《通往和平之道》(*Ways to Peace*),1950

15)《中国语文及文学的历史》(*The History of Chinese Language and Literature*),1952

16)《觉醒:圣哲奥罗宾多对世界的启示》(*Awakening of Consciousness:Sri Aurobinto's Message to the World*),1957

17)《国际大学中国学院二十周年》(*Twenty Years of Visva – Bharati Cheena – Bhavana*),1957

以上这些出版物,除了第八种《现代中国》是阿拉哈巴德 Alahabad 的"图书城"Kitabistan 出版社和第九种《中国、印度与第二次世界大战》是加尔各答的中国出版公司 The China Press 出版以外,其他都是由圣地尼克坦的"Sino – Indian Cultural Society/中印学会"出版的,其中许多都是由讲演改写成的。所有这些书都很薄,从现在的眼光来看是属于"论文"篇幅。谭云山是个有才华的人,肚子里学问也多,从小就爱好写作,在中国学院研究的环境又特别好,本来应该能写出学术巨著的,可惜他花了太多时间在行政管理方面,应酬也多,不能集中精力从事著述,他自己也深以为遗憾。他有些较大的写作计划都没有实现。

十、晚年兴建世界佛苑

1967 年谭云山从国际大学退休时,只差一岁便成古稀老人了。中国民间这活到 70 就是"古稀之年"的概念,大概唐朝以前就流行了,却是被唐朝两位大诗人传得家喻户晓的。杜甫的《曲江》诗有:"酒债寻常行处有,人生七十古来稀"。白居易的《感秋咏意》诗有:"旧话相传聊自慰,世间七十老人稀"。古时经济没有现代发达,医药也比现代落后得多,又有些乱七八糟的迷信陋习,再加经常兵荒马乱,人们当然活不长久的,能活到 70 岁算是了不起的。谭云山一生、风尘仆仆,很少有机会培养出"养生之道";他为了实现事业理想,也没有那种闲情逸致,不过每天早上锻炼锻炼,生活尽量遵守一定的规律而已。说也奇怪,凡事乐观的谭云山,对自己的身体与生命也乐观,平常不相信医药,也很少病痛。他坚决相信自己能活到"上寿"120岁。

可以举一个例子来看谭云山"不服老"的性格。70年代后期（大约1978年），谭中暑假回圣地尼克坦省亲，母亲对他说："要帮爸爸看病！"谭云山听了很生气说："我没有病！"其实谭云山早已有了前列腺肿胀的毛病（并且遗传给所有的儿子），每天晚上都尿床。谭中先在圣地尼克坦请医生来检查，医生发现他的下腹部很硬，认为有前列腺肿胀的症候。谭云山顿时反驳说："不是"。他又讲了一个故事。几十年前有一次在加尔各答检查身体，医生摸着他下腹部很硬，就称赞说："是经常做运动的"。谭云山一直以自己经常锻炼而自豪，也经常引当年那位医生的话来表达豪情。那时谭云山的长孙谭梵天已经进了新德里全印医学院（All India Institute of Medical Sciences）念书，那时的全印医学院是全印度最好的医院。谭中和谭梵天父子就办手续让谭云山去新德里把前列腺切割。谭云山住院以后，每逢大小医生来检查，他都不厌其烦地重复那陈年八股的"经常做运动"的故事，医生们听了也只笑笑，不和他争辩。手术以前，医生用一根管子把谭云山膀胱内的小便抽出来，抽掉好几公升，谭云山的腹部顿时就软下来，谭中和谭梵天在旁看了都大笑起来。以后谭云山就不再重复那"经常做运动"的故事了。前列腺切割以后，谭云山的健康大大进步，他对负责手术的医生非常感激，称他为"药师佛"（Bhaisajyaguruvaiduryaprabhasa）。

谭云山既不服老，又是闲不住的人。1971年夏天，73岁高龄的谭云山在谭中的陪同下去菩提伽耶参加一次国际性的佛教会议。谭云山在会上作为唯一的佛教居士发言，即席宣布要在菩提伽耶兴建一所"世界佛学苑"，设想把它办成世界佛学研究中心之一。谭中帮他在会上宣扬，取得到会的国际人士的支持。

建立"世界佛学苑"的观念不是谭云山的首创，而是效法先贤太虚法师。太虚法师在《世界佛学苑图书馆馆刊发刊词》中说：

世界佛学苑，盖为重建世界佛法而设立。佛法一味，皆策源于释尊觉海。始流于印度，继而展转流遍全亚，比年由亚洲泛流欧美，且周地球矣。然经一方国，即因某一方国之文教而呈特色；历一时代，即依某一时代之风化而易本相。故于印度约有三时代不同；而源于印度者，亦约有锡兰系、中国系、西藏系之异。其它直接或间接推流所及,盛衰沿革,断续兴废,殆不易偻指数。而近岁欧、美、亚三系之末流,且每探及荒墟古都之遗迹残简,掘发伏藏,淬励新光,则波澜益壮奇已!然往往为某种文字语言及某种风俗习尚之所拘限,不相通贯融彻,犹海水分注溪涧湖渎,匪惟形处离隔,而色味气性亦复差异。则惟有某时某地之佛法,无复世界一味之佛法。然佛法之终不失其一味,亦犹百川之终不失其为水,疏而浚之,导而达之,则源于觉海者,皆可趋汇于觉海。而世界佛学苑,盖欲为佛法尽此疏导之功,使成世界一味之佛法,以为世界人类之所共尊信者也。

  为了这一理想,太虚法师做过不少努力。1928年,法师与德国法兰克福大学中国学院院长卫礼贤商议,在该大学的中国学院内设立世界佛学苑德国通讯处。1929年1月30日,太虚法师接受法国政府邀请访问法国,法国政府更令巴黎市政府捐款给太虚法师建世界佛学苑,并且希望其总部能设在巴黎。1929年2月22日,太虚法师抵纽约,先后访问了美国耶鲁大学、西北大学、哈脱福特宗教研究基金会以及伯克利宗教学院等处,并且作了讲演。太虚在芝加哥访问费尔特博物院时,和院长罗特商定于该院筹设世界佛学苑美国通讯处。1931年太虚法师弘化四川时,与重庆各界名人谈起过他关于设立世界佛学苑华藏文系的设想,并建议就在四川设立学校,招收汉藏僧青年施教。这一建议当即获得潘仲三、何北衡等多人赞同。何北衡还提出,即以当时的重庆北碚缙云寺为校址。众人都同意。于是当即发起筹备设立世界佛学苑汉藏教理院。1932年8月20日,世界佛学苑汉藏教理院正式开学,太虚法师任院长。他亲自乘飞机赴重庆主持开学典礼,制订院训为"澹宁明敏"。1945年春,太虚法师筹划了多年的世界佛学苑巴利三藏院在西安大兴安寺成立,法师任院长。但由于锡兰方面派来的人未能践约,该院不久就停办了。时运不济,世事多艰,太虚的世界佛学苑计划始终未能真正实现。

  谭云山建立世界佛学苑的计划中也包括建立中国佛学、藏传佛学、印度佛学、中文、梵文、巴利文、藏文等部门,可见是完全受太虚法师的影响。太虚法师使得全球佛教变成"世界一味之佛法"的理想是他终生要清除中国佛教的积弊,复原佛教原始的神圣性质的伟大事业的组成部分。太虚法师是谭云山从年轻时开始就崇拜的精神领袖,也是谭云山的友好,谭云山似乎是以继承太虚法师的神圣事业为己任而在晚年担负起这一责任的。早在1926年在新加坡时,谭云山就在他办的《沙漠田》副刊第5期上(见《新国民日报》1926年9月28日)发表《阿弥陀佛》一文说:

我是一个洪荒中的难民……我希望一个大慈大悲的救星来救我和救我同类者,真是大旱望云霓!……

"好了,救星来了!福音到了!"在这样的洪荒饥渴憔悴之中,忽然有鼎鼎大名的当代佛学名家太虚法师前来宏法的消息;这使我听了真是莫大地清凉,莫大地欣慰,莫大地欢喜!……

现在法师已来到这里半个月有多了,所给我们的是些什么福音?此时这场法事尚未完结,似不好算账,不过我有一点些微的意见,本早已急急要奉献法师;总是为得生活的忙迫,还没有机会奉献出来,现在急忙的草率地写在下面:

在过去的佛教坛宇之上,什么"和尚",什么"僧宝",什么"法师",什么"上人",什么……等等;老实说,实在不敢望其项背。过去的佛教徒……除极少数的真正的佛教徒在外:一类是疯狂,一类是乞丐。……疯狂……如寒山、拾得……怎么叫做乞丐呢?……普遍一般化缘和尚是,他们工不做,经不念,力不努,心不用;只光着头,背着袈裟,到处讨钱讨米;叩门的"善男""信女"……其卑鄙渥浊的行为,丑陋怪异的情况,不堪言说,甚之还无恶不作。……所以板桥先生说:"和尚者,佛教之罪人。"这句短短的话,真是爽直愉快极了!

今太虚法师——是自以悟顿佛教为职志的;其徒众之崇奉,俨然释迦牟尼第二;自与我上面所谓的佛教徒不同。……我以为我们做人,应该拿三位先生(孔子、释迦、耶稣)底伟大精神来效法并加以融化,而去其残酷的杀戮。我所敬爱于释迦牟尼佛的,我所取法于释迦牟尼佛的,是——

(一)高尚的觉悟的思想

(二)伟大的救世的精神

太虚法师此次前来之名义为"讲经",而其徒众之号召曰"宏法"。

我以为讲经之任务小，佛法之任务大。……现在此间的大华社会，实在是堕落到四十八层地狱了。单就华侨方面讲，如自相残杀，械斗，杀人抢劫，以及吃鸦片，赌博……等等，都是伤心惨目，可悲可怜，为佛法所必救的。……

虽然这篇文章多少反映出年轻谭云山的锐气甚至狂气，但也可以看出两点：一是他具有牢固的佛根（或谓法根），二是他对太虚法师的敬仰。正是这两点，才使得谭云山从中国学院退休以后又想再干一番事业时，选择了完成太虚法师在世时没有完成的愿望——兴办"世界佛学苑"。

我们要分析谭云山兴建"世界佛学苑"的动机就得回到上面已经涉及到的他和泰戈尔之间思想感情的融合。泰戈尔是个虔诚的人，但他的宗教信仰也是整体观念的。他和一般具有整体观念的印度教徒不同的地方在于：其他人都有自己独特膜拜的神，泰戈尔却废除个别的偶像崇拜。在圣地尼克坦有一个彩色玻璃的庙，每星期三（是国际大学的星期天）早上，学校的师生都去参加祷告。那庙里没有任何神像，祷告时念的和唱的赞歌都是泰戈尔所作的诗歌，不特别强调任何神。人们形容泰戈尔是"泛神论者"，其实他毫无偶像崇拜，倒像个虔诚的"无神论者"，和中国古代的禅宗信徒很相似。

泰戈尔在写作中常常提到佛陀，这是因为泰戈尔的先人都是印度社会改良先锋罗易 Raja Manmohun Roy 的信徒，是罗易创立的印度教改良组织"梵社"（Brahmo Samaj）的成员，而古代的佛陀也是婆罗门教的改良者。泰戈尔评论罗易时，有这样一段话：

说也奇怪，19世纪第一个有国际思想的可能是印度人。我指的是罗易，他热情追求真理。他出生于正宗的婆罗门教家庭却和迷信与仪礼决裂。他想了解佛教而去到西藏。他学习希伯来语、希腊语、阿拉伯语、波斯语、英语、法语。他走遍欧洲，死在布里斯托尔。对他来说，追求精神真理并不在于参加到派系性教堂有限范围中的教会活动中去。……他认识到精神团结纽带联系整个人类，这就是宗教的目的，是要深入到人际关系的基本团结上去……

在这段话中，泰戈尔等于借罗易来表白自己。对他来说，佛教、精神真理与整个人类的团结是一个整体。泰戈尔的这种精神面貌决定了他对中印文明亲属关系的特别感情。1916年,他在东京帝国大学讲演时说过一段重要的话:

古希腊的明灯在初点燃的土地上熄灭。罗马的威力被埋葬在他广大帝国的废墟之下。但是建筑在社会与人的精神理想基础上的文明仍然活在中国和印度。从今天机械强力的角度来看,这(文明生命)可能显得弱小,然而,就像具有生命的种子一样,当天上降下滋润的雨水时,它是会抽芽、成长,伸展它造福的树枝,开花、结果的。

在这段话中,泰戈尔实际上把自己摆在"园丁"的地位,他要精心地把人类长存的中印古文明在当今暴风雨般的西方文明统治下培植起来,让它"抽芽、成长,伸展它造福的树枝,开花、结果"。谭云山在《我献身给泰戈尔》一文中说的:"我把自己献身给他,决定终生在他的领导与指引下竭尽自己微薄的力量。我将永远献身给他,在他的精神光芒照耀下鞠躬尽瘁、死而后已。"实际上是帮助泰戈尔对中印古文明在当今暴风雨现代世界中的成长进行栽培。泰戈尔是"园丁",谭云山就更是"园丁"了。

泰戈尔把佛教和中印两大文明连接起来可谓正中谭云山的下怀。泰戈尔继承罗易的"追求真理"精神,和受过长沙船山书院两年熏陶的谭云山正是志同道合。船山书院是为了传播明末清初大哲学家王船山/王夫之(1619-1692)的思想而创办的,王船山提倡"回归真实",有独特的"天人合一"理论,认为"天"是"合往古来今而成纯"等,为谭云山接受泰戈尔的理论打下基础。泰戈尔欲将中印古文明在现代世界中栽培成长,正需要谭云山这样中国学基础坚实的助手。

1950年谭云山曾作诗一首:

大千宇宙岂幽玄?局和分离本夙缘;
难得此身作道侣,优游自在到人间。

那时他也不过52岁,似乎就已经看透红尘了。这主要是他在时代大变动中看不到自己的前程。但后来很快就克服了那"今朝隔山岳,世事两茫茫"的虚无感,而积极去寻找故人,寻找自己青年时代的理想。

1956年他在北京见到了故人，参加到"百年大梦起沉疴，今日雄威撼岳河"的洪流中去，象征着他与时代洪流的汇合。到1976年故人仙逝，往事又变成一场春梦，他的感情就更倾向那对他来说并不幽玄的大千世界，不是像王维写的"世中遥望空云山"，而是他坐到自己的名字所象征的云山的顶端来感觉世事两茫茫了。

大千世界是什么？按照佛经来说，以须弥山（神话中的须弥山实际上是喜马拉雅山）为中心，七山八海交互围绕成一个小世界（中国和印度都应在这一世界之中）。一千个这样的小世界合起来就成为"小千世界"，一千个小千世界合起来就成为"中千世界"一千个中千世界合起来就成为"大千世界"，这大千世界就叫"三千世界"。名画家张大千以此命名，表明他以四海为家，他也到过印度，在中国学院住过。谭云山虽未用"大千"这名字，他的思想面貌，从超越国界的角度来看也是入了大千境地。换句话说，他1959年以后再也没回到祖国，保存了中国护照，也不加入印度籍，口称自己是"世界公民"实际上就进了三千世界了。进入这三千世界也并不等于把祖国完全忘了，只不过优游自在起来，慢慢地失去他诗句"江河行地耐缘牵"的那个"牵"字。

谭云山夫妇在家也有意见分歧、情绪低落的时刻，两人在言词冲撞时都说过"住到庙子里去"。当时印度有好几个中国庙，住持中有中国和尚，也有中国尼姑，他们也经常到中国学院来探望谭云山夫妇的。因此这"住到庙子里去"的念头（谭云山去住有中国和尚的庙，陈乃蔚去住有中国尼姑的庙），并不是空穴来风。当然，谭云山是个实干家，命里注定不偷闲的人。前面引过他在1926年严厉批评"工不做，经不念，力不努，心不用"的和尚，自己怎么会躲到佛庙中去吃闲饭呢！谭云山和佛庙有缘，但又不会去住庙、吃闲饭，这建"世界佛学苑"的任务就最对他的胃口了，对信佛的陈乃蔚来说，也是人生乐趣。

现在必须向读者具体交待谭云山建立"世界佛学苑"的情形。我们看到，太虚法师兴办"世界佛学苑"时正是壮年，精力旺盛，他又是中国佛教社会的领袖，在全世界都有崇拜者与支持者。太虚法师有那么好的条件，尚且没有实现建立世界佛学苑的计划，谭云山在古稀之年来把先贤没有实现的计划承继起来求其实现，难度当然是很大的。

谭云山那时虽然老了，去国也久了，但那股"湖南牛蛮劲"仍然在他的细胞中运动，那怕是赤手空拳，他也有信心办成事业。首先第一件事是"世界佛学苑"要有个地点和房屋。地点的问题可以解决，因为新加坡富商李俊臣于30、40年代捐款到印度建庙，谭云山帮他通过印度大资本家比尔拉捐得好几块地皮供建庙之用、在比哈尔等邦当地政府办了地契手续，地契都归他保管，建庙工程谭云山也帮忙，还为建成的中国庙题字等（人们说，谭云山实际上是李俊臣捐的印度这些佛庙的"财主"）。他就在几块地皮中选择菩提场（菩提迦雅）中华佛寺作为"世界佛学苑"地址，还通过当地政府把邻近中华佛寺的一块农田买了下来。

下一步就是建房子，谭云山自己毫无积蓄，需要募捐。首先，从印度华侨社区募得一点钱，但只是杯水车薪，他就亲自去香港、新加坡、马来西亚、泰国募捐。他在国外募到更多的钱以后就马上动工盖楼，他还亲自住到菩提伽耶去监工，夫人陈乃蔚也经常陪同住到那儿，有所照顾。他还从泰国化缘得到一尊檀香木佛像。

在为"世界佛学苑"建房子的过程中，谭云山经常回忆起30余年前建中国学院的过程，也经常把两者作比较。换句话说，谭云山是想在30余年后在菩提伽耶复制一个中国学院，是中国学院的成功经验使他信心十足。但是，两者的性质与环境已经大为不同。比方说，1962年那场战争以后，所有在印度的华裔都在理论上变成印度的"安全威胁"（security risk），都受到外侨管理局的行动限制。谭云山也不例外。可以举两个例子。

1962年战争以后，印度民间团体发起"和平长征"（peace march）（原来计划是"长征者"从新德里步行到中印战争战场再过境到中国，呼吁两国和平，后来只在新德里象征性聚会了一下就散了），谭云山应邀也到新德里参加。在参加"和平长征"聚会时，他告诉"和平长征"的发起人之一、"印中友好协会"会长松德剌尔（Pandit Sunder Lal），他在印度的行动是受到政府限制的。松德剌尔是印度独立运动的元老，尼赫鲁总理的好友。他听了很生气，立刻写信给尼赫鲁，质问政府对待谭云山这样的友人为什么这么不友好。尼赫鲁也有他的苦衷，但立刻回了信。松德剌尔又把尼赫鲁的回信转寄给谭云山看。信上只有简短的一句话："我对限制谭云山教授行动深感歉意"。以后又有一次，谭云山到新德里开会住在谭中家里,他还没歇下来,警察部门就来人了,而且气势汹汹,当场给了谭云山一道政府命令,限制谭云山在德里的期间不能离开谭中的寓所24小时以上。他警告说,如果不遵守规定就会处分他。谭中觉得这是莫大的侮辱,就把这事告诉了在政府担任副部长的钱达(Anil Kumar Chanda)先生。钱达副部长也很生气,马上就打电话给德里的警察局长查特济(Chatterjee)说了这件事。查特济在电话里说了一些安慰的话。那以后,谭云山到德里就再也没有遇到这种不礼貌的遭遇了。那个警察部门的人员后来见到谭中也特别客气,估计是被上司训过一顿。

中印交恶,政府之间敌对气氛浓厚,老百姓遭殃。1962年战争以后,印度各地数百华裔(其中绝大多数是老老实实的生意人或打工者)被关进拉贾斯坦(Rajastan)邦的"集中营"(听起来很可怕,实际上是在一个受限制的范围内生活,家属可以寄钱、寄食物及其它用品去,生活还是相当舒服的,只是不能出来)。谭云山全家是幸免了。可是,和中国通讯以及和中国外交人员或者来访者交往都是受到监视,谭云山也不管它,应该来往的照样来往(他每次到德里,都会接受中国大使或代办邀请去晚宴)。当然,他也尽量克制自己,中国方面也谅解他。他这个"政协委员",只在1959年回国参加过一次会议并借此观光,以后再也没有回国了。

谭云山拿的是中华人民共和国护照,70年代要出国去香港、马来西亚、新加坡、泰国募捐,首先必须向印度内政部申请"允许返回"(No Objection To Return)签署,否则在当时的国际形势下很难得到马来西亚和新加坡的入境签证。谭云山为此就写信给印度总理英迪拉·甘地夫人(尼赫鲁的女儿)。曾在国际大学念过书并参加了中国学院成立庆典的甘地夫人很敬仰谭云山,就让印度政府发给他"特别证件"(Certificate of Identity),既免去申请"允许返回"签署的麻烦,马来西亚和新加坡也欢迎(香港和泰国更加没有问题)。当然,这特别证件只是一次性的,并不改变谭云山拿中华人民共和国护照的国籍地位。

30年代在圣地尼克坦建立中国学院时,虽然从总的来说钱是谭云山从中国募捐来的,但在操作上有国民政府撑腰的中印学会,使得财源滚滚;在印度方面有国际大学管理财政收支,谭云山也不必操心。现在到菩提伽耶建立"世界佛学苑",一切都由古稀之年的谭云山独自负责,夫人陈乃蔚年事也高，只能在生活上稍稍照顾谭云山，要管账已不可能，子女都不在身旁，在现场帮忙的手下人都把谭云山当做财神，都趁他老年糊涂捞点油水（他由于记忆力衰退，有时刚发过工资就忘记了，又第二次重发，手下人只乐意接钱，并不指出），多多益善。这样，募到的钱很快用完，"世界佛学苑"的建筑还只完成外部的"壳"，门窗玻璃都没安置好，室内设备全无。到1980年。夫人陈乃蔚得重病而身亡，耄耋之年的谭云山也根本无力再使"世界佛学苑"的工程继续下去。再过3年，他自己也仙逝。

陈乃蔚毕生当贤妻良母，共怀过8个孩子，一个小产，7个都长大成人。她的确是谭云山身边的贤内助。她按照传统，在家用湖南话称呼谭云山："你老人家"。谭云山虽然长期住在国外，但传统的家长作风仍然不能全部改变。夫妻之间，在生活细节上意见分歧总免不了，陈乃蔚长期包容隐忍，到了老年也有时口角。谭云山想起老伴白头偕老的恩爱，就做了些诗。有一首作于1950年：

往昔存心怕作郎，而今儿女却成行；
恩情似海深难测，道义如云莫等量。

这"恩情似海"与"道义如云"是对陈乃蔚发出的肺腑之言。前面已经引过的"大千宇宙岂幽玄……"那首诗也是1950年写的，我们仔细阅读，诗中"难得此身作道侣，优游自在到人间"是有个"伴侣"在诗境中的，那就反映出这首诗也是像上一首那样，是针对老伴而发的。这样看来，谭云山不但把夫人陈乃蔚比作"道侣"，而且暗示两人夫妻姻缘是在天堂或超脱的宇宙中结合的，两人是"优游自在到人间"，颇有浪漫色彩。

另外还有1955年写的长短句：

昨夜雨急，不胜相思意；
满院落花怎收拾？泪痕点滴！

"记取当年，一见如故人；
多少话语凭谁诉？梦里温存！

玉洁冰清，何事却多心？
而今天涯沦落客，谁共衷情！

海誓山盟，同参圣佛仙；
心如虚空何罣碍？众生悲悯！

好自珍重，少恼更少病；
莫错随缘真实义，为觉有情！

一片真诚，苦口兼婆心；
从来忠言多逆耳，求仁得仁！

难忍能忍，怨亲皆平等；
是非荣辱浮云逝，日月中天！

这些诗句明显地是写在夫妻之间发生了一阵不愉快以后。谭云山气消了，回复到他那"忍仙"的思想高度。他把诗写下来给妻子看。陈乃蔚看了，当然气消了。

陈乃蔚作为中国传统数千年来亿万"牺牲小我为大我"的伟大贤妻良母的典型（却不是生活在社会最底层）也有她光荣的一生，也有她生命的幸福，但她毕生只照顾别人，从来不注意自己"养生"，更不用说"锻炼"了。毕竟人的身体也像机器一样，需要不时维修。圣地尼克坦是个小地方，没有完善的医疗条件。老年的陈乃蔚，先是肠胃出血，经过一段诊治以后痊愈了。后来由于眼睛疼（她患了青光眼，谭中和孙儿梵天都受到遗传）到新德里看病。全印医学院是一流医院，在进行专科诊断前先全身检查。在检查中发现她的肾脏问题很大，就集中诊断肾脏。恰巧在这时，国际大学决定对谭云山颁发最高荣誉学位，将在大学年会上举行授奖典礼。陈乃蔚只能顾全大局，与谭云山回到圣地尼克坦。当地根本没有检查仪器，更不必说专家诊治肾脏了。陈乃蔚离开德里以前，谭中只能要医院专家尽量详尽地吩咐在乡下如何调养。表哥谭中夫妇把父母送回国际大学以后，又让表嫂黄绮淑留下来照顾母亲。陈乃蔚的健康情况迅速恶化，不久就去世了。谭中闻讯赶回家去，一进门就见屋内空空如也，谭中问表嫂："妈妈在哪里？"他以为还可以看到母亲的遗体。表嫂惊讶地说："怎么还有妈妈呀!?"原来已经按照印度的规矩，及时把陈乃蔚的遗体火化了。谭中一时无法克制自己，就跪在母亲遗像前痛哭流涕。谭中从小在抗战的国难中长大，受过不少苦，却从来没有那样痛哭过。后来父亲谭云山去世，他也没哭。谭中从小有十年享受母爱，长大以后只有在创办大同学校期间暂短地和母亲在一起。后来在印度已是成家立业，弟妹也多了，自己又在远离圣地尼克坦的德里工作，除了间或寄点钱给母亲外，也没有报答母恩的机会。

谭中还记得自己在兰田读初中的时候，同班同学中有年纪很大、国学基础已经很好的大朋友。在晚上作业时间谭中阅读父母从印度寄来的家书，大朋友特别赞赏母亲陈乃蔚的书法（没有称赞父亲谭云山的字）。谭中一直是盲目崇拜父亲的，起初以为朋友搞错了，后来朋友再一次肯定陈乃蔚的书法是上乘（对谭云山的字不置一词）。大朋友对母亲的这一特殊称赞使得谭中懂得母亲陈乃蔚的出众才华，以及她自愿成为贤妻良母的伟大牺牲精神。他认为：母亲如果是在一个男权不那么严重的西方国家，一定会成为一位名人的。他曾经把这一想法向弟妹透露过，没有得到热烈的反应（弟妹都是最崇拜父亲的），以后谭中就只能把它埋在心底深处了。

1980年夫人陈乃蔚过世以后，谭云山的处境与清朝陆苍培《咏怀》诗名句"云山万里别，天地一身孤"的描写契合。谭云山已经没有精力把尚未竣工的"世界佛学苑"的建造工作继续下去，而他那来回于圣地尼克坦（是国际大学所在地，也是他从1928年到印度后唯一的归宿处）与菩提场的生活旋律又改变不了。表哥谭中和表嫂黄绮淑试图把他接到德里同住。他住了一个月左右就呆不住了，半晚吵着要去菩提场。谭中夫妇和妹妹谭文及谭元夫妇商计，印度妹夫罗摩月说："你们没有违反父亲意愿的权利"。谭中只好送他去住到菩提场中华佛寺。不久就过世了。

1983年2月，谭中夫妇、儿子梵天和妹妹谭文、谭元在印度菩提场中华佛寺把父亲谭云山的遗体火化那天，正是谭中夫妇的学生兼友好、印度国会人民院议员帕拉绍 N. C. Parashar 陪同印度总统辛格 Giani Zail Singh 到菩提伽耶观光、视察，整个旅游胜地洋溢着欢乐与热闹，独有谭家在中华佛寺的丧事中感到孤单与凄凉。事后帕拉绍对谭云山去世传媒没有及时报道感到遗憾。他责怪谭中说,当时在菩提伽耶应该给他捎个信,印度总统知道了会及时向传媒发出悼唁的。谭中不是那种爱张扬的人,当然也感到人世之间冷暖荣辱并无绝对标准的。正在那时候,印度总理英迪拉·甘地夫人于谭云山过世10天后写信给谭中致哀,谭中还没收到信,印度全国各报就刊载了甘地夫人说谭云山是"伟大的学者"、"崇高的文化人"、"泰戈尔师尊和我父亲(尼赫鲁)都敬爱他。他和圣地尼克坦心连心,对增进印度和中国两大文明之间的了解作了巨大贡献"的话,这也等于谭云山是在印度全国的哀悼声中离开他心爱的国度。

1983年谭中在菩提场点火火化父亲的遗体时就想起菩提伽耶和谭云山之间的因缘。1931年谭云山第一次游佛陀成道的菩提场,一看到佛陀在菩提树下苦行成道的金刚座就被它吸引了。他在《印度周游记》上有这样一段话:

当我们走近菩提树的时候,他们(同行者)又在那里磕头跪拜,我却禁不住一跃而在金刚座上坐着了。道阶老法师赶快叫道:坐不得啦!我也就随即下来了。当释迦佛成道时,不知道他到底在树下端坐了好久才顿然开悟?

无独有偶,1940年太虚法师到菩提伽耶专诚朝礼这一圣地时,曾在金刚座上静坐并发愿:"觉树枯荣几度更,灵山寂寞倘重兴……"。谭云山与太虚法师的深切情谊与共同理想又使得谭云山到那儿去建立"世界佛学苑",增加了与菩提伽耶的缘分。谭中又想起几个月前,父亲吵着要到这菩提场来的种种经过,好像有一股力量——一股人间没法阻挡的力量——把他吸引到这儿来涅槃。很多朋友都说,他是佛教徒,又是佛教学者,在菩提场寿终是最理想不过的了。英迪拉·甘地总理的悼唁信中也说:"他死在菩提伽耶对他的一生和事业是合适的结束"。按照中国传统,人死了就祝愿他"荣归西天"。谭云山是的的确确地以"荣归"的姿态和三千界永恒结合。

谭云山学生时代就有访问俄国和印度的"伟大"计划,那时只是想从"十月革命"的发源地——俄罗斯——和中国伟大邻邦——印度——学习到点什么。结果根本没有踏上欧洲大陆,俄国没有看到;到印度学习的计划却变成终生在印度定居，甚至变成印度文化生活的一部分。他小时候《走出云阳山》的"利器在怀聊一试，披荆剪棘斩楼阑"那种豪情壮志也可算得到实现，可算"不虚此生"。再有以英迪拉·甘地总理为首的各方赞誉，那更算是"功德圆满"。我把他的生平尽可能地详细向读者介绍了，好让研究历史的人对他来进行客观的评估（我作为他的外甥女是不一定能客观的）。从我所了解的国内一般对谭云山的评论来看，多半认为他的特殊、他的成就、他的贡献等等是在中国和印度的交往方面。关于这一点，我还想向读者补充一些信息。

印度是一个全民信教的国家，当人们问及谭云山信什么教时，他说信"中国教"。什么是中国教呢？谭云山从整体的观点将它归纳为四点：第一，中国教的宗旨是"至善"和"至美"；第二，中国教的实践是正心、修身、齐家、治国以达到世界的太平和幸福；第三，《礼记》和《礼运》中《大同篇》说的就是中国教的天堂；第四，中国教的最终目的还不止是实现大同社会，而是达到天人合一，即人类和宇宙融合在一起。在谭云山的思想里，文化"在最初阶段，它帮助人们认识生活的真实意义与价值；在最终阶段达到永久和平、仁爱、快乐、自由和幸福的目的。"他认为，中国的"仁"和印度的 maitri（友爱）是相通的。中印文化是同体，中国文化习惯于从积极方面阐述问题，印度文化习惯于从消极方面阐述问题。前面引了 1949 年谭云山出过一本英文的《中印文化的"不害"精神》（*Ahimsa in Sino-Indian Culture*）小册子，其中说道："我的信念和我的毕生任务就在于使世界上两个伟大人民，中国人和印度人联合起来，凝聚在一起，去创造、建立、发展一个共同文化，叫做中印文化，完全立足于'不害/不杀生'之上"。这是一篇他应邀特地为纪念印度耆那教始祖、圣者"大雄/摩诃毗罗"（Mahavira）而写的文章。圣者"大雄"是提倡"Ahimsa"（不害/不杀生/非暴力）的始祖，是信徒们身体力行"不害"最虔诚、最积极的社会组织。谭云山的整体观念，利用"不害/不杀生"这一像征，把耆那教、儒家、佛教、耶稣教，把中国、印度和世界文化都融成了一体，这也是中国"大同"思想应用在中印关系之间的具体表现。

正因为抱有明确的中印学的理念，他旅印 50 多年，一边"西天讲道"，一边"西天取经"，致力于中印文化的融合。在圣地尼克坦当地印度人的心目中，谭云山是中国人的代表，是一位"中国圣人"，从思想、言谈举止到服饰都是中国的。其实，谭云山刻意追求的是中印融合。他一方面提出"中国教"的概念，一方面大力论证中印文化的共同的精神体。在行为上，他也努力将中印的传统结合起来。谭云山最喜欢他自己编写的"中印箴铭"，它是谭云山致力于中印文化融合的重要成果。所以，他经常经常用篆体字抄写了送给亲朋及得意门生。谭云山的"中印箴铭"有前后两则。第一则是这样的：

> 立德立言，救人救世，
> 至刚至大，有守有为，
> 难行能行，难忍能忍，
> 随缘不变，不变随缘。

"立德立言"是儒家思想，"救人救世"是佛家思想，"至刚至大，有守有为"是中国文化传统，"随缘不变"是从印度传到中国后变成中国知识分子潮流的，"难行能行"就是鲁迅说的"硬骨头"精神，"难忍能忍"则是印度文化传统。这则"中印箴铭"，是谭云山在特殊环境中对人生参悟的思想结晶，其中渗透着孔子、释迦牟尼和甘地的思想以及中印两国的文化传统。

随着阅历增多，对人生又有了新的感悟，谭云山又有了第二则"中印箴铭"

> 自觉觉他，自利利他，
> 己立立人，己达达人，
> 慈悲喜舍，禅定智慧，
> 格致诚正，修齐治平。

在这则箴铭中，他把孔子《大学》的"格物、致知、诚意、正心、修身、齐家、平天下"和佛家的"慈悲喜舍，禅定智慧"摆到一起，这是想以印度文化的丰富想象力和整体观念来充实中国文化对人际关系，对社会和谐与政治稳定的理想。这则箴铭和第一则箴铭一样，其重点都是在如何处理自我和他人（社会）的关系。这六十四言箴铭，是中印思想哲学的高度结晶，是谭云山不朽的精神贡献，是现代东方社会哲学、宗教哲学的重要成果，是个人修身、处世、立业的思想武器。自然，这也是谭云山数十年身体力行的不二法则。

中印合璧还体现在谭云山的服装上，是他自己独创的：半华半印，上衣似中国褂子，布纽，有四个大口袋；下身则是中国传统的不开裆的长裤，裤身很大，穿上折起来套上皮带。冬天深蓝色，夏天白色，每次定做十二套，每天更换，给人一种庄严的感觉。我想，他在印度经常和泰戈尔会面并且经常参加有泰戈尔及其他名流的集会，衣装整齐是非常必要的。自从1937年开始担任国际大学中国学院院长以后，他每天几乎有十多小时和师生、同事、朋友与访客在一起，因此养成了衣装整洁的习惯，在家也是如此。他那中印合璧的服装使他不但在印度而且在国内都和交往的人们服饰协调，在任何场合都容易把他在"中印之间"辨认出来。俗话说，"入乡问俗"或"入乡随俗"，谭云山既然把印度当作自己的家，就立志不做"老外"。但蛇可以脱皮，人是不能脱胎换骨的。谭云山一方面极力使自己"印度化"，但又不愿抛弃与生俱来的"中国气质"。

晚年是印度友人钱达先生"强迫"谭云山满足夫人的意图，在圣地尼克坦买了块地，建了一栋两层楼房，房子后面朝北，在房外顶端题"望中楼"三字。他在印度50年，已经融汇到印度文明中去了，他爱印度，把印度作为自己的第二故乡，他也爱中国，时时刻刻都在望着中国。谭云山每天黎明都登上中国学院的屋顶平台，朝北遥望祖国片刻，然后面朝日出方向，观察大自然并锻炼。锻炼的项目是他自己独创的、将中国功夫与印度瑜伽相结合的《太极神功八段锦》。

中国历史上有很多印度高僧的故事，他们到了中国，忙于讲经、传道、建庙、译经等，从来不想家，好像没有故乡、祖国等观念。这是因为印度有离家的传统。一个理想的"印度教徒"，一生有四个阶段：（1）未婚求学期（Brahmacharya），（2）成家立业期（Grihastha），（3）入山修行期（Vanaprastha），（4）离家出世期（Sannyasa）。历来到中国的印度高僧，不管年老、年幼都有"离家出世"的精神。他们不一定都在精神上进入了不食人间烟火的阶段，从谭云山最后几年的情况来看，他也和印度在中国的高僧一样，在精神上离家了，以佛庙为归宿了。这种例子在古代恐怕都不多，在现代却有过好几位中国来的法师在印度守庙一直到圆寂。

表哥谭中见过他们,因为他们经常去圣地尼克坦看望谭云山夫妇或找他们帮忙。他们守戒律,但从他们的言谈中可以看出,他们对财产、金钱并没有丧失兴趣。谭云山从来没有剃度为僧,他那晚年倒真有点像白居易说的:"名利既两忘,形体方自遂"(《寄皇甫宾客》)。按照印度传统观念,躯体是灵魂的监牢,人死了,躯体腐朽,灵魂就得到了解脱。在没有达到解脱境界的时候,就好像是进了飞机场、呆在候机室里等待升天(印度知识界暮年时经常这样形容自己)。白居易还有一首诗《逍遥咏》,就有这样的形容:

亦莫恋此身,亦莫厌此身。
此身何足恋?万劫烦恼根。
此身何足厌?一聚虚空尘。
无恋亦无厌,始是逍遥人。

谭云山的晚年近似这一描写。但他也没在三千界做逍遥人,而是在守庙的岗位上走到生命的尽头。

十一、子承父业中印大同

1956年谭云山在北京中南海和故人毛泽东会见长谈,毛主席听说谭云山有七个孩子马上就说:"你倒是个多产主义者"。这七个孩子的出生地,反映出谭云山夫妇一生的跨国流动性。第一个孩子谭中生在马来西亚,第二个孩子谭正生在中国湖南长沙乡下桃花镇官沙塘,第三个孩子谭立生在中国上海,第四个孩子谭文生在中国湖南长沙,第五、六、七个孩子谭元、谭吉、谭同则生在印度圣地尼克坦。"人有悲欢离合,月有阴晴圆缺",谭云山夫妇和七个孩子却没有一次大团圆的机会,这是陈乃蔚认为一生的不幸,谭云山却不太在乎。这并不是说,谭云山没有儿女之情。长子谭中出生,他为之取名"爱之果",这是多么富有感情的名字呀!以后谭正出生,家里就有了两个"果子"(谭中叫"大果子",谭正叫"二果子"),谭立生了,家里就有三个"果子"了。第四个孩子谭文是女儿,家里有了新鲜感觉,不再把"果子"的传统继续下去,谭文的乳名叫"华华",象征着结果以后又开花。以后三个孩子生在印度,都取了印度名字：谭元的名字是 Chameli（是泰戈尔给起的），谭吉的名字是 Aujit，谭同的名字是 Arjun，在家里就按照印度习惯叫印度名字。从谭立开始，这后面五个孩子都是在圣地尼克坦成长的，孟加拉语是他们的第一语言。至今他们之间仍然用孟加拉语沟通。

七个孩子中，最大的两个、谭中和谭正、和父亲相处的时间没有其他五个那么多。第一，他们出世时，张开眼睛看到的只是母亲的慈祥面孔，父亲却在看不见的远方。其次，在他们最需要父亲指导的成长期，起初是父亲不在身边，后来父母都不在身边，两个孩子从小对父亲的感情是相对淡漠的。从另一方面看，作为父亲的谭云山对所有的孩子并不完全平等相待（夫人陈乃蔚却不同，对所有的孩子都同样喜爱），他最最宠爱的是第三子谭立，其次就是次女谭元。有一阵子也特别喜欢长女谭文。

谭立和谭文是 1939 年随父母去到圣地尼克坦的。泰戈尔的校园里第一次多了两个外国孩子，他们很快就本地化，说一口流利的孟加拉语，性格与行为也和土生土长的孩子一样，只是面孔不同而已。那时泰戈尔还在世，他特别喜欢孩子，因此对这两个中国孩子特别爱护。谭立和谭文还有一张站在爸妈身前和泰戈尔的合影，现在已是国际知名的中印友好象征符号了。

谭立长得漂亮，苹果脸，天资聪颖，中小学时，和当今国际闻名的哈佛大学经济学家、诺贝尔奖金获得者、阿莫尔多·沈 Amartya Sen 同班，成绩比阿莫尔多·沈有过之而无不及。毕业后，阿莫尔多·沈进了加尔各答大学最好（也是全印度最好）的"总统学院"（Presidency College），谭立考进了尼赫鲁提议兴办的、仿效麻省理工学院（MIT）的第一所坐落在西孟加拉邦喀拉格坡（Karagpur）的印度理工学院（其毕业生多半移居美国、在 90 年代美国"信息技术革命"中大显身手）——喀拉格坡印度理工学院 Karagpur IIT。这些事实，不但使谭立成为圣地尼克坦的佼佼者，也使他成为谭云山的掌上明珠。谭立后来被加尔各答市发展建设局（Calcutta Improvement Trust）聘任为建筑师，但那是印度政府部门，雇员必须是印度国籍。谭立申请印度国籍时遇到麻烦了，按照政府规定手续（大概是沿用英殖民时代政府法令），他必须取得出生政府当局的同意，才能变成印度公民。那就是说，这一申请还得经过上海市政府或者茶陵县政府同意，问题就复杂了。为了这事，谭云山就请当时在中央政府担任外交部副部长的好友钱达先生帮忙。钱达把事情报告给尼赫鲁总理，尼赫鲁认为这种手续太不近情理，就叫内政部破例让谭立入了印度籍。后来谭立移民去加拿大，直到80年代才回印度省亲。

谭文到圣地尼克坦时很小，她在国际大学当学生，从幼稚园开始一直到获得孟加拉文学博士学位，是个最地道的泰戈尔校园教育事业的产物。大学本科毕业（即学士学位考试通过）时，谭文榜上名列第一，引起孟加拉邦舆论轰动（报纸刊出新闻：中国女孩在国际大学孟加拉文考第一）。恰巧这时谭文陪同父亲回国观光，周恩来总理就替北京大学预约谭文为未来的孟加拉语教师。后来谭文念完博士学位，已是1962年中印战争后两国关系交恶，这一预约的任命无法实现。谭文到德里大学谋职成功，先是在60年代末到附属于德里大学的一个女子学院（"天帝城学院"Indraprastha College）担任孟加拉语讲师，后来又在70年代被选聘为孟加拉语副教授。谭文由于1956年陪父亲回国观光，也拿了中华人民共和国护照，但是由于谭文从思想感情到服装打扮都是地道的印度人，教的又是孟加拉语文及文学，再加哥哥谭中当时已经在德里大学教书，并担任系主任，因此学校当局就把这一点敷衍过去（按道理外国人到德里大学这样的国立大学教书是要经过内政部特殊批准的，谭中就经过了那道手续）。其实，如果中印两国关系好，像谭文这样一位中国姑娘在印度首都最主要的大学教孟加拉语文和文学，是会引起传媒大肆宣扬的。当时中印交恶，却又有人抱怨为什么把这样好的饭碗让中国人端走，而不给印度自己的年轻学者。但是由于印度上层知识精英中对谭云山、对中国的情谊仍浓而没有使这一矛盾凸显。到了80年代，谭文有了在美国工作的美籍印裔（孟加拉人）男朋友德伯布罗多·达斯古普多（Debabrata Dasgupta），就移民去了美国和他结婚，1998年在美国去世。

谭文去世前遗言，要丈夫德伯布罗多和哥哥谭立把她的骨灰分别撒到湖南长沙、印度与美国的土地上。1998年10月底谭立在北京开完纪念谭云山诞生100周年会议之后专程将谭文的骨灰送至长沙。当时我妈还健在，我们在家设立了一个简易的灵堂，迎接四姐之灵回家，然后我与先生、谭立夫妇携带她的骨灰盒从湘江大桥上将骨灰缓缓地撒入江中，四姐的灵骨又回到了她的出生地。

谭云山

我妹妹胡智是舞蹈家，是中国歌剧舞剧院舞剧团的一级演员，她和表姐谭文在美国有一段错过的因缘，当时令我父母和兄弟姐妹感到非常遗憾，至今我还一直很难释怀。1978年夏天，胡智参加中国艺术团到美国访问演出，先到首都华盛顿，第一站表演地点是纽约。到达后住在五月花旅馆，在纽约市举行的欢迎会上，胡智见到了由国内赴美定居不久的表哥杨振衣。杨振衣把这一消息告诉了当时在费城（Philadelphia）的宾夕法尼亚大学做研究的谭文。谭文表姐专程赶到纽约去看胡智。不巧的是：欢迎会的第二天，艺术团的大部分演员因不适应美国的气候而不舒服（胡智也是其中的一个）。中国政府在华盛顿的联络处（当时尚无中国大使馆）特别爱护这批国宝级的演员，就把艺术团全体成员接到华盛顿去休息了。当表兄杨振衣领着谭文赶到纽约五月花旅馆时，艺术团已经毫无踪影。由于当时中美还没有正式建交，中美两国政府对安全问题也特别重视，艺术团的行踪不轻易让局外人知道，谭文没法打听到胡智的下落，等了很久，只有失望而归。后来，艺术团在纽约演出，谭文也去看了，她看到只在1956年在长沙见过一面的表妹在台上跳舞，又是在大洋彼岸见到亲人，特别兴奋。演出结束以后，谭文想去后台与胡智相见，但被保安人员挡驾，没有见着。事后听表哥说起，胡智难过得很，感到很对不住四姐。

有一件趣事，发生在1957年周恩来总理访问圣地尼克坦的时候。1956年谭文陪父亲回国观光时已经见过周总理（谭文也见过毛主席和所有其他接见过谭云山的中国政府要人）。在周总理访问国际大学期间谭云山是处处陪同，谭文和妹妹谭元（比她小4岁但已经和她同样高）两个身着印度服装的中国姑娘自然而然是帮助招待中国贵宾的志愿者。访问完毕后，周总理一行离开圣地尼克坦到波尔普尔火车站去乘专车去加尔各答，谭文和谭元早已在车站月台上站在欢送的人群中间。谭云山又像1942年欢送蒋介石夫妇那样，陪同总理乘专车去加尔各答。周总理在上火车时，看见月台上的谭文和谭元，又看看旁边的谭云山，就让谭文和谭元也一起上车去加尔各答。两姐妹根本没有思想准备，也没有带任何过夜的衣物（当然，加尔各答中国总领事馆的官员家属会为她们安排一切）。当时的情景都被在场的新闻记者猎到，第二天印度各大报在报道中把它当作头条新闻，有的报纸还用了"周恩来总理在圣地尼克坦劫持中国姑娘"的大标题。

关于谭文,还有一些故事。1939-40年徐悲鸿住在中国学院,当他在房中看书或作画时,有时会有一个三、四岁的中国姑娘站在门口张望,手里拿着一本精致的小笔记本。她就是谭文。徐悲鸿看见了,就招呼她进屋,看见她手中那笔记本上有名人的题字和速写画。徐悲鸿就在她的笔记本上画起来,并且欣赏谭文那副欣喜的可爱模样。谭文那本笔记本上有徐悲鸿画的猫(行家说,徐悲鸿画动物造诣最高的是猫,比他的马更精彩)和鸟。谭文遗留下来的两本小笔记本,十分珍贵,上面有泰戈尔、甘地、尼赫鲁等印度名人,中国蒋中正、宋美龄、毛泽东、刘少奇、周恩来等中国名人的签名,还有印度著名画家鲍斯(Nandalal Bose)和中国著名画家徐悲鸿、叶浅予等人的画。现在这两本珍贵文物都收藏在深圳大学谭云山中印友谊馆内。

谭云山的次女谭元是谭家后代仍然留在印度的唯一的成员。她是画家,办过展览,小有名气。她的丈夫罗摩月(A. Ramachandran (Nair))更是当代印度最出名的画家之一。两人从前是国际大学艺术学院的同学,偷偷相恋很长时间,家里只有姐姐谭文知道。谭元是泰戈尔去世前一年(1940)生的,伶俐可爱,泰戈尔为她取名"嘉美丽"Chameli(她现在住在德里是许多人所知的Chameli Ramachandran夫人),益发得到谭云山的宠爱。谭元从小有自己的个性,父母年事已高也随她的意志。她大学本科毕业以后不愿走姐姐的研究道路而加入艺术学院学画。好友罗摩月是在南印度取得历史硕士学位后到国际大学学画兼作博士研究的。他和谭元确定关系以后在德里的伊斯兰大学找到讲师的职位,等候谭元和他结婚。谭元从小在家娇生惯养,父亲从来没对她说过一句重话,她也从不违背父亲的意旨。按照中印两国传统,婚姻大事是必须遵照"父母之命"的。谭元虽然心里已经做出决定,又对男朋友罗摩月作了承诺,那边罗摩月等了十年,事态不见进展,谭元就叫罗摩月去向同在德里的大哥谭中求援。谭中起初也简直无法相信,后来听罗摩月讲述原原本本,就答应帮忙。那年暑假谭中夫妇回家,向父母进行说服,谭云山比夫人陈乃蔚更容易说服,就成全了这一中印姻缘,这是谭家第二次中印姻缘了(之前谭立就是经过父母同意,和孟加拉姑娘结婚的)。谭元婚后生了一男一女,现在都在北美定居。谭元和罗摩月的中印姻缘是非常幸福的。

谭云山

谭云山第六个孩子谭吉 Aujit，也有一段不平凡的经历。前面已经提到谭云山夫妇在印度华侨中的好友丘庆昌夫妇向他们要一个孩子。本来计划把在圣地尼克坦生下的第一个孩子给丘氏夫妇的，但生下的是女儿谭元，就只能等下一个孩子了。果真 1942 年谭吉出生，是个男孩，就被丘太太抱走了。抗战胜利后，丘氏夫妇回国，丘太太带着谭吉住在广东梅县老家，丘庆昌却在香港经营生意。1948 年丘太太过世，那时陈乃蔚在长沙当大同学校校长，就把谭吉接回来了。1949 年，谭云山又把夫人陈乃蔚和谭元、谭吉、谭同都接回圣地尼克坦。谭吉在国际大学念完中学以后，进入加尔各答的贾达乌坡大学 Jadavpur University 工科就读。在这一期间，他每次假期回家，就成了家中的修理匠，什么东西坏了他都能修好，深得母亲欢喜。后来他又进了孟买的印度理工学院 Bombay IIT。拿了硕士学位，然后移民去了美国，现在一家制造公司担任总工程师。

谭云山的满崽谭同 Arjun，生于 1943 年，不久抗战胜利，就和母亲与姐姐谭元回到长沙，1949 年又回去圣地尼克坦，中学毕业后进入加尔各答大学的"总统学院"学物理学，获得硕士学位以后也移民去美国，长期在亚拉巴马州亨茨维尔 Huntsville 的一所大学教物理，最近在教授职位上退休。他和小哥哥谭吉性格恰恰相反。他很内向、怕麻烦，不结婚，不做饭，每天一日三餐都在饭馆里吃。

七兄弟姐妹中内向的还有谭云山的第二个孩子谭正。他于 1932 年生于长沙乡下桃花镇官沙塘，乡下母子营养条件都差些，因此个子较小。从小和哥哥谭中在一起。两个男孩容易扯皮、打架，谭正吃亏。在长沙的时候，母亲看见两个儿子总是打架，就把谭正送到朋友家暂住。谭中放学回来没有玩伴，就吵着要弟弟回来。母亲讲好条件，弟弟回来以后不许再打架，谭中满口答应。两兄弟虽然年龄只差三岁，但谭中偏于早熟，谭正偏于晚熟。抗战时期父母不在，两兄弟相依为命。1948 年谭中去上海读大学，谭正在长沙读高中。1949 年长沙解放后，谭正和许多青年一样响应参军。他因为从小爱好游泳，被选到海军当体育教官。1956 年谭云山回国观光，部队允许谭正请假和父亲团聚。1963 年，谭正在印度国会也变得有名，因为反对党领袖在国会下议院（"人民院"Lok Sabha）提出批评说，谭云山有两个儿子，一个在中国军队（指谭正），一个在印度军队（指谭中）。这事下面再详谈。谭正后来两次到印度国际大学和父母团聚兼在中国学院教中文,第一次带了妻子朱雪辉和女儿谭敏及儿子谭栩,第二次是独自去到圣地尼克坦的。谭栩年纪小小的在圣地尼克坦上学,说得一口标准孟加拉语,回国以后就被北京国际广播电台聘用为播音员,后来由于身体不好而退休。谭敏在圣地尼克坦学好了英文,回国后到北京外文局工作,现在移民美国。

谭云山夫妇书法工整,也把内在的书画天才遗传给子女。谭中高小一年级就参加学校书法比赛而得优胜。谭立写得一手漂亮的英文字无人不称道。谭文手写的孟加拉文更是像印刷一样。钱达部长就请她缮写过许多文件。谭正在50、60年代政治运动中以及在"五七干校"受过绘画的训练。他到老年在美国专心致力于水彩画,发明了一种特别技术,先用清水把画纸浸湿,然后在湿纸上作画,画出的花卉很有活生生的感觉。但是他是闭门造车,跟外界缺乏联系,没有艺术界权威知道或支持,不能出名,不能推广。但他从不灰心,每天苦练,精益求精。他那股"湖南牛"蛮劲很有点像父亲谭云山。

谭吉回忆起小时候,母亲督促他用功时,喜欢举大哥谭中会读书的例子,他心目中对大哥有点崇拜之感,后来谭中到了圣地尼克坦,又从头开始当学生,使他那崇拜之感顿时消失。50年代为了把谭中从国内弄到印度来,谭云山夫妇都花了不少气力。1954年冬,谭中夫妇到香港向丘庆昌的朋友借了钱,坐了一艘货船的二等半舱去加尔各答。一路上,货船靠岸卸货载货停泊时间多,1955年1月才到达加尔各答。父亲谭云山在很多华侨朋友陪同下到码头去接船。到了圣地尼克坦以后,谭云山给谭中夫妇在中国学院安排了一间房,又亲自帮他们布置房间。谭云山在家中有一句口头禅:"爸爸一插手,什么事情都好了!"谭中小时懂事了以后就从来没有在父亲近距离关怀与指导下生活过,现在自己也结婚成人了,有了自己的生活习惯,他又是个有很强的粗犷湖南性格的人(不善逢迎),因此开始时和父亲闹了点小小矛盾。谭云山原本对谭中的那股旺盛热情也冷却了。

谭中10岁开始懂事、走向社会的时候,父亲谭云山把母亲接到印度去了,只留他和弟弟谭正在国内抗日战争的烽火中进行洗礼,在谭云山年轻时形容过的"困苦颠沛流离"的社会中挣扎。国家多难,天伦之乐也被剥夺,谭中朝向自己的人生目标走去,也不奢望个人前程能干出任何事业，只盼望有一天能够天下太平，重新回到父母身边。1955年，谭中总算是回到父母身边来了，却是来到一个新的国度、陌生的环境。1956年谭中的儿子梵天出世，谭中已经变成顶天立地的丈夫和父亲，却仍然在念书，靠父母供养，心中不是滋味。婴儿生下而母乳不足，梵天吃着吃着，奶没了，就大哭。那时谭云山的经济情况也不好，谭中也不敢向父母伸手要钱。他和爱人黄绮淑就写稿（谭中写时事评论，黄绮淑翻译印度文学故事），投到新加坡《南洋商报》，拿到稿费就买奶粉（当时市场上有进口的英国"Cow and Gate"奶粉），梵天吃得白胖白胖，讨人喜欢。梵天出世以后，成为全家的宠儿。谭云山享受这"三代同堂"的幸福，亲自为这唯一的长孙喂饭。谭中要是骂梵天调皮，就会受到父亲一顿责备。

1957年谭中获得国际大学学士学位后继续念硕士，恰巧印度国防学院（National Defence Academy）（其实是海陆空三军军官预备学校）招聘中文教员，谭中去新德里联邦政府文官征选委员会（Union Public Services Commission）参加面试被选上，就开始了教书的生涯。国防学院坐落在印度西部浦那Pune市郊的风景区喀拉克瓦斯拉（Khadakvasla），和圣地尼克坦形成一西一东之势。谭中先去报到任职，得到教员宿舍后，母亲陈乃蔚亲自把媳妇和孙儿送过去。教了一年半以后，谭中又被国防部调到新德里外国语学校（School of Foreign Languages）教特别"翻译班"（interpretership course，意思是：经过16个月全天学习以后，中文要达到能够汉译英的水平）。

谭中告诉我，父亲谭云山是中国传统式以事业为重、以家庭为轻的人物。古代如华陀等专家，不把专业的秘密传授给儿子（因为儿子有依赖名父却不刻苦发奋图强的缺点），而是传给最得意的门生（往往把女儿嫁给他）。谭云山在中国学院也有这样一位得意门徒，印度人沈纳兰（Narayan Sen）。他先是在加尔各答大学毕业后到中国学院学中文，后来作为政府交换留学生去北京学中文，学完回到中国学院当中文讲师。他的中文好，说得自然流利，性格也中国化，对恩师谭云山特别忠诚。谭云山特别喜欢他。谭中讲了一件事。在70年代（那时沈纳兰已经参加全印广播电台All India Radio担任中文组组长，住新德里的电台宿舍），尼赫鲁大学征聘中文副教授与助理教授（谭中已经由德里大学转到尼赫鲁大学担任中文教授），谭云山应邀为专家去主持面试。谭中按照父亲电报上火车到达的时间驾车去车站接父亲，由于交通拥挤又要找位置停车，到了月台上火车已经到达好几分钟了。谭中估计父亲下车以后会先在月台上等他，却看不到人；等人都走光了以后，谭中又去头等卧铺一辆一辆搜寻，也见不到父亲，他心中想，也许父亲自己雇了出租车先回家了。他赶到家，父亲也没来。过了不久，沈纳兰雇了出租车把父亲送来了。原来，谭云山下了火车看见谭中不在月台上，就在月台"苦力"（行李搬运工）的引导下出站去雇出租车（那时谭中从另一个入口处到月台而错过），就直接去了得意门生的家（而不是自己儿子的家）。谭中心中埋怨，却不敢向父亲表达。

沈纳兰很想和谭文结婚，谭云山也默许，但谭文自己不愿意，不能勉强。沈纳兰后来娶了孟加拉姑娘，生了一个儿子，取名"谭沈/Tansen"，用以纪念他和谭家的亲密友情。他比谭中夫妇稍大，却叫谭中"大哥"，叫黄绮淑"嫂子"，是他心里把自己当作谭家一员的表现。他后来长期在北京外文出版社工作，退休后仍然在中印两国之间从事交往，为中印友好做出贡献。他的儿子"沈丹森"（Tansen Sen），在北京先念中学、再念大学（北大），汉语非常流利，而且和梁启超的曾孙女结婚，现在已经成为中印研究的著名学者。

俗话说，大树的树荫下长不出另外一棵大树。谭中一到印度就明白，不能躺在父亲的光环上飞黄腾达。他也是像父亲那样只问耕耘、不问收获。谭中到了新德里以后，一方面教书，一方面以"教员"身份考上了德里大学历史系硕士学位。谭中于1962年获得硕士学位以后，就进一步研究，于1971年获得博士学位。这时他已经是德里大学的中文讲师。得到博士以后晋升副教授并兼中国研究系主任，也到历史系教中国历史。谭中博士论文的题目是英殖民主义对华鸦片贸易而引起鸦片战争，后来以英文《中国与勇敢新世界：鸦片战争的起源》（*China and The Brave New World: Origins of the Opium War*）出书，受到国际学术界欢迎。他后来又把自己多年教近代史的笔记发表成另一本书，名叫《海神与龙：十九世纪中国与帝国主义的研究》（*Triton and Dragon: Studies on Nineteenth Century China and Imperialism*）。这两本书因为批评西方的学术观点（反映出中国爱国主义历史学家的观点），在印度各大学很受欢迎，成为大学历史教材。

我想应该向读者交待一下谭中是怎么从政府部门（国防部）转到大学去的。先得从他被选聘为国防学院的教员说起。那是政府工作，印度政府继承了英殖民时代的一条法规，至今没有改变，那就是：凡是与共产党有关系的人都不能在政府的官员机构中任职（但通过民主选举，共产党人可以担任中央与地方政府的部长、甚至总理，前任印度国会人民院议长就是印共马派党员）。谭中虽然被录取，还需由内政部审查批准。谭中那时刚到印度3年，拿中华人民共和国护照，为了谭中参加国防学院，印度政府情报局长马立克 B. N. Mullik 亲自去见外交部副部长钱达。马立克也是孟加拉人，知道钱达是谭云山的好友。他对钱达部长说："谭中被录取为国防学院讲师（一级官员），但他是从共产中国来的，怎么办？"钱达毫不犹豫地保证谭中没有任何政治背景，并且说："我了解他就像了解我儿子一样"。马立克局长说："你能为他写个书面担保吗？"钱达部长马上就写了书面保证。当时谭云山和谭中都不知道有这么复杂的经过，是许多年以后钱达谈出来的。

前面已经提到，在1962年后，谭正和谭中的名字都出现在印度国会反对党的质问中。质问的反对党领袖（谭中记不清楚，好像是以后担任印度外交部长及总理并两次访华的瓦杰帕伊 Atal Bihari Vajpayee）在印度国会向政府提出质问时说，国际大学中国学院院长谭云山有一个儿子在中国军队，另一个儿子在印度军队，要求政府调查，国防部长恰万（Yashwantrao Chavan）当即应允。如前所述，所谓"一个儿子在中国军队"，指的是谭正在大陆海军当体育教官，所谓"另一个儿子在印度军队"指的正是在国防部外国语学校教中文的谭中。事过不久，谭中就接到以"总统"的名义发的通知被政府辞退（谭中受聘也是以"总统"的名义发的），补偿三个月薪金。谭中的学生后来从政府内部打听到，国防部要求外国语学校校长写个书面担保，谭中仍然能够继续任职的。这外国语学校校长却不像钱达部长那样勇于担保，谭中就这样被辞退了。

按照当时的情况，不但被政府辞退是一个污点，谭中还有可能被捕，被加上莫须有的罪名。他就去找父亲的好友钱达副部长，钱达副部长马上叫他的秘书帮谭中起草一封信，向总理尼赫鲁申诉。谭中在信上签了字亲自到尼赫鲁的官邸交信时，在门房遭到拒绝。后来谭中急中生智，说出钱达副部长的名字,信才被总理秘书处收下。恰巧第二天是尼赫鲁的生日,谭中在信上一开头就祝贺生日,又说出自己在国际大学得学士学位是从总理手中接到的,尼赫鲁是个人情味很重的政治家,信交出以后第三天,谭中在家就收到使者送来的总理回信,答应亲自接见谭中。

谭中到总理办公室去见尼赫鲁的当天恰好美国总统肯尼迪遇刺,临时要安排尼赫鲁向全世界广播追悼肯尼迪,只能让谭中等候(在等候时,谭中听见尼赫鲁从里面打电话出来问秘书,谭中是不是等得不耐烦了)。后来谭中见到尼赫鲁时,向他抱怨自己在教书时尽忠职守而遭到辞退。他又告诉总理当时德里大学需要中文教员,但他被政府辞退了,蒙上污点,可能得不到那份工作了。尼赫鲁当时只认真听,一句话也没说。事后马上有两个发展,一是全印广播电台新闻组组长突然写信给谭中,请他到该处担任翻译工作,另一是谭云山为谭中被辞退事写信给尼赫鲁总理,马上就接到回信。尼赫鲁在回信中说,他对谭中被政府辞退感到抱歉却无能为力,因为谭中是中国籍,不宜在印度国防部工作,可是他希望谭中能够在德里大学得到一份好的教书或研究工作。这封信后来对谭中能顺利参加德里大学起了关键性作用。1964 年,谭中在德里大学选聘为中文讲师时,向大学当局交了尼赫鲁总理的信的副本,就顺利就任了。谭中加入德里大学以后,大学校长办公室不止一次向谭中要总理信的副本,谭中知道,这是大学在为他取得内政部批准时遇到了好几道关口,但是他在印度的事业却有了总理的"护身符"。

1973 年谭中到巴黎参加"International Orientalist Congress/世界东方学会"(是"东方学会"在巴黎成立 100 周年),在那儿遇到许多来自西方各国的华人、华裔学者。当时谭中仍然是中华人民共和国公民,却当上了德里大学中国研究系系主任。当时华裔在西方国家的大学当系主任的还没有,大家都觉得奇怪,使谭中有一种"人在福中不知福"的感觉。以后谭中在系主任的位置上,经常接到政府指示说,国立大学应该尽量不用外国人,即使要用外国人也要有特殊的理由。谭中自己还是外国人,却也常为系内聘用别的外国人而辩护。至于他自己,由于已经在印度主要的国立大学任职,并且处于领导岗位,印度政府各部门都不把他当外人。有趣的是,过去父亲谭云山所接到的许多政府的差事(包括"绝密"差事),现在都到谭中手中来了。

谭云山

前面曾经提到,谭云山在印度中国研究学术界的精神指导作用在1962年中印战争以后就减弱了,印度的中国研究进入一个新时期,是以德里大学新建的中国研究系为先锋与主干的。凑巧得很,谭中却是参加到德里大学新建的中国研究项目的第一人。刚开始的时候,还不能有中国研究系,因为德里大学是国立大学,是根据印度国会通过的法令成立的,新建的部门都必须根据法令由中央政府批准。谭中参加了,政府批准还没有下来,大学只能在佛学系下面设立"中国研究中心"(Centre for Chinese Studies),由佛学系主任负责,实际上,"中国研究中心"的唯一项目就是开办中文班。由谭中主办,夫人黄绮淑也参加教书。一开始就吸引了许多学生。这些学生中,很多人后来都参加政府工作,或变成印度的中国研究专家。现在印度中国研究专业(即有中文语文基础的)中绝大多数都是谭中、黄绮淑夫妇的学生或者学生的学生。他们的学生中也有许多成为印度外交官,现在都退休了,只有梅农(Shivshankar Menon),退休后又被返聘,成为印度国家安全顾问(National Security Adviser)。顺便还要交待一下,谭中在国防学院教过的学员,后来变成将官的有10多人,还出了一位空军总司令(他的名字是帕特尼 Vinod Patney)。

1966年,德里大学中国研究系成立,曾在北京学过中文、又到美国留学的杜德(Vidya Prakash Dutt)受聘为教授兼系主任。两年以前德里大学挑选保送到美国深造的印度学者在中国研究系成立以后也陆续回来,充实教师。他们是:从耶鲁大学回来的历史学家戴辛格(Giri Deshingkar),从哥伦比亚大学回来的政治学家白蜜雅 Mira Sinha Bhattacharjea,从哈佛大学回来的社会学家顾普多(Krishna Prakash Gupta)和从加利福尼亚大学伯克莱分校回来的政治学家莫汉迪(Manoranjan Mohanty),再加上谭中、黄绮淑夫妇,新的中国研究系就有了相当的规模。不久之后,杜德成为大学副校长,谭中当了系主任,采取了两项重要发展措施:(一)建立自己培养中国专家的机制,办起"速成中文班"(intensive course in Chinese Language),使已经得到硕士学位的印度学生能够使用中文为研究工具,然后再让他们进修副博士与博士学位;(二)到历史系和政治系的硕士课程中去增设中国课题,谭中自己也教聚焦于帝国主义侵略的中国近代史。

1978年，谭中转到新德里尼赫鲁大学（Jawaharlal Nehru University）（简称JNU）被聘为正教授（他在德里大学当了7年系主任一直是副教授），但是，夫人黄绮淑继续在德里大学教中文（起初是讲师，后来升为副教授，1997年退休）。谭中从60年代开始和德里大学同事结成的志同道合友谊（特别是戴辛格、白蜜雅和莫汉迪）继续保持下来。他们从60年代末就有一个每周碰头一次的"中国讨论小组"（China discussion group），起初碰头的地点是在"国防研究所"（Institute of Defence Studies and Analyses）所长苏伯（K. Subrahmanian）的办公室。苏伯退休以后，就在戴辛格所在的"发展中社会研究中心"（Centre for the Developing Societies，他是70年代初从德里大学转过去的）碰头。从一开始，这个"中国讨论小组"就有印度政府外交部东亚司的"中国通"参加。最早参加的是任嘉德（C. V. Ranganathan，80年代后期当过印度驻华大使）和康维诺（Vinod Khanna）。后者曾经到德里大学中日系当过访问学人，然后在1990年通过他具体取得外交部财政支持而在"中国讨论小组"的基础上建立"中国研究所"（Institute of Chinese Studies），由他担任第一任所长，谭中和白蜜雅担任委员会的两主席。所长的职位由主要骨干轮流担任（戴辛格、白蜜雅和莫汉迪都担任过），谭中的主席职务一直继续，直到他离开印度、定居芝加哥以后的许多年后才停止。

谭中于1978年担任尼赫鲁大学教授，1994年满65岁退休。在这17年期间，他使得尼赫鲁大学的中文教学大大发展起来。他参加时，中文属于亚非语言系的课程之一，只有一个教授和两个讲师的位置，有5年硕士班（中学毕业后学习三年可以拿到学士学位，再学两年可以拿到硕士学位）却没有教科书，靠学生义务抄点《人民日报》新闻作为教材。谭中参加后，夫人黄绮淑（当时仍在德里大学教书）去支持他、义务教课，谭中又利用到尼赫鲁大学留学的中国学者（如张敏秋、王树英等）来义务讲课，采用了北京语言学院的汉语教材。另一方面尽力向校方争取教员名额，并启动把亚非语文系各种主要语种（主要是中文、日文、阿拉伯文和波斯文）发展成独立的系。后来东亚语文系成立了，下一步把东亚语文系分成中文系和日文系也启动了，但直到他退休以后才变成事实。他退休的时候，中文编制内有10多个教员，其中有一个教授和两个副教授的位置。在这17年期间，谭中也担任过亚非语文系系主任和东亚语文系系主任。再有，从1990年开始，谭中就在新德里英迪拉甘地国立艺术中心兼职担任教授顾问，开展东亚研究，他在这工作岗位上，一直到1999离开印度为止。

  1979年，北京大学和中国社会科学院合办南亚研究所，北大东语系系主任季羡林教授任所长，社科院宗教研究所的黄心川教授任副所长。1980年，南亚所和斯里兰卡的"道路研究所"（Marga Institute）在北京联合办"南亚会议"，"道路研究所"负责外国学者旅费，南亚所负责参加会议学者的食宿，一切活动都在北京友谊宾馆举行，规模很盛大。谭中应邀参加（后来从"道路研究所"所长那儿知道，是季羡林极力推荐的），黄绮淑自付旅费，成为大会观察员（其他印度代表都是德里"发展中社会研究中心"的成员、包括戴辛格）。尼赫鲁大学校长纳拉亚南（后来变成印度总统）也被邀请，他抽不出身，在谭中临行前吩咐他说，他是作为尼赫鲁大学的代表参加的，谈吐中要表明自己的身份。谭中和黄绮淑趁此机会到阔别的故乡看看，他们来到长沙时，还特别拜会了我父母。

  季羡林教授曾于1978作为中国友好代表团访问过印度，当时谭中是德里大学中日研究系系主任，他和佛学系联合，在德里大学组织了盛大的欢迎会特别欢迎季羡林。1980年在北京重逢以后，两人变成好友。据季羡林说，他曾经参加过"中印学会"。1956年谭云山回国观光时也参观过北京大学，曾经由季羡林接待，他还送过谭云山一些书。谭中1980年回印度以后，又不断争取机会回国收集研究资料，每次到北京就住北大勺园招待所，季羡林总是热情招待，又送书给他，对在海外参考资料缺乏的谭中来说真是如获至宝。由于结识了季羡林，谭中就参加了季羡林和其他学者发起的、由季羡林担任主席的"中国敦煌吐鲁番学会"的好几次会议，对敦煌研究发生了兴趣。谭中后来于1990年陪伴英迪拉甘地国立艺术中心领导人瓦赞嫣（Kapila Vatsyayan）博士参观敦煌石窟，瓦赞嫣和敦煌研究院（当时是研究所）院长段文杰达成交流协议。1991-92年段文杰作为英迪拉甘地国立艺术中心的客人到印度各地观光，1992年在英迪拉甘地国立艺术中心举办敦煌石窟壁画展览，由李鹏总理剪彩。又按照原来的协议，谭中于1994年出版了英文《敦煌艺术——从段文杰的观点来看》（*Dunhuang Art Through the Eyes of Du-*

an Wenjie)。这本书现在变成英文文献中探讨敦煌石窟壁画的少有的学术参考资料，受到世界各国艺术史研究界的欢迎。谭中和季羡林身边的弟子学者也结成朋友，特别和耿引曾与张敏秋变成莫逆之交。谭中和耿引曾合著了"印度与中国"，有中英文两种版本，中文书叫《印度与中国——两大文明的交往与激荡》，2006 年由商务印书馆出版（不久前绝版，现在改了一些错误第二次印刷）；英文书名叫 India and China: Twenty Centuries of Civilizational Interaction and Vibrations（《印度与中国：二十个世纪的文明的交往与激荡》），成为印度特大丛书《印度文明中的科学、哲学文化历史丛书》(History of Science, Philosophy and Culture in Indian Civilization) 的第三卷第六部分，已经变成国际研究中印关系学术界的重要读物。值得一提的是：1994 年印度外交部邀请谭中为印度对外文化关系协会的刊物《印度地平线》(Indian Horizon) 客串编了一本《印度和中国》(India and China) 特刊，受到欢迎，加印过两次，总共出了 8000 册而销售一空。

谭中的印度好友、国大党少壮派领袖兰密施（Jairam Ramesh）在他还没有担任部长（他现在是印度政府管农村发展的内阁部长）的时候一度对中国研究很感兴趣。他在英文名著《中印大同应该提倡：对中国和印度的思考》(*Making sense of Chinda: Reflections on China and India*)（2005 年新德里印度研究出版社/India Research Press 出版）书中写道：是因为他从小"在法显、玄奘著作起了帮助我们发现印度的过去的常识中成长"、是因为他是"Nehruphile/尼赫鲁崇拜者"、是因为他"本能地同情像师觉月、谭云山、谭中以及最近加入的阿莫尔多·沈等印中友好倡导者的'文明学派'"，使他想出了新英文字"Chindia/中印大同"。我们可以看到，是兰密施把泰戈尔的国际主义理想和师觉月、谭云山、谭中、阿莫尔多·沈串到一起，使他有了发明这一重要的新英文字"Chindia"（谭中把它翻译为"中印大同"）的灵感。由于谭中在两国之间大力宣传这"Chindia/中印大同"概念，很多人以为"Chindia"这个字是谭中发明的。他们找谭中澄清发明者究竟是谁，谭中打趣地地回答说："应该是我发明的，但被兰密施捷足先登了。"

谭中从小喜欢写作、不善言辞，但到了印度却与吃粉笔灰结了不解之缘。他立志要做个好教员，以帮助学生为己任，备课从不松懈。他自己念完硕士与博士学位都是在开夜车、没请一天假的情况下熬过来的。1994年从尼赫鲁大学退休以后,他不必教课,就把全部精力投入研究上去。他的主要著作出版,差不多都是在1994年以后,一直到耄耋之年,他仍然笔耕不倦。谭中现在中英文书籍出版了差不多20本了(他除写书以外其它的文章更是不计其数),都是集中于中印交流方面的。2010年初,他做梦也没想到的事发生了。一天突然接到印度驻美国大使从华盛顿打到芝加哥来的长途电话,说印度政府要颁发二等莲花奖(Padma Bhushan)给他,问他愿不愿意接受,他一时不知怎么回答,好像说了:"毋庸讳言"(It goes without saying),大使就认定他是接受了。他想起父亲在世时,印度政府曾经想把同样的奖颁发给谭云山,但由于谭云山不是印度公民而没颁成。其实谭中现在也不是印度公民了(他曾经是印度公民,2002年入美国籍时,印度法律还不允许双重国籍,他只得放弃印度公民资格),可是现在印度政府颁发国奖的规则却松了。2008年,印度政府就把这个二等莲花奖颁给了季羡林教授(现在印度的说法是:谭中是中国学者中得到此奖的第二人,中国学术界承认不承认谭中是"中国学者"尚不肯定)。谭中虽然从印度总统手中接受了奖,但心中总觉得他是代替父亲受奖,自己不配这种荣誉。到了2010年底,又出现另一意想不到的事,中国驻印度大使馆急电请他去新德里接受访问印度的中国总理温家宝颁发的"中印友谊奖"(得奖者都是印度人,谭中也算是印度人)。

  谭中记得父亲谭云山在世时总是说,他要写一本《我在中印之间》的书(可惜他没有这样做,很多中印之间交往的宝贵信息都被他带走,没有留在人世),现在谭中却真正变成"我在中印之间"了(他在印度被当做中国人,在中国被当做印度人)。谭中从小就没有关于前程的雄心壮志,只想抱着"不求有功,但求无过"的思想走完人生道路。这两个突如其来的"奖"使谭中感到,是从他刚生下两、三个月被泰戈尔授名"Asoka/阿输迦"的那一刻开始,他的人生道路就被命运注定:谭中是自己毫无选择地走上泰戈尔和谭云山开辟的"Chindia/中印大同"道路的,虽然是没有选择余地,谭中却乐意走在这条道路上。"Chindia/中印大同"变成了他的生命、他的事业、他的雄心壮志、他的"春蚕到死丝方尽"的追求。

我希望表哥谭中能够实现姨父谭云山所没有实现的理想——活满"上寿"120 岁。谭中在世一天,谭云山精神就永远长存。

(2011 年 8 月 31 日脱稿于长沙理工大学)

中印兼爱、华梵师表：话谭云山精神

谭 中

我在本文中探讨"谭云山精神"是采纳了好友、深圳大学"印度通"郁龙余教授的建议，也是受到2011年7月北京"谭云山现象与21世纪中印文化交流——中印文化艺术界高层论坛"的启示。我的表妹胡玲玲在本书中对谭云山生平的介绍（《华夏之心点燃天竺之灯——谭云山的不凡人生道路》）按照惯例，把谭云山后人的情形也作了点交待，她的文章最后一句是："谭中在世一天，谭云山精神就永远长存。"既然大家都觉得有一种"谭云山精神"，作为谭云山的儿子与事业继承人的我就责无旁贷，必须对历史人物负责，尽可能地向本书读者说出个所以然，至少必须提出点启示，对今后研究这个课题的学者们起点参考作用。

首先应该说明一点，"谭云山现象"也好，"谭云山精神"也好，是建立在两种关系上的，一种是中国和印度的关系，另一种是泰戈尔和谭云山的关系，我们不应该也不能够把"谭云山精神"和这两种关系分裂开来而把它看成孤立的现象。本文进展的过程中，这一观点自然会显现出来的。

从"征途"走进"事业"的进程

谭云山的人生道路可以分为两大阶段。第一阶段是从求学开始一直到结束他4年（1924-1928年）的南洋旅程为止，是他踏上人生征途的阶段。第二阶段是他（1928年）参加了泰戈尔的国际大学以后，开始从追寻目标的远征者转变为加入到泰戈尔国际主义（特别是增进中印了解）的事业中去的实干者。对高智商的读者来说，我这一分析也简直太平凡乏味了。然而，事实是：谭云山虽然稍有名气，却也不过是个很平凡的人走完了很平凡的人生道路。我即使有生花妙笔也不能把他那平凡的人生道路吹得天花乱坠的。像他那样平凡的人生道路为什么又受人敬仰、变得稍有名气了呢？我想这就是宇宙万物的一种规律。凡是不平凡的事物都是平凡的人创造的，不平凡始终不能超脱平凡，不平凡本来就是存在于平凡之中的。

在今天的中国，谭云山的籍贯湖南不是特别令人向往的地方，也不一定对中国文化的杰出点有特别的代表性。父亲谭云山在湖南的文化土壤中生长出来，我也在湖南成长，我感到有一点可以肯定：对善于吸收文化养料的青少年来说，湖南具有一个"绿色环境"，在湖南成长可以充分体会到中华文明的传统智慧，使之据为己有，受益无穷。我这样说，并不是只把湖南突出。我相信其他地方也同样如此，或许更有甚者，但我不是在其他地方成长，所以只有对湖南的独特感受。

印度的人生旋律分成四个阶段：（一）未婚求学阶段（Brahmacharya），（二）成家立业阶段（Grihastha），（三）入山修行阶段（Vanaprastha），（四）离家出世阶段（Sannyasa）。那第一、第二阶段的顺序就表明：一个人先要充实自己，然后才能干出一番事业。当然，中国有"学无止境"的传统，湖南人特别喜欢说："活到老，学到老"——是毛泽东主席的口头禅之一。人生的征途就是学习的过程。但我想突出的是：谭云山的毕生事业活动是在文化的高层次上，等于是代表中华文明和印度文明精英泰戈尔、尼赫鲁等人交流与切磋，必须先具备相当高的文化水平才能胜任（不能是一个空白头脑一边交往一边补课）。在到达泰戈尔的国际大学（而且一开始就被泰戈尔和全校园的人称为"Professor/教授"）之前，他也没有到中外任何大学进修过。这样看来，谭云山在长沙第一师范学校和船山书院所受的中国文化熏陶是充实的。我觉得这一点很重要。在这一点上，谭云山和泰戈尔的情况很有相似之处。泰戈尔小时反抗旧的教育体制，中学还未毕业就退学了，可是他所处的家庭与社会环境使他不但受到以梵文为基础的古印度传统的熏陶，同时又对中世纪以来在印度发展的以波斯语和阿拉伯语为基础的伊斯兰文化传统以及殖民时代以英语为基础的西方文明传统都有相当的根底，不然的话，他也不会变成那么伟大的作家与思想家、教育家的。我认为今天我们可以从谭云山（甚至说，可以从泰戈尔）那里效法的第一点就是像韩愈所说："人生处万类，知识最为贤"（《谢自然诗》），文凭与学位并不那么重要。

要探讨"谭云山精神"，可以从他那"未婚求学阶段"开始，而他在新加坡从 1925 年 10 月到 1927 年 3 月为《叻报》主编的文艺副刊《星光》和《新国民日报》主编的文艺副刊《沙漠田》上发表的一些诗文可以当作我们重要的参考。他年轻时代的人生观，反映在下面两段文章中。一段文章说："我以为要改造社会，首先要改造人。改造人就是要使人有良心上的觉悟，要人有良心上的觉悟，就只好用教育的方法去感化。"（《叻报》1926 年 4 月 19 日，《星光》47 期，谭云山写的《与永生学尼论改造》）另一段文章说："凡是有志的青年，要大家联合起来，一面丰富地培植我们自己底热烈的感情，深厚地修养我们自己底优美的人格；一面以我们底热烈的感情，使这冷酷的世界温暖，以我们底优美的人格使这堕落的世界超拔"（《叻报》1925 年 11 月 13 日，《星光》2 期，谭云山写的《赤道上的呼声：致意》）。在这两段文章中，谭云山反映出重视自我充实（要"有良心上的觉悟"，要"修养优美的人格"），并且重视改造社会。1925 年他得过一场病，病后写诗表达心怀说："自修工作多荒废，心念前程似火烧"；"何时得脱樊笼里，还我自由读我书"（《叻报》1925 年 12 月 4 日，《星光》2 期，谭云山写的《海畔沉吟》68、69）。从以上这些诗文反映出的谭云山是一位勤勉自修、注意精神文明建设的人，他是怀着这种精神从"征途"走进"事业"的。

怎么样才能干出一番事业来呢？我想年轻的读者们一定经常思考这个问题。"有志者事竟成"是中国古代成语（现代英语也有"where there's a will there's a way"，这一定是中华文明传统智慧的衍生物），当代国际论坛中对这"志/ will"和"way/成功之道"的因果关系讨论很多，有一种说法是：成功之道并不单靠"志"，还要有"缘"（即人们常说的"机遇"）。谭云山在世时很喜欢谈"缘"，印度朋友也很喜欢谈"缘"，这是对人生道路发展规律的一种感叹，不能以"宿命论"否定。我想，在谭云山的人生道路中，"志"和"缘"都起了一定的作用。我们可以抽出前面胡玲玲《谭云山人生道路》所提供的信息中的两件大事来分析一下：一件是谭云山于 1927 年在新加坡遇见泰戈尔的"缘"，另一件是他于 1930 年夏在仰光遇见国民政府入藏专员谢国梁的"缘"。

先分析 1930 年冬谭云山与同乡谢国梁结"缘",谭云山陪同谢国梁入藏又在谢国梁死后代替他把重要文件送呈达赖喇嘛。任务完成后外交部长王正廷看了谭云山的报告,在 1931 年 4 月 13 日的内部公文中认为谭云山"并无世俗习气,只有书生本色",又说"如此人才倘得派赴拉萨以助达赖,教育藏人,岂不事半功倍之效乎?"我们从这位部长的评语中看到了谭云山的"志"和"缘"之间的微妙关系(谭云山当然看不到这种官方对他的评价以及他的人生道路有走进政府的可能性)。他那"书生本色"正是他的"志",部长先生却看中那"书生本色"的"志"使他有了当官的"缘",毕竟当权者并不选拔"书生本色"的人当官,所以他的"志"和"缘"最终发生矛盾——是他"书生本色"的"志"抵消了他当官的"缘"。至于 1927 年谭云山在新加坡遇见泰戈尔的"缘"却和他的"志"全无抵触。胡玲玲从谭云山 1926 年 3 月发表在新加坡《叻报》的《星光》副刊的文章中发现:谭云山在长沙读书时就怀有"伟大的计划",其中已经包括了"到印度国际大学去"。那就是说,1927 年遇见泰戈尔的"缘"和他已经有了许多年的"志"完全符合。最终的结果是,谭云山和泰戈尔结合成一种共生关系,特别是在推动中印交流上,在建立"中国学院"的事业上。

陶渊明说:"连林人不觉,独树众乃奇"(《饮酒》)。谭云山在长沙第一师范学校的志同道合的好友出国去的,绝大多数都回国了,他们出国选择的目的地也不是印度,谭云山是现代从中国去到南洋、再去到印度,并以印度为家来完成自己事业的唯一的中国知识分子。他之所以这样做,主要有受邀请与真心情愿这两大原因。他受到印度大文豪泰戈尔的邀请当然是主要的,但如果只有泰戈尔的邀请而没有他内心早已树立的"志",他也不一定会成行,成行了也不一定会在印度安家落户的。1924 年泰戈尔访华时也不知邀请过多少中国学者、文人去他那儿帮他开展中国研究与中印文化交流,可是响应的并不多,梁启超答应了却没有去。谭云山变成唯一的,好像是一只永不回头的孤雁。我是故意以"孤雁"来形容谭云山的人生道路的,并不带消极的情绪。其实泰戈尔也把自己比作"孤雁"而出了孟加拉文《雁群》Balaka 诗集(其主题诗被专家认为是和《吉檀迦利》同样的不朽之作),在这一点上,谭云山和泰戈尔有相似之处（本书黄绮淑的《泰戈尔与谭云山的中印友好情结》文章对此有较详细的论述）。

这"孤雁"的话题勾起了我的回忆。1983年2月我和弟妹、妻儿在印度菩提场（Bodhgaya）中华佛寺把父亲的遗体火化那天，正是我的学生兼友好、印度国会人民院议员帕拉绍（N. C. Parashar）陪同印度总统辛格（Giani Zail Singh）到菩提场观光、视察，整个旅游胜地洋溢着欢乐与热闹，独有我们在中华佛寺的丧事中感到孤单与凄凉。事后帕拉绍对谭云山去世时印度传媒没有及时报道感到遗憾。他说我当时应该给他捎个信，印度总统知道了会立即发出悼唁、传媒就会大肆报道的。我想，父亲信佛，他能在佛教圣地圆寂是他的幸福，也圆满结束了他的一生。再有，印度总理英迪拉·甘地夫人于父亲过世10天后写信给我致哀，我还没收到信，印度全国各报就刊载了甘地夫人说谭云山是"伟大的学者"、"崇高的文化人"、"泰戈尔师尊和我父亲（尼赫鲁）都敬爱他。他和圣地尼克坦心连心，对增进印度和中国两大文明之间的了解作了巨大贡献"的话，这也等于谭云山是在印度全国的哀悼声中离开他心爱的国度。英迪拉·甘地总理代表了泰戈尔和尼赫鲁向谭云山表达"敬爱"的这一事实就为谭云山的平凡而又不平凡的一生划上圆满的句号了。

对中印两大文明亲属关系的深刻体会

现在应该进入"谭云山精神"的课题了。最重要的是：谭云山对中印两大文明亲属关系的深刻体会。在探讨这一点之前，我必须首先和读者在"中印两大文明亲属关系"这一概念上取得共识，因为我很少看到人们对这方面详尽发挥。我们从中文四字成语中就看出这种"亲属关系"在在皆是。那些宣扬佛教教义的如："极乐世界"、"大慈大悲"、"救苦救难"、"神通广大"等源于印度毫无疑问，还有将印度"非想"与"非非想"改编的"想入非非"，总结印度哲学逻辑的"因果报应"，体现印度天人合一价值观的"光明正大"，折射印度万物皆有灵的宇宙观的"牛鬼蛇神"以及反映印度精神修养使眼、耳、鼻、舌、身、意都净化的"六根清净"，从佛经摘录的、点名印度特殊花朵优昙钵花（udumbara）的"昙花一现"等等，这些成语的"中印合璧"都容易辨识。有些如

"心融神会"、"衣钵相传"、"勇猛精进"等等都是从佛教在中国传播的实际经验中涌现的，其中印"亲属关系"也显而易见。

也有像"五体投地"（也作"五轮投地"）、"天花乱坠"这样的成语，其印度来源似乎越变越模糊了。"五体投地"是印度一种传统礼貌，对老师或敬佩的长者行礼时像穆斯林膜拜那样全身扑下，四肢和头部都着地，还用双手接触受礼者的脚。随着时代变化，现在这样"五体投地"敬礼的情况在印度也越来越少（简化为弯下身去用手接触受礼者的脚），但仍然存在。中国拜佛、拜菩萨最虔诚的都要"叩头"（我小时在湖南南岳看见人们"朝拜香"，从山脚边唱边叩头拜佛登南岳山，拜完后额头没有不流血的），大概是从拜佛伸延到对祖宗、父母、人君，甚至长官、长辈叩头。我们从陶渊明"不为五斗米折腰"的故事来看，南北朝以前中国敬礼只鞠躬拱手行礼，叩头的礼节一定是隋唐佛教盛世以后才变成中国风俗的。这样看来，"五体投地"这一成语透露出"中印两大文明亲属关系"的丰富信息。

关于"天花乱坠"，印度办喜庆事时五彩缤纷，把红花（特别是玫瑰）花瓣拆开，由盛装少女撒到空中。欢迎宾客时，少女夹道撒花，因此有"天女散花"的形容。佛经上描写佛讲道时，皆大欢喜，用"天女散花"的形容来戏剧化，这就是"说得天花乱坠"的来源，是中国生活中从来没有的，是文学描写把印度的风俗传承过来的。

更有"心猿意马"、"摩顶放踵"等成语，现在的字典都解释不清楚了。关于"心猿意马"，我在印度参观旅游胜地卡鸠拉霍（Khajuraho），是10至12世纪建的印度教庙群，其雕刻的精美无与伦比，当今游客主要是去看其刻画男女色情的景象。观其建庙原旨，是向印度教徒指出信徒与神之间有着世俗杂念骚扰，必须克制才能通往神明。在群庙的雕刻中，突出了"狮头马"（leogryph），点缀在神像两侧，这"狮头马"就是代表世俗的引诱。我在敦煌莫高窟的壁画以及印度各博物馆的古代佛教与印度教的雕塑上也看到相似的现象（神像旁边有垂直的马形衬托）。我认为这就是"心猿意马"的来源，就是说：当人们虔诚向善时，总有那些以"马"或"猿"为代表符号的杂念进行干扰，必须克服，才能精神纯真。

出自《孟子·尽心上》的"摩顶放踵"成语，中国辞书上的解释（例如"从头顶到脚跟都磨伤。形容不辞劳苦，舍己为人"等）简直令人啼笑皆非。我在印度有机会参加一位著名舞蹈家讲演兼表演会,她说出每天练功之前,先要拜神,然后拜师。拜师时先行礼(有"五体投地"的、也有简化的),用双手接触师父的脚背,然后用摸过脚的双手擦自己的前额,象征着把师父的灵感继承过来,以便有效地开始全天的苦练。我听了以后就恍然大悟,这就是"摩顶放踵"的来源呀!所谓"放踵"就是把双手放到师父的脚背上,所谓"摩顶"就是把摸过脚的双手擦自己的前额,这就是苦练功夫的前奏,"摩顶放踵"的本意就是刻苦锻炼。《孟子·尽心上》说的"墨子兼爱,摩顶放踵利天下"和《孟子·告子下》的"天将降大任于斯人也,必先苦其心志,劳其筋骨……"可谓异曲同工。现在问题在于:孟子的时代是否也有像印度那样的"摩顶放踵"拜师的礼节呢?如果有的话,那中国古代拜师的风俗和印度是相似的。

谭云山从小熟读孔孟经书与佛经,对"中印两大文明亲属关系"的体会是很深的,可惜他不曾用文字详细阐述,我上面的这番探讨,是我作为"谭云山精神"的继承人,并不称职地代表他向读者补课。我当然很想把"谭云山精神"说出个所以然来,可是我认为更重要的是应该以"谭云山精神"作为引导,使我们大家去深刻认识与领会"中印两大文明亲属关系",并把它发扬光大。

应该看到,印度文明是传散性的,中华文明是吸收性的,因此印度古代文明的辐射力最大,中国的收益也最多。前面谈到印度的人生旋律第四阶段是"离家出世阶段"。佛陀就是"离家出世"的光辉榜样(虽然不是在人生最后阶段这样做的)。古代有许多学术丰富的佛教高僧都效法佛陀的榜样而"离家出世",许多人到了中国。其实,佛教本身就等于"离家出世"了,它的经典文献在印度保存得不多,却大多译成中文,使中文变成当代储存佛教圣书最丰富的文字。佛教在中国建的寺庙比印度多得多,在中国民间的传播比印度深入得多、广泛得多,中国佛教信徒人数在过去 1500 年来都比印度多得多,这些都是中国佛教对印度"离家出世"的种种表现。

泰戈尔 1937 年在国际大学中国学院建立典礼上对古代印中交往作了精辟的分析。他说,1924 年他访华时听到"我们(印度)前辈遗留的荣耀","踏着他们留下的深深脚印而游历了(中国)各地"。他意识到,"早在 1800 年前,我们的祖先就以无限的艰忍与牺牲为这一(我们和中国人民之间的文化）交流奠基。"他形容那是一个"伟大的朝圣时代"，古代印度高僧形成一股"从印度的心脏地带跨越雪山与沙漠而蔓延到远方"中国的"生命的洪流"，使中国人民的"心田受到灌溉与滋润"。（本文在许多地方都引了泰戈尔1937年在中国学院建立典礼上的讲话，都是从本书中胡玲玲《谭云山人生道路》文章第5节引出来的，是我根据泰戈尔讲话的原文翻译的。）泰戈尔这番话并不夸张。我们看到，中国学大师兼印度学大师季羡林，从他扎扎实实的研究成果中经常说出中国文化"并不是国产"的评语，是很少中国人敢这么说的，也是没有"大中国主义"成见的人们可以接受的。

印度文明对中华文明发展有很大贡献。比方说，茶叶从泻药变成高贵的饮料就是从佛庙开始的，这样就产生了茶叶和瓷器两大新的产业。中国是印刷业和制书业的故乡，但这两项产业都是在佛庙中兴起的，印刷的概念是从印度几千年前就有的泥印（中国高僧义净等在印度看到把佛像的"造泥制底及拓摩泥像，或印绢纸，随处供养"）受到启发而变成中国"三大发明"之一的（我在别的许多地方都讨论过这一话题，读者可以参考我和耿引曾合著的《印度与中国——两大文明的交往和激荡》，2006年北京商务印书馆出版）。佛教在中国宁波兴建"保国寺"来保卫中国，在浙江兴建"国清寺"来使中国清高，在济南兴建"兴国禅寺"来振兴中国，在陕西兴建"安国寺"来使中国平安，在石家庄兴建"隆兴寺"来使中国兴隆，在临汾兴建"广胜寺"来使中国无往不胜等，还有许许多多数不胜数的事例都证明印度文明为发展巩固两千多年的华夏"文明国"做出贡献。季羡林在《中印文化交流史》书中说："如果中印两国之间没有文化交流……两国文化的发展就可能不是今天这个样子"①。我认为他道出了中国历史发展的非常重要的一点（只不过说得比较含蓄而已），那就是中国能在隋唐时代"分久必合"，能够发展成唐朝文化的黄金时代，能够成为两千多年来持续发展的大一统式的国家，印度文明的影响是有功劳的。梁启超和胡适都看到这点。梁启超特别感激印度，胡适却认为印度文明的影响也有很大的危害性。谭云山治学之道是对祖先多褒少贬，不但赞扬中国本土传统，也对印度文明的影响衷心感激。

---

① 季羡林：《中印文化交流史》，出版社，年，第2页。

谭云山认识与发扬"中印两大文明亲属关系",帮助增进了中印关系,这既是他所意想不到的,也使他平凡的一生变得不平凡了。这一点可以从两方面来谈。先谈印度方面。谭云山在泰戈尔的国际大学、特别是有了"中国学院"的平台以后,宣扬"中印两大文明亲属关系",有很大影响。当年泰戈尔身旁聚集的印度知识精英后来在独立印度都变成统治精英,特别是尼赫鲁当上印度共和国的开国总理,而且是独立印度对外政策的缔造者,这对增进中印两国友谊很有帮助。尼赫鲁在50年代试图建立"Hindi – Chini Bhai Bhai/印度中国人民是兄弟"的关系(至少是创造了这样一种气氛),以及他1962年中印边境战争停火后在国际大学年会上由于看到听众中坐着的谭云山而说出下面这番令人感动的话:

在尽责保卫国家的时刻,我们必须牢记印度文化的原则。比方说,在国际大学,你们有许多部门,你们有中国学院,有著名的中国学者(指谭云山)领导。这是一件好事,会使你们经常记住你们现在和将来都不会与中国的文化或者中国的伟大开战。你们对中国人民不会发生恶感……如果你们(有人)认为有好几亿人的中国是你们的敌人,那就不对了……这就是为什么我很高兴你们有中国学院这样的象征着国际合作、象征着中印合作的机构。①

这些都证明:作为谭云山的好友的印度总理尼赫鲁对"中印两大文明亲属关系"的情感是深的,谭云山对他的这种情感是有一定投入的。

再谈中国方面,有两个具体例子。第一个例子是谭云山于1931年回国启动组建"中印学会"(目的是帮助在泰戈尔的国际大学把"中国学院"建立起来)而宣扬"中印两大文明亲属关系",先感动蒋介石的智囊戴季陶,再通过戴季陶感动蒋介石,使他领导的国民政府与泰戈尔建立友谊,慷慨解囊在泰戈尔的校园建立宣扬中华文化的中国学院,在抗战期间争取了泰戈尔坚决支持中国抗日、谴责日本军国主义的侵略行为。然后,谭云山又在蒋介石和尼赫鲁之间起了穿针引线的作用,蒋介石于1942年访问印度时和尼赫鲁恳切会谈,获得了"圣雄"甘地保证在反抗英殖民主义的斗争中不损害中国的利益(胡玲玲的《谭云山人生道路》

---

① 这封英文信现存深圳大学谭云山中印友谊馆内。

中对此都有比较详尽的陈述）。虽然在这些重大事件中谭云山只是起点推动作用（也不是他的明确目标），却反映出宣扬"中印两大文明亲属关系"所发挥出的威力。

第二个例子就是1950年谭云山写信给长沙第一师范学校老友毛泽东建议中国特别和印度友好（是他的三点建议中的第二点，另外两点是：不要"一边倒"与国共和平解决纠纷），1956年毛泽东接见谭云山说，当时看到三点建议后，决定接受中印友好这一点。（五十年代由毛泽东和周恩来积极推动的中印友好政策得到尼赫鲁的积极响应，形成中印"蜜月"时期，这是人所共知的。）我不想在这点上为自己的父亲请功，但事态的良好发展能够归功于宣扬"中印两大文明亲属关系"也是事实。相比之下，如今两国之间很少（或者根本不）宣扬"中印两大文明亲属关系"了，因此拉大了两国舆论的隔膜，使得两国关系陷入原地踏步、无力飞跃前进的僵局。

中印"兼爱"的精神

俗话说："人在福中不知福"，如今中国很多人也许都感觉不到中印两大文明之间的亲属关系了。一千多年以前，中国民间就流传着"世上好言佛说尽，天下名山僧占多"的话。我们仔细分析可以看出两点：（一）这话出自一种中立的立场与客观的态度，既不是反对佛教与印度文明影响，又不是崇拜印度与弘扬佛教；（二）这话真实地反映出隋唐、五代、宋朝时代佛教在中国大盛以后神州大地出现的一种新文化气象。"天下名山僧占多"这一对中国历史名胜的总结直到今天仍然惟妙惟肖。今天中国大力发展旅游业（再过几年中国就会变成全世界最大的旅游目的地），应该特别感谢佛教过去对此的投资建设。许多历史名诗都与佛教圣地有关。先是佛教到穷乡僻壤去建庙，发展出城市有钱人远行到偏僻地区的名胜地点的朝圣旅游，参加到这种朝圣旅游中去的诗人（李白就是杰出的例子）又把"江山如此多娇"写进他们的不朽文艺境界，这样一方面使得朝圣旅游业更为兴旺，另一方面又搞活了全国的经济、丰富了中华文艺、发扬了"天人合一"的精神文明、加强了中国"五湖四海"的统一与团结。这些都是"中印合璧"的结果。这种"中印合璧"现象在湖南表现得很突出。谭云山就是从这种环境中生长的。他年轻的时候，很喜欢朝圣与登山，从而加强了他的中印"兼爱"精神。

上面谈到的"世上好言佛说尽"反映出佛教思想在中国民间大受欢迎，可以从两方面来看。第一方面，中国自己虽然出过"诸子百家"的许多圣哲，但孔子、孟子、老子、庄子等这些人实际上都是师塾老师，弟子们也只是有选择地整理了他们的语录而流传下来，没有发展成系统的哲学思想派系。而佛教自有一套逻辑严密的哲学思想体系，相对于零散的中国圣哲语录，在广为传播方面，更有力度。第二方面，佛教传入中国以前，中国学术界的圈子十分狭窄，经典著作根本传不到文盲占大多数的民间去。佛教是一种群众性的文化运动，它一进入中国就深入民间。佛教的道义都是通过大众化的通俗语言传播（其实佛教的"法宝"百分之七十是神话故事，只有百分之三十的理论，对广大群众有莫大的吸引力）。隋唐实行科举考试制度，普通老百姓也开始读书做官，科举考试成为制度后，政府并不大力发展教育事业，广大农村子弟还得靠遍及全国的佛寺供给的条件才能"读圣贤书"，唐宋读书人兼读孔孟经书和佛经。朱熹赴京赶考时，包袱中就携带了佛经。这些文化现象也是一种"中印合璧"。朱熹提倡的"理学"实际上是一种把佛教理论融会贯通来诠释孔孟之道的学问，也是一种"中印合璧"现象。朱熹于乾道三年（公元1167年）到湖南长沙岳麓书院与张栻论学（历史上称为"朱张会讲"），这是20世纪20年代在长沙求学的谭云山所熟知的故事。凡此种种，都使得谭云山从年轻时代开始就具备中印"兼爱"精神。

谭云山的中印"兼爱"精神虽然在年轻时代就有了，却是不断发展增长的，尤其是他到了印度以后十多年在泰戈尔的身边，受到泰戈尔伟大国际主义思想的熏陶，使得他对中印两大文明的认识与"兼爱"达到了新的高度。1939年，谭云山写的英文诗《我爱印度》 *My Love to India* 有这样的话（是我的译文）：

> 那珍贵的文化
> 从最早的远古发芽，
> 却又从来不屑
> 把那无价的纪入史册。

谭云山

你那数不尽的儿子、圣贤
教人类慈悲、奉献,
伴随和平、融洽
仁爱而活着,不伤不杀。
世俗的记忆,
你却一点也没留下。
……
可记得你的古老朋友。
你的兄弟国家
就住那儿
翻越喜马拉雅。
同样有圣哲、道德,
同样理义高尚的生涯。
我们这地球
既没见过也没听过
这么真挚的友情,
几千年从不变心。
我们决不见面沙场
扬起霸王鞭
争夺对地球垄断。
但我们会面
高尚朋友之间
把精神礼物交换。
……
印度,啊!印度,
当今世界一片混乱,
人们在黑暗中寻找方向。
你的,是权利,也是你朋友的,
快给他们光,
引导他们
朝着正义的方向。

你的，是任务艰难，也是你朋友的，
快使他们平安
驶离那
风暴、惶恐的大洋，
和平安全到达彼岸。
你醒来吧！
快站起来
收拾行装，
手携手，肩并肩，
一同向前。
要倾听
真理的严厉号令，
要挑起
这疯狂不安世界的重担。
我爱你，向你感谢！①

这诗中所说的"你那数不尽的儿子、圣贤/教人类慈悲、奉献，/伴随和平、融洽仁爱而活着，不伤不杀。/世俗的记忆，/你却一点也没留下"。和泰戈尔在1937年在中国学院成立典礼上讲的话相呼应。泰戈尔说："我憧憬着那伟大的朝圣时代，那些高尚的英哲，为了信仰，为了解脱的理想，发展出对万物的十全十美的爱心，舍生忘死，离乡背井，自我流放，抛弃红尘。许多人踪影全无地消失。少数人幸存，他们的事迹传播开来——不是那种探险与侵略者为永无止境的强盗行为赢得浪漫合理性的英雄事迹，而是奉献出爱心与智慧的礼物而赢得他们的东道主在文化上永远铭记的朝圣故事。"

从上面所引的话中，我们看出谭云山和泰戈尔是两位一和一唱的赞扬古代中印文化交流的思想家，如果我们同意他俩的说法，那就等于承认历史上有一部中印文化交流的伟大史诗。泰戈尔和谭云山算是为这首史诗写了前言，但史诗的本文还没有人开始写。我们探讨"谭云山精神"

---

① 谭中：《谭云山与中印文化交流》，香港中文大学出版社，1998年，第281—283页。

就得对创作这首史诗动真格、动脑筋了。

有"德"无"怨"的精神

谭云山的中印"兼爱"精神中还包涵一种超越：以包容的心怀超越平常对事物的衡量。有一个例子。70年代我应邀参加西姆拉（Shimla）印度高级研究所（Indian institute of Advanced Studies）组织的一次盛大研讨会，顺便带了父母一同去这著名山城看看。我宣读了论文以后，由于与会的各地印度学者对中国文化的极大兴趣，在讨论时集中对我询问许多有关中国传统的问题。我在回答时带批判地指出中国传统男尊女卑（我用了"压迫女性"的形容）等一些缺点。父亲在场旁听。事后他对我很生气，认为我对中华文明的优秀传统认识不足。我知道，他对待中国文化传统就像平常待人处世一样，只注视其光辉灿烂，不突出其阴暗面。对印度文化传统也如此。这是一种有"德"无"怨"的中印"兼爱"精神。

1956年谭云山回国观光。他在北京拜会了夫人陈乃蔚在北京计划委员会工作的一位亲戚（任弼时的堂叔），曾下乡去体验过土地改革运动。亲戚告诉谭云山说，刚开始是发动农民斗"恶霸"地主，后来"恶霸"地主没有了，就发动农民斗"善霸"地主。谭云山观光后回家谈及此事时大有感触。从他的理念来看，"善"与"霸"是两个水火不相容的概念。如果地主是"慈善"的，农民就不应该把他当作"霸"了。可是他并不知道（他回到长沙探望亲友时也没有人告诉他），在长沙土改时期，谭云山在地方名册上也是"地主"（因为他创办"大同学校"，买了一些地），农民也要把他当作"善霸"地主来斗，但那时他不在国内，就由妹夫胡宗腾代替他，象征性地受了一次"斗"。

孔子不赞成"以怨报德"，也不赞成"以德报怨"（他主张"以直报怨"），但印度文明传统却同意"以德报怨"，应该说，宽容的心境更大些。谭云山受到印度文明陶冶，也有这种更加宽容的心境。因此我们研究谭云山的中印"兼爱"精神时，还必须增加这种有"德"无"怨"的精神。中国俗话说："害人之心不可有，防人之心不可无"，这话是家人绝对不敢在谭云山面前讲的（他总是说："怎么可以不相信别人呢？"），只能眼睁睁地看着他对人（不管是好是坏）一概完全信任，经常被人欺骗。

谭云山在圣地尼克坦由于一开始就受到泰戈尔的尊重与特殊照顾，建立了中国学院以后，他在校园中的声望与地位更为突出。由于中国学院获得中国的财政支援（不拿国际大学一个铜板），他的个人收入比大学其他同仁都多得多。后来中国资助断了，中国学院变成新的国立大学的一部分，由于有尼赫鲁总理的关怀，大学在决定谭云山的月薪时，定得大大高于其他同事。所有这一切都引起圣地尼克坦一些人的妒嫉，有些风言风语也传到了谭云山耳中，但他全不介意，对那些口出怨言的人继续保持友好。

谭云山反应他在圣地尼克坦所处的人际关系的超然态度可以从他在50年代写的《先锋》诗①中看出：

......
啊，先锋！
快开路！快开路！
要开路让人朝前走。
你辛苦了数十载
从不松懈，
你的青春消逝，
臂膀僵瘝，
脚板生茧，
头巾破烂，
衣裳褴褛，
你却满足、喜气洋洋，
因为路已通畅。
啊，先锋！
路已通畅。
以往，你这愚公，

---

① 这首诗原来一定是中文写成，后来他请名家帮忙译成英文发表。现在找不到中文原文，我只能把英文译成中文。

饱受人们讥讽。
现在，听吧！
他们把你夸，
锦上添花。
随后，夸奖会变化，
会从质疑到辱骂。
你不过开了路让人走，
那算甚么？
有谁会知晓，
你那内心崇高，
热血滔滔？！
……"

在这些诗句中，谭云山一方面满怀信心地闯出一番开发中印文化交流的事业来，但也意识到凡是创新的事业都只能在众目睽睽的环境中开展，会同时引起赞扬与咒骂以及各种各样的反响。可是他是为一种崇高的理想而奋斗，不是为了个人声名得失。印度文明宽容的心境使得他能够超越一般的世俗关系，使得他能心境愉快地"以德报怨"与"以德报德"。这也是"谭云山精神"的一大特点。

谭云山不但提倡中印"兼爱"，也主张在中印之间建立起"以德报怨"与"以德报德"的新关系。在这一点上，尼赫鲁和他在认识上发生共鸣。1938年，尼赫鲁得知谭云山要回国向中国领袖们报告中国学院建立的情况，在4月10日写给谭云山的信①中说：

中国和印度在过去的许多世纪中对人生持有一定的理想。在今天的世界上，这些理想应该对不断变化的环境有所适应。我相信我们两国会在世界和平、自由的大业中共同合作，但无论是幸运还是倒霉的时候，我们谁也不会为了寻求暂时的好处而把自己的灵魂抛弃。（谭中译）

尼赫鲁信中说的印度和中国不要"为了寻求暂时的好处而把自己的

---

① 这封英文信现存深圳大学谭云山中印友谊馆内。

灵魂抛弃"是一种达到了国与国之间"以德报怨"与"以德报德"的高度的愿景,但实行起来是有难度的。我想,如果中印两国的统治精英都有了这样的愿景,中印两国的友谊会更有前景。

中印"文明精神"精髓提炼为品行指南

承蒙郁龙余的指点,我意识到谭云山所编的 64 字《中印箴铭》的重要性。谭云山不但有一种中印"兼爱"的精神,而且更进一步想把两大文明的精髓提炼出来用作品行的指南。中印"兼爱"是一种感情的东西,在一般水平上只是感性的,水平提高了才会有理性认识的支持。我们看到,像泰戈尔和尼赫鲁那样的思想家,不但有中印"兼爱"的感情,也试图把它建立在理性上,试图对两大文明的精髓进行提炼。尼赫鲁的名著《印度的发现》除了分析印度文明以外,还用了大量篇幅分析中国,是世界名人政治论著中少有的把中印两大文明相提并论的例子。泰戈尔写的文章中,也有这种尝试。请看下面的例子:

广大辽阔的中国不是受到刀剑统治的约束,而是被宗教的规则变得有纪律性。这个宗教包括父子、兄弟姐妹、夫妇、左邻右舍与农村人口,还有君与臣、传道者与受传者之间的彼此关系。无论有什么外来的打击,或者改朝换代,是这个宗教从内部把广大中国的极为众多的人群控制起来。如果,这一宗教受伤,中国就有死亡之痛而为了自卫变得残酷。谁能控制中国呢?帝王和他的军队能算什么?并不是中华帝国而是中国人民受到震惊。①

泰戈尔这是以他对印度社会文化的深刻认识为基础、根据对中国有限的理性认识而做出的分析,他称之为"宗教"的,实际上是指中国的伦理道德结构。可是,泰戈尔和尼赫鲁对中国的理性认识是有限的,更缺乏感性认识,因此他们想提炼两大文明的精髓不可能有太多进展。谭云山却不同。一方面他认真研究过两国的文明,另一方面又对两个社会都有深刻的感性认识。因此他有提炼两大文明的精髓的特殊有利条件。

---

① 参见《泰戈尔与中国》,北京中央编译出版社,2011 年,第 65 页。

谭云山

谭云山提炼两大文明精髓的最认真尝试是他编的《中印箴铭》的64个字：

立德立言，救人救世。
至刚至大，有守有为。
难行能行，难忍能忍。
随缘不变，不变随缘。
自觉觉他，自利利他。
己立立人，己达达人。
慈悲喜舍，禅定智慧。
格致诚正，修齐治平。

首先要看到，这是谭云山制定的座右铭，用以指导自己的日常行为，不是宏观性的对文明的剖析。换句话说，并不是谭云山进行了特别的研究项目，把中印两大文明总结成这64个字了（他并没有作过这样的总结）。不过，这64个字仍然是一种提炼。我们很明显地看出，这《箴铭》中的36个字，即"立德立言"、"至刚至大"、"有守有为"、"自觉觉他，自利利他"、"己立立人，己达达人"、"格致诚正，修齐治平"，都是对中华文明的总结，其他的"救人救世"、"难行能行，难忍能忍"、"随缘不变"（"不变随缘"只是字序上的颠倒）、"慈悲喜舍，禅定智慧"24个字是对印度文明的总结。

这64个字中的48个字："立德立言"、"有守有为"、"慈悲喜舍，禅定智慧"、"难行能行，难忍能忍"、"随缘不变，不变随缘"、"自觉觉他，自利利他"、"己立立人，己达达人"，是谭云山终生身体力行的原则，其他16个字"救人救世"、"至刚至大"、"格致诚正，修齐治平"则倾向于理性认识，与他的日常工作、生活不那么直接有关。谭云山把这16个字收进《中印箴铭》，说明他认为这些中印文明的精髓应该贯彻到日常工作、生活中去。

还有一点值得指出，那就是《箴铭》格式是四字经，是用中文写成，而且都是从中国文献上可以找到的，没有用英文或印度文字写，也没有引印度经典上的格言，这就使《箴铭》不自觉地偏重于中华文明。当然，我们也可以从《箴铭》这64个字的内容看出，在中国文献中实际上储存了印度文明的精髓。

可是这并不是说这 64 字的《箴铭》全面地、精辟地提炼出印度文明的精髓了。我所受到的中印文明的陶冶只有父亲的一点皮毛，谭云山如果全面地、精辟地对印度文明的精髓进行提炼，会比我高明得多。从我的浅薄来看，至少可以用 16 个字对印度文明进行概括：即"神明"（信神如明灯照亮人生）、"慈爱"（如佛教强调的"慈悲"、泰戈尔强调的"Love/爱心"、印度小说、故事、电影特别强调的母爱）、"Ahimsa/不害"（包括佛教、耆那教的"不杀生"、甘地的"非暴力"）、"shanti/和平"（印度教徒祷告时不断重复的观念符号）、"自由"（印度教的神也不勉强人们，自由信仰是印度生活中最大特点）、"平等"（印度是"平等"概念的祖国，佛陀被称为"平等王"，印度社会相信神是最讲平等的，传到中国以后变成阎王执法、平等无私）、"梵我"（所谓"Brahmataikyaṃ/梵我一如"，传到中国就有"大我"和"小我"）、"kshanti/忍耐"（佛陀被称为"忍仙"）。

从这一全面的观点来看，谭云山的《箴铭》所用的总结印度文明的 24 个字只涉及了"慈爱"与"忍耐"。这也说明谭云山毕生最受佛教的"菩萨精神"（Bodhisattva spirit）陶冶。"大乘"佛教和"小乘"佛教的基本区别就是："小乘"强调自我修养成道而变成"罗汉"，"大乘"却提倡"菩萨精神"，要"救苦救难"，把人类都从"苦海"渡到"彼岸"以后，自己才成佛。谭云山《箴铭》的 64 个字中的主体是"立德立言，救人救世"，前半部是孔孟的个人品行修养，后半部就是"菩萨精神"。他重点选择的就是中华文明个人修养与印度文明的"菩萨精神"的中印合璧。谭云山在 40 年代末特地请印度著名艺术家、国际大学艺术学院院长柏斯（Nandalal Bose）教授率领艺术学院同事与学生画在中国学院礼堂正中的临摹阿旃陀石窟著名壁画"降魔图"（Maravijiya）完成以后变成旅游者争览的一景，但两旁还空着题字的余地。我还记得自己 1955 年到达圣地尼克坦不久，谭云山亲自用小篆体写了"地狱未空誓不成佛，众生普渡方证普提"这 16 个中文字，又爬到梯子上去把这些字刻在壁上"降魔图"的两边形成对联（我在旁边扶着梯子）。他这也是利用中国学院来宣扬他所陶醉的"菩萨精神"的一种表现。谭云山 64 个字的《箴铭》花了 8 个字来强调佛教标榜的印度文明精髓的"难行能行，难忍能忍",和他自称"忍仙居士"是互相关联的。

同样的,如果我冒昧地试图全面地提炼中华文明的精髓,我也会用"忠恕"(《论语》中有"夫子之道忠恕而已矣")、"仁义"(《孟子》批评像梁惠王那样的统治者只追求"利"而忽略"仁义")、"文明"(中国向来重"文"轻"武",提倡以"文"为明的"文明"与以"文"感化别人的"文化")、"学习"(《论语》开宗明义就是"学而时习之",提倡学到就做到的知行合一)、"仪礼"(中国是"仪礼之邦")、"孝顺"(中国是世界上唯一的有《孝经》的文化,"不孝"成为耻辱、甚至犯罪)、"齐家"(中国对"家齐而后国治"的强调也是全世界少有的)、"大同"(是中国的发明与智慧结晶)这 16 个字来概括。谭云山对这些的认识比我要深刻得多(他对这 16 个字也经常强调,没有任何异议),但却难用四字经把这些概念全都编成座右铭。

谭云山告诉了我们,他把中印两大文明的精髓提炼出来用作品行的指南使他一生受益,也有益于后人。本书中谭立写的回忆就生动地说明了这一点,特别是谭云山"立德立言"、"己立立人"与"自觉觉他"的精神威力。这就是值得我们发扬的"谭云山精神"。当然,我们拥有"后来聪明"的优势,也可以指出前人之不足。如果谭云山能在《中印箴铭》中引用印度成语,使它们和中国成语有机地结合,那就更理想了。比方说,"Satyam Shivam Sundaram"(汉译是"真善美")是印度近代、现代与当代的普世理想,泰戈尔的创作世界就可以用它来形容。"谭云山精神"受泰戈尔理想的熏陶实际上有歌颂"真善美",反对"假恶丑"的内涵。

我们生活在一个万花筒似的世界上,物质文明越进步,精神文明就相对地倒退。这一点谭云山是看得很清楚的(也是泰戈尔毕生谈论的主题)。前面已经引了谭云山 1925 年在新加坡写的"以我们底热烈的感情,使这冷酷的世界温暖,以我们底优美的人格使这堕落的世界超拔",这并不是什么豪言壮语,而是他肺腑之言。人世上有"冷酷的世界"和"堕落的世界"是无可讳言的,现在中国人称之为"陌生人社会"(一方面对陌生人处处提防,另一方面又抱怨"人性冷漠";一方面指责他人"麻木不仁",另一方面又提醒亲人朋友遇事少"出头")。可是谭云山安家落户的圣地尼克坦是泰戈尔建立起来的"ashram/学园社会",来自五湖四海的人们像一家人一样精诚团结、彼此敬爱。正是在那样的"学园社会"世界中,谭云山创造了《中印箴铭》用以自律,同时也用它感化同仁与子女。谭云山创造的《中印箴铭》也是他毕生促进中印两大文明之间互相交流与了解的事业的一种创举,使他能"自觉觉他,自利利他"。数千年来,中国的优秀文化传统之一就是"他山攻错"。谭云山是从小受到这一"他山攻错"文化陶冶的,是他深感中印文明相辅相成的重要性使他选择了参加到泰戈尔的振兴中印文化交流事业中去。正是在这一事业中衍生出谭云山的《中印箴铭》,衍生出"谭云山精神"。

"Chindia/中印大同"的精神

父亲在世时经常说,他有一本重要的书要写,书名叫做"我在中印之间"。后来由于他在古稀之年想实现太虚法师所没有实现的、建立"世界佛学苑"的理想,全心全意投入再建一个具有当年"中国学院"规模的事业中去而一无所成,现在回想起来,如果真正有一本谭云山写的《我在中印之间》的书问世,那会是信息非常丰富的。在谭云山的一生之中,现代中印两国的不少风云人物都和他有过来往,谭云山把那些来往细节都记录下来,会是十分宝贵的历史资料。可惜的是,他把许多十分宝贵的历史资料都带走了。然而,谭云山在历史上是留下了很深脚印的。今天我们研究谭云山,就是要使这一脚印永远保存起来,对推动今后文明的发展,特别是增进中印两大文明之间的了解与交往也许是很重要的。

虽然谭云山所知道的许多宝贵历史信息失传了,但"谭云山精神"却没有失传,是可以不断研究、深刻认识并且发扬起来的。上面我所谈的只是简短的开场白而已。我认为"谭云山精神"的最重要组成部分就是"Chindia/中印大同"的精神。谭云山在 1956 年 10 月 15 日北京中央人民广播电台的广播词中说:

中国与印度,不但是世界上两个文明最古老优秀的国家,而且是世界上两个历史最悠久长远的国家。打个比喻:我们中印两个伟大的国家和人民,就好像我们两个国家中间的喜马拉雅山一样,从古及今,任你风吹雨打,雪飘冰冻;我们绝不动摇,绝不颓废;而且风越大雨越狂,我们的抗拒力量,也越勇越猛;冰越厚,我们的生存力量,也越强越坚。可以说:有喜马拉雅山存在的一天,就有我们中印两国和人民生存的一天。所以中国和印度,真是如我们古书所说:'博厚配地,高明配天,悠久无疆'的国家。

谭云山的广播词后半部就是1916年泰戈尔在东京帝国大学讲演中说的"古希腊的明灯在初点燃的土地上熄灭。罗马的威力被埋葬在它广大帝国的废墟之下。但是建筑在社会与人的精神理想基础上的文明仍然活在中国和印度"的精神。① 泰戈尔是国际人士中最早指出中印两大文明不但历史悠久,而且持续地发展,一直至今,是世界其他国家所没有的现象。谭云山却是第一个中国学者不但把泰戈尔所说的肯定下来,而且引了《中庸》的格言来充实它。喜马拉雅是地球上最巍峨的形象符号,谭云山以它比喻中印两大文明,更是惟妙惟肖。

谭云山在1942年《我献身给泰戈尔》的文章中说:"以我愚见,印度和中国这两个伟大兄弟国家应该重新联合起来,通过文化合作而为宇宙和平和人类友好做出贡献。我们一方面应该恢复已经不幸中断的以往的历史交往,另一方面创造一种崭新的文化关系,作出两国之间亲密、和谐、友好的榜样来使得当今充满残酷敌对、暴虐残害冲突的世界变得仁慈。师尊泰戈尔正是这种愿望的象征,是这种思维的聚焦。因此我把自己献身给他,决定终身在他的领导与指引下竭尽自己微薄的力量。我将永远献身给他,在他的精神光芒照耀下鞠躬尽瘁、死而后已。"

谭云山根据泰戈尔的理想制定的"中印学会"与中国学院的《宗旨》是:

研究中印学术
沟通中印文化
融合中印感情

---

① 参见邬玛·达斯古普多 Uma Das Gupta:《泰戈尔:教育与民族主义文集》 *The Oxford India Tagore: Selected Writings on Education and Nationalism.* 新德里:牛津大学出版社,2009年,第246页。

联合中印民族

创造人类和平

促进世界大同

这 36 个字就是"谭云山精神",是吸取了泰戈尔的灵感,加上他自己的融会贯通而组成的思维框架。前半部的 18 个字阐明了"研究中印学术"的目的是为了"沟通中印文化"和"融合中印感情",具体地说,就是像他在《我献身给泰戈尔》的文章中所说的:"印度和中国这两个伟大兄弟国家应该重新联合起来"。后半部的 18 个字就是《我献身给泰戈尔》的文章中所说的:"创造一种崭新的文化关系,作出两国之间亲密、和谐、友好的榜样来使得当今充满残酷敌对、暴虐残害冲突的世界变得仁慈"。这 36 个字展现的就是与地缘政治范式迥然不同的精神构筑,可以称之为"地缘文明范式"。

要了解什么是"地缘文明范式",我们首先必须看到:世界上有两种性质不同的国家,绝大多数都是西方文明的所谓"nation states/民族国",这是欧洲政治从中世纪进步到现代化的产物,其定义是:一个"nation states/民族国"在政治上是独立自主的,在文化上继承了一种有别于其他国家的传统特性。其实,这一定义也有牵强附会的地方。有的"民族国"在文化上并没有这种继承,而是用武力侵略霸占别国领土所造成的,被侵略的国家反而没有被公认为"民族国"。换句话说,我们今天生活在所谓的"民族国"世界是西方文明地缘政治范式创造出来的,是继承了欧洲 18、19 世纪的"强凌弱、众暴寡"的野蛮传统的。

当国际政治观察家研究中国的性质时,绝大多数都认为中国不是一个"民族国"〔过去哈佛大学的费正清(John King Fairbank)和当代的基辛格(Henry Kissinger),以及印度的泰戈尔和尼赫鲁等都有这种见地〕。他们的理由是:中国之大,等于整个欧洲,中华文化本身有"治国平天下"的概念,中国是一个"天下"(宇宙),是超越"民族国"的一种宇宙式国家。如果我们从"民族国"概念的历史发展来看,这种说法也有道理。但我认为更重要的在于中国是两千多年前秦始皇建立起来的大一统的国家,两千多年来主要不是靠帝国主义式的武力扩张,而是靠文明的力量持续发展的,因此中国是当今世界上特殊的"文明国"(英文可以称之为"civilization state")。再看印度,在印度次大陆上,过去一直是一个文明之下有数十个(甚至百多个)国家,一直到英国殖民统治时为止。1950年建立的印度共和国是有史以来第一次把印度文明的次大陆变成一个统一的国家,因此是另外一种特殊的"文明国/ civilization state"。那就是说,在当今世界,有中国和印度两个特殊的、历史悠久的"文明国"。

按照逻辑来说,"民族国"之间的关系,受到地缘政治范式支配,可是"文明国"应该例外,应该由"地缘文明范式"来支配。比方说,泰戈尔把中印两国比作"兄弟"(他于1924年在上海讲演时说:"我不禁想到印度把你们当作兄弟又把爱心送给你们的那些日子"),尼赫鲁在50年代提倡"Hindi – Chini Bhai Bhai/印度中国人民是兄弟",是怀着实现泰戈尔的理想,把印中关系建成"兄弟国家"关系的(当时正是中国试图和苏联建成"兄弟国家"关系)。可是,在地缘政治范式的词典中却没有"兄弟国家"的字眼。凡是邻国,必然是潜在的竞争对手,甚至是潜在的敌人。按照这种地缘政治范式,中国和印度就应该彼此提防、彼此妒嫉、彼此遏制,甚至彼此搏斗。实际上,每当印度总理尼赫鲁为了实现泰戈尔的理想而与中国增进友谊时,就遭到代表地缘政治范式思维的人们的强烈反对,到了50年代末,中国也弄不清印度内部政治的矛盾,况且当时世界"冷战"("冷战"就是地缘政治范式表现出的一种势态)形势的发展逼使中国刚愎自用。就这样,两国关系被"民族国"的地缘政治范式毒化。一直到现在,中国和印度还没有从"民族国"世界的支配下完全解放出来,还没有真正继承"文明国"的优良传统,做出国际关系的好榜样。

新英文字"Chindia/中印大同"是当前印度政府负责农村发展的内阁部长兰密施(Jairam Ramesh)发明的。他在《中印大同应该提倡:对中国和印度的思考》*Making Sense of Chindia: Reflections on China and India* 的书中解释他发明"Chindia"新字获得灵感的原因说,是因为他从小"在法显、玄奘著作起了帮助我们发现印度的过去的常识中成长"、是因为他是"Nehruphile/尼赫鲁崇拜者"、是因为他"本能地同情像师觉月(P. C. Bagchi)、谭云山、谭中以及最近加入的阿莫尔多·沈(Amartya Sen)等印中友好倡导者的'文明学派'"。他所提到的所有现代人物的名字(包括尼赫鲁)都受到"Chindia/中印大同"兄弟情谊的真实捍卫者泰戈尔的感化。因此可以说，兰密施精辟地把泰戈尔对中国的兄弟情谊升华为"Chindia/中印大同"概念。

"Chindia"这个英文字的杰出之点就是把"China"和"India"这两个社会、政治、经济、文化实体看成一个整体。从英文文化的观点来看，比方说，"Chinese – Indian"（同样的，"Indian – Chinese"）是一种"hyphenated/带连字符号"的现象，是含有贬义的、比不带连字符号要差的。换句话说，"Chindia"是比"China – India"更高层次的概念。说也凑巧，兰密施这本书是2005年初在印度出版的，那年4月温家宝总理去印度访问，因此印度与国际评论家对温总理那次访印就把"Chindia"这个新概念用上了。他们都把"Chindia"看成是使得中印关系更上一层楼的理想。

值得注意的是：兰密施前面说明他创造"Chindia"新英文字时，把"师觉月（P. C. Bagchi）、谭云山、谭中以及最近加入的阿莫尔多·沈（Amartya Sen）"称之为"civilizational school/文明学派"。很明显，他创造的新英文字是吸纳了泰戈尔与谭云山关于"文明国"、关于"地缘文明范式"的概念的。因此我把"Chindia"翻译成"中印大同"（现在已经被广泛接受了）是最恰当的。所以我认为"Chindia/中印大同"是"谭云山精神"的最重要组成部分。

可惜的是，一度对中印关系兴趣很浓的印度国大党少壮派政治家兼经济学家兰密施在创造了"Chindia/中印大同"新词汇以后就当上了印度中央政府的部长，忙得不可开交，再没有进一步发挥他的论点了。我是他的"Chindia/中印大同"概念的义务宣传员，也因为见地有限而没有把它发挥得很透彻（我想趁此机会感谢中印两国朋友帮我于2007年出版了《CHINDIA中印大同：理想与实现》一书，听说许多大学都采用了它当作研究中印关系的教材）。我高兴看到，现在有了研究"谭云山精神"的新平台，希望能和专家学者与年轻朋友们群策群力把"Chindia/中印大同"的概念更进一步发挥，使它成为中印这两个"文明国"之间发展关系的理想，成为不但指导两大"文明国"、而且也指导世界上所有的"民族国"的"地缘文明范式"。

泰戈尔在中国学院成立典礼讲话中说："我国（印度）和中国人民以个人无比毅力克服地理障碍并以异常的精神威力战胜思想隔阂而开辟出一条通道。那时代的两大领袖民族（中国和印度）不在沙场以敌对姿态会面去争夺地球的霸主地位,而是作为高尚的朋友相会,以交换礼物为荣。这通道后来逐渐退隐致使两国彼此隔绝,通道上积累了不相往来的尘埃"。这番话实际上对比了"地缘文明范式"和地缘政治范式之间的重大区别。古代中印两大文明受到"地缘文明范式"指导,两者之间的关系有两大特点:第一是交往,是"战胜思想隔阂而开辟出一条通道";第二是互相赠送,"以交换礼物为荣"。与此形成对照的地缘政治范式却要把中印两国推向竞争与逞强的境界,"在沙场以敌对姿态会面去争夺地球的霸主地位"。谭云山在《我爱印度》诗中也写了:"我们这地球/既没见过也没听过/这么真挚的友情,/几千年从不变心。/我们决不见面沙场/扬起霸王鞭/争夺对地球垄断。"泰戈尔和谭云山的"Chindia/中印大同"理想既不抽象,也不好高骛远,而是要求中印两大"文明国"恢复古代交往的"兼爱",以高尚的兄弟情谊互相对待,抛弃那地缘政治范式所强调的"民族利益"至上的竞争情绪与敌对争夺。

今天的中国和印度都是人口超级大国(是全世界两个仅有的十亿级人口大国),两国人口总数超过人类的三分之一。如果它们"扬起霸王鞭"、"争夺对地球垄断"、"在沙场以敌对姿态会面",整个世界都会毁灭。反之,如果它们互相赠送,"以交换礼物为荣",人类就受益无穷了。中印两大文明几千年来树立了"背靠背"的互利互惠榜样,这和西半球古希腊、埃及、罗马文明之间"面对面"的战争毁灭形成鲜明对照(正像 1916 年泰戈尔在东京帝国大学讲演时所说的"古希腊的明灯在初点燃的土地上熄灭"、罗马"被埋葬在帝国的废墟之下"、但古代文明"仍然活在中国和印度")。也就是说,按照历史发展的规律,中国和印度是绝对走不到地缘政治范式那种"在沙场以敌对姿态会面"的境界的。1962年的暂短的中印战争是两国文明史的一场惨痛教训。

我们探讨"谭云山精神"还必须面对已经发生过 1962 年冲突的现实,两国感情伤了,兄弟情谊淡漠了,在这种情况下,上面引的泰戈尔所说的"以个人无比毅力克服地理障碍并以异常的精神威力战胜思想隔阂而开辟出一条通道"就显得十分重要。今天交通发达,"地理障碍"少了,但"思想隔阂"却有增无减。近几年来的一种新现象,就是上千印度青年到中国不同大学来念书,许多人毕业以后就在中国找工作(有的人还找到中国对象),在中国住下了,过着幸福的生活。另一方面,中国对印度的经济发展与文化艺术的兴趣越来越高，到印度学习、工作以及考察、旅游的中国人越来越多，这些都是可喜的现象。中国人去到印度、接触印度，自然而然会增进中印之间的"沟通"与"融合"，会出现许多热爱印度的新时代的谭云山，将来会有比"谭云山现象"更值得提倡、更值得学习与推广的现象。

"文明国"引导"民族国"势在必行

也许有读者会觉得，上面谈到的泰戈尔和谭云山的精神过于理想，和我们当前的社会面貌与生活实际难以接轨，这就把我们的探讨引到"谭云山精神"的时宜性问题上来。我想，"谭云山精神"是否具有时宜性牵涉到中印这两个伟大的国家是否应该充当以及如何充当"文明国"的问题。有人也许心存疑惑，两国既然降诞到"民族国"的世界，那就变成"民族国"吧！有什么不好呢？

这些疑惑，其实就是针对了今天我们为什么要纪念谭云山，为什么要探讨"谭云山现象"与"谭云山精神"而发问的。我的看法是：目前中印这两个伟大的"文明国"降到了"民族国"，不但丧失了几千年那"博厚配地，高明配天，悠久无疆"喜马拉雅式的巍峨，而且有随着这艘船在当今"文明冲突"（实际上是武暗冲突）与恐怖活动的风暴中沉没海底的危险。1924年泰戈尔访华时就怀抱着联合中印文明拯救世界"文明危机"的目的，今天我们更有实现这一目的的迫切性。"谭云山精神"的时宜性就在谭云山为"中印学会"制定的"宗旨"后半部那18个字"联合中印民族、创造人类和平、促进世界大同"上面。换句话说，中印两个"文明国"必须真正成为"文明国"，必须担当起"文明国"的重大责任，联合世界上的文明社会，消除"文明（武暗）冲突"与恐怖活动，使得全世界的"民族国"都变成"文明国"。

按照泰戈尔与谭云山的精神以及"中印大同"的理想，中印两个伟大的"文明国"应该有"三要"：要仁爱、要和平、要精神文明。如果和当今"民族国"的实际结合，两个伟大的"文明国"应该有"三不要"：一不要蹈西方发展的覆辙，二不要只顾自己、只是"自扫门前雪"，三不要为了贪图利益而丧失"文明"精神。

谭云山

中印两个伟大的"文明国"要仁爱、要和平、要精神文明，这是不必多解释的。泰戈尔反复强调"爱心"的重要。他认为："爱是真理最积极的肯定"。他说："从爱中醒觉并不是从甜蜜的世界中醒觉，而是生命从死亡那儿赢得永久、快乐从苦难那儿赢得价值的英勇事业的世界中的旨趣。"① 他在"中国学院"建立庆典上说："文明的威力与优越性在于合作与爱心、互信与互助。"佛教把印度的人生哲学与生活方式传到了中国，在中国潜移默化而创造了一种新的人生哲学与生活方式。这是一个值得深入研究的课题，我在别处已经论述。② 印度文明的两大精髓，一是生命的超越，另一个是 Brahmatmaikyam（"Brahma/梵"与"atma/我"的结合）。泰戈尔对生命的超越说过一段精辟的话："生命为没有生气的世界首创了自由的胜利，因为它不仅是外在的事实，也是内在的表情，因为它必须永远超越它实质的界限，决不让它的物质把它的精神封闭，当然也保持在真理的范畴之内。"③ 佛教传到中国以后，使得久久被孔子"人能弘道，非道弘人"（《论语·卫灵公》）的"实用主义"框架约束的中国知识分子像从鸟笼子里飞出来一样受到印度文明的想象力的陶冶。印度"Brahmatmaikyam/梵我结合"的思想在中国发展出"大我"与"小我"、"小我服从大我"的社会风气，这也大大加强了中华文明的凝聚力，创造出几千年的坚持不懈的、中国特有的庞大的"群众结合模式"。

中国这种"群众结合模式"的基本理想是"大同"，这是古人两千年前在《礼记·礼运·大同篇》就表达出来，后来又受印度文明的影响而丰富起来的意识形态。历代许多思想家与文人都时不时表达出这种意识形态，虽然他们没有用"大同"两个字。比方说，宋儒范仲淹《岳阳楼记》中的"先天下之忧而忧，后天下之乐而乐"就是最生动的"大同"

---

① 达斯（Sisir Kumar Das）编：《泰戈尔的英文著作》The English Writings of Rabindranath Tagore，第3册：杂编（A Miscellany），新德里：印度政府文学院 Sahitya Akademi，1996年（2006年再版），第35页。

② 参见谭中与耿引曾：《印度与中国——两大文明的交往和激荡》，北京：商务印书馆，2006年。

③ 达斯（Sisir Kumar Das）编：《泰戈尔的英文著作》The English Writings of Rabindranath Tagore，第3册：杂编 A Miscellany，新德里：印度政府文学院 Sahitya Akademi，1996年（2006年再版），第567页。

理想。另一位宋儒李纲《病牛》诗句"但得众生皆得饱,不辞羸病卧残阳"也是"大同"理想的表述。中华文明是相当务实的,不让梦想发展得离现实太遥远。和印度文明相比,这一特点就非常明显。① 中华文明在有了"大同"理想的同时,还有"小康"的理想。邓小平对"小康"的定义是:

"虽不富裕,但日子好过"②。换句话说,就是安居乐业。中国"大同世界"的理想是务虚,是一种美丽的梦想,"小康社会"的理想却是一种现实的追求,晋朝陶渊明的《桃花源记》对它作了生动的描写,因此民间有"世外桃源"的观念。总而言之,如果中国当前的发展能够把传统的优点发扬光大,中国就仍然是名正言顺的"文明国"。

泰戈尔"中国学院"建立庆典上说了一段精辟的话,值得我们好好咀嚼:

"我们应该不断地发扬精神和道义力量,使人类从科学进步中获益却把武器、机关枪控制起来,否则人类倒会被它们凌驾和奴役。当然会有人指出中国和印度有它们的弱点,因此要我们在已经被投入世界的无情、强悍与侵略成性的民族中间也必须逞强、上进,以免毁灭。诚然,我们软弱、缺乏团结,所有野蛮势力都来欺侮。但那并不是因为我们爱好和平,而是因为我们不再舍身取义。我们必须学会反对强权霸道、保卫人类,但不东施效颦而使我们自己变成强暴,使得我们最珍贵的人性遭到毁灭。因为危险不仅来自外部的敌人,也来自我们内部的不义。一个多世纪以来,繁荣的西方把我们绑在大车之后、拖在地上,虽然是灰尘呛鼻,喧声震耳,孤立无助,被速度震撼,我们却仍然把这种被人拖在车后看成是一种进步,把这种进步当作文明。请让我冒昧地提问:这是向何处进步?是为何人而进步?这一提问已经被认为是我们东方对进步的绝对必要性所持的特有的、荒唐的抵制了。只是在最近,我们才听到另一种声音,要我们留心,虽然飞车有其十全十美的科学性,但前进路上

---

① 印度梦想中的天堂是一种奇怪的境界,你如果想住华丽的住所,你想到了就等于住了;你如果想吃丰盛的食物,你想到了就等于吃了。换句话说,穷人有了天堂的思想境界就不挨冻、不挨饿,那天堂根本就不是物质的了。

② 《邓小平文选》,第三卷,北京:人民出版社,第216页。

却有个深坑。我们今天要壮起胆来质问：这种把人类秀丽的山河变为荒漠的进步有何价值？我们意识到自己被羞辱、被压迫，遍体尘埃，浑身是血，可是我们从不承认失败，因为那是最大的侮辱，那是志不可辱的毁灭、是自信心被出卖。我们应该不停地、特别在当今这样伪善的猎取人头与吃人的现代世界、重复这一信念：不仁者可以致富，好战者可以战胜，贪婪者可以有求必应，但他们都会从根底上烂掉而身败名裂。"

这段话中传达的重要观点有三。第一，科学技术的发展应该为人类服务，可是当今西方文明的发展使得人类，特别是被压迫的人类绝大多数，受到科学技术的"凌驾和奴役"。第二，近世纪中国和印度受到西方"野蛮势力"的"欺侮"并不是两国的仁爱与和平性格惹来的，而是因为中印两大文明本身的衰落。第三，从长远来看，那些为富不仁者、那些胜利的好战分子、以及那些飞黄腾达的贪官污吏都逃脱不掉"身败名裂"的下场，好像是回应杜甫名句"尔曹身与名俱灭，不废江河万古流"（《戏为六绝句》）。

泰戈尔上面的话中，还严厉地鞭笞了中国和印度有些糊涂虫，他们被西方蹂躏，却对西方的所谓"进步"奴颜婢膝，把中印伟大文明的尊严毁灭，把东方文明的自信心出卖。读了这段话，更使我们觉得两个伟大的"文明国"应该实现（一）不蹈西方发展的覆辙，（二）不要只顾自己发展，（三）不为贪图利益而丧失"文明"精神的"三不要"。

从某种意义上来说，今天世界的形势比泰戈尔与谭云山建立"中国学院"时进步不是太大。泰戈尔在"中国学院"建立庆典上就这样说过：

不幸的是，今天人们之间的交往比过去交通不发达时代更使人们疏远和异化。我们痛心地发现：错误的亲近最使人们分道扬镳。人们似乎相互阻碍、躲避、设障而走不到一块儿。相会的人们只是那种从彼此的生活表面一闪而过的旅游者，人们住进外国客栈为的是要从那儿消失。还有另外一种人们的相会，他们都是一些披着各种伪装的剥削者。我们生活的世界上只有两类民族——践踏别国自由的民族与无力保卫自己的民族。过多侵犯别国权利的人们却几乎不与别国开展文化交流。这是一个恐怖的世界，恐惧和猜疑的乌云笼罩，爱好和平的民族畏惧掠夺者，为了安全而退缩到孤立的绝境。

难道这不正是"9·11"惨案十周年之际对世界的真实刻画吗?!

我回想起去年(2010)12月应中国驻印度大使馆邀请去新德里欢迎温家宝总理访问印度,从他手中接到"中印友谊奖",参加他主持的中印文化座谈,聆听他对印度世界事务委员会(Council of World Affairs)组织的欢迎大会以"共铸东方文明新辉煌"为题的讲演。后来,又在网上看到一位中国经济学家胡一帆的文章,文章中引了温家宝总理在新德里的经贸论坛上讲话,批评了"中国龙与印度象之争"的观点,强调两国不是"竞争中的对手,而是合作中的伙伴"。文章说,"Chindia"将成为一个热门名词,代表着21世纪的新经济前沿。接着文章又分别阐述了五个课题:(一)"'Chindia'彼此互补",(二)"促进'Chindia'间的自由贸易,(三)"'Chindia'商讨避免在能源领域的激烈竞争,(四)"'Chindia'崛起的影响",(五)"'Chindia'的未来前景"。①

我这是第一次看到属于精神文明范畴的"Chindia/中印大同"理想还可以衍生出这么丰富的物质文明内容,也感到分外兴奋。我们探讨"谭云山精神"的目的,绝对不是在象牙塔中钻牛角尖,也不是要超脱世界,而是要在人间开拓出和平、友爱、平等、公允、互惠、共荣、幸福的境界来,这就是中国"世界大同"和印度"天下一家"(vasudhaiva kutumbakam)的理想,也就是泰戈尔和谭云山的理想。这样看来,我们探讨"谭云山精神"是具有丰富的时宜性的。

为"谭云山精神"循名责实

友人郁龙余看了本文初稿,觉得我的探讨扯得太广而分散了,对"谭云山精神"的聚焦,要我最后总结一下什么是"谭云山精神",我对他所出的难题交了白卷,有两大原因。第一,我一贯反对"我字当头",不主张宣扬自己与自己的家人。我虽然积极参加到纪念父亲谭云山的种种活动中,但那是醉翁之意不在酒,是想通过谭云山的事迹来增进中印之间的友谊与谅解。我写本文的指导思想也如此。趁此机会向读者坦白

---

① 参见 http://www.chinareviewnews.com/doc/1015/9/4/5/101594545_7.html?coluid=7&kindid=0&docid=101594545&mdate=0211001315

谭云山

一下：我每次坐下想写父亲脑子就关闭，不知从何处着手，但我把念头转到中印关系，想想谭云山毕生在中印之间做过的努力与做出的贡献。思路就活了。第二，所谓当局者迷、旁观者清。作为谭云山的儿子，我对他的认识总摆脱不开父子的感情（我如果勉强摆脱这一感情脑子就变得空荡荡的），因此是处于身在庐山而不见庐山真面目的境况。郁龙余对谭云山发生兴趣已经几十年了，他所搜集的有关谭云山的信息比我知道的要多，因此他是旁观者的"清"，我是当局者"迷"。

我交了白卷以后，本文无法结束了。郁龙余向我伸出援助的手，他经过深思熟虑，写了下面这段精辟的分析，我把它收纳进来当作本文的"结束语"。郁龙余写道：

关于"谭云山精神"，我一直在思索。近日似乎有了些眉目。现在写下来，供您参考。如果用四句话来表述，可考虑如下文字：

献身中印友好，

立意天下大同；

修齐治平弘毅，

难行能行终生。

内容甚至字句，全是谭云山本人的，主要来自他的《中印学会宗旨》（后又成为《中国学院宗旨》）、第一、二则《中印箴铭》及一些诗词，特别是《浓烟》①扉页题诗。第一、二句，是讲他毕生追求的伟大理想，第三、四句，是讲他为实现理想而努力终身的不懈精神。

这四句诗较完整、深刻地表达了谭云山终身所追求的理想和实现理想的意志与践行。"献身中印友好，立意天下大同"，其哲学基础是"天人合一"和"梵我一如"，是谭云山反复强调并终身为之奋斗的伟大抱

---

① 《浓烟》是1935年上海生活书店出版的马来亚华侨作家林参天写的小说，林参天是谭云山1927年在马来亚瓜拉丁加奴的中华维新小学当教务主任（另一说是当校长）时的同事，小说中的两个主角是"李勉之"和"毛振东"，前者写的是林参天自己，后者写的就是谭云山。1941年，林参天把书寄给了谭云山，谭云山为其写了"跋"，其中有诗句：

"谁是毛振东？书中主人翁。

更名又换姓，立意在大同。"

这就是郁龙余所谈到的。

负。因其伟大，许多人望而却步，对谭云山而言也决非易事，所以弘毅终身。修齐治平和难行能行，是谭云山实现理想目标的方法和修为，一是中国的传统，一是印度的传统。所以，谭云山精神是中印合璧的产物。中印友好，就是中印一家、中印兄弟亲（Hindi Chini Bhai Bhai），就是Chindia；天下大同，是"天人合一"和"梵我一如"的人类社会的最高形态。理想抱负是中印合璧的，实现理想抱负的方法、修为自然也是中印互参的。

谭云山从中印两大文明中汲取智慧，确立自己的理想，并从中印文化中选取实现理想的道路。我认为，谭云山的理想和道路，并没有过时，而且值得当下的有识之志认真体味并躬行。当今世界，战火不断，乱相丛生。究其根源，是因为和"天下大同"的理想背道而驰，且愈行愈远。

郁龙余上面这番话我是百分之百同意的，也说出了我心中所想但口里没能说出的意思。我十分感谢郁龙余，他的投入对本文起了画龙点睛的作用。

谭云山毕生从事教育，桃李满天下，中印两国的弟子都有，可谓"为人师表"。谭云山是我父亲，也是我的师表；泰戈尔是谭云山的师表，因此也是我师表的师表。说来说去，"谭云山精神"也就是泰戈尔精神，也就是"Chindia/中印大同"理想，是值得中印两国人民效法的。我笔不生花，但想效法先人，打油几句：

> 喜马拉雅巍峨秀，黄河恒水源流长。
> 神州天竺心相系，潜移默化精神旺。
> 慈悲仁义堪陶醉，手足何容乾坤疮？
> 精神财富勤交换，不蹈荒外斗龙象。
> 文明古国天地配，中印大同无限光。
> 泰翁诗文映碧峰，华梵师表永流芳。

这不是歌功颂德，而是发自肺腑的真实情感与良好愿望，希望读者能从本文中看出一些泰戈尔和谭云山精神的轮廓，"中印大同"理想的轮廓，愿意和本文读者共同研究、效法与发扬光大。

泰戈尔与谭云山的中印友好情结[①]

黄绮淑

谭云山虽然出生于比较封闭的中国（湖南茶陵）农村，到他开始懂事的时候，整个世界都是天翻地覆，中国结束几千年的君主体制，皇帝没有了，新的政体一时难以建立，开始了军阀混战，政治乱、社会乱、人们思想也乱。谭云山考进了长沙第一师范学校，那儿是新思想滋生的温床。他对比他高好几班的毛泽东特别佩服，参加了毛泽东组织的"新民学会"，也像毛泽东那样，念完第一师范以后就进船山书院深造。恰巧当时"南洋"华侨新富到国内招聘教师去帮他们教育下一代，谭云山及早响应，于1924年到了新加坡（以后又到麻坡、瓜拉丁加奴、巴株巴辖等地）教书、写文章、帮报纸办文学副刊（如今他被认为"马华文学"的先锋之一）。他其实也不准备在马来亚久留，想追随长沙校友及其他激进知识分子去欧洲参加"勤工俭学"（还有志参观苏联并到印度国际大学学习），但在马来亚爱上了也是从湖南来的年轻知识分子陈乃蔚，两人在1928年结婚，减慢了谭云山奔向前程、勇闯世界的速度。

谭云山在长沙船山书院时，结识了年轻法师、佛教改良派领袖、佛教现代复兴运动的倡导者太虚法师。太虚是1924年积极欢迎泰戈尔访华的中国公众领袖之一，在上海欢迎了泰戈尔的到来，受他影响而成立的佛教青年会在北京和汉口都接待过泰戈尔，5月在汉口的接待会上，太虚法师和泰戈尔长谈。谈过以后太虚法师到船山书院讲演，谭云山当时已准备出国，第一次和法师交流，两人对中印两大文明交往的历史意义都

[①] 本文首次发表于谭中等人所编《泰戈尔与中国》一书，中央编译出版社，2011年出版。这里，稍作删改。

有共同感受。太虚法师早期从著名和尚诗人画家苏曼殊那儿学过英文，谭云山对苏曼殊也很钦佩。这一切都为后来谭云山追随泰戈尔铺平道路。

中国历史发展从鸦片战争开始一直到1949年中华人民共和国建立前夕是一个世纪的"丧权辱国"时期。谭云山出生在这一时期最黑暗的阶段。野蛮的西方帝国主义侵略和把中国国格丢尽的腐败满清统治使得亿万中国人丧失了民族自信。正是在这时候，泰戈尔以亚洲人身份打破西方白人垄断而得到诺贝尔文学奖金，使中国知识分子认识到东方文明还有前途，亚洲翻身还有希望。谭云山就是当时最受感动的中国知识分子之一。他在国内就敬仰泰戈尔，和太虚法师的交往又加深了他对印度文明的亲切感。1927年泰戈尔访问东南亚，谭云山到泰戈尔在新加坡的客舍去拜会泰戈尔，两人一见面就志同道合。泰戈尔急于要找中国学者去国际大学发展中国研究，向谭云山发出邀请，谭云山向往印度，又以能在泰翁身边为荣，就满口答应。第二年谭云山新婚以后就独身到和平乡参加了国际大学。

从飞行孤雁到"世界鸟巢"

1921年泰戈尔在印度孟加拉邦北部的"和平乡"圣地尼克坦（Santiniketan）建立它的学园，取名"Visva – Bharati"（中文译为"国际大学"），是根据《吠陀经》中一句话"*yatra visvam bhavati ekanidam*"（全世界在一个鸟巢中相会），泰戈尔的理想是把圣地尼克坦建设成一个世界鸟巢（这"国际大学"的名字的真实意义是"世界鸟巢学园"）。1920年，中国作家许地山（1893 – 1941）访问圣地尼克坦，当时在美国访问的泰戈尔从纽约写信欢迎他说："对我们来说，只有一个国家——世界。我们只有一个民族，那就是人类。""让地理障碍的幻景至少在印度的一个地方消失吧——让圣地尼克坦成为这样一个地方吧！"① 综观从1921年一直到70年代，这"世界鸟巢学园"中最突出的外国鸟群是从1937年"中国学院"建立开始以谭云山为首的一群中国鸟。如果圣地尼克坦从来

---

① 柯施（Sisirkumar Ghose）编：《泰戈尔选读》*Tagore for You*，1984年，加尔各答：国际大学出版社，第131 – 132页。

没有过"中国学院",也从来没有过谭云山,那圣地尼克坦成为"世界鸟巢学园"的名气就不会那么响亮,这就说明了谭云山对泰戈尔"和平乡"的"国际大学"的发展是有很大贡献的。

泰戈尔从一开始就把吸引中国鸟到他的"世界鸟巢学园"中来当做重点任务。他在1937年中国学院开幕典礼上说了这样一句话:

对我来说,这是一个大喜日子,是我盼望了许久的日子。现在我可以代表我们人民实现过去所许的愿,即保持我们人民与中国人民文化及友好交往……

1914年泰戈尔出版孟加拉文《雁群》Balaka 诗集,其主诗是第一次世界大战时期他在旁遮普邦的杰勒姆 Jhelum 河畔写的。其中有:

啊,有翅膀的流浪汉,
你把夜光的美梦打乱
你那对世外的向往。
……
飞越被遗忘的道路
从记不清的过去到那遥远未来的时代。
……①

谭云山1928年初到印度,正是像孤雁那样的"有翅膀的流浪汉"。他在1933年出版的《印度周游记》中谈到自己的一些想法:"我来印度,还是在四年前。原来的计划,是想纵不能如玄奘大师留居那么久,至少也要以5、6年的时光消费在印度:先以5年住学,从书本研究印度之语言、文学、哲学、宗教、文化等学问;后以一年或半年周游,做实地考察印度之古迹、名胜、社会、风土、人情等状况。在5年住学之中;又打算以3年在东印度诗哲泰戈尔先生之圣地尼克坦国际大学,以两年在印度圣哲甘地先生之沙巴马地 Sabarmai 真理学院 Satyagraha Ashram。然后再实行中印民族之结合与中印文化之沟通,一面恢复两国过去的旧情谊,

---

① 柯施(Sisirkumar Ghose)编:《泰戈尔选读》*Tagore for You*,1984年,加尔各答:国际大学出版社,第142-144页。

一面创造两国未来的新关系"。这些想法很符合泰戈尔诗中的"对世外的向往"以及"飞越被遗忘的道路,从记不清的过去到那遥远未来的时代"的描写。谭云山是我公公,我不想把他神奇化,形容成孟加拉宗教传统中的"hansa balaka"(凡人的灵魂飞向天堂的归宿)。但他如何到印度扎根,如何爱上泰戈尔的"和平乡"的确有点神奇因素。

我和谭中在印度住了 45 年,中国朋友往往认为不可思议。谭云山是从 1928 年到印度,一直到 1983 年在印度去世,中间离开印度或回到中国总共也不过 5、6 年时间,在印度生活了半个世纪,那对某些中国朋友就更不可思议了。但他在 1933 年描写的却是不折不扣的"对世外(桃源)的向往",也有一种"飞越被遗忘的道路,从记不清的过去到那遥远未来的时代"的感觉。

谭云山在印度的使命感从他对自己"白马投荒"的描写中可以看出。我和谭中在中国社会科学院薛克翘教授的帮助下,找到这"白马投荒"的典故出自苏曼殊。① 谭云山小时佩服苏曼殊,苏曼殊又是太虚法师的好友,他把"白马投荒"的典故内化自然不足为奇。我们可以看到,苏曼殊到过印度一次,被友人称为"白马投荒第二人",这是影射唐僧玄奘是"白马投荒第一人"。按照这一逻辑类推,谭云山继苏曼殊而"白马投荒",那就是"白马投荒第三人"了。

谭云山不但继承了苏曼殊"白马投荒"的典故,而且还受到苏曼殊生平那种"菩萨精神"的影响。我们看到汪树东与龙红莲编的《苏曼殊作品精选》介绍说:"苏曼殊的入世既是为求得自身的'力证菩提'而得解脱,同时也是以'自觉觉他','自利利他'的大乘菩萨行精神来试图挽回末世颓风的个人英雄主义行为。"② 这"自觉觉他"和"自利利他"的话都是谭云山平常引以自勉的。在谭云山亲自设计建设的国际大学中国学院大堂中有一幅临摹阿旃陀石窟的"降魔图",两边是谭云山题字:上款是"地狱未空誓不成佛",下款是"众生普渡方证菩提",这里又有

---

① 我在另文中有详细叙述。参见黄绮淑:《谭云山情系天竺》,谭中、刘朝华、黄蓉编:《CHINDIA 中印大同:理想与实现》,2007 年,银川:宁夏人民出版社,第 253—255 页。

② 汪树东与龙红莲编:《苏曼殊作品精选录》,2003 年,武汉:长江文艺出版社,第 93 页。

苏曼殊"力证菩提"的影响。

谭云山作为一只孤雁飞到印度，正像泰戈尔诗中所说的"飞越被遗忘的道路"，他是有意要把中印两大文明古代亲密交往在中国广泛流传的大乘"菩萨精神"振兴起来。中印两千年文明交往有许多伟大的精神文明结晶，其中之一就是"观音菩萨"的符号。中印两国从古以来都有男尊女卑、重男轻女的传统。古代印度有许多女神，印度从古到今都有称女性为"devi"（女神/天女）的传统习惯，可见印度男尊女卑的程度比中国要轻。可是这"观音菩萨"符号却是特殊到不可思议的地步。印度佛教传统中"菩萨"都是男性，中国的"观音菩萨"是印度男菩萨 Avalokitesvara 的化身，在中国从唐朝开始逐渐变成女性。今天的"观音菩萨"是中国文明所创造的在东亚广受各国人民膜拜的"慈悲女神"（Goddess of Mercy），这当然是中印两大文明交往的结晶，却把中国妇女的地位大大提高了。专家认为，今天东半球各国以中国大陆的妇女地位最高，超过印度妇女，这应该是中印两大文明交往的结晶之一。

到过印度"和平乡"谭云山住宅的人都记得一走进门就看到一幅观音画像，这是1940年徐悲鸿住在"和平乡"中国学院时特别为谭云山夫人陈乃蔚画的。现在这幅画保存在深圳大学"谭云山中印友谊馆"中。谭云山在世时，每天早起到中国学院屋顶上做运动，回到家里就点起香来膜拜这观音像。他这一方面是感谢夫人百般照顾、相依为命之恩，也是坚定自己的"菩萨精神"。如果我们从中印文明交往的历史发展来看，谭云山这是使中国化的"Avalokitesvara/观世音/观自在"回归印度了。

再回到前面说的"白马投荒"典故的话题上来。我们把玄奘说成"白马投荒第一人"，苏曼殊说成"白马投荒第二人"，谭云山说成"白马投荒第三人"，这只是一种渲染性的说法。过去从中国到印度"西天取经"的总有千千万万（其中绝大多数是无名英雄），享有盛名的也有好几十。现在中国湖南等地纪念谭云山，把他称为"现代玄奘"，其实谭云山的"白马投荒"和过去千千万万中国高僧的"白马投荒"都有本质的不同。拿玄奘作例子，他"西天取经"回国，政府为他在长安建大雁塔。紧接着着的另一位高僧义净，回国后政府为他在长安建了小雁塔。换句话说，这些"白马投荒"范例中的"白马"都变成候鸟回归，独有谭云山没有这样做，其根本原因是：他本来是只孤雁，后来掉进泰戈尔的

"世界鸟巢"就乐而忘返了。这就是泰戈尔对谭云山的影响力的例证。

泰戈尔与谭云山的情谊

国际大学孟加拉文学退休教授、泰戈尔权威乔杜里(Bhudeb Chaudhuri)是谭云山情同手足的印度至友钱达(Anil Kumar Chanda)(泰戈尔身旁十余年的秘书,印度独立后当过中央政府副部长)的亲戚,也是谭云山晚年的好友。他为谭云山诞生百周年撰文说:

谭云山没能在一九二四年在中国大陆会见泰戈尔,但是他敬仰地领会诗翁的启示。事实上他已经打算在去法国之前先找直航印度的渠道。正在这时,他第一次于一九二七年在新加坡拜会泰戈尔。他那时操的是教书生涯。诗翁对他一见如故,马上邀请他去圣地尼克坦——那儿有诗翁的梦境,创建一所新型大学使全世界在那儿汇合。谭云山在一九二八年到达那儿,诗翁立刻聘他为中印学教授,就这样,一个新的使命在谭云山那理想主义者和实际活动家的组合中篡夺了位置,使他放弃了早期的其他计划。实际上,是诗翁泰戈尔和他那使命与理想侵占了谭云山的青春。

乔杜里这番介绍是只有谭云山的知己才说得出的。他道出了泰戈尔和谭云山成为莫逆之交的经过。泰戈尔对谭云山这么大的吸引力究竟是怎么回事呢?我想有两大方面:一是泰戈尔个人的吸引力,二是印度文明的吸引力。泰戈尔个人的吸引力又包括两个层次:人品与相貌的层次和思想精神的层次。

谭云山平常喜欢把泰戈尔和民国时期中国的许多所谓"美髯公"相比(认为后者和泰戈尔比较简直是小巫见大巫),热情洋溢地赞叹泰戈尔的容貌,说泰戈尔简直使人一见倾心。泰戈尔又是很慈祥的,特别喜欢年轻人与儿童。谭云山在圣地尼克坦经常到泰戈尔家做客,是受到泰戈尔家热烈欢迎的客人。泰戈尔家又总是很热闹的,印度和国际客人川流不息。当然,泰戈尔早已把谭云山当做本地人而不当客人了。但他称呼谭云山为"Professor/教授",全校园的人都这样称呼谭云山。谭云山是从1928年加入到圣地尼克坦的泰戈尔大家庭的,谭云山夫人陈乃蔚到1940

年才来到圣地尼克坦。谭云山只身在圣地尼克坦的时候已经溶入了泰戈尔的"鸟巢校园",谭夫人到达以后增加的谭云山家庭温暖更使泰戈尔的"世界鸟巢"增添热闹气氛。

我想指出:印度民性俭朴和中国民性讲究生活享受是有鸿沟的。谭云山初到圣地尼克坦,住最好的招待所,有厨子特别做饭,算是贵宾待遇,但这一"鸿沟"的存在使得谭云山必须努力适应,他在《印度周游记》中是这样勉励自己的:

伙食虽然恶劣,我的精神生活却极愉快。……常念着我们陶渊明先生几句诗:'东方有一士,被服常不完;三旬九遇食,十年着一冠;辛苦无此比,常有好容颜。'其景况实不啻替我此时写照。但我且把陶先生的诗后两句改为'快乐无此比,常有好容颜。'了,一笑!

记得20年前徐悲鸿夫人廖静文访问圣地尼克坦去看徐悲鸿于1940至1941生活过的旧地,她哭了,说:"这么艰苦的环境,徐悲鸿怎么过来的!"其实当时她看到的圣地尼克坦的生活条件比40年代初期已经改善多了,但对廖静文来说简直无法生活,那谭云山1928年到圣地尼克坦环境的艰苦更可想而知。然而,谭云山却爱上了泰戈尔的这一"世界鸟巢",更像乔杜里所说,把自己的"青春"让"泰戈尔和他那使命与理想侵占了"。其实乔杜里这话是幽默地戏剧化了,真正的事实是:谭云山在圣地尼克坦找到了自己的"使命与理想",换句话说,他把泰戈尔的使命与理想变成了自己的使命与理想。这就是谭云山与泰戈尔友好情结的根本实质。

我们最好引谭云山自己的话来证实谭云山与泰戈尔友好情结的这一根本实质。下面是谭云山在泰戈尔去世后的第一个寿辰,为印度杂志所写的《我献身给泰戈尔》(*My Devotion to Rabindranath Tagore*)文章中的一段话

以自己的微不足道,我于1927年在新加坡首次拜会已故的师尊(泰戈尔)。他1924年访华时,我正出国。我首次见到他时立刻对他产生爱心。但那不是我崇仰他的起始。那以前,我曾经关怀他在中国的活动,看过他所发表的所有讲话与演讲。我也读过他的作品的翻译和他写的英

文书。这一切都使我深受鼓舞。再有，我是学佛的，自然而然对印度这个佛教摇篮分外爱慕。我在前面也说了，过去许多世纪以来，中国人民把印度看成天国。我一见到泰戈尔就觉得他是印度的代表与象征。一年之后，我于1928年初次来到圣地尼克坦。从那时起我就读关于他的书，观察他的所作所为，自己也越来越献身给他、给他的事业。以我愚见，印度和中国这两个伟大兄弟国家应该重新联合起来，通过文化合作而为宇宙和平和人类友好做出贡献。我们一方面应该恢复已经不幸中断的以往的历史交往，另一方面创造一种崭新的文化关系，作出两国之间亲密、和谐、友好的榜样来使得当今充满残酷敌对、暴虐残害冲突的世界变得仁慈。师尊泰戈尔正是这种愿望的象征，是这种思维的聚焦。因此我把自己献身给他，决定终身在他的领导与指引下竭尽自己微薄的力量。我将永远献身给他，在他的精神光芒照耀下鞠躬尽瘁、死而后已。

谭云山这番话把我们引到前面谈到的泰戈尔个人对谭云山的思想精神层次的吸引力以及泰戈尔所代表的印度文明的吸引力。谭云山对印度的热爱，不但表现在他坚定不移地生活在印度、走完自己的人生道路，而且有诗为证。以下这首诗是他用英文于1939年发表的，1998年由谭中译成中文：

我爱印度
谭云山

印度，啊！印度，
那么荣耀的面容，
那么艳丽庄重！
……
你戴的皇冠闪着银光
站到喜马拉雅的白雪上
永远光芒万丈。
恒河与印度河交映
圣洁的颜色与芬香，
你的心流向海洋

又从海上灌进异地。
我爱你，
向你敬礼！
……
那珍贵的文化
从最早的远古发芽，
却又从来不屑
把那无价的纪入史册。
你那数不尽的儿子、圣贤
教人类慈悲、奉献，
伴随和平、融洽
仁爱而活着，不伤不杀。
世俗的记忆，
你却一点也没留下。
……
可记得你的古老朋友。
你的兄弟国家
就住那儿
翻越喜马拉雅。
同样有圣哲、道德，
同样理义高尚的生涯。
我们这地球
既没见过也没听过
这么真挚的友情，
几千年从不变心。
我们决不见面沙场
扬起霸王鞭
争夺对地球垄断。
但我们会面
高尚朋友之间
把精神礼物交换。

……
印度，啊！印度，
当今世界一片混乱，
人们在黑暗中寻找方向。
你的，是权利，也是你朋友的，
快给他们光，
引导他们
朝着正义的方向。
你的，是任务艰难，也是你朋友的，
快使他们平安
驶离那
风暴、惶恐的大洋，
和平安全到达彼岸。
你醒来吧！
快站起来
收拾行装，
手携手，肩并肩，
一同向前。
要倾听
真理的严厉号令，
要挑起
这疯狂不安世界的重担。
我爱你，向你感谢！

这首诗中说到的中印两国是"古老朋友"与"兄弟国家"，"同样有圣哲、道德，同样理义高尚的生涯"。

我们这地球
既没见过也没听过
这么真挚的友情，
几千年从不变心。
我们决不见面沙场

>扬起霸王鞭
>争夺对地球垄断。"

这些话正是重申泰戈尔 1924 年访华讲演的中心主题。泰戈尔访问结束后,中国言论界对这一主题开始热烈响应,三十年代响应最热热烈的人就是谭云山。所以,我们应该把这段话看成是泰戈尔和谭云山之间的共鸣。

谭云山写这首诗时,世界正处在欧洲法西斯主义与日本军国主义最猖狂的时刻,世界一片黑暗,人类面临严重危机。印度形势极为混乱,中国到了生死存亡的关头。像当时像谭云山这样心平气和地赞美印度,这样充满乐观看待世界发展是极少的,不但在中国见不到,在印度也少见。从今天的环境来看,这样的诗是理智的、逻辑性强的。我们是不是应该说在当时的情况下,写这样的诗似乎有点象牙塔气味,似乎有点脱离现实,似乎有点接近空想呢?我想不能这么说。请听:

>你醒来吧!
>快站起来
>收拾行装,
>手携手,肩并肩,
>一同向前。
>要倾听
>真理的严厉号令,
>要挑起
>这疯狂不安世界的重担。

这儿的"你"指的当然是仍旧在殖民统治蹂躏下的印度,"你醒来吧"是唤起印度人民自我解放。这儿的"手携手,肩并肩,一同向前"指的当然是中印两国。泰戈尔 1924 年访华时,在北京说过这么一番话:

西方正在通过扮演剥削者的角色、通过品尝剥削的果实而抛弃道德。我们应该以人类道德与精神力量的信念与之拼搏。我们东方从来不膜拜只会杀人的将军,也不膜拜只会撒谎的外交官,我们只膜拜精神领袖。或者是通过他们(精神领袖)我们得救,或者是我们完蛋。……我们决不仿效西方的竞争、自私与残忍。

谭云山的中印两国"手携手,肩并肩,一同向前"以及他前面的"我们决不见面沙场,扬起霸王鞭,争夺对地球垄断"都是泰戈尔的观念的回响。

诗的最后一句"我爱你,向你感谢!"是有一个人在他心目中的,这个人当然不是别人,而是泰戈尔。这样看来,谭云山这首赞美印度的诗也是赞美泰戈尔,正像他在《我献身给泰戈尔》文章中所说:"我一见到泰戈尔就觉得他是印度的代表与象征"。对谭云山来说,泰戈尔就是印度,印度就是泰戈尔,二者是二而一的关系。

泰戈尔、谭云山与中印文明振兴

上面谭云山对印度、对泰戈尔的敬爱是出自心灵,这是跨越了国界,是一种国际主义的表现。然而,了解谭云山的人都知道,他在思想上与行为上都是传统式的人物,和一般那种"摩登"(现代化)与"洋派"(西洋化)的中国知识分子大不相同。而且,人们一谈到"国际主义"的问题,总是把它和马克思主义的思潮结合起来,这和谭云山的思想结构是不同的。这也是近现代中国知识分子中倾向于国际主义思潮的人多半把注视投向西半球,谭云山的注视却投向了紧邻印度。总之,谭云山既不是封闭型的传统知识分子,又不是那种倾向西半球的"开放型"的国际主义者,这是和泰戈尔对东西文明的观念有关的。谭云山和泰戈尔的情谊也是建筑在两人在这方面的共识上的。我想对这个问题简单探讨一番。

泰戈尔于1921年用孟加拉文写的《文化的结合》(*Sikshar Milan* 即 *Union of Cultures*)文章中有这样一段话:

佛陀认识到人类是整体中的一个巨大的结合,他的教导像从不朽的源泉中发出的光芒照耀到中国。可是,现代的寻求霸权的商人出于贪婪,背弃了这一人类整体的真理,恬不知耻地把致命的鸦片毒物送到中国,不,是用炮口(把鸦片)塞进她(中国)的喉咙。

泰戈尔这几句简单的话把古代和现代东西文明交往的巨大差异展现出来。古代东方两大文明是把人类当作一个整体的，这也是佛教在中国大受欢迎的根本原因。现在西方文明中出现了"背弃这一人类整体的真理"的现象，因此有英殖民主义对中国的鸦片贩卖与鸦片战争。泰戈尔于1924年在中国的讲演对这一东西文明之间的差异更进一步发挥了，本文不想重复。我着重要强调的是泰戈尔所说的人类是个不可分割的整体以及中印两国文化共同在佛陀的理想照耀下的两点。

整体观念是印度文明的精髓，这和印度的地理特点是有关的。印度是一个相当平坦的次大陆，从古以来是比较和平的，人们在次大陆的千百个国家之间可以自由来往。次大陆又是东西两半球之间的通道，外来人们络绎不绝地到来。所谓印度文明，实际上是集次大陆各地以及外来文化的大成，是把形形色色的思想观点统一到一个大框架中来。这就是整体观念在印度非常突出的地理原因。

按照印度整体观念，生命只有一个，却表现在地球上所有的动植物、甚至无生物的无数个体上，神也只有一个，但他的化身却是千千万万。这种观念相信生命转化，你中有我，我中有你，别的生命受伤害，自己的生命也受伤害。泰戈尔的世界观中认为世界上所有国家的命运都互相连贯。正是这一整体观念使他致力于建立一个"世界鸟巢"式的校园。

泰戈尔是个虔诚的人，而他的宗教信仰却是整体观念的。他和一般具有整体观念的印度教徒不同的地方在于：其他人都有自己独特膜拜的神，泰戈尔却废除个别的偶像崇拜。在圣地尼克坦有一个彩色玻璃的庙，每星期三（是国际大学的星期天）早上，学校的师生都去参加祷告。那庙里没有任何神像，祷告时念的和唱的赞歌都是泰戈尔所作的诗歌，不特别强调任何神。人们形容泰戈尔是"泛神论者"，其实他毫无偶像崇拜，倒像个虔诚的"无神论者"，和中国古代的禅宗信徒很相似。

泰戈尔在写作中常常提到佛陀，这是因为泰戈尔的先人都是印度社会改良先锋罗易（Raja Manmohun Roy）的信徒，是罗易创立的印度教改良组织"梵天会"（Brahmo Samaj）的成员，而古代的佛陀也是婆罗门教的改良者。泰戈尔评论罗易，有这样一段话：

说也奇怪，19世纪第一个有国际思想的可能是印度人。我指的是罗易,他热情追求真理。他出生于正宗的婆罗门教家庭却和迷信与仪礼决裂。他想了解佛教而去到西藏。他学习希伯来语、希腊语、阿拉伯语、波斯语、英语、法语。他走遍欧洲,死在布里斯托尔。对他来说,追求精神真理并不在于参加到派系性教堂有限范围中的教会活动中去。……他认识到精神团结纽带联系整个人类,这就是宗教的目的,是要深入到人际关系的基本团结上去……

在这段话中,泰戈尔等于借罗易来表白自己。对他来说,佛教、精神真理与整个人类的团结是一个整体。泰戈尔的这种精神面貌决定了他对中印文明亲属关系的特别感情。1916年,他在东京帝国大学讲演时说过一段重要的话:

古希腊的明灯在初点燃的土地上熄灭。罗马的威力被埋葬在它广大帝国的废墟之下。但是建筑在社会与人的精神理想基础上的文明仍然活在中国和印度。从今天机械强力的角度来看,这(文明生命)可能显得弱小,然而,就像具有生命的种子一样,当天上降下滋润的雨水时,它是会抽芽、成长,伸展它造福的树枝,开花、结果的。

在这段话中,泰戈尔实际上把自己摆在"园丁"的地位,他要精心地把人类长存的中印古文明在当今暴风雨般的西方文明统治下培植起来,让它"抽芽、成长,伸展它造福的树枝,开花、结果"。这就是前面引的乔杜里所说的"理想主义者和实际活动家"泰戈尔把他的理想与使命传授给"理想主义者和实际活动家"谭云山,谭云山就是被这一理想与使命吸引到圣地尼克坦而鞠躬尽瘁的。

谭云山在"我献身给泰戈尔"文中说的:"我把自己献身给他,决定终身在他的领导与指引下竭尽自己微薄的力量。我将永远献身给他,在他的精神光芒照耀下鞠躬尽瘁、死而后已"。实际上是帮助泰戈尔对中印古文明在当今暴风雨现代世界中的成长进行栽培。泰戈尔是"园丁",谭云山就更是"园丁"了。

泰戈尔把佛教和中印两大文明连接起来可谓正中谭云山的下怀。泰戈尔继承罗易的"追求真理"精神,和受过长沙船山书院两年熏陶的谭云山正是志同道合。船山书院是为了传播清初大哲学家王船山的思想而创办的，王船山提倡"回归真实"，有独特的"天人合一"理论，认为"天"是"合往古来今而成纯"等①，为谭云山接受泰戈尔的理论打下基础。泰戈尔把栽培中印古文明使它能在现代世界中成长，正需要谭云山这样中国学基础坚实的助手。

谭云山于泰戈尔在世时出版了三本英文书，1937 年出的是《印度与中国的文化交流》Cultural Interchange Between India and China 和《今日中国佛教》Buddhism in China Today，1938 年出的是《介绍中国宗教》What is Chinese Religion；他在泰戈尔去世后又于 1942 年出版了《印度对中国文化的贡献》India's Contribution to Chinese Culture。这些都是比较小的册子，没有高深理论，但对当时对华知之甚少而又希望有所了解的印度知识分子却是及时雨。他造的英文"中国宗教"（Chinese Religion）一字是本着整体观念、根据"三教合一"精神来谈中国宗教信仰的问题，颇有新意。他那阐述"印度对中国文化的贡献"的书在印度可谓创立了新的学说，后来经过谭中等人在这方面的宣扬，现在已经在印度学术界变成主流思潮。谭云山又于 1947 年创办了《中印学报》Sino - Indian Journal，但只出了两卷三期。是由于 1949 年中国政治局势大变，中国学院一直依靠的中华民国教育部（以"中印学会"名义）拨给的经费中断而无法继续。

谭云山从 1937 年主掌中国学院一直到 1967 年退休，把"中印学"的基础打下了。所谓"中印学"就是把两千多年以佛教为桥梁的中印文化交流突出起来，因为这是世界文化交流史上独一无二的，可以把它当作一门专门的学问，不但研究文化交流，更深入研究中印睦邻关系，研究领域包括地理、历史、哲学、宗教、社会、经济、政治、文化、艺术诸多方面。用"中印学"的透镜可以对中国文化发展得出更深层次的了解。

泰戈尔、谭云山与抗日战争

无可否认，泰戈尔和谭云山都是理想主义与和平主义者，但这并不

---

① 参见陈赟：《回归真实的存在——王船山哲学的阐释》导言，http://www.confucius2000.com/confucian/wcszxdcsdy.htm

等于他们在人类遭遇到欧洲法西斯主义与日本军国主义的严峻挑战时抱超然的态度。我们应该回忆泰戈尔和谭云山的中印友谊情结对抗日战争做出贡献的那一段历史，那是人们很少注意到却应该大书特书的。

日本军国主义以岛国狭小的地方与心怀产生蛇吞象的企图称霸世界的无限野心，在占领了中国半壁河山的同时又进军东南亚，到达印度边境。军国主义者想利用印度人民反对英殖民主义的强烈情绪而成全其野心，把自己描写成印度殖民地人民的"解放者"。正在这一时候，印度独立运动领袖之一，前国大党主席鲍斯（Subhas Chandra Bose）由于抗英心切、又与甘地关系不和而倒向法西斯阵营，1942年，日本军国主义者把俘获的英国军队中的印度士兵9万人，组成三个师的"印度国民军"（The Indian National Army），由鲍斯领导，打着解放印度的旗帜，向印度挺进，想把印度人民轰轰烈烈的独立运动引入歧途，为日本军国主义侵略扩张服务。日本军国主义是阴险毒辣、手段相当厉害的，谭云山心中燃烧着爱国热情，因此对此很有警惕。

泰戈尔年轻时对日本非常敬佩。1902年日本国立艺术大学校长冈仓觉三访问印度，住在加尔各答泰戈尔家中，和泰戈尔长谈，两人在"泛亚主义"上起了共鸣。1905年日本战胜俄国，泰戈尔燃起营火庆祝。此后他结识了许多印度朋友，并于1916、1924及1929年四次访问日本。由于泰戈尔亲日，孟加拉上层社会对日本文化、艺术、风俗、宗教都极感兴趣，对日本了解的程度也高于中国。

谭云山到了圣地尼克坦以后，不遗余力地宣扬中国文化，情况逐渐改观。特别是在中国本身十分困难之际，由于谭云山的努力而捐出巨款来帮助泰戈尔把圣地尼克坦打造成"世界鸟巢校园"，使得泰戈尔分外感动。1936年4月12日孟加拉新年前两天，泰戈尔带着谭云山参加加尔各答市民举行的反侵略集会，谭云山和中印学会派到国际大学的第一位留学生魏风江坐在主席台上。泰戈尔讲话时激动地说："在我身边，坐着几位中国的儿女，他们亲自听见了，他们亲自看到了，我们印度人民，分担着他们的苦难，我们将与中国兄弟并肩战斗，击败侵略者。"我们从这话中看出泰戈尔和谭云山不但在文明理想观点上共鸣，而且已经紧密地团结在反对日本侵略中国的具体政治立场上了。

1937年中国学院在孟加拉新年那天举行开幕典礼。由于谭云山妥善策划，中国领袖发来两份贺电，在开幕式上宣读。第一份是中国国民党总裁寄的，电文如下：

泰戈尔先生：

中国学院成立，曷胜欣慰，愿共同努力发扬东方之学术与文化，以进人类于和平幸福之域而谋大同世界之实现，并颂先生健康。

蒋中正

第二份是以中印学会的三位骨干人物名义发的，电文如下：

中国学院成立，曷胜欣慰，愿共同努力发扬东方之学术与文化，以进人类于和平幸福之域而谋大同世界之实现。谨以至诚祈中印文化合作伟大成就，并祝
先生暨诸同志健康。

蔡元培、戴传贤、陈大齐同叩

两份电报实际上都是谭云山帮忙起草的，文中关于"发扬东方之学术与文化"以及"谋大同世界之实现"是谭云山在泰戈尔的思想指导下为中国学院拟定的宗旨。这虽是些细微末节，但1937年是抗日战争的开始，中国学院的成立变成以"蒋中正"为标志的中国和以泰戈尔为首的印度民间学术界亲密合作，对争取印度人民同情与支持中国抗日是个好兆头。

有趣的是，前面谈到的鲍斯于1938年2月21日主持印度国大党51届全国大会时，通过了决议："国大党以焦切的关注来看一个野蛮的帝国主义（日本）对中国的侵略，以及侵略所造成的恐怖和惨状……国大党向正在苦难中的中国人民致以最深的同情，对他们为维护自由和领土完整的英勇斗争表示崇敬"。1938年4月23日，鲍斯从加尔各答把这一决议寄给圣地尼克坦的谭云山说："我可否谦逊地恳请你再一次把我们的深切感情和对中国文化的敬意转达给中国人民，并转告他们我们对他们抗战的无比同情。"

1938年谭云山回国，7月9日在汉口拜谒蒋介石，转呈了两封重要的信，一封是鲍斯寄给他的信和国大党支持中国抗战的决议，另一封是4

月12日泰戈尔写给蒋介石支持中国抗战的。7月14日蒋介石从汉口回信给泰戈尔感谢他对中国抗战的支持。

我们再回到日本军国主义者侵略阴谋的话题上来。他们通过著名诗人野口米次朗写信给圣雄甘地和泰戈尔，为军国主义者侵略中国宣传。野口是泰戈尔的朋友，曾经访问过圣地尼克坦并且受到热烈欢迎。在1938年，泰戈尔与野口两人之间为日本侵华战争性质交换了两次信件，全世界媒体都有报道，变成"诗人与诗人"的政治辩论，寂静的"和平乡"变成了世界大战的斗争前线。

野口在写给泰戈尔的第一封信中，想仿效1902年冈仓觉三以"泛亚主义"思想和泰戈尔共鸣而强调"亚洲是自己的亚洲"，说什么日本侵华是为了"纠正中国的错误观念"。他又强调国民党政府腐败，说日本的军事行动是要摧毁国民党统治，拯救中国那些"简单而愚昧的群众"。泰戈尔意料不到这位为他敬仰的著名日本诗人竟然当起战争贩子的发言人来。他在信的一开始就说出自己的意外："你写给我的信使我深刻地惊讶。这封信的情调和内容与一直以来我从你的写作中感到的敬仰以及我从和你亲自的接触中产生的感情迥然相悖"。他驳斥野口把侵华美化成"在亚洲建立起一个崭新而伟大的世界"的谬论。他甚至用了刻薄的言辞指责野口："你是在观念上建立这样一个亚洲让它出现于尸骨的高塔之上"。又严厉地批评"你的'亚洲是自己的亚洲'理论是政治讹诈的工具"。再加上一句："你是说（日本）对中国妇女、儿童的轰炸，对庙宇等古建筑以及大学的摧毁就是为了亚洲而拯救中国的手段！？"

泰戈尔在信中说："中国是无法被征服的，她的文化，在蒋介石的无畏领导下展示出惊人的潜力"。泰戈尔再补上一句："今天我比以前更加了解那位心怀广阔的日本思想家冈仓觉三曾经向我说过的'中国很伟大'的热情含义"。泰戈尔幽默地说，野口谴责蒋介石的政府是他自己也没意识到的"你牺牲了本国的骄傲而歌颂你的邻国（中国）"。他说："日本的悲哀在于，正像蒋介石夫人所说……它正在制造鬼魂。中国不朽艺术文物的鬼魂，无可取代的中国学术机关的鬼魂，被奴役的、拷打的、毁灭的爱好和平的伟大社群的鬼魂。'谁来安魂呢？'她（宋美龄）问道。我们希望日本和中国人民将会携手，真正的亚洲精神将会再生。"

泰戈尔在信中仍然把自己当做日本人民的朋友。他说："我对你们人民是了解的。我简直不愿相信他们竟会自愿参加用鸦片和海洛因去毒害中国的男女"。他接着说:"我确信有一天你们人民会绝对失望的。在几个世纪的辛勤努力中他们会清除那由本国疯狂的军阀在他们文明上建立的废墟。他们会认识到这一场对华侵略战争是远不及其对日本的英豪气质的严重破坏。"

野口看到泰戈尔的回信后恼羞成怒,他在写给泰戈尔的第二封信中竟说出:"莫,你应该停止胡说八道!",因为他激动地说:"我们决不为了知识界的虚名而交出我们的祖国"。但是,他又邀请泰戈尔出面当中日之间的"和事佬"(peace-maker)。这当然是日本军国主义者想出的馊主意,好像一场赤裸裸的侵略战争并不存在,只是中日之间发生纠纷而已。

泰戈尔的回信仍然平心静气,他感谢野口花大力气来以日本军国主义的观点说服他。他说:"我看我们俩谁也别想说服谁"。他仍旧幽默地说:"如果你能说服中国人民使他们认为你们军队炸毁他们的城市,使他们的妇女儿童变成无家可归的乞丐……如果你能说服这些受害者使他们相信这一切都是接受你们的恩德、最终会'拯救'他们的国家,那你就不必费神来说服我们使我们了解你们高尚的意图了。"他也感谢野口请他出来当"和事佬"。他说为了中日友好他愿意鞠躬尽瘁,但他已经丧失说服力,因为"我的道德说服力已经被你的雄伟口才批驳得荒唐无稽了"。他说:"你要我主持公道,我怎么能劝说蒋介石停止抵抗他们的不停止的侵略者呢?"

泰戈尔在这封信中语重心长地说:"请原谅我,如果我心中的话听起来不舒服。请相信我,我写信给你是出于伤心与羞辱而不是愤怒。我心里深切地难过不但因为中国受难的信息绞着我的心,而且因为我从此再也不能骄傲地举出一个伟大日本的典范了。"我想,全世界的日本人民看到泰戈尔这样诚恳的伤感一定会感到羞杀的。泰戈尔说的他相信几个世纪以后日本人"会认识到这一场对华侵略战争是远不及其对日本的英豪气质的严重破坏"是代表人类进化对日本发展作出的精辟历史总结,看样子日本上层知识分子还很难达到这样的认识,仍然在想方设法隐藏自己的过去错误。当代中国和日本知识界都应该认真重温泰戈尔说过的一些不朽的言论,这对未来东亚和平发展是有利的。

泰戈尔和野口这场"诗人与诗人"之间的政治辩论当时立即风传世界，影响深远。从历史发展来看，这次辩论对野口来说，就像杜甫诗（《戏为六绝句》）中所说的："尔曹身与名俱灭，不废江河万古流"。野口本人从此身败名裂，至今已在日本国内外被人遗忘，泰戈尔的影响却万古长流。野口那种想通过"魔鬼念圣经"、混淆黑白、为日本军国主义"正名"的拙劣伎俩在泰戈尔的安详姿态与英明智慧面前显得黔驴技穷。这场辩论等于日本军国主义在道义上的彻底破产。这是泰戈尔对中国抗战做出的最大贡献。

谭云山在这场辩论中不扮演任何角色，但他那些年头在泰戈尔身边，和泰戈尔无话不谈，向泰戈尔及时提供中国的信息，使泰戈尔能深刻体验到中国所经受的灾难，这一切在泰戈尔智慧与信息不断充电的过程中是起了一定作用的。泰戈尔的立场深刻影响了印度上层知识界。谭云山不但对泰戈尔能起一定的影响，也对其他印度公众领袖、如尼赫鲁等人起一定的影响。1942年在抗战最艰难的时刻，为了保证中国抗战后援国际基地——印度——的稳定，蒋介石夫妇访问印度，特别从加尔各答乘火车去圣地尼克坦参观中国学院，实际上是避开英国统治者和公众舆论的监视而和等在中国学院欢迎蒋氏夫妇的尼赫鲁开始会谈，从圣地尼克坦一直谈到加尔各答，宋美龄和谭云山担任翻译，对保证抗战胜利起到良好的作用。这一历史大事是北大著名历史学家所写到的。

魏风江是谭云山1931年回国动员中国知识界支持泰戈尔开展中印研究时最早响应的年轻人之一，1933年中印学会成立以后就把他派到印度国际大学深造，1939年回国。他是中国学者中唯一亲眼看到谭云山和泰戈尔之间的亲密关系的人，也是唯一的写了书对此作了见证的。在他的《我的老师泰戈尔》书中，他写道：

北京沦陷了，南京沦陷了。外文报纸上，天天登载着触目惊心的消息。我和谭（云山）先生相对叹息，为祖国的命运担忧着。但谭先生在担忧中保持着镇静。他认为日寇必败，最后的胜利，一定会属于我国的。古鲁特父（泰戈尔）每次见到我们师生两人时，总劝慰我们。他说："我坚信中国是不会被征服的。日本侵略军愈凶残，溃却的日子也就愈早。中国终于会得到独立和自由。"古鲁特父说，他不是一个宿命论者。他断言日本必败,但不是说我们可以听任日寇长驱直入,不加抵抗,坐等他自己溃退。中国人民的抗战,已经把日寇拉进愈陷愈深的泥潭里了。它无法再动弹了。河水一停止,就会倒流。

魏风江纪录的泰戈尔这番话听起来很新鲜,好像没有在他的文章中这样写过。魏风江纪录的泰戈尔说的"我坚信中国是不会被征服的"这话和前面引的泰戈尔写给野口的第一封回信中的"中国是无法被征服的"如出一辙,可见魏风江的纪录是准确的。泰戈尔说的"河水一停止,就会倒流",这是孟加拉民间的话,中国似乎没有这样的说法。我们从这番话中也看出,泰戈尔不止是同情中国人民抗日,而且是把自己摆到中国人的立场上,简直变成中国当时"积极抗日派"的一分子了。

魏风江书中也提到泰戈尔和野口的辩论,他还亲自看到野口访问圣地尼克坦时所受到的欢迎。他的书中有这样一段描写:

几年前,当野口米次郎来国际大学访问的时候,古鲁特父曾在林间张着彩棚,举行欢迎会。野口离去后,我愤愤地向古鲁特父表示不满。我说,野口表面上道貌岸然,可是文章都是虚而不实的。他的诗篇,只是拾中国古诗人的牙慧。古鲁特父曾劝我,不可对野口持偏见。他曾说:"对日本的文学艺术之士,我们要尊重并争取他们。"

魏风江的书中又说:

古鲁特父说,他仍旧爱着日本,他相信日本人民也是军国主义的受害者。中国人民要从胜利中获得自由和幸福,日本人民却要从溃败中获得自由和幸福。古鲁特父说,日本国内,愈是上层的人,愈不知道历史的规律,甚至像野口米次郎,居然几次来信,为日本侵略中国作辩护。……当古鲁特父批评野口的时候,眼睛就对着我,显然认为我过去批评野口是恰当的。

魏风江这段描写泰戈尔在和野口辩论了以后的神态很有历史参考价值。泰戈尔是个胸襟宽大的人,但也嫉恶如仇,野口替日本军国主义帮腔,所以他才在信上说了一些刻薄的话。魏风江书上写的一些当年的真实情况也帮助我们从侧面看到泰戈尔和谭云山(再加谭的得意门生魏风江）的友谊和中印两国民间心连心反对日本侵略中国的生动景象。

泰戈尔、谭云山与中国学院

泰戈尔那拆除"地理障碍"把"和平乡"建成"世界鸟巢"的理想确定了中国学院不拘形式、自由交往的风格。从中国学院成立开始，泰戈尔已经年迈体弱，国际大学的行政工作主要由他的儿子、科学家（Rathindranath）运作。泰戈尔聘任谭云山为中国学院院长，谭云山从一开始就独当一面，这主要因为建立中国学院的经费与中国学院的图书都是谭云山经手从中国来的，国际大学完全不需要花费。经费的来源是以谭云山在 1933 年在南京成立的以著名学者蔡元培（1868－1940）为主席的"中印学会"出面的，"中印学会"的坚强后台是当时国民政府考试院长戴季陶，经费主要来源实际上是国民政府。谭云山结识虔诚的佛教徒戴季陶是太虚法师促成的，他俩后来变成知己。由于戴季陶对谭云山尊重，国民政府官员对中国学院的财政需求也是有求必应，谭云山有了中国和印度两方面的信任，所以中国学院在他的主持下独立自主性很强，形成一种传统。谭云山从 20 年代末期起就在泰戈尔身边，印度独立运动的许多领袖，从甘地、尼赫鲁开始，经常到"和平乡"拜会泰戈尔，也和谭云山结识。1951 年尼赫鲁把国际大学变成中央直接拨款的国立大学，受政府制度的约束，但谭云山领导的中国学院依旧保持一定的独立自主性，一直到他 1971 年退休为止。

中国学院的这种独立性是和它建立的目的分不开的。前面提到泰戈尔在 1937 年中国学院开幕典礼上说中国学院的成立实现了印度人民重振中印"文化及友好交往"的愿望，这就确定了中国学院的使命——增进中印友好与了解。为了完成这一使命谭云山必须把中国学院建成一种开放型的机构，多做穿针引线的工作，不能像大学以最高学府的身份建立起学术上的高墙，在象牙塔上摘取桂冠。谭云山建立的中国学院和社会政治的距离是很小的。前面谈到的泰戈尔、谭云山与中国学院对抗战胜利的贡献就是明证。

我们再回到乔杜里教授评论谭云山的那篇文章，其中说："诗翁的理想是国际主义的头脑和他那成长中的学府的校园相结合，要在中印学的领域闯出第一个突出的实际的大厦，谭云山就变成了它唯一的建筑师。"文章又说："诗翁泰戈尔曾经认为：尽管世上天才多如繁星，只有哪些毕生奉献给事业，奉献给精神价值的才值得纪念。也正是诗翁泰戈尔在孕育一位真正彻底致力于中印文化交流的迷人事业的谭云山教授上起了关键的作用，耸立在圣地尼克坦校园中央的中国学院这雄伟的丰碑至今仍旧强有力、活生生地推荐那禅定菩提心无私奉献的内在活力。"这话既中肯，又带有泰戈尔式的诗意。

乔杜里教授接着说：

"泰戈尔坚信，人民的生命精神产生真正的智慧，而智慧的强有力的呼吸并不等于形形色色信息的一团混淆。从这一观点出发，知识是可能把全世界所有人们从精神上、从本能上结成和谐的整体。因此诗翁打算在他那刚刚建成不久的国际大学内完全致力于开展东方禅定智慧泉源中流出的知识的研究。他希望那宇宙协和的大本营吸引世界各地的学者们从五湖四海来共同参加对智慧的重新认识并使智慧发扬光大的事业。"

乔杜里不愧是泰戈尔学术权威。他认为泰戈尔在自己的校园建设起"宇宙协和的大本营"（原文实际上是"宇宙协和的鸟巢"，当时谭中翻译怕读者误解而改为"大本营"）要汇集东西方文化精髓，特别要"开展东方禅定智慧泉源中流出的知识的研究"，这就是泰戈尔特别着重于振兴中印文化交流的根本目的。乔杜里说的泰戈尔要"吸引世界各地的学者们从五湖四海来"，这是需要财力支持的。谭云山创造出的以"中印学会"名义、动员中国的财力来支持泰翁的"世界鸟巢学园"，使中国学者纷至沓来，使中国学院成为中印学术交流的"雄伟的丰碑"。我们看到，1988年印度总理拉吉夫·甘地在清华大学的讲演，1993年印度总理拉奥在北京大学的讲演，纳拉亚南担任印度副总统时于1994年在复旦大学的讲演，他担任印度总统时于2000在北京大学的讲演，2003年印度总理瓦杰帕伊在北京大学的讲演都提到国际大学中国学院，把它当作中印友好的象征符号。本文脱稿以后，印度总统帕蒂尔女士于2010年5月28日在北京的欢迎会上谈到"在师尊泰戈尔的圣地尼克坦建立了中国学院以传播中国与中文的知识",把它当作印中文化交流的里程碑。① 乔杜里把中国学院形容为中印学术交流的"雄伟的丰碑"是不过分的。当然,他指的主要是中国学院在谭云山掌管下的年代。谭云山退休后的江河日下以及今天许多中国大学都想帮助中国学院重振昔日雄风又当别论了。

印度友人关于谭云山创办中国学院时的情况写得不多,以郭克雷 Vasudev V. Gokhale 的一段描写最为生动:

"谭云山教授以他那无穷无尽的爱心与诚意同时不倦地开展中印文化友谊的研究,这是师尊(泰戈尔)永远醒觉与敏感事业晚年最热衷的。我有幸于1937至1939年中国学院刚建立时被邀请来指导中印研究。(中国学院)是个雄伟的新建筑,有图书馆大厅藏有巨大数量的中国书籍,有会议厅,一进门就可看见师尊的巨幅画像,还有设备很好的给学者的房间,两旁是宽广的走廊。从走廊上左边可以看到远方的 Sriniketan②,后边有 Bhuvandanga 湖,右边有铁路……这简直是师尊平生梦想开始精彩实现……中国学院正在蓬勃发展……像一棵大榕树,树枝又生根而在阿拉哈巴德(Allahabad)、贝纳拉斯(Banaras)、德里 Delhi 等地变成学术中心,这样就打开与扩展了新的渠道,正像师尊在中国学院开幕典礼上说的,'不是为了机器与机关枪开路,而是帮助不同民族促进思想上的亲属关系,实现它们对共同人类的相互义务。'"③ 郭克雷所形容的中国学院像"一棵大榕树"那样使得印度的中国研究蓬勃发展非常形象,也并不夸大。

我和谭中1955年到圣地尼克坦时就住在郭克雷上述的一间"给学者的房间"中,那时中国学院还是国际大学校园中最雄伟的建筑,从远处可以看到它以及中华民国主席林森(1868 – 1943)题的"中国学院"四个大字。但郭克雷说的从走廊上可以看到那么多地方的景象已经消失,

---

① www.indianembassy.org.cn, 30 May, 2010.
② Sriniketan 是泰戈尔在国际大学校园旁边办的实验性的新农村。
③ 《泰戈尔诞生百周年纪念集》*Rabindranath Tagore* (1861 – 1961): *A Centenary Volume*, 1961年,新德里:印度政府文学院 Sahitya Akademi 出版,第408 – 409页。

中国学院已经变成校园中的中心，周围有了数不清的建筑。可见在中国学院刚建立时是"和平乡"农村环境中的突出的高楼大厦，使郭克雷代替泰戈尔（他参加中国学院时泰戈尔仍然在世）感到"师尊平生梦想开始精彩实现"。

郭克雷教授上面这段话是1961年写的，当时他是德里大学佛学系教授兼系主任。凑巧得很，1964年德里大学得到美国福特基金会的支持，开办中国研究，最早加入的是谭中和我，先在佛学系下面设立"中国研究中心"，由谭中负责，我们办起中文班课程来，学生很多，郭克雷是我们的顶头上司，谭云山那时仍是国际大学中国学院院长，不时来访问、讲演，他和郭克雷共同对中国学院当年的创业维艰深有体会，也高兴看到郭克雷所说的中国学院"大榕树，树枝又生根"的繁荣景象。

从郭克雷上面这番话也可以总结出在谭云山领导下的中国学院的两大特点。第一大特点是它在印度把其它地方的中国研究带动起来了，有很长一个时期，印度各地、包括大学与政府办的学校、中文班的教员都是中国学院供应的，教学课程的制定也是出自谭云山之手。另外一个特点，这也是郭克雷上述话中折射的。他形容谭云山有"无穷无尽的爱心与诚意"，使得中印研究在印度发展起来，我觉得这一点相当重要。前面谈到泰戈尔立志要栽培中印两大古文明使它们在现代西方文明统治的暴风雨环境中成长。谭云山跟着他担当起这"园丁"的使命。泰戈尔早早逝世，花圃中只剩下谭云山一个园丁。暴风雨的学术环境主要由于两个世纪来全球学术界受到地缘政治范式统治。正像泰戈尔所说，人们疯狂追求强力与利益，忘记了国际交往中必须的爱心与奉献精神。谭云山"无穷无尽的爱心与诚意"对他推广中印友谊时的理论及说服力都是很有益的。

从1937年到1949年，由于有中国国民政府以"中印学会"名义给与财政上的支持，谭云山又把中国学院的大门对所有热心于中印研究的学者敞开，为他们提供食宿、甚至旅费，中国学院在40年代成为中印学者大汇合的地点。以现代印度中国研究开山祖师师觉月（Prabodh Chnadra Bagchi）为首的许多印度学者都在中国学院工作过。从中国也来了不少学者，后来都回国并成为发展印度研究的中坚。还有西方学者也来中国学院。泰戈尔的理想是把圣地尼克坦建成为"世界鸟巢学园",在谭云山的领导下,中国学院也在某种程度上变成了世界鸟巢。

可以这样说,中国学院起了"大榕树"的作用使得中国研究在印度蓬勃发展为泰戈尔在圣地尼克坦建起"世界鸟巢校园"增添了重要内容。我们得到的启示是:文化交流能够释放出意想不到的巨大威力。和一般的学术机构相比,中国学院本身在学术上的成就不高,但是它所起的作用却是一般学术机构所办不到的。可以把中国学院的特殊作用归纳为三。第一,它是中印文化对话的场合,起了沟通的作用,得到中印谅解的结果。第二,它是中印感情的温床,在圣地尼克坦由于中国学院和谭云山和其他中国家庭所在,中印友好气氛很浓,而且通过了泰戈尔的影响,使这中印友好情绪扩展到孟加拉邦。第三,它是中印之间的纽带与桥梁。中国学院这三种特殊作用也使泰戈尔的"世界鸟巢校园"内容更为丰富、名声更为响亮,其中自然有谭云山的功劳。

结　语

毋庸讳言,谭云山是个"奇人"。他住在印度50余年,衣着没有全部印度化,而是自己设计了一种中印合璧的服装,由加尔各答的中国裁缝特制。他的思想与精神面貌也和他的衣装一样中印合璧。这种中印合璧正是他受到泰戈尔的影响的表现。我们从他的《中印箴铭》看得出他思想上中印合璧的结构,即孔孟之道与佛家精神交织。泰戈尔的影响在这一结构上增添了提倡和谐与爱心的强调与国际主义精神。值得注意的是:前面谈到的泰戈尔立志要栽培中印两大古文明使它们在现代西方文明统治的暴风雨环境中成长,这一点鲜为人知,许多印度的、孟加拉语的泰戈尔专家都不重视。可是我们从研究谭云山的角度来看,这一点却非常明确。那就是说,泰戈尔栽培中印文明的任务主要由谭云山担当起来,泰戈尔那"园丁"的标志也挂到谭云山胸前了。

谭云山于1933年出了《印度周游记》一书,有这么一段话:"中印这两个姊妹国家,这是我自幼读书以来,即念念不忘的。我总觉得:印度这块地方,是不可不到的,印度这个民族,是万不可不注意的。而印度与中国的关系,更是特别重要中的特别重要。"他继续说,无论是"世界和平"、或"世界革命"、或"人类文明"、或"人类亲善"都必须有中印两国"切实联合"与"共同努力奋斗"。1956年10月15日，谭云山在中央人民广播电台广播词中，以喜马拉雅山来比喻中印两国。他说："有喜马拉雅山存在的一天，就有我们中印两国和人民生存的一天。所以中国与印度，真是我们古书所说：'博厚配地，高明配天，悠久无疆'的国家。"

谭云山 1956 年所说的中印关系"博厚配地，高明配天，悠久无疆"在 1991 年发展成季羡林在《中印文化交流史》书中所说的"中印两国同立国于亚洲大陆，天造地设，成为邻国"。① 中印两国两千多年来有过重要的文化交往，泰戈尔和谭云山等人是重新建立历史通道的桥梁，两人之间的情结又创造出泰戈尔"世界鸟巢校园"中的"中国学院"，这学院本身也变成"世界鸟巢"，如果进一步认真研究，总结过去，可以为今后建立中印睦邻关系提供重要参考。

主要参考资料：

达斯 Sisir Kumar Das 编：《泰戈尔在中国的讲演》*Rabindranath Tagore: Talks in China*，加尔各答：国际大学泰戈尔馆 Rabindra – Bhavana，Visva – Bharati 出版，1999 年。

谭中：《谭云山与中印文化交流》，香港：香港中文大学出版社出版，1998 年。

Tan Chung 编：《踏着玄奘脚印：谭云山与印度》*In the Footsteps of Xuanzang: Tan Yun – shan and India*，新德里：英迪拉甘地国立艺术中心 Indira Gandhi National Centre for the Arts 与知识出版社 Gyan Publishing House 出版，1998 年。

魏凤江：《我的老师泰戈尔》，贵阳：贵州人民出版社，1986 年。

邬玛·达斯古普多 Uma Das Gupta：《泰戈尔：自述自传》*Rabindranath Tagore: My Life in My Words*，新德里：企鹅 Penguin Viking 出版社，2006 年。

---

① 季羡林：《中印文化交流史》导言，1991 年，北京：新华出版社，第 2 页。

邬玛·达斯古普多 Uma Das Gupta：《泰戈尔：教育与民族主义文选》*The Oxford Indian Tagore：Selected Writings on Education and Nationalism*，新德里：牛津大学出版社，2009年。

功比玄奘　忍仙圆成①
——谭云山与中国学院

郁龙余

谭云山作为一名杰出的中国学者，为了中印文化交流，为了印度的中国学的建设，奋斗到生命的尽头，最后终老五天。他是一位友谊的使者，文化的传播者，中华民族的赤子忠臣，印度人民的忠诚朋友。在那个翻天覆地的时代，他为中国和印度这两个伟大民族所作的历史贡献，随着时间的流逝而显得越来越灿烂。中国古代，对国家社稷有大功之人，无论朝廷还是民间都有谥号。现在是新时代，已无此惯例，但若论其牺牲之大，贡献之巨，当谥"文忠"。

在印度众多高等学府中，国际大学世界闻名。这是一所特殊的大学，有着种种与众不同的优势。她由蜚声东西方的大诗人泰戈尔按自己的教育理念所创建；她的校长由历届政府总理担任；她有一个著名的中国学院，她的首位院长是著名教育家和学者谭云山；以中国学院为中心的中印学会声名显赫，泰戈尔是主席，尼赫鲁是名誉主席，它的普通会员中后来有普拉萨德、拉达克里希南、扎奇尔·侯赛因三位博士先后成为印度独立后的总统。谭云山的一生充满传奇色彩和艰苦曲折。他才华横溢，志向宏远；他坚毅蹈厉，妙笔生花；他衷弘碧血，忠义双全；他筚路蓝缕，以启山林，在泰戈尔的鼓励和支持下，开创国际大学中国学院，并惨淡经营，为之付出了毕生心血，终于使其成为世界中国学的一面耀眼的旗帜。

谭云山生活在中国和印度两大民族历史上最动荡的新旧社会的交替

---

① 此文稍作修饰，原载于《梵典与华章》，宁夏人民出版社，2004年。

时期,然而他以民族解放为己任,投身到时代的洪流之中,为中印两大民族的独立和解放进行不懈的努力。为此,他和他的家人作出了巨大的牺牲。在中国国共两党中,他都有极深的关系;在印度,他和泰戈尔、甘地、尼赫鲁等名流和领导人建立了亲密友谊。然而,他终身安心于教育,沉湎于学术和文化交流。正如印度学者 H. P. 雷易所说:"他牺牲了有利可图的生计,参加了伟大诗人泰戈尔所致的工作……加强喜马拉雅山的两个孪生子中国和印度之间的纽带。……所有汉学爱好者都将以感激的心情怀念他的贡献。"[①]

功比玄奘,德配鉴真

　　谭云山,1898 年出生于湖南茶陵一书香之家。后因父母双亡,家道中落,为邻村亲戚黄勿仁收养。他原名谭启秀,因钟爱家乡壮美秀丽的云阳山,遂改名云山,以志激励。谭云山天资聪慧,求知若渴,小学毕业后来到省城长沙求学。1919 年,考入著名的湖南省立第一师范学校。他如鱼得水,在良师益友的薰陶引导下,学业精进,思想奋发向上,不但加入了毛泽东创办的新民学会和新文化书社,而且还组织新文学社,编辑《湖南日报》星期日增刊《新文学》周刊,传播先进思想。在毛泽东离开长沙之后,他又创办了中兴学社,批判封建思想,宣传革命道理。师范毕业后,进入长沙船山学会从事文化学术研究。1924 年后,他到南洋一边寻找救国之道,一边教书做研究。这时的谭云山只有 20 多岁,但已充分显露出他作为新一代教育家的才情和胆略,在东南亚华侨教育界大显身手,干得轰轰烈烈。谭云山的事迹,被著名南洋作家林参天写成长篇小说《浓烟》,于 1936 年出版后在中国文坛引起了轰动。在这"马华第一部长篇小说"中,主人公谭云山被化名为毛振东。1941 年谭云山本人读后"不禁赧颜失笑"。1959 年 8 月,他作诗一首以表故旧情深。诗云:

　　　　谁是毛振东?书中主人翁。
　　　　更名又换姓,立意在大同。

---

　　① [印度]H. P. 雷易:《中国学在印度》,载《中外关系史论丛》第 3 期,世界知识出版社,1991 年,第 246 页。

1927年，泰戈尔访问新加坡，在友人的安排下，谭云山第一次会见了心仪已久的诗圣。泰戈尔被谭云山的事迹所深深感动。这次会见决定和影响了谭云山的毕生道路。早在1924年泰戈尔访问中国时，他就关注泰戈尔的报导，拜读泰戈尔译作，顿生仰慕。新加坡会见，两人一见如故，结成忘年交。泰翁慧眼识英才，邀请比他小37岁的谭云山到国际大学任教，谭云山则一口答应。这就为以后中国学院的建立铺下了第一块基石。

1928年9月，应泰戈尔的邀请谭云山中断南洋的事业，告别新婚妻子陈乃蔚抵达印度圣提地克坦（寂乡）的国际大学。他一方面开设中文班传播中华文化，一面学习研究佛教，同时为《东方杂志》撰文，介绍印度传统文化和民族解放运动。雄才大略的谭云山深感需要组织、动员更多的有识之士，投身到中印文化交流之中，推动两大民族的独立解放运动。于是，他提出了一个大胆设想：建立中印（印中）文化协会，主持和推动两国的文化交流。他将这一设想告诉泰戈尔，发现泰戈尔早有此意。原来早在1924年泰戈尔访华时，就有有识之士何雯向他提此建议。① 泰戈尔虽"本有此意"，但觉得条件尚不成熟，就没有正式提出倡议。当然，在泰戈尔心中一直藏着此事。现在，他觉得条件已经成熟，就大力支持谭云山。

1931年4月，谭云山在巴多利拜见圣雄甘地，将自己和泰戈尔的设想征求他的意见。甘地非常赞同，说："你说得很对，我所想的也正和你所说的一样。"② 同年9月，谭云山回国与中国学术界、文化教育界人士磋商，得到有识之士响应。其中，支持最力的是蔡元培和戴季陶。蔡元培曾任北京大学校长，实行兼容并包政策，是中国最负声望的教育家，时任中央研究院院长。他知人善任，曾聘请20多岁的梁漱溟开设《印度哲学概论》，是北大也是中国高校开设的第一门印度学课程，在中国高教史和哲学研究史上是一件大事。戴季陶是国民党元老，也是具有学者风度的政治家，对佛学研究颇有造诣，时任中央考试院院长。在蔡、陶两位重量级人物的推动下，中印学会的筹建工作获得突破性进展。南京政府希望通过文化交流的形式，开通和加强与印度民族运动的联系，所以

---

① 《申报》，1924年5月20日。
② 谭云山：《印度周游记》，南京新亚细亚学会，1933年，第138页。

不少高官要员对筹建中印学会给予高度重视。文化界、佛教界人士更是热情高涨，在谭云山、周谷城、太虚、梁漱溟、徐悲鸿等43名发起人，和蔡元培、戴季陶、于右任等24名赞助人的努力下，正式召开筹备会议。会前会后，谭云山出入于名门高第，奔走于大街小巷，为中印学会的诞生张罗呼号，充分显示了一位教育家兼社会活动家的卓越才华。1933年6月，在谭云山的努力下，《中印学会：计划、总章、缘起》出版。这一具有重大意义的历史文献告诉我们：中印学会"以研究中印学术，沟通中印文化，并融洽中印感情，联合中印人民，以创造人类太平，促进世界大同为宗旨"。中印学会意在联合中印人民，恢复旧情，开创新关系。"如何联合？则在沟通中印两国文化始。如何沟通？则在研究中印两国学术始。"① 这样，成立中印学会的目的交待得一清二楚。为了实现目的，需要采取一系列措施，包括组织演讲、专题研究、文化考察、出版图书、互派留学生和学者等等，其中特别强调在印度设立中国学院，在中国成立印度学院，以此作为文化交流的基地。

在国内的发起活动搞了一阶段后，谭云山又应泰戈尔之召回到印度，紧锣密鼓地筹建印中学会。到1934年5月，在泰戈尔、谭云山的努力下，印中学会宣告成立。学会常设国际大学，泰戈尔任主席，尼赫鲁任名誉主席。同年11月，谭云山又返回国内，报告印度的进展情况。他给蔡元培带来了一封泰戈尔的信，信中说："我愉快地邀请中印学会把我在圣地尼克坦的大学用做它在印度的活动中心。我希望我的朋友热情欢迎这个学会，并慷慨地帮助我的朋友谭云山教授实现他的计划，建立一个永久性的团体以促进中印之间的文化交流。"② 这样，在蔡元培、泰戈尔和谭云山的筹措之下，1935年5月，中国中印学会正式在南京成立。③ 蔡元培

---

① 《中印学会：计划、总章、缘起》，中印学会，1933年。
② 《南亚研究》，1981年第3、4期。
③ 中印学会成立日期、地点诸说不一，有成立于1933年南京说（谭中《谭云山与中印文化交流》，香港中文大学出版社1998年版），有1933年成立于上海说（董宾生《构筑中印文化桥》，《湖南党史》1998年第1期），实际上正式成立于1935年南京。谭云山1935年出版的《印度丛谈》自序中说："一到去年头，中印学会在国内发起已告完竣，我又应泰戈尔先生之召到印度去了，及到去年5月，学会在印度那边又已发起完竣，并且已先于我们这边正式成立"。谭云山是当事人，他及时的记载可信。

当选为理事会主席,戴季陶为监事会主席。中印学会一成立,就决定向印中学会赠送一批图书,在国际大学建立中国图书馆。这批图书陆续运出,首批就有6万册,前后共有10多万册。中印学会所赠图书至今仍是国际大学的镇校之宝。除了赠送图书之外,中印学会还呼吁教育界、学术界派学者到印度,在印度大学开设中国国学和佛学讲座,在中国大学开设印度佛学和印度文明史讲座。中印学会最大的计划是在印度成立中国学院。

泰戈尔、蔡元培、戴季陶非常重视中国学院的筹建。泰戈尔在1934年4月18日给戴季陶的信中说:"我真心赞成建立中印学会的计划,并且乐意献出我们的圣地尼克坦作为它活动的中心。""一个扎实的开端就是兴建一座大厦,叫做'中国大厦',专供贵国的学生和学者住宿,以和我们合作致力于文化复兴"。戴季陶于5月28日复信:"复兴大业,吾人既同此心理,肩此责任,虽兹事体大非能一蹴可几,若各矢精诚,共趋一的,未来光明必有希望"。蔡元培在给泰戈尔的回信中说:"承你盛情让圣地尼克坦的贵大学作为中印学会的总部,使我们所有人都感激。我对谭云山教授为建立中国学院而筹集基金的富有勇气的努力将尽我所能尽的微薄力量。"① 在蔡元培、戴季陶等人的努力和谭云山的奔走下,1935年8月,泰戈尔收到了由南京中印学会寄出的3.1712卢比7.5安那的中国学院的建设款,他催促谭云山回圣地尼克坦共商建院大计。1936年谭云山携捐款、捐书回印度,着手具体筹建中国学院。1937年4月,中国学院大楼建成,大楼正门上方赫然四个大字"中国学院",是由国民政府主席林森书写的。4月14日举行开幕仪式,泰戈尔兴奋异常,亲自主持典礼。面对高朋满座的会场,他一口气讲了一个多小时。紧接着讲话的,就是中国学院的催生婆谭云山。中国学院成立,是当时一件大事,中印朝野要人纷纷致电致信祝贺。

中国学院成立,谭云山被任命为首任院长。于是,谭云山从催生婆变成了管家婆,一直到他退休,一管就是30年。这30年,他的荣耀、辛酸、屈辱,都与中国学院息息相关。除了安排教学、接待来访学者和客

---

① 谭中:《谭云山与中印文化交流》,香港中文大学出版社,1998年,第41、47页。

人，还得花很大精力筹集资金。从兴建学院到 1949 年，中国学院全部资金全凭谭云山筹措。其中主要来自中国政府拨款，其余来自谭云山的化缘募捐。当时，正值八年抗战财政困难，谭云山筹款之难亦不言而喻。然而，在谭云山领导下的中国学院从未发生经费问题，这简直是一个奇迹。1951 年，国际大学由私立大学变成国立大学，中国学院也改由印度中央政府拨款。1967 年，谭云山退休。1983 年 2 月 12 日，谭云山在菩提伽耶中华佛寺圆寂。

谭云山无论在身前还是身后，不少人都认为他是现代玄奘。将谭云山比做现代玄奘，无疑是非常正确和贴切的，但是我认为还不够全面。因为玄奘取经前后 19 年，在印度 15 年，他主要是"取"；而谭云山在印度前后 50 多年，除了研究、学习之外，主要是传播中华文化，也就是"送"。玄奘取的结果是回国后建立了法相宗，也称唯识宗；同时翻译了大量佛经，建立起"是直是意、非直非意"的新译学派。谭云山送的结果是在印度创建了中国学院，培养了一批又一批的汉学家，为印度现代中国学的建立立下了头功。从某种意义上说，谭云山更像唐代鉴真和尚。鉴真和谭云山都尝尽了酸甜苦辣，而又无怨无悔，都终老在异国他乡。最后他们都以文化交流的辉煌业绩彪炳史册，其无量功德赢得后人的敬仰。所以，我认为谭云山既是现代玄奘，又是现代鉴真。

一介儒生，胜抵雄师十万

人们一般都知道，谭云山是一位学者，是一位文化交流的使者。在特殊的时代背景下，谭云山在进行文化交流的同时，一直在为中国抗战、为反法西斯战争奔走辛劳，做出了巨大的贡献。由于历史的原因，对于谭云山这方面的丰功伟绩，人们知之甚少。其实，他是一位抗战英雄、国际反法西斯战士，对中国、印度两国人民和世界人民立下了汗马功劳。

谭云山是位国际文化人，他自称"国际公民"。但是，他首先是一位爱国者。旅居印度 50 多年，在印度生儿育女，置了产业，但他始终持中国护照。他是中国政府派出的学者、文化专员，不是自由职业者。为祖国的主权和安全，为抗战的胜利，他利用自己的特殊身份，充分发挥优势，进行了艰苦卓绝而卓有成效的奋斗。

得道多助，失道寡助。从总体和一般意义上讲，这是真理。但从局部和个别来讲，情况可能会变得特别而微妙。日本侵略中国，中国人民忍无可忍奋起抵抗，这在中国除了汉奸之外都认为是理所当然的。在世界上，大多数国家也都支持中国抗战。但在印度，情况变得非常复杂，在相当一段时间里，印度人非常赞赏日本，而认为中国向西方献殷勤。日俄战争，印度人为日本欢呼，认为这是东方首次打败西方，为东方人争了一口气，日本是东方的榜样，而对中国在这场战争中蒙受的损失则不以为然。情况何以如此？原来，印度长期受英国殖民统治，对英国人深恶痛绝，对整个西方都抱敌对态度。在他们心目中，俄国也是西方，被东方的日本打败，怎能不眉飞色舞！怀着这样的心态对待中国的抗日战争，必然会有问题。再加上，日本无孔不入的宣传和有计划、有针对性地做工作，更使许多印度人包括一些民族领袖在政治上无所适从，甚至偏离国际反法西斯的大方向。由于民族领袖的导向作用，整个印度反英情绪高涨，民族独立运动此起彼伏，整个印度像一座火山一样，英印当局完全坐在火山口上。反法西斯战线完全可能因印度火山爆发而毁于一旦，形势万分危急。日本军国主义发动侵华战争打着"东亚共荣"、"亚洲是自己的亚洲"的口号，策略上采取先东北、华北，再从沿海到中国内地，迫使中国军队步步向西南退缩。日军又先后切断中国和越南、缅甸的公路，使中国军队的补给陷入极大困难，唯一通畅的就是中印公路和中印航线。可以说，中印交通是中国抗战的重要生命线。中印交通一旦掐断，其严重后果难以设想。因此，说服印度民族领袖以反法西斯的大局为重，支持中国人民的抗日战争，成了当时同盟国的头等大事。

其实，印度民族领袖是在长期的反帝反殖斗争中成长起来的，并非心胸狭窄之辈，而是都具有国际主义眼光。激进的革命家鲍斯，曾于1938年2月21日在古吉拉特主持召开国大党第51届全国大会，通过以下决议：

> 国大党以焦切的关注来看一个野蛮的帝国主义［日本］对中国的侵略，以及侵略所造成的恐怖和惨状。国大党认为这一帝国主义的侵略对世界获得和平和亚洲争取自由的前景造成很严重的后果，国大党向正在苦难中的中国人民致以最深的同情，对他们为维护自由和领土完整的英

勇斗争表示崇敬。……作为印度同情中国人民的象征,国大党号召印度人民抵制日货。①

部分印度民族领袖对日本抱有幻想的原因,一是英国殖民当局的高压政策的逼迫,二是日本花招百出的引诱欺骗。1939年9月,一向奉行绥靖主义的英国政府终于宣布对德宣战,加入反法西斯阵营。他们没有征得印度民族领袖的同意,就宣布印度为参战国。这在印度造成极大混乱,鲍斯从印度越狱先去德国然后再到日本,后来就将被俘的九万名印度兵改组成印度国民军替日本卖命。这种混乱状况的出现,日本的威胁利诱也起了很大作用。日本宣传机器大肆散布欺骗言论:只要支持日本,日本马上可以给印度独立、自由,日本可以帮助印度把英国人赶走。当印度民族领袖发表了揭露日本侵略野心的言论时,他们马上就进行恐吓和讹诈。

1942年,中国抗战和世界反法西斯战争进入最困难阶段,印度国内局面也变得最为糟糕。殖民当局继续采取专制高压政策,将国大党领导逮捕入狱,致使民族独立运动几近失控。盟国首脑了解到印度一触即发的局势,都寄希望于蒋介石夫妇对印度的访问。这次访问,难度极大,既不能得罪印英当局,又不可与民族领袖失和,还得襟怀坦白,实话实说。从事后效果看,这次访问是成功的。访问的难点不在印英当局,而是如何和民族领袖谈。当时,泰戈尔已逝世,最有影响力的领袖是圣雄甘地,其次是尼赫鲁。考虑到尼赫鲁对中国文化历史有深入了解,与中国感情较深,决定以尼赫鲁为会谈重点对象。1942年2月,蒋介石以中国最高元首的身份在夫人宋美龄的陪同下访问印度。除了与印英当局会谈之外,和甘地在他的三等列车厢里谈了5个小时。效果一如预料,并不理想。事后他于5月25日在给国大党另一位领袖帕特日(Vallabhbhai Patel)的信中说:"他空手而来,又空手离开。……他说来说去只有一句话,'请你无论如何要帮忙英国,他们比别人强,此后更会改进的'"。②

---

① 原文载《印度教徒报》1938年5月5日,译文见谭中《谭云山与中印文化交流》,香港中文大学出版社,1998年,第65页。

② [印度]甘地:《圣雄甘地全集》,译文见谭中《谭云山与中印文化交流》,香港中文大学出版社,1998年,第75页。

蒋介石和尼赫鲁的谈话,情况就不一样,谈得十分融洽透彻。所以,蒋氏夫妇回国后,希望尼赫鲁能做甘地的思想工作。4月22日,蒋介石叫宋美龄给尼赫鲁写了一封信,表达他的担心,希望认真对待他离印时的告别声明。信中同时告诉尼赫鲁,蒋已将访印情况通报华盛顿和伦敦,他认为印度形势极为严重,英国应立即将政权移交给印度人民,而不应等到日本攻击印度的那一天。

尼赫鲁深明大义,他做通了甘地的工作,甘地于1942年6月14日给蒋介石写了一封长信,内容、语气与以前的甘地判若两人。信中说:

我急切地要告诉你,我呼吁英国退出印度不是要在任何形式上减弱印度抵御日本的军防,不是要妨碍你们的抗战……我决不犯下牺牲你们国家的自由来换取我国的自由的罪行。

为了明白地表明我们将不惜一切来阻止日本侵略,我个人同意盟军以和我们签订条约的形式保持它在印度的军队,并且利用我国作为抵抗日本进攻的军事基地。

我决不冒昧行事。不管我在运动中采取任何建议都一定不以伤害中国利益作为前提。①

有了这一保证,中国安心了,盟国放心了,反法西斯战争的东方战场有了可靠的后方。应该感谢甘地,感谢尼赫鲁,感谢印度人民,是他们作出了民族牺牲,才换来反法西斯战争胜利的迅速到来。当然,中国人民和全世界人民反过来也大力支持印度人民的独立解放,帮助他们很快就获得了胜利。

还应该感谢谭云山,做印度民族领袖的工作,安排蒋介石夫妇访问,争取印度人民同情支持中国抗战,作为一介儒生,他有着不可磨灭的功绩。他出谋划策,穿针引线,牵线搭桥,幕前幕后做了大量工作。谭云山的工作,不是政治领袖能做的,只能由他以民间人士的身份来做。如安排蒋介石和尼赫鲁会谈,印英当局肯定有所忌讳,谭云山就利用中国学院院长的特殊身份,将他们请到圣地尼克坦,并一同乘火车到加尔各

---

① [印度]甘地:《圣雄甘地全集》,译文见谭中《谭云山与中印文化交流》,香港中文大学出版社,1998年,第76页。

答举行公众活动。这样，他们就有了充足交谈的机会。在整个抗战时期，谭云山以中国学院为基地，向印度人民宣传，不间断地发表演讲和文章，披露中国抗战的真实情况，驳斥日本军国主义的无耻谰言，赢得了广大印度人民对中国抗战的同情与支持。

支持都是互相的。中国人民对印度人民的独立解放运动，也给予了极大支持。谭云山是表达和实现这种支持的桥梁。当印度人民遭遇大灾害，中国人民在经济极端困难的状况下，依然给予力所能及的帮助。1943－1944年印度孟加拉大饥荒，死亡数百万人。宋庆龄、戴季陶等发起捐款，情况非常感人，其中有幼儿园小朋友做出小工艺品，出售后当善款捐出。谭云山将这些善款捐给了加尔各答的印度大菩提协会机构，由他们去拯救饥民。

谭云山长期生活在印度，在印华人所做善举，都会和他联系在一起。1944年5月底，谭云山突然接到甘地的一封电报，说："我向中国表示美好的祝愿和热爱"。原来，在5月25日，6个中国人去拜访刚出狱的甘地。他们请甘地在以前的合影上签名，并为"哈里真"基金捐了一些钱。甘地为这6个人题赠："1944年5月25日向中国表示我最良好的祝愿，世界对中国抱有极大的期望"。甘地的题赠和电报，已经将谭云山当做中国人的代表。而事实上，谭云山也确实当得起这个代表。

泰戈尔是一位极有影响力的师尊（Gurudeva），对日本向有好感，于是日本人以他为工作重点，企图从他身上打开缺口，获得印度人对其侵华行径的理解甚至支持。但是，日本人未能如愿以偿，一是谭云山和中国学院的影响，二是日本的侵略嘴脸日益暴露，泰戈尔越来越看清楚了他们丑恶的真面目，越来越同情、支持中国人民的抗日战争。

以文会友，古今皆然。日本军国主义就利用著名诗人野口米茨朗与泰戈尔的友情，一而再、再而三地做泰戈尔的工作，泰戈尔则站在正义和人道的立场与之论战，成了二战史上法西斯与反法西斯两大阵营在思想文化领域中的著名战例。有一次，泰戈尔发表谈话，呼吁印度人民捐献支持中国人民。之后不久，日本人送去一只古瓶，企图收买诗圣。1935年，日本著名诗人野口曾访问国际大学，受到热情接待。1938年7月23日，野口给泰戈尔写信，企图中立泰戈尔。他在信中说"亚洲是自己的亚洲"，侵华"不是为了征服，而是为了纠正中国的错误观念"。9

月 1 日泰戈尔写信给予批驳:"你们'亚洲是自己的亚洲'理论是政治讹诈的工具。""你是说对中国妇女、儿童的轰炸,对庙宇等古建筑及大学的摧毁就是为了亚洲而拯救中国的手段!?""你的信使我伤透了心",我得到的日本毒害中国人的信息是绝对权威的,"可是在日本却没有人抗议,连诗人的抗议都没有。"

野口接到泰戈尔的回信,就在 10 月 2 日给他写了第二封信,同时给刊载泰戈尔给野口公开信的印度《甘露市场报》(Amrita Bazar Patrika)写信,信中抱怨日本不善表达,中国人都是宣传家。又说日本军队的野蛮破坏"是中国军队的疯狂所致,因为他们要把一片片焦土交给日本"。野口还狡猾地挑拨中印关系,说泰戈尔的"偏心大而无当","相信他(泰戈尔)会恢复理智而保持一位先智的中立的尊严,而不丧失公正的判断"。信中还天真地希望泰戈尔写信给蒋介石,要他停止抵抗,听从日本指挥重建亚洲新秩序。泰戈尔接到信后很快写信回敬野口,认为他们谁也没有可能说服对方了。他言正辞严地指出:"如果你们能说服中国人相信你们的军队轰炸他们的城市使他们的妇女儿童变成无家可归的乞丐……如果你们能说服这些受难者相信他们是享受你们的恩待而且最终能'拯救'他们的民族,那你就没有必要说服我们相信贵国的高尚愿望了"。信的最后说:"希望我所深爱的你们(日本)人民不能成功,但会悔过。"①

泰戈尔和野口之间的这场笔战,对二战的舆论导向的影响很大。历史证明,泰戈尔正大光明,大义凛然,其观点、立场是完全正确的;而野口则沦落为军国主义的应声虫,被牢牢钉在了历史的耻辱柱上。泰戈尔在论战中的所作所为,是基于他高贵的人格品德以及对中日两国及世界反法西斯战争的全面而深刻的认知。当然,其中也不乏他的忘年交谭云山和中国学院在信息上的及时沟通。不仅如此,谭云山和中印学会对这场论战的真实记录和传播也作出了贡献。中印学会以《诗人寄诗人》(Poet to Poet)为名出版小册子,不仅在当时发挥了巨大的作用,即使在今天,对中日两国人民认识二战仍有重要价值。如泰戈尔在第二封回信

---

① 谭中:《谭云山与中印文化交流》,香港中文大学出版社,1998 年,第 78~81 页。

的结尾所说的"希望我所深爱的你们（日本）人民不能成功，但会悔过"，说得何等殷切！泰戈尔对日本有深厚情感，他的第一个希望早已实现，日本彻底战败，但第二个希望尚未完全实现，日本还有相当多的人并不为侵华悔过。但是我们相信，泰戈尔的希望最终不会落空，越来越多的日本人会对那场不义之战悔过。

中国抗战的胜利，取决于诸多因素：全世界反法西斯力量的支持，中华民族的同仇敌忾、众志成城，全体将士的浴血奋战，宣传文化战线、隐蔽战线的同志的不懈努力。其中，当然包括谭云山的卓越工作。虽然我们无法对他的贡献做出准确的定量分析，但根据已了解的情况，我们认为谭云山以非常的身份，在非常的时期、非常的岗位，为中华民族抗击日本军国主义的侵略作出了非常的贡献。这一贡献，其威力之巨不亚于十万雄师。

旅印文忠，忍仙圆成

谭云山，这位旅居印度50多年的现代文忠公，与其说以著作数量之巨见称，不如说以其文思精要闻名。据其长子谭中统计，他共有英文著作17种，中文著作13种。① 这个数量，对一位事务繁忙的文化使者来说，实属难能可贵。但是我们发现，自1959年到1983年的20多年时间里，他不再有新作问世。在这段时期里，他的精力除了主持中国学院之外，主要投放在若干深层次问题的思考之上。印度是一个善于沉思的民族，所以在思想、哲学、宗教诸方面对世界有诸多贡献。谭云山初到印度时，还是一个不到30岁的青年，深知自己肩负任务的艰巨。不论其教学和工作多忙，几十年不忘研修，尤其是对梵文和佛理的研修。谭云山的目的十分明确，在政治上为建立中印友好关系服务，在学术上为建立"中印学"作必要的准备。

建立中印学的思想基础是谭云山对中印文化关系的深刻理解。他在国际大学中国学院成立大会上的发言中说："我们两国是一对姊妹国家，

---

① 谭中：《谭云山与中印文化交流》，香港中文大学出版社，1998年，第301、302页。

我们的关系、我们的友谊是伟大的、古老的、亲密的。我们从历史、地理综观世界上所有的国家，再也找不到任何两国能和我们两国相比。"①印度是一个全民信教的国家，当人们问及谭云山信什么教时，他说信"中国教"。什么是中国教呢？谭云山认为有四点：第一，中国教的宗旨是"至善"和"至美"；第二，中国教的实践是正心、修身、齐家、治国以达到世界的太平和幸福；第三，《礼记》《礼运》中《大同篇》说的就是中国教的天堂；第四，中国教的最终目的还不止实现大同社会，而是达到天人合一，即宇宙和人类融合在一起。② 在谭云山的思想里，文化"在最初阶段，它帮助人们认识生活的真实意义与价值；在最终阶段达到永久和平、仁爱、快乐、自由和幸福的目的。"他认为，中国的"仁"和印度的 maitri（友爱）是相通的。中印文化是同体，中国文化习惯于从积极方面阐述问题，印度文化习惯于从消极方面阐述问题。他曾为耆那教的一本纪念册写过一篇题为《中印文化中的不杀生》的文章，篇末说："我的信念和我的毕生任务就在于使世界上两个伟大人民，中国人和印度人，联合起来，凝聚在一起，去创造、建立、发展一个共同文化，叫做中印文化，完全立足于不杀生之上。"③ 中印文化是一尊神，具有不同面孔，中国文化是其中国脸，印度文化是其印度脸。中印学就是研究中印两张脸之间的共鸣、呼应，英文叫做"interface"。中印学就是中印两张脸互看，通过互看，从对方的瞳仁里看到了自己，认识了自我。印度人如果深入研究中国文化就能更多地理解印度自己的文化，反之亦然。谭云山提倡的中印学是一门综合性学科，包括历史、地理、宗教、哲学、文学、语言学、政治学、社会学、人类学、天文学、地质学、物理、化学、生物、美术、舞蹈、气功、医术、养生之道等，只要是学问都能应用到中印学上来。④

  以中印学作为学理支持，指导自己创建和经营中国学院的实践和全部的人生旅程，这就是谭云山半个多世纪百折不挠、无怨无悔地从事中印文化交流、最终化作梵土的思想基础，也是他在现代中印文化交流史

---

① 谭中：《谭云山与中印文化交流》，香港中文大学出版社，1998年，第88页。
② 同上，第94页。
③ 同上，第95页。
④ 同上，第96页。

上脱颖而出,成为旅印学者中最大成功者的精神动力。

正因为抱有明确的中印学的理念,他旅印 50 多年,一边"西天讲道",一边"西天取经",致力于中印文化的融合。在圣地尼克坦,认识谭云山的人都深怀敬意地叫他"Tan Sahiba",意为谭先生、谭公、谭老。在当地印度人的心目中,谭云山是中国人的代表,是一位"中国圣人",从思想、言谈举止到服饰都是中国的。其实,谭云山刻意追求的是中印融合。他一方面提出"中国教"的概念,一方面大力论证中印文化的共同的精神体。在行为上,他也努力将中印的传统结合起来。"中印箴铭"是谭云山致力于中印文化融合的重要成果。所以,他经常用篆体抄写《中印箴铭》送给亲朋及得意门生。谭云山的《中印箴铭》有前后两则。第一则是这样的:

> 立德立言,救人救世。
> 至刚至大,有守有为。
> 难行能行,难忍能忍。
> 随缘不变,不变随缘。

这则《中印箴铭》,是谭云山在特殊环境中对人生参悟的思想结晶,其中渗透着孔子、释迦和甘地的思想。随着阅历增多,对人生又有新的感悟,谭云山又有了第二则《中印箴铭》:

> 自觉觉他,自利利他。
> 己立立人,己达达人。
> 慈悲喜舍,禅定智慧。
> 格致诚正,修齐治平。

这一则箴铭和第一则箴铭一样,其重点都是在如何处理自我和他人(社会)的关系。这六十四言箴铭,是中印思想哲学的高度结晶,是谭云山不朽的精神贡献,是现代东方社会哲学、宗教哲学的重要成果,是个人修身、处世、立业的思想武器。自然,这也是谭云山数十年身体力行的不二法则。

中印合璧还体现在谭云山的着装上。他非常注意自己的形象,他的衣着也是自己独创的:半华半印,上衣似中国褂子,布纽,有四个大口袋；下衣似中国叠腰裤，外扎皮带。冬天深蓝色，夏天白色，每次定做十二套，每天更换，给人一种庄严的感觉。中国《诗经》有云："人而无仪，不死何为？"印度佛教讲"妙相庄严"。所以，谭云山更加在意其行为举止。国际大学开会，遵循印度席地而坐的传统，有时一坐就是几个小时，而谭云山每次总是像佛菩萨一样摆起金刚座的姿势，身躯笔直，一动也不动。许多印度朋友，比他年轻得多的都没有这种工夫。就这样，他坐在听众、观众中间就成为众目睽睽而深受敬仰的对象。① 谭云山所以有这等工夫，是他平日练"太极神功"所致。这太极神功，是谭云山根据中国"八段锦"和印度瑜伽的基本功法，整合融化而成的谭家拳。除了圆寂前一段日子，他每天早晨登上中国学院屋顶平台，朝北遥望祖国片刻，然后面朝日出方向，操练他的太极神功。这是一套形意拳，分上、中、下三段：

上段：发端（起功）

《天地与我并生，我与天地并存》

（一）太极动，两仪生；

（二）两仪交，四象转。

中段：精进（本功）

《万物皆备于我，我与万物为一》

（一）乾通达，

（二）坤开展，

（三）震上旋，

（四）巽后转，

（五）坎盪漾，

（六）离点然，

（七）艮耸峙，

（八）兑深远。

下段：圆功（结功）

《放之则弥合六，退之则藏于密》

---

① 谭中：《谭云山与中印文化交流》，香港中文大学出版社，1998年，第133页。

（一）乾坤一，宇宙全；

（二）百物长，万事成。

这套谭云山独创的《太极神功》充满哲学意念，乾代表头，坤代表身躯与双手，徐徐操练，全身各部位都能得到锻炼，性情亦可受到修养。谭中说："父亲做时，全神贯注，一点也不马虎，好像在创造一个艺术品。身体的动作和运气同时进行，精神上又把个人和宇宙融合。运动做完后，双手轻轻地揉揉脸，摸摸脑顶，红光满面，双眼有光，好像是有大仙附身。"①

谭云山生活在一个剧烈震荡的年代。面对震荡，他处变不惊，庄敬自强。然而，自20世纪50年代末开始，中印两国关系恶化，并在一段时间里未能得到改善。旅印的华侨首当其冲，受到种种不公正待遇。谭云山作为华侨领袖，又与印度上层保持密切而良好的关系，恶劣局面虽不至于对他有直接的、公开的冲击，但间接的、不公开的冲击难以避免。他当时可以选择离开印度，回国、去南洋或去欧美，但他留在了印度。因为，他坚信中印友好，坚信自己的事业，坚信中国的"仁"和印度"maitri"。面对逆境，他从中印文化中汲取力量，采取积极的忍辱的态度。在《中印箴铭》中，谭云山提出"难忍能忍"。这和中国俗语"忍天下难忍之事"是一个意思。忍辱也是印度文化的重要内容，有一系列诸如忍力、忍土、忍水、忍铠等术语，释迦牟尼的一个称号叫忍仙。谭云山晚年自号"忍仙圆成"，说明他对自己的忍辱功力充满自信。事实确实如此，他在印度50余年，对 Ksānti（忍）有深切体认。他正是凭着这种体认，身穿忍铠，进入忍界，最终修得忍仙果位。1968年8月，谭云山作诗8首，其中第八首写道：

> 娑婆世界孽缘深，自性净清自照明；
> 愿代众生无量苦，皈依释迦学忍仙。

其实，忍辱是谭云山一生的功课，即使在他顺利得意之时，亦不忘忍功。1958年底到1959年初，谭云山偕女儿随国际大学美术学院年假教育旅行团，游孟加拉湾、阿拉伯海及印度最南端的科母灵地角，作诗三

---

① 谭中：《谭云山与中印文化交流》，香港中文大学出版社，1998年，第132页。

首《东浴孟加拉湾》、《西浴阿拉伯海》和《南浴科母灵地角印度洋滨》，总题为《浴三海洋寄怀祖国》。其中第三首《南浴》共二十句，后半部分内容如下：

> 我生亦何幸，旅印三十年。
> 今浴三海洋，喜乐亦无边。
> 胸怀广宇宙，意志超凡尘。
> 忍辱为救世，慈悲度众生。
> 天下本一家，印中为弟兄。
> 共倡五原则，和平遍大千。

1955年国庆，他作《怀旧》诗八首。第一首充满对祖国的向往之情："祖国秋高，江山无限好；安得插翅归故园，梦魂缭绕！"第四首流露出委屈抱怨之心："玉洁冰清，何事却多心？而今天涯沦落客，谁共衷情！"最后一首又练忍功，恢复了平常心："难忍能忍，怨亲皆平等；是非荣辱浮云逝，日月中天！"同日所作之诗，情感各异。这说明谭云山思绪之多，而忍辱之心是其思想的不变常态。

新中国成立之后，谭云山得到政府的礼遇。1956年冬，应周恩来邀请，谭云山偕长女回国观光，毛泽东、刘少奇、周恩来热情会见，深切长谈。国庆观礼之后又参观东北、东南各地。谭云山作诗《国庆观礼》八首、《东北参观》八首、《东南览胜》八首，报社、电台采访，可谓热闹非凡。然而，他回到印度仍然不忘修炼忍功。对谭云山而言，忍辱不只是为了修身，而且是为了救世，为了度众，成了他人生的自觉。正是这种一如既往、从不间断的忍功修炼，使他在以后两国交恶的日子里，经受住了一切的软钉子和冷板凳。

当然，我们应该指出，即使在最困难的岁月，了解他的印度友人还是给了他难忘的支持和安慰。1962年12月24日，尼赫鲁在国际大学年会上发表讲话。中印边境战争的伤痛使他产生怨恨之心，但当他在听众中看到谭云山身穿华印结合的白色上装，像菩萨一样端坐在地上，就这样说道："在国际大学……有着许多部门。你们有中国学院，院长是位著名的中国学者（谭云山）。这是很好的，使你们经常记得你们在过去与现在都不会与中国文化、与中国的伟大为敌。"① 谭云山听到这话再也忍不住了，庄严的脸上挂满了热泪。第二天，印度全国报纸都刊登了这条新闻。

泰戈尔是谭云山的引路人，他曾要谭云山重点研修佛学。谭云山遵循泰翁的指引，尤其是退休之后，全身心地研佛事佛，最终他在释迦牟尼成道的菩提伽耶圆寂，完成了他"忍仙圆成"的一生。

综观世界历史，凡成千古大事业者，必忍辱，必作大牺牲，如释迦，如孔子，如耶稣。20世纪的谭云山所忍之辱和所作牺牲不如释迦、孔子和耶稣，其所创事业亦不及他们。然而，谭云山的确可称忍仙圆成。

中国有语云：盖棺论定。谭云山于1983年2月12日在菩提伽耶中华佛寺圆寂。印度总理英迪拉·甘地夫人致信吊唁，信中说：

> 谭云山教授逝世使我十分悲恸。他是位伟大的学者，是崇高的文化人。泰戈尔师尊和我父亲都敬爱他。他与圣地尼克坦心连心，对增进印度和中国两大文明之间的了解作了巨大贡献。②

1998年，在谭云山诞辰100周年之际，印度总统纳拉雅南在为《纪念集》所写的《祝词》中说："谭云山是印度、中国文化之间深刻而持久的纽带的化身。……谭家是杰出的一家人，他们象征着继承、实干和最高的学术水平，我赞赏他们发扬玄奘的文化大使传统，这本对一位伟大学者、教师，印中两大文化之间的架桥人——谭云山——表示敬意的书将会激励两国更多的学者来加强联系，增进两国之间的了解。"③

2003年，印度政府决定在北京大学设立"谭云山奖励"，这是对谭云山本人及其毕生从事的中印文化交流事业的又一次历史性的肯定和高度评价。同年6月23日，被喻为诗人总理的瓦杰帕伊访问燕园。他在演讲中，首先简要回顾了北大与印度的"不同寻常的联系"，接着说：

---

① ［印度］尼赫鲁：《尼赫鲁演讲集》Jawaharlal Nehru Speeches，4册，第27页。载谭中《谭云山与中印文化交流》，香港中文大学出版社，1998年，第194页。
② ［印度］英迪拉·甘地《致谭中信》，谭中译，载谭中《谭云山与中印文化交流》，香港中文大学出版社，1998年，第295页。
③ ［印度］纳拉雅南《祝词》，黄绮淑译，载谭中《谭云山与中印文化交流》，香港中文大学出版社，1998年，第iv～xi页。

今天我们以支持贵校建立"印度研究中心",作出少许回报。刚才我很荣幸地为该中心剪彩,并为它的图书馆做了象征性的首笔捐献。我国政府将委派两名大学教师从印度来该中心工作。在该中心建成的最初5年里,我们承诺每年捐献100万卢比作为该中心的运营费用。我们可以每年资助该中心的一个学生在印度合适院校学习的奖学金。每年我们还为该中心的一流学生提供三周访问印度的奖励。我建议我们把该奖励称为"谭云山奖励",以纪念这位当代印中文化交流的先驱。①

在北京大学设立"谭云山奖励"必将促进中印文化交流事业的发展。随着中国和印度这两个五项基本原则的倡导国家在世界舞台上扮演越来越重要的角色,我们会越来越多地发现谭云山及其为之付出毕生心血的中印文化交流事业的价值和力量。

---

① [印度]瓦杰帕伊《在北京大学的讲话》,载《今日印度》,印度驻华大使馆出版,2003年8月,第47、48期专刊,第10页。

谭云山是怎样的人物?[1]

开场白

谭 立

一般来说，写诞生百周年的文章容易犯歌功颂德的毛病，儿子撰文纪念父亲就更容易如此。我希望避免这一倾向，试图一方面从远距离而不带感情地对谭云山进行观察，另一方面又保持我的亲近性——用建筑师的术语叫做"从地面向屋顶看"——只有做儿子的才能使用这一技能。我想用这种做法来透视他的实质，可是谈何容易呀!

谭云山当然不是等闲之辈，他在同行中确实鹤立鸡群。那些只粗浅地知道这谈吐温和的教授是圣地尼克坦（Santiniketan）泰戈尔的国际大学中国学院的建造者，或者那些只听说他要在菩提伽耶（Bodhgaya）创建一所世界佛学苑的人们大概不可能，而只有那些真正理解这位中印之间文化使者的愿景以及他对事业的旺盛热情的人们，才能看到谭云山达到了今日玄奘的高度。

世界上极少人生下来就有明确的人生使命，能真正完成自己使命的人更是凤毛麟角。谭云山属于这一杰出类型。然而，他完成使命既没有大张旗鼓，更少传媒宣扬。这是因为他生性谦卑，恪守儒、佛教义，也是他对自己毕生事业有了超凡信心才可能如此谦逊。笔者试图竭尽微薄来努力勾画出这一人生旅程以纪念谭云山。

---

[1] 本文英文由谭立 1998 年 1 月 1 日完稿于加拿大温哥华中文由谭中 2011 年 9 月 21 日译于美国芝加哥。

成长时期

　　正像生长在本世纪初的许多年青知识分子那样，谭云山对殖民地在征服者手中所受到的非人道压迫感到震惊。中国虽然表面上独立自主，她人民的命运并不比印度好。谭云山环顾左右发现许多立志要为民除弊的青年革命者，"只要达到目的可以不择手段"是当时流行的口号，而谭云山对持有这种态度的人们也不无同感。可是，他坚决反对暴力手段，即使暴力能使受压迫者翻身，能使国家民族从外国统治中解放他也不干。佛教的陶冶使他信仰"不害"（ahimsa）的精神。这说明尽管他在学生时代很早就与毛泽东和他的"同志"们接触，却没有卷入那席卷全国的政治浪潮。[①]

　　谭云山早年的佛教陶冶自然而然把他吸引到佛的诞生地印度。他从历史文献中读到中印两大古国在文化上亲密交往，却又和平共处从未兵戎相见，感到惊讶。为什么它们能建成自己伟大的文明而又不互相争夺土地呢？怎么能使现代西方国家效法这些东方民族非暴力与和平共处的发展呢？

　　当然，也像许多同胞那样，谭云山在当时的思想风暴中也重视现代西方的威力。他打算去法国学习那"自由、平等、博爱"。可是，印度的引力也同样强大，[②] 必须从两者之间选择。谭云山在等待信号，这信号是绕了圈子才到来的。

　　当时谭云山已经读过有关印度历史、文化、人民，以及更重要的摆脱英殖民主义的独立斗争的材料，并且受到两位现代印度伟人——"圣雄"甘地与"师尊"泰戈尔——的鼓舞。甘地的非暴力运动感动他的精神，泰戈尔的人类文明博爱却更影响他的理智。谭云山渴望见到两位伟

　　[①] 谭中按：我认为父亲谭云山也被卷入当时"全国的政治浪潮"中了。他于1924年去新加坡并无久留之意，而是想参加到他的"同志"们到欧洲去"勤工俭学"的运动中去的。只是在见到泰戈尔以后才改变了原来的计划。这一点弟弟谭立接下来就写到了。

　　[②] 谭中按：本书中表妹胡玲玲《谭云山的不凡人生道路》文章，发现父亲早年在新加坡编文学副刊时透露他在长沙求学时就有去苏联参观和去印度国际大学学习的"伟大计划"，这和弟弟谭立的分析符合。

人为自己的毕生事业吸取灵感。1924年，谭去新加坡教书，泰戈尔却在那时候率团访问中国。他们的船在海上相对而驶。① 谭云山为没有在中国见到泰戈尔而遗憾。不过，他留心泰戈尔在中国的行程，在报刊上查阅他发表的讲演。

  泰戈尔在中国讲演并非没有争议。中国的听众似乎分成两派：传统派赞扬他在文学、文化方面的成就，现代派认为他的观念陈旧。② 谭云山坚决地站在前者之中。事实上，他尽心估量泰戈尔的国际主义观念和他自己振兴中印交流的意愿这两者之间的一致性。他对泰戈尔的作品读得越多就越向往泰戈尔的国际大学。他开始考虑国际大学对重振两大民族文化交流是否是理想场合的问题。一直到1927年他才得到答案。那年正逢泰戈尔访问新加坡，谭云山前去拜会他。那次会见的确是一次巧合。谭云山表达了他愿意去印度开展他的事业，泰戈尔却正在急切寻求一位适当的中国学者去圣地尼克坦把他那刚刚启动的中国研究项目巩固起来。当泰戈尔问谭云山对这有没有兴趣时，它已经变成了不可抗拒的命令。

打下中印文化交流的基础

  谭云山去到印度的决定可能过于仓促。他对圣地尼克坦的偏僻毫无所知，也对国际大学的财政状况全然不晓。但这些都无关紧要。重要的是自己的设想完美，泰戈尔的话令人信服。两人一拍即合，马上做出行动计划。谭云山已经准备把新加坡的事务收拾完毕马上去国际大学开展中国研究。他也计划去建立一个中印学会，在中国和印度都设立机构。③

---

  ① 谭中按：我们从胡玲玲《谭云山的不凡人生道路》中看出，谭云山是1924年6月底从香港坐船去新加坡的，那时正是泰戈尔从中国去日本访问了以后又陪徐志摩到上海，徐志摩又乘船从上海送泰戈尔去香港，然后泰戈尔乘船回印度的阶段。泰戈尔是7月回到国际大学的，谭云山是7月到新加坡的。

  ② 谭中按：谭立所反映的是印度一般的传闻。（泰戈尔自己也在中国讲演时抱怨说，在印度，人们批评他太现代化了，在中国却有人认为他过时）。其实，热烈欢迎泰戈尔的中国知识分子中有很多都是新文化运动的先锋。

  ③ 谭中按：建立"中印学会"的计划可能是到了圣地尼克坦，特别是和国际大学的同事夏斯特利（Vidhusekhara Sastri）与克蒂莫亨·沈（Ksitimohan Sen）商量如何实现泰戈尔在国际大学扩展中国研究与中印交流以后才产生的。

决定作出以后，谭云山就开始准备去印度朝圣——的确是一次朝圣。去到佛国是谭云山早就梦寐以求的。这时，发生了一点枝节。谭云山遇到另外一位从湖南来的年青同乡，她也是到南洋来教育华侨子弟的先行者。两人性格相投但人生目标却不尽相同。结果是：当印度向谭云山招手之际，他俩圆满完婚。

谭云山心怀凌云壮志，妻子陈乃蔚虽是热心的教育家，却也务实随缘。前者一心一意追求理想，后者却愿意抛弃事业而建立家庭。1928年，谭云山去印度实现泰戈尔的理想，执行他精心制定的行动计划。当时国际大学财政拮据，他不拿工资，陈乃蔚只好继续留在马来亚教书用薪金来维持两地的开支。初看起来，谭云山有点不近人情、操之过急，把重担加在年轻妻子肩上；可是其后的发展却证明他准确地抓住了时机。再有，陈乃蔚全心全意支持丈夫的高尚事业而毫无怨言。

人世的沧桑使得谭家数度长时期如月阴晴圆缺。这也是谭云山实现事业而必须付出的代价。中印学会的成立（首先在南京，然后在印度圣地尼克坦）是需要付出巨大努力、全力以赴的。谭虽然温和谦让，但和人打交道却能苦口婆心，令人折服。他的英语不错，但中文水平超凡。我听过他在大群华人面前为了募捐而滔滔不绝，那听众被说服的表情让我记忆犹新。可是，他总喜欢小规模商谈，这种场合他的魅力和口才就能尽情发挥。我的印象是：他对自己的超凡人品深有信心，充分发挥它去成全事业。正因为这样他才能劝说中国政府慷慨解囊在圣地尼克坦建立起中国学院。谭云山发挥自己的才能在中国和东南亚的报刊上发表文章宣扬泰戈尔国际大学的理想以及他自己利用国际大学的建制来开展中印文化、语言、宗教、哲学的研究、交流的具体打算。他能在破记录的短时期内把宏伟的中国学院建设起来就是他成功的例证。

谭云山成功的秘诀之一就是能够超越政治来开展文化事业。他深知政治人物沉浮无定，但他理想中的中印文化交流重振却不因政治变迁而持续发展。因此，他一方面积极地和中印两国的政府要人打交道，另一方面却标榜自己超政治的特点。这一方针是富有远见的，特别当慷慨为中国学院捐输的国民党政府被毛泽东领导的中华人民共和国所取代，新政府没费很多时间就认识到中国学院的宝贵贡献。

我不想对中国学院的建立与成就多所陈词。这些都已载于史册，大概本书的其他文章也会涉及。我只谈自己听到的对谭云山的一种批评，涉及他个人的学术研究。有人说谭云山的著作不多，这是事实，但我是这么看的。

谭云山是个理想家、建设者、组织者。由于知道内幕和近距离观察，我衷心钦佩他那移山倒海似的努力，在中印之间，印度和东南亚之间奔波，无尽止地通讯，向政府与要人说项目，募款建立机构，为图书馆捐得珍本中文图书，设计与监工中国学院的建筑，计划和执行学院的活动等等，哪儿还有时间和精力来进行自己的学术研究呢？可是，我知道（因为他不止一次地告诉过我）他是最情愿从事研究的，而且选择了许多课题计划在日后集中精力研究与出书。但是他的重点是建立起学术机构能使别人按照他的计划进行巨大的研究工程。他有生花妙笔，中文文字犹为流畅；他精通大乘佛教，如果能从事务中解脱必然会写作成果累累。然而事实上他做不到。他勉励儿女从事他最心爱的课目，大概想从他们的研究努力中分享那些他自己由于行政任务所失去的研究成绩的喜乐。他一定十分高兴地看到长子谭中和长女谭文实现了某些他所没有实现的愿望。

个人特性

我现在想花点时间谈谈谭云山的个性，这当然只能是轶事式的。理由很简单，谭云山在他儿女心目中有一种超人的形象。用轶事的方式来谈，就能避免把他神化。首先应该说，谭云山的一生是言行一致的。他竭尽全力身体力行自己所制定的日常生活的高尚准则。但他也是个凡人，每当他在生活行为中出现差错（虽然很少发生），他就很难过，脸上显出苦楚的表情。

圣地尼克坦他的学生称他为的"中国圣人"。这称呼可能恰当，但是错的。他的外貌、仪表的确有圣人风度，可是他却从来不以圣人自居。他只希望人们承认他是从小就发心的虔诚佛教徒，也持之以恒，任何挫折、压力都不能迫使他改变。他毕生坚持原则、决不动摇。我认为圣地尼克坦早年的环境很适合谭云山的个性和脾气。这就是为什么他于1928年一到那儿，看到那荒凉的景象、那平和的环境、那艰苦的生活条件以后，立刻认为是宜居之所。世界上哪有更好的"生活简朴、精神高尚"的地方呢？很多认识谭云山较晚的人对他待人谦逊、彬彬有礼印象很深。

但这种美德是长期修养的结果。谭云山在和他的第一与第二祖国的人们接触时特别厚道,这是事实。但这并不是他对所有人的一贯态度。事实上,他对英国人却有轻蔑之意。有一件事说明他这一成见。

圣地尼克坦暑天酷热。他经常带着家人到大吉岭(Darjeeling)避暑一两个月。那里也正是英国绅士们夏天聚集的地方。当时去大吉岭的火车上尽是些英国人。有一次,父亲早已在大吉岭特快车上订了铺位,到了加尔各答以后,他发现那些铺位已经给了一个英国家庭。谭云山大发雷霆,马上要见车上负责铺位的工作人员——正好也是英国人。他那强硬的态度迫使工作人员把铺位重新给了我们使我们能舒服地旅行。我认为他的这一强硬态度是受到甘地的影响,也由于他同情印度摆脱殖民压迫的斗争。我很少见到的谭云山这样大发脾气。我至今还记得在父亲的责备声中那英国官员气得通红的脸孔。

对待儿女

谭云山对待儿女既慈祥又严厉,他很少教诫而是以身作则。他虽是虔诚的佛教徒,但能容忍其他的,特别是东方的宗教。他从不把自己的宗教信仰加到儿女头上,儿女对非佛教发生兴趣他也不觉得冒犯。有一次,他的长子(抗战时期留在中国)写信来说他爱上了一个美国姑娘,是传教士的女儿,因此打算皈依基督教。父亲把信给我看,没有不快的表情,只是和母亲一同大笑。① 他知道他的儿女在成长过程中会对自己的宗教信仰作出选择。另一次,我那时年纪还小犯了错误该受处分。父亲把我叫到书房,他照例进行每天的祷告,叫我在佛面前宣誓不再犯错。我不懂规矩回答说:"我并不信佛呀!"父亲再也不说什么就放过我了。

父亲并不同等对待所有儿女,这使某些儿女产生苦痛又使其他儿女

---

① 谭中按:弟弟谭立谈的是我的故事,但我全不知情。我曾经想信仰基督教是高中毕业以后。1947年我考上了南开大学,但父母认为那时天津不安全,没让我去。我和母亲及几个弟妹住在长沙(谭立和妹妹谭文与父亲在圣地尼克坦)。我很空,和一位比我大十岁以上的中年美国女传教士变成朋友(根本不是什么恋爱的关系),还请她到家来吃过饭,母亲也见过她。谭立写到的看了我的信后,在圣地尼克坦的父母都大笑起来的事情一定是记错了。

难堪。父亲相信儿女的出生有神的意旨。他经常和我讲西藏喇嘛圆寂，人们到处按照显灵的迹象寻找他化身的灵童的故事。不知怎么他从我的生辰八字中看到吉祥之兆因而对我特别宠爱。这使我在妹妹谭文面前特别难堪，我却感觉不到自己有什么特别。由于父亲在文妹面前对我夸奖太多，使我在文妹眼中有点神化，对我有一种不该有的敬仰。

父亲对我的宠爱在一次到菩提伽耶旅行时加深。由于对佛的虔诚，父亲经常到大塔附近去静坐，我则在大庙周围自由活动。当我在草丛中乱跑时，地上一块石头把我绊倒，我捡起石头一看，是一个古雕塔。后来我把石雕拿出来给父母看时，父亲大吃一惊。我们把石雕带回圣地尼克坦，父亲把它放在书房的神桌上作为佛的象征，每天站在它面前祷告。

另一方面，母亲却对儿女公平对待，从不偏心。既然父亲对我偏爱，母亲就多照顾文妹来取得平衡。后来，文妹在孟加拉文学习上有不凡的成绩，父亲喜出望外，极尽一切可能表现父亲的骄傲与慈爱。

大哥谭中在父母心中享有特殊地位。他在许多方面表现了天份，最后变成知名的历史学家和汉学家。然而，1939年抗战高峰时，父母决定把两个小的孩子——我和谭文——带去印度，把两个大的留在中国。[①] 全家就被拆散。母亲为两个大孩子焦虑万分，我们可以从她的表情上看出，父亲却能涵蓄克制，焦虑不露于形色。可能，他确信佛陀会保佑日本侵占时的两个大孩子。许多年以后，两个哥哥都能来到印度和父母团圆。大哥回家后，弟妹们才发现父亲对他的宠爱，可惜二哥却没有得到同等的父爱，其实他像其他兄弟姐妹一样有天才，特别在艺术方面。也许他不像其他弟兄姐妹那样有充分的机会在父母面前展现自己的才华。他却大方而不计较，使兄弟姐妹们更对他亲热。

毫无疑问，父亲虽然偏爱，却望子女都成龙凤，谁要是学习得好就会得到他的嘉奖。有时，我觉得他管教得太严了。有一件事，父亲在香港有一位富有的朋友，结了三次婚却没有孩子。他殷切希望从我家过继一个孩子。那时我家只有五个孩子——三男二女。前面四个都年纪太大

[①] 谭中按：并不是当时父亲有意决定拆散家庭，而是那时要带着4个孩子出国有实际的困难，从香港要买那么多船票去加尔各答就很难。只带5岁的谭立和3岁的谭文可以享受免票与半票的优待，床位容易得到。把我和二弟谭正留在国内是万不得已的，母亲特别不愿意这样做。

不便过继，而最小的却是宠女。父亲因此决定把下一个生下的孩子送给他。生下的是儿子阿吉，在襁褓之际就送到香港去了。父亲对此并没有流露感情，母亲却常常为新生婴儿被送走而暗暗落泪。这个弟弟在朋友家受到溺爱，在舒适环境中长大。不幸的是养母去世而那朋友第四次结婚生下了儿女，阿吉就回到亲生父母身旁。① 他回家以后明显地不适应，从舒适的香港生活转变成简朴的圣地尼克坦生活得有一个适应的过程。刚开始几个月阿吉过不惯，学习成绩受影响，父亲批评他，责备他的分数不如弟弟弟阿炯，这使阿吉加倍难过，我们都觉得父亲对他太严了。但阿吉也争气，不久就克服了困难，成绩班上第一。他在父母面前证明他经得起考验，父亲也立刻奖赏他。后来，阿吉变成能干的工程师使父母感到骄傲。父亲特别赞赏他的手艺，他变成了家中的修理匠。

父亲工作有条不紊。由于我是他的宠儿，他经常向我传授自己的才干与技能，我潜移默化地学到许多东西。他教我怎么读书、怎么爱惜书。我还在小学时代父亲就在充实自己的私人图书馆，差不多每一个寄到的邮包都是书。我享受着自由出入他的书库的权利。在书库里，我看着父亲小心地把邮包打开，他会把新书给我看一看，书的内容从哲学到建筑、到园艺，应有尽有，唯独见不到小说，他是从来不看小说的。

正是在父亲的书房里我第一次看到 H. G. Wells 写的《历史大纲》(The Outline of History)。我被这一书名吸引就借来看，我花了好几个月把书看完。等到还书的时候这本书已经被磨损，页角折叠。当我把书还给父亲时他把书审视了一番就又交回给我说："你留着吧！"我立即懂得他的意思。这本书已经太破损了，不能回到书架上去了。我感到羞愧，也吸取了宝贵的教训。第二天，父亲把我叫到书房，他的书桌上又堆着一些发亮的新书。他耐心地教我怎么用牛皮纸把书包起来使书能避免磨损。这时候，我才发现书架上的所有的书都小心地用牛皮纸包好。这一次教训对我后来的生活事业有很大帮助。

------

① 谭中按：妹妹谭元的文章也谈到这件事，和谭立上面所说稍有出入。据我所知，这位朋友名叫丘庆昌，长期在印度和香港之间操金融业。他的妻子（是元配）住在印度，是母亲的好朋友。是她急于要从我家过继一个儿子。父亲满口答应了。母亲到圣地尼克坦以后，生下妹妹谭元，女孩不便过继，下一个男孩谭吉就马上被丘太太抱走了，她又带阿吉回到梅县。后来丘太太过世，母亲就把阿吉接回长沙。

谭云山是怎样的人物？

在圣地尼克坦上学、成长既平和又顺利。我们和外界隔绝，大体上被保护起来，不受外界影响。从小就对外界的大世界感到兴趣的我，在这样的环境中就出麻烦了。我越来越频繁地听到远方传来的召唤。我很想从槽中跳出去，但也知道一个 12 岁的孩子离家实在太早。更严重的是我有两种朋友，他们向我少年的头脑传出彼此冲突的信号。第一类朋友是父母在圣地尼克坦工作的，他们是土生土长的男女，单纯、天真，很少外出的土包子。在漫长的暑假期间，他们是我的玩伴，我们一同走遍校园的各个角落，上树摘果子，以及其它的大胆行径。我们对周围长的每一棵树都熟悉透了。我们玩土里土气的游戏，有时也有点越轨，比方说，抽几口烟。在开学之前，我和这类朋友玩得很好。开学以后，我又倾向于另一类朋友，是从大城市加尔各答来的、见过世面的少年。这些朋友住在宿舍，有特别的城里人风味。我被他们吸引，因为从他们那儿总是得到一些乡下人听不到的新鲜发明或时尚。那些更胆大的甚至谈起城里的妖艳女性，对我这个开始留意男女有别的少年来说，好奇心更加达到高峰。我的城市朋友经常邀请我去他们家做客，我也很想接受邀请，但父亲却不答应。有一位朋友每周周末都得去加尔各答接受圣地尼克坦所得不到的治疗。有一次，我对他说要同他一起去看看加尔各答。半夜我从家中偷跑出来和朋友一起乘火车去加尔各答了。父母亲发现我失踪，母亲就恐慌起来。父亲却毫不在意地说："他在外边看了热闹，钱用光了就会回家的。"果真，过了一天，我羞怯地回到家中，一切都得到宽恕。这说明了父亲内心的坚强，在最危难的时刻他总是显得镇静。我常常奇怪：他的控制力从何而来？

比我小一点的妹妹谭文是一个聪明而早熟的孩子。我们被母亲带到印度时她还只有 3 岁，由于两个哥哥都留在中国，文妹开始懂事时就只知道我这个哥哥，她经常跟着我跑，模仿我的一举一动，一直到她长大，有了自己的玩伴时为止。虽然她比我小两岁，但她的智力很高，在小学只比我低一年。那样下去，她 13 岁就会念完中学。文妹成绩很好，9 岁就进了"Junior High"（初级高班）①。那时候，父亲考虑，文妹会毕业过

---

① 译者按：这"Junior High/初级高班"两年后就进"Senior High/高级高班"，再过两年后就中学毕业。

早。他就去见中学部主任,要求让文妹留级一年。主任大吃一惊,他对父亲说,所有去找他的家长只有恳求让应该留级的孩子升级的,这是第一次有家长来要求让应该升级的学生留级。但由于父亲坚持,主任就答应了。很久以后,我再回想这件事,才懂得父亲做得对。虽然文妹在功课上能够应付,但在体格和世故上却难以和比她大得多的同班同学们妥善相处。事后的发展更证明这一决定的正确,因为文妹从中学到大学总是考第一,一直到念完孟加拉文学的博士课程。文妹变成了父亲的掌上明珠,父亲最满足的是文妹所精通的是泰戈尔的母语,而证实了谭家能够把中印文化融成一体。

我们在圣地尼克坦成长的年代,家中川流不息地有客人来访。父母总是尽情招待,使客人过得舒服。他们自己平常生活简朴,但待客时慷慨得有点离谱。他们从没听见过"慷慨应该从家人开始"(Charity begins at home)的成语。孩子们就是在这样的环境中长大而懂得做人道理的。我们亲眼看到圣母特雷萨(Mother Teressa)所说的"尽量施舍直到伤害自己为止"(Give until it hurts)的名言在家中实现。

我从小集邮,由于父亲收到许多外国来信,邮票越集越多。当时国际大学外国学者很多,我们就去讨他们信件上的邮票。不久,我必须换一本更大的集邮簿。我要求父亲下次进城时给我买一本集邮簿。父亲对我说,要买新集邮簿就必须把自己的零花钱积蓄起来。我开始积蓄了很多钱交给了父亲。他从加尔各答回家,我心里殷切盼望,但父亲却不提集邮簿的事。我鼓足了勇气去问父亲,他回答说,事情太多没时间购物。我泄气了,回到房里,斗气不吃晚饭。最后,父亲跑到我房里,手里拿着一个包,包中正是我渴望的集邮簿。我喜出望外,也得到另一教训:辛勤耕耘得到的收获最宝贵,小小的集邮簿也不例外。我对那本集邮簿非常珍惜,用了许多许多年。

我进"高级高班"后,由于英语老师的鼓励,对英国文学的兴趣直线上升。我获得"乔克拉巴底纪念奖"——奖金 30 卢比。那时候,这是一笔不小的数目,我可以买许多英文书。父亲也特别高兴,再添 30 卢比。我开始建立自己的小图书馆。这些都是我至今仍觉得值得回味的对父亲的记忆。就在这时候,父亲开始把他为报刊写的英文稿子给我看,要我校对。他把我当大人看待更使我感到殊荣。1947 年,父母带着三个弟妹回去中国，我和文妹留在圣地尼克坦继续学习。那时我只有13岁。但是，父亲认为我已经长大，可以照料文妹了。我们有位舅舅①在中国学院教书，他变成我们的监护人。父亲在银行开了个户头，使我们每月得到足够开支的存款，我又一次得到有益的教训。

我的小妹嘉美丽（谭元）是父亲的另一宠儿。她生下来白胖漂亮，成为全家掌上明珠。她是我家第一个出在第二故乡的孩子。当时没有儿童医院，都是在家里生孩子，又没有接生护士。尊敬的梵文学家克提摩亨·沈（Kshiti Mohan Sen）教授②的夫人"Thandi"自告奋勇，她有接生的丰富经验，一切由她亲自指挥，婴孩顺利地呱呱落地。泰戈尔为婴儿取名"Chameli/嘉美丽"，他说这个名字③在语音上和中文相近。她从小性格和善、快乐，学习成绩一直是优等，后来成为艺术家。

最小的弟弟阿炯（谭同）受到父亲和母亲最多宠爱。在严格管教了其他儿女以后，他们开始对这满崽百般依从。我们其他孩子对此都表示谅解。给小弟取名的文妹，更是宠他。溺爱并未对谭同有不好的影响。他成长为心地善良的人，杰出的物理学家。

欢乐与悲伤

1949年谭云山从中国回到印度的时候，中华人民共和国取代了国民党政府。中国政府原来对中国学院的财政接济中断了。谭云山只好向朋友和熟人募集经费。其中一位住在噶伦堡（Kalimpong）的华侨商人从西藏的贸易中致富。他也是虔诚的佛教徒，邀请谭云山去他家访问。父亲

---

① 谭中按：他是杨允元，母亲的堂弟。政治大学毕业后到印度进行研究并教书，曾任新德里国防部外国语学校中文讲师，后来去墨西哥当访问教授，再后来定居美国。他的儿子杨雅南（Anand Yang，生于圣地尼克坦），现在是美国著名历史学家，在华盛顿大学担任杰克逊国际研究院院长。

② 谭中按：克提摩亨·沈（Kshiti Mohan Sen）教授是泰戈尔国际大学研究部负责人，1924年曾随泰戈尔访华。父亲1928年到国际大学以后主要与他商讨发展中国研究的问题，和父亲互为师生（他教父亲梵文，向父亲学中文）。他的孙子是当今著名经济学家、诺贝尔奖金获得者、哈佛大学教授（Amartya Sen），是谭立中小学时的同班同学。

③ 谭中按：这是印度花名，梵文"Chameli"传到中国，汉译"茉莉"。

带我同去。晚饭以后，两人开始讨论佛教，一直谈到深夜。其他人都入睡了。第二天，我才知道两人讨论整夜都没睡。讨论结果主人高兴地在支票上签了一笔不小的数目作为发展佛教研究经费。这是谭云山为了发展事业而具备劝说才干的又一例证。

然而，除了获得成就以外，谭云山的一生并不是十全十美的幸福。正如阴阳传统的说法，乐极生悲，这悲伤谭云山也是尝到的。不过，他那永恒的乐观始终使他脱离黑暗、迎接光明。

谭云山经常和子女谈到：对他毕生奋斗目标的重要性有所了解的人极少。这极少人中支持他的，包括泰戈尔、尼赫鲁、太虚法师和戴季陶。这些伟人先后去世以后，空白就无法填补了。唯一的例外是他毕生好友钱达（Anil Kumar Chanda），尽一切力量支持谭云山的计划。但他也过早仙逝。每一死别都给谭云山带来悲伤，但他以佛祖赋予的坚韧忍受着苦痛。

1951年对谭云山来说是不平凡而痛楚的一年。那一年，政府接收了国际大学——它变成国立的中央大学。那是出于高尚的动机。尼赫鲁曾经答应泰戈尔要在他去世以后照顾国际大学。可是，接收大学以后，大学的行政管理权变了，管理者没有师尊泰戈尔的理想，国际大学的性质就急剧贬值，它不再是一个国际学术中心，而变成普普通通的大学。谭云山对这一发展很失望。国际大学原来出色的部门：中学部、艺术学院、规范实验农村和中国学院都贬值了。真不知泰戈尔在天之灵会有何感想?!

国际大学迅速扩展，联邦政府的经费滚滚而来。从外面聘任了许多新的教员。可惜的是，他们大多数人只是为了政府供给的高薪而不是为了实现泰戈尔的理想而来。谭云山每次从教务会议回来总是对会上讨论的气氛感到沮丧。讨论的主要议题总是围绕着下次与政府交涉时如何增加教员的薪俸，对如何开展学术活动与提高研究水平几乎毫无兴趣。国际大学规模扩大，向来著称的教学质量却成为牺牲品。这对谭云山来说是太伤心了。

另一个悲痛时期是60年代初印度和中国边界纠纷造成的政治关系紧张。英国人不能完成对那高山不毛之地的勘探而留下的地图上的争议变成梦魇。不管怎么样，它成为两国在几千年的和平共处后第一次交战的借口。谭云山受到沉重打击。在他看来，他毕生努力在两国之间建立的文化联系和政治谅解都被粉碎，只有少数、包括尼赫鲁在内的真诚朋友的鼓励才使他的心情平静下来。

谭云山 1967 年从国际大学中国学院退休几乎成了宽慰。但这已经是他失去了坚强后盾的尼赫鲁和挚友钱达之后。他的脑海又在思考如何去他一到印度就被吸引的圣地菩提伽耶去面临新的挑战。

这样的人生事业是不是杰出呢？我认为的确是。应不应该算是平凡的人生事业呢？这应该由本文的读者来判断。在谭云山诞生百周年之际，我谨以这一记录奉献读者，帮助大家了解这位现代中印之间的文化使者的生平与事业。

亲切回忆父亲谭云山[①]

谭 文

记得1985年访问美国时,在加利福尼亚的公路上,一幅奇特的景象出现在我的眼帘。蔚蓝色的天空中,白云堆成山脉的形状。对汉学最有研究的大哥(谭中)喊道:"快看,云山!"这"云山"是父亲名字的涵义。在那以前,我根本没想过"云山"意味着什么。这顿时的恍然大悟像一阵兴奋愉快的电流传遍我全身。

将近100年前,父亲出生在湖南省茶陵县的一个农村的虔诚的读书人家。他实实在在继承了这两个特性:宗教与文化。此外,父亲那坚强的原则性和如饥似渴的求知欲使得他无法在故乡久留。受完教育以后,他于1924年去到新加坡。他自己说,那一段经历主要花在教书上,为报刊写诗文,闲暇时到海畔去寻思未来的大计。那时他年轻,踌躇满志。

1927年拜会泰戈尔变成父亲在新加坡的4年期间最关键性的时刻。当父亲知道泰戈尔正在游历东南亚时,便主动去拜访他,当时泰戈尔也在为国际大学物色一位称职的中文教员。本来父亲就有恢复中印文化交往的想法,泰戈尔邀请他去圣地尼克坦因此变成不可拒绝的吩咐。

不料,在成行之前却发生意想不到的枝节,这是父亲后来告诉我的。当他向新加坡的好友一一告别时,其中有一位女子学校的年轻教员,她也来自湖南,是马来亚华文教育的先行者。她特别喜爱父亲的诗,凡是父亲在当地报刊上发表的诗她都能背诵。告别时,她热泪盈眶,两人已经有了依依不舍之情。她就是我的母亲陈乃蔚。

[①] 1997年谭文用孟加拉文写成,1997年谭立译成英文,2011年谭中译成中文。

父亲离开新加坡去到圣地尼克坦以后，母亲仍然留在马来亚教书。在那些年月，国际大学缺乏资金，父亲不拿工资，是母亲挣钱维持两地的开支。在回复母亲从新加坡①寄来的第一封信时，父亲作了一首诗说："千里来鸿泪盈眶"。②后来母亲过世以后，父亲把全诗给我念了一遍，是我生平第一次听到的。③父母的第一个孩子（谭中）于1929年出生在马来亚，他不仅是我大哥，也是父亲终生事业的继承者。

1937年中国学院建成，变成国际大学的重要部门之一。泰戈尔亲自主持成立庆典。尼赫鲁因病不能出席，由女儿英迪拉代来祝贺。这一了不起的学术机构成功建立的幕后是一位虔诚的理想追求者——谭云山——从憧憬到设计、再到实际操劳的呕心沥血。中国学院的珍贵图书、设备以及教学与研究都是他宏伟愿景的无比威力的沉默见证。

中国和印度这两个相互紧靠的文明，在古代（从5世纪到12世纪）④通过佛教的媒介亲密交往。中国的哲学思维与生活方式都受到佛教经典的深刻影响。可惜许多世纪以来这些交往中断。父亲毕生的任务是在鸿沟之上搭桥连通，使得中印文化交流重新结实地建立起来。这一伟大理想远远超过个人生涯的吉凶得失、荣衰成败与欢乐悲伤。他的活动范畴覆盖在这两大国家之间。当然，他毕生事业的后面有着母亲那令人感动的无私奉献。她孜孜矻矻、任劳任怨地担负起维持一个有五个儿子和两个女儿的大家庭。除此以外，她还得充当热情的主妇，接待与父亲有工作来往的众多访客与契友。母亲的家也不知换过多少地方，从新加坡⑤到圣地尼克坦、到上海、到长沙，又回到圣地尼克坦。她从来没有享受过和七个子女团圆的全家福。她一直受到与子女悲欢离合的折磨，却不让折磨妨碍她贤妻良母的重任。母亲以执教为业走进社会，在长期担任家庭妇女以后又在晚年回到教书生涯，在长沙建立了自己的学校，取名

---

① 译者按：应该是马来亚柔佛（Johor）州巴株巴辖（Batu Pahat）市。
② 译者按：这是译文，不是原文。
③ 谭中按：我们全家都不知道有这首诗，父亲似乎只告诉过亡妹谭文一个人。谭文是重病之际写这篇回忆的，写完不久她也过世了。这首诗看来是无法找回了。
④ 谭中按：妹妹谭文不是学历史的，中印两大文明通过佛教亲密交往在汉朝就开始了。
⑤ 译者按：应该是巴株巴辖。

"大同"。明年这个学校将庆祝 50 大庆。①

有了谭中、谭正、谭立三个儿子以后，我是第一个女儿，因此特别受到母亲宠爱。可是，小时候，父亲对我似乎是陌生人。我生下好几年都没见过他。记得孩提时我在他面前有点畏缩。那时正值中国抗战，到处都是轰炸与破坏，我们住的长沙市也不例外。我听母亲说，每当敌机空袭，她就带我和三个哥哥躲到防空洞中，教我们念"南无阿弥陀佛"。② 父亲让家人留在中国遭受这种境遇变成圣地尼克坦同仁的关怀，在泰戈尔的敦促下，父亲回国把母亲和两个小的儿女接回圣地尼克坦。两个大的儿子仍然留在中国。这一家庭离散使得母亲从未终止怀念，也在我们幼小的心灵中蒙上一层阴影。

我妹妹是泰戈尔逝世前一年前出生的，泰戈尔为她取名"Chameli/嘉美丽"。他说，这个字和中文语音相似。那以后，两个弟弟诞生在圣地尼克坦，也取了孟加拉名字："Aujit/阿吉"和"Arjun/阿炯"。最小的弟弟诞生时正是歌剧《齐德拉》*Chitrangada* 在圣地尼克坦上演。剧中的歌词"阿炯呀，你，阿炯！"在我们心中回响，小弟弟就是这样得到这一名字的。今天，我一想起父亲，就想起他挺直的身躯，庄重的容貌，他的姿态和人品与众不同。他的衣着也有特色。他穿的都是自己设计的服装。他为人矜持律己。我从未见过他出言粗暴，别人对他无理他也不失态。他的生活有严格的规律。早上天还没亮，他就起床到中国学院屋顶上祷告、锻炼。然后他就下楼拜佛，并开始按计划进行全天的活动。一切都像时钟那样准确。他冲凉时，冲多少筒水也有规定。

父亲以身作则地教育儿女，希望他们效法。我年轻时感觉这过于严格。长大以后才迟迟发现，那令人生畏的外表后面有一颗慈祥的心。由于性格耿直，他看见做事敷衍塞责，总是强烈反对。他要求儿女也有同样端正的品行和原则。

除了得到泰戈尔的垂青，父亲也得到印中两国要人的鼓励与合作，对他完成毕生任务大有帮助。唯一的例外是父亲敬重的圣雄甘地。当父

---

① 谭中按：1956 年，谭文伴随父亲谭云山回国观光，到长沙时，大同学校曾经热烈欢迎创办人去参观，因此对学校的情况有点熟悉。

② 谭中按：母亲小时教我们的是："南无大慈大悲、救苦救难、广大灵感、观世音菩萨"。谭文当时太小，她对长沙家的房子险些遭炸一点印象也没有。

亲要求甘地支持重建印中关系时，甘地爽直地回答说："我的天职是祖国的幸福，除此以外我哪儿有时间干别的事呀！"父亲一直记得这些话。

中国学院的存在与父亲的长期努力得到中国许多知识分子的注视。中国（国民）政府很多年全部负担了中国学院的工作所需的经费，虽然这一支持由于中国政治结构改变而在1949年终止，① 中国新政府对这一学府的教学与研究也很欣赏。1956年，周恩来总理亲自邀请父亲回国观光，在来信中写道："我们深刻了解你这么长期地从事你的工作，但你多年没有回祖国看看。来吧！看看我们所做的成就。"② 在中国驻加尔各答总领事③建议下，我陪同父亲回国观光。在那次旅途中，我第一次发现父亲的人品那样容易受到中国政治领导人物的关怀与尊敬。

有两件事值得一提。第一件事是拜会毛泽东主席。父亲曾经写信给主席作出三点建议，其中劝告不要"一边倒"。毛主席提到了那封信。他说，为了要使中国的工业飞快发展，除了苏联以外，没有别的大国愿意帮助中国，因此中国需要"一边倒"的外交政策。他说话的时候那么激动，我这完全不懂政治的心也被感动了。现在回想起来，父亲那时是有远见的，今天的一切现实使我们（对"一边倒"的偏向）看得更明显了。

第二件事是拜会周恩来总理，约定时间是在傍晚。我们被告知：按惯例总理有重要讨论都是安排在这个时间的。总理的温雅举止使我佩服不已。我按照印度传统向他献花环时，他马上说，一定要摄影留念。立刻就有一位摄影师来，我们和总理合影留念。我还记得我那学艺术的妹

---

① 谭中按：中国学院是泰戈尔授权让中印学会募款创建的，成立后的经费都由中印学会负责，一切都由谭云山操办。中印学会的会长是蔡元培，但最重要的支持者是国民政府考试院长戴季陶。那就是说，中国学院从1937年成立以后，名义上是泰戈尔的国际大学的一部分，实际上是谭云山独立主掌，而经费由国民政府教育部负担。1949年戴季陶在广州服毒自尽，国民党政权迁到台湾。1950年印度承认中华人民共和国，和国民党政权断交，中国学院财源被切断。1951年印度总理尼赫鲁把泰戈尔过世后无法维持下去的国际大学变成国立大学，由印度中央政府拨款。中国学院也如此。在此以前，谭云山节衣缩食并向印度华侨募捐，把中国学院支撑下来。

② 谭中按：我想，周总理（一说是国务院出面）写给谭云山的信（父亲当时没给我看过，后来我们在父亲的遗物中也没有发现，谭文一定是当年看到过的）应该是用中文，但这段话是翻译过来的，不是原文。

③ 谭中按：当时是柳雨峰。

妹"嘉美丽/Chameli"（谭元）为总理制作了一幅智慧女神（Saraswati）的腊染图，我把它送给总理。他仔细地欣赏以后说，很遗憾，新政府的规定是禁止交换礼物的。后来，他派人送来四本他亲自签名的四位中国艺术家的画册。那次接见，总理和父亲谈了三个小时。他耐心地听父亲介绍国际大学和中国学院。父亲邀请总理访问圣地尼克坦，他立刻叫秘书来把这事记到未来的日程上。拜访完毕还和总理一起吃了夜宵（食品很简单）。① 接见的会议室摆设都很简朴。但周总理的魅力使得整个场合变得富丽堂皇。

我想顺便谈谈周总理访问圣地尼克坦的一点花絮。总理的专列先到达波尔普尔（Bolpur）火车站。父亲到车站去迎接总理。在那次访问中，父亲和总理的谈话内容很多，其中还有一个特别要求。这个要求是泰戈尔的媳妇普拉蒂玛（Pratima Bouthan）通过好友罗易（Kshitish Roy）先生②提出的。普拉蒂玛知道，过去的中国政府（国民政府）曾经在财经上（在支付中国学院的经费以外）支援过国际大学。③ 她因此希望中国现政府给点援助，使泰戈尔纪念馆的文物能够妥善保存。父亲开始时有点犹豫，不敢向周总理提出。他和中国前政府关系很好（因此过去泰戈尔办学有困难时，他敢于找国民政府帮忙），却不敢肯定现在的中国政府愿不愿意支持。然而，他对泰戈尔事业的忠诚是至要的。他终于向周总理说了。想不到第二天，中国政府就宣布向国际大学捐款六万卢比作为建造泰戈尔纪念馆的费用。

写到这儿，应该纠正一个错误。一般人认为父亲和毛泽东是同班同学，其实不是。他们同在一个学校念书，但毛泽东比父亲早好几年。当父亲刚刚是后起之秀的学生领袖时，毛泽东早已全国闻名了。然而，父亲观光时，有些亲近毛泽东的人物，其中一位是个部长④，还清楚地记得

---

① 谭中按：妹妹访问回来告诉家人详情时说：她和父亲起身告辞，总理说："且慢，还要吃点面！"妹妹说，那是一碗简单的汤面，味道很鲜，大概是鸡汤煮的。

② 谭中按：罗易 Kshitish Roy 先生也是父亲的好友，当时负责管理泰戈尔博物馆。

③ 谭中按：妹妹谭文指出这一点是很重要的，不然这件事会被历史遗忘的。

④ 谭中按：大概指李维汉，当时是中共中央统战部长。

父亲学生时代的活动。再有，父亲也在那次观光时拜会了从前的老师①，他对父亲和毛泽东都有很亲切的记忆。

  1959年不幸发生中印边境冲突。像我们这些普通人很难理解这事对父亲的心灵造成的创伤。他终生努力在两个伟大国家之间建立的亲密友谊面临崩溃。他的外貌表露出内心的悲伤。唯一能对愁容满面的父亲带来一点欢愉的是他多年好友钱达（Anil Kumar Chanda）②先生。他尽量设法安慰父亲说："兄弟有时候也打架。"③ 我们全家所有人都感到了中印之间的紧张。正像诗人泰戈尔说：

    多少欢乐变成忧伤，
    多少朋友会变心
    就在明天！

  这诗句象征着我们心中的悲痛。

  记得有一天下午，我到老师家去拜访。屋子里还有许多人，老师欢迎我时说："她和那些坏蛋不同。"④ 我回家后心情十分沉重，我被划为我所明显属于的一种种族类型。泰戈尔在他的小说《戈拉》 Gora 中说，没有人生下来就带着种族的标识。我感到，这只是一种理想。在生活现实中，人们很难达到父亲那种"种族色盲"（colour–blindness）的崇高境界。

  从国际大学退休以后，父亲的工作习惯使他不能安享清静。结果他又开始在菩提迦耶筹建世界佛学苑，这又像当年的中国学院那样，是他理想的结晶。不幸的是，这一建设还远远没有完成，父亲生命之火就熄

---

  ① 谭中按：指王季范老师。

  ② 谭中按：钱达 Anil Kumar Chanda 先生过去是泰戈尔的秘书，独立后曾先后担任外交部副部长（当时部长由尼赫鲁总理兼任）、房产部副部长、手工业局局长等职务，五十年代曾率领印度友好代表团访问中国。

  ③ 谭中按：这话是1962年中印边境战争以后，钱达先生从新德里来我家做客时说的。父亲说："中印两国是兄弟呀！怎么会打起来呢？"钱达先生说："那有什么奇怪，兄弟有时也打架的。"妹妹谭文写这篇文章时重病，她把1959年中印边防军警小小冲突和1962年边境大规模战争混淆起来了。

  ④ 译者按："坏蛋"指中国人。

灭了。

父亲人生最后的年月过的是化缘和尚的生活。事实上，他的整个一生只有牺牲，没有奢侈享受。在老年，人们一般都变得衰弱、需要照顾，父亲却没有这种需要。母亲过世以后，子女们都想方设法让父亲过得稍微舒服一点，但没有办法使他和我们住到一起。正像诗人泰戈尔所说：

> 你想用爱心将我囚禁，
> 看你是否有那样的能耐？！

菩提迦耶中华佛寺的一间小屋变成他的寓所，由农村一家穷苦人送饭给他，他就那样过着日子而感到满足。直到最后父亲也没有病痛，意志始终坚强如钢。不幸，他那脆弱的躯体着凉而寿终。1983 年，父亲在他最爱的圣地菩提迦耶逝世，临终时儿女和朋友都不在身边。

我们在他未完成的世界佛学苑理想的地址旁边为他举行火葬。大哥点火时，父亲多年好友、菩提迦耶的两位法师（其中包括"大菩提社"（Mahabodhi Society）主持胜宝（Jinaratna）大德）用巴利语颂经。当时我感觉到：中印文化交流现代史的一章终结。

父亲谭云山和我①

谭 元

母亲陈乃蔚晚年很想念她父亲。她为了丈夫而舍弃了自己前程似锦的事业,主管一个有七个儿女的大家庭,毕生辛勤俭朴。当所有儿女都一个个从身边离开以后,回忆她自己享受慈父恩爱的童年就成为她消除老年孤独的良方。我进入古稀之年来回忆父亲谭云山,对天真童年的向往夹杂着辜负父亲对我期望的遗憾。现在我才认识到他对我的教导,花在我身上的心血是那么多,而我对它的理解以及践行,又是多么肤浅。我想起了泰戈尔的诗句:

"当他来到我的前面
我却无法靠近,
如今,他已远去,
他的气息
却温暖着我的心境。"

父亲大概从小就富有理想,视界广阔,因而变成王季范(他也是毛泽东的老师)的得意门生。中学求学时,季范老师鼓励他超越福禄寿喜的庸俗愿望而建立为祖国、为人类服务的宏伟目标。1956年父亲应周恩来总理邀请回国观光,在北京见到小时恩师(王季范老)喜出望外。毛主席也永远忘不了王季范老师的栽培而使他变成伟大领袖,他当权以后

---

① 本文英文由谭元2011年9月完稿于印度德里,中文由谭中2011年9月译于美国芝加哥。

让恩师过着舒服的生活。王老也高兴见到父亲——他的另一高足。父亲就学于第一师范学校时加入新民学会是必然的。后来，父亲读了当代伟大思想家之一、多才多艺的诗人、作家、艺术家兼圣人、哲学家、教育家泰戈尔的著作，就皈依了泰戈尔的思想。父亲于1927年谒见泰戈尔，对泰戈尔的光辉人品与谆谆教诲佩服得五体投地，立即接受了先知的邀请，去参加那"世界在此相会鸟巢"国际大学。百川归海到达同一圣地朝拜，来自东西南北的智慧归总于一个永恒照耀宇宙的源头。由于佛教而使父亲从小向往印度，这一切使得谭云山去到"西天"朝圣具有双重意义。

　　父亲使我联想起古代印度圣者梅特丽（Maitreyi），她的丈夫圣者耶若伐拉卡（Yajnavalka）临终时把她叫来告诉她财富收藏之所。梅特丽问道：有了财富是否能够获得永生，耶若伐拉卡说财富是绝对不能使人获得永生的，只有知识才能使人获得永生。听了以后，梅特丽就只追求知识而不追求财富。她终于成为伟大的学者而对吠陀文学做出贡献。父亲从不计较物质财富。他像梅特丽那样，一心想从知识、真理与工作中获得永生。他响应了泰戈尔的号召，放弃了自己在新加坡的舒适的职务，去到"和平乡"圣地尼克坦（Santiniketan）过俭朴的生活，献身于振兴两大古文明交流的事业。

　　原来父亲只打算在印度呆几年，然后去到西半球的"勇敢新世界"。他年轻，向往西方科学技术进步却不赞成其物质主义。他到了印度探索印度文化以后，就被印度哲学的高深博厚所迷恋，开始钻研印度文明，也开始效法古代印度的修道者。他生活俭朴、刻苦学习与工作。他阅读了大量书本自学瑜伽术，很快就在瑜伽与坐禅锻炼上表现出色。他在圣地尼克坦的集会中可以像菩萨一样以"Padmasana/莲花金刚座"姿态端坐数小时。① 很多和父亲最亲近的人都感觉到他像个"活佛"。我结婚以前在父母膝下生活27年，很少看见父亲生病。以前他在新加坡咳嗽不止，似乎有肺病之嫌，但我在圣地尼克坦从未看见他感冒、咳嗽或发烧。我记得1947年父母带我们坐船回国，在南海遇到台风时大家都晕船，父

---

① 谭中按：在过去（现在仍然改变不多），圣地尼克坦的集会都是席地而坐，开会时间长了就看到人们东歪西倒地坐着。父亲那端坐的功夫是全校园出名的。

亲一点也不受影响而忙于照顾我们。那首次乘海船旅行回国的情景，我至今仍历历在目，还记得父亲清早起来到甲板上去对着日出锻炼。父亲喜欢看那一望无际的天空和海洋，也要我学他那样做。他教我从注视那辽阔的蓝天和碧海来体会宇宙的伟大。起初我看到那孤独的渺茫有些害怕，父亲要我放宽心襟克服恐惧。父亲对瑜伽术颇有研究，把对年轻女孩有益的动作教给我们。他特别强调脊椎骨要保持健康、柔韧、强壮。他说，人们称脊椎为"backbone/骨干"因为它支撑全身体结构。可惜我由于缺乏自律性而没能坚持瑜伽锻炼，结果是，我如今背疼严重，影响生活与健康。现在，我做"Bhujangasana/眼镜蛇姿势"（俯卧后仰直上身）时，就不禁想起父亲说过这是瑜伽姿势中最重要的。人说伟人始终走在时间前面。父亲是80年前开始学习瑜伽锻炼的，当时在印度国外很少人知道瑜伽的好处。今天，它被公认为是使身心健全的整体性运动，听说中国很多人都对瑜伽发生兴趣。

父亲学而不厌。他整天大部分时间在书房中阅读、写作，书房的书越来越多，最后摆满了两间屋子。他说有两种学习方法，一种是像蚂蚁那样收集食物，父亲说，这就是他的方法。但他的最终目的是要像蜜蜂那样把知识酿成蜜。① 虽然他的主要领域是大乘佛教，他也研究印度教与耆那教，以进行比较研究。他经常谈到大乘佛教要把所有众生从苦海中解救出来。有一次，我问他说，所有的宗教都提倡爱心与和睦，佛教的特点又在哪儿呢？他同意所有宗教都提倡爱心，但认为佛教的教义超越和睦，提倡慈悲，是所有概念中最伟大的。难怪父亲崇拜观音——中国的慈悲女神。他教我们念：

"南无，大慈大悲、救苦救难、广大灵感，观世音菩萨！"

他说，我们诚心诚意地念，观音菩萨就会保佑我们。所幸的是：我从来没忘记这一教导，念了它帮助克服过许多危机。我母亲和继承了父母所有优点的姐姐谭文也在遇到困难时念它。母亲告诉我们，大概在1938年，谭文还只有两岁，刚刚会讲话，长沙遭到日本飞机的狂轰滥炸。

---

① 谭中按：这"蚂蚁的方法"与"蜜蜂的方法"是英国哲学家弗兰西斯·培根（Francis Bacon）的理论，父亲小时候也教过我。

母亲和四个孩子，还有许多其他人躲在我家房屋旁边的防空洞中，当其他人都惶恐不安怕被炸死时，谭文跟着母亲安静地念"南无观世音菩萨"。① 徐悲鸿知道父母亲对观音虔诚，他于1939－40年在圣地尼克坦时特别画了一幅观音像。② 泰戈尔也被慈悲感动，在许多诗中表达了对"伟大慈悲灵魂"佛陀的敬仰。泰戈尔也认为大乘佛教胜过小乘佛教，扩大了救苦救难的范围。父亲反对"圣战"的概念。他问道："战争怎么能神圣呢？"佛教在亚洲是靠慈悲的教旨，而不是靠威胁利诱来广泛传播的。父亲经常谈到印度佛教对中国的贡献。他同时也为中国保存了许多在印度流失的佛经而感到骄傲。父亲想把这稀有的宝藏归还印度。他在中国学院图书馆收集了所有的佛经。很少人知道父亲为中国学院收藏的珍本书籍已经绝版，在全世界也只有一两家图书馆能像中国学院一样藏有这些珍贵的中国图书。

父亲称印度为"神人的天国"，他指的不仅是最高尚的神人佛陀和"Mahavira/大雄"，而且也指现代的神人泰戈尔、甘地、奥罗宾多。在父亲的书房中挂着所有这些人的照片，他经常站在他们前面祈求灵感与鼓励。父亲崇拜甘地是很自然的。他曾经和甘地长谈，听从了甘地劝告而素食许多年。但他允许家人吃鱼和羊肉。在家杀鸡是禁止的③，后来市场出售冷冻鸡肉，父亲才让家人买来吃。很多年后，由于儿女苦劝，父亲才停止吃素。可能，他不愿意让母亲每天烧两种不同的菜。但他仍然喜欢蔬菜与水果。1940年我出生时，父亲严格素食，要母亲也给我素食。

---

① 谭中按：是在那一次我家在长沙北门外的房子成为日本飞机轰炸的目标，炸弹没有命中但屋子的门窗都被震坏。父亲那时还在印度，躲在防空洞里的主要是母亲和我们四个孩子（我、谭正、谭立、谭文），还有女佣人和一两个其他人。敌机在天空盘旋时，洞中的气氛极为紧张，母亲带着我们念"南无，大慈大悲、救苦救难、广大灵感，观世音菩萨"以保持镇静。炸弹在我们附近爆炸时简直有天翻地覆的感觉，可以把炸弹炸偏了20公尺解释为观音菩萨的保佑。

② 谭中按：现存深圳大学谭云山中印友谊馆。

③ 谭中按：我记得刚和爱人黄绮淑到圣地尼克坦，不久就生了儿子梵天，母奶不足，我就去市场买了两只鸡回来补奶，母亲见了面有难色（我那时不知道家中禁杀）。她叫我到菜园子角上偷偷地把鸡杀了、弄干净，她烧了汤，父亲全然不知。以后我们就采用奶粉喂婴儿。

我在钱达伯母（Rani Chanda）家吃过鱼以后，就要求像哥哥和姐姐一样吃鱼吃肉。父亲不好拒绝，他说："这样也好，因为她（指我）没有充足的蛋白质。"

父亲对"Ahimsa/不害"的概念特别重视，认为在心中、在言行中都应该实行"Ahimsa/不害"。他极力克制自己，不发怒，也不大声说话。他是从真正意义上实践"Ahimsa/不害"的。他还效法甘地每周有一天静默思过，净化心灵。我知道父亲经常反省，也要儿女这样做。他说："犯错误是人的本性，但自己反省以后就会有过必改"。他也说："人生就是不断学习的过程。"他读了一本书以后就会对我们说，越多阅读就越多发现自己知识贫乏。他从不对自己、对自己的成就感到满足。他有高尚的目标。我认为他有鸿鹄之志。他见到了甘地以后，就经常琢磨分析甘地的话。泰戈尔和甘地是对他影响最大的两位"神人"。甘地被刺时，父亲五内俱焚，三天静默绝食。那时我们都在中国①。甘地要圣地尼克坦的人们认识劳工神圣。遵照他的指示，国际大学每年就有一天"Sacred Gandhi Day/神圣甘地日"，所有清洁工都放假一天，由校园师生动手打扫卫生。父亲就带头干脏活，把中国学院的厕所都打扫干净。

泰戈尔与甘地逝世后，父亲和奥罗宾多有了交往。他对奥罗宾多的哲学理论很钦佩。我记得父亲暑假时去访问本地治里（Pondicherry），住到奥罗宾多书院的大同思想学术环境中，回来总是精神抖擞。他是极少的既爱圣地尼克坦，又爱本地治里这两个"学园"（Ashram）的人。他经常把奥罗宾多和奥罗宾多"圣母"②的书带回来给我们。父亲对"圣母"也很尊敬，却不解如此神圣的人物却那么注重打扮。父亲和印度教法师湿婆阿难（Swami Sivananda）③友谊很深，湿婆阿难法师把自己所有的著作都送给父亲。耆那教尊者图尔希（Acharya Tulsi）和父亲也有很深的交

---

① 谭中按：那是1948年1月底，谭云山在长沙大同学校绝食，那时新闻界关于甘地被刺也来采访他，绝食事也见报了。

② 译者按：她原名Mirra Alfassa，出生于法国，父亲是土耳其人，母亲是埃及人，从小虔诚，仰慕奥罗宾多，1926年到本地治里长住，然后得到奥罗宾多授权把他的住所建成"学园"，被尊为"圣母"（1950年奥罗宾多逝世后更是如此），1973年逝世，享年95岁。

③ 译者按：他是著名瑜伽大师。

情。父亲很敬仰耆那教的哲学信仰，但觉得难以实践那样俭朴与苦行的生活方式。他仍然皈依佛教的"中道"。

前面已经谈到父亲严于自律。他清早起床到中国学院屋顶上锻炼，最后一节是"太阳礼拜"（Surya Namaskar），朝着日出前后弯腰。每天日程开始之前先要向佛陀和观音礼拜默祷。工作起来有条不紊。他冲凉也与众不同，每次向头上冲100筒水。他从不用热水冲凉，冬天与古稀之年习惯不改。泰戈尔主张生活简朴，精神高尚，在圣地尼克坦提倡古代"修行"（Tapovana）式教育。父亲一开始就采纳了它。由于国际大学经费短缺，父亲一直到1951年它变成国立大学以后才拿大学的工资。最初几年，是母亲当小学校长挣得薪俸维持父亲的开销。后来，父亲从中国国民政府那儿得到高薪，仍然生活俭朴，用积蓄的钱来为中国学院建设房屋、购置家具。他也向许多机构捐献，加尔各答的摩诃菩提社（Mahabodhi Society）就是其中之一。父亲实践佛教的"施舍"，自己的财产都可以施给别人。他施舍时甚至把母亲私人的物件也送掉了。最典型的是：他把第六个孩子、第四个儿子给了一对无子嗣的夫妇。这对夫妇恳求父亲给一个儿子让他们过继。我家的生活方式一直俭朴。父亲规定每顿饭最多三个菜，只有客人来了才让母亲多做点菜。我们衣柜中衣裳寥寥无几。我记得自己小时候喜欢穿得好，总希望多一点好看的衣裳。我也想把耳朵刺洞像朋友那样戴珠宝首饰。父亲知道了我的想法后就教训我说，漂亮应该是自然的。人长得漂亮就不需要戴首饰；人长得不漂亮，戴了首饰也漂亮不起来的。我那时年纪太小，听不明白父亲的意思，心里很不高兴。姐姐谭文安慰我说，父亲严厉是为我好。有时她在我衣裳上绣点花增加美观，也使做妹妹的喜悦。父亲不赞成我们去看电影。有时放映伟人生平的教育性的电影，必须得到父亲的特别许可才能去看。现在我才懂得没看那些商业化的电影并无损失。我也学会了朴素而大方的打扮。我丈夫罗摩月（A. Ramachandran）——当代印度最有名的艺术家之一——一直喜欢我所选择的朴素但又漂亮的衣服。父亲设计出自己的中印合璧的服装，适合印度气候，不熨也显得挺括高贵。

要把父亲的生平写得完全，就非提到他和钱达夫妇（Anil Chanda 先生和 Rani Chanda 夫人）之间的友谊不可。钱达夫妇和我家同甘苦、共患难，在任何情况下都支援我们，使我们兄弟姐妹敬爱他俩如同父母。钱达伯伯到德里加入政府以后,① 我们全家都日夜盼望他们来圣地尼克坦访问。父亲沉静严肃,钱达伯却豪爽风趣,喜欢说笑话。他和父亲见面兴高采烈之时,总是借故戏弄父亲,父亲也乐意被他戏弄,把他当做自己的弟弟。我记得每次他们来我家时,平常那种沉静立刻打破,变成欢笑盈盈。

父亲骨子里是个艺术家。他设计了中国学院,当然,技术上还得依靠艺术家兼建筑师卡尔(Saren Kar)先生。虽然体积庞大,但中国学院对校园内其他建筑从不显得居高临下,这是十分难得的。相反的,这个特殊的、有壁画和中文字的建筑物和周围环境协调融洽。中国学院的所有家具都是父亲设计、捐赠的,具有中国风格。父亲欣赏艺术,经常参观国际大学艺术学院。艺术学院中绝大部分中国艺术品都是父亲捐的。我不但从父亲口中,也从我的老师毕斯瓦卢普·鲍斯(Biswarup Bose,他是艺术学院院长南达拉尔·鲍斯的儿子)那儿得到这个信息。父亲也擅长书法。我喜欢观看他先精心磨墨,然后写中文大字。我觉得遗憾的是:没有学好中文,没有得到父亲的书法传授。父亲给了我一个"谭家之宝"的小小印章。每次我用它盖印时,没学会中文书法的遗憾就变得愈发强烈。

父亲喜欢自然。中国学院围墙内的大树都是他亲手栽种的。他在不同的季节照料它们,用惊讶的表情看着它们成长、开花。他喜欢看山、看海,最喜欢看天空。每天晚饭后,全家都聚集到住宅后边的阳台上乘凉,形成一种习惯。乘凉时望着天空,眼睛觉得舒服,意境变得开阔,在茫茫天地之间个人变得无足轻重。回想起来,不能不佩服父亲这种向儿女灌输理想、使大家穷而志坚、志在千里的设计。大自然的陶冶与人生志向一直留在我的心中,纵然我出息不大。

父亲30岁开始在印度定居却不忘祖国,经常想念祖国。事实上,他越是在思想与生活上印度化就越感觉到中华文明、文化的悠久而充盈。父亲认为,印度人是想象力、哲学与精神文明丰富,中国人却理性、实际并且注重待人接物。父亲非常敬重提倡"礼"(行为端正)和"孝"

---

① 谭中按:他在印度第一次大选中被选为国会人民院议员,在第一任印度民选政府中担任外交部副部长,部长由尼赫鲁总理兼任。后来他又当过房产部副部长。

（尊敬父母与长辈）的孔夫子。父亲认为有绝对的必要弘扬孔子的教诲使得人们行为端正与社会和谐。他很欣赏日本采纳中国文化并选择孔子教导的生活方式。每次日本客人来访，他就会指出他们那种文雅的态度与礼貌，同时感叹中国对此的遗忘。但是，父亲最爱好的中国精神是"谦逊"，他认为是中国文化最高贵的财富。他喜欢引老子的话："天下莫柔弱于水，而攻坚强者莫之能胜"。他对我们解释说：水总是往下流，一直到和大海融合为止。他也谈到高山是山脚大、峰顶小。他看到儿女在印度文化中陶冶成长、能够阅读泰戈尔文学的原文（孟加拉文），十分高兴。同时他也觉得，我们应该学好中文，要能阅读中国古文，把自己的文化遗产继承起来。父亲有意识地把两个最大的儿子留在中国，希望他们完全接受中国教育①。我知道，这是个相当严酷的决定使得母亲心疼，她始终没能实现与七个儿女团圆的愿望。母亲毕生都在对儿女的想念与担心中度过。我自己变成母亲以后，才意识到母亲和父亲这样的理想主义者生活所作出的牺牲。像母亲一样，父亲晚年深深想念祖国。他为母亲建了新屋以后，在屋子北面刻上"望中楼"三个字。

我觉得父亲太过分热衷于事业了。建造中国学院已经是花了九牛二虎之力，当然也是不等闲的成就，但他退休以后并不适可而止，快到古稀之年又开始了另一个建造世界佛学苑的工程。他这次决定只靠私人捐款。他和母亲一同去香港与新加坡募款，只能是杯水车薪。但他意志坚决，不肯罢休。父亲年老，在菩提迦耶（Bodhgaya）无人照顾，有时一天只吃两个面饼和生洋葱。他的健康自然衰退。但他仍然要到菩提迦耶去工作。大哥谭中和大姐谭文想方设法让他住在德里却不成功。我想，他是命里注定要到菩提迦耶涅槃的。

父亲自信能活100岁来完成两大计划——建设世界佛学苑与开展印中比较研究。不料他于1983年在菩提迦耶安息了，享年85岁。

人越是高尚就越能看到别人的优点。泰戈尔那么敬仰、热爱中华文明正说明他的开阔与高尚的胸怀。但在他手下却并非人人如此。泰戈尔逝世以后圣地尼克坦的每况愈下是自然的。中国国民政府迁台以后，主

---

① 谭中按：我知道父亲在抗战时期并不是故意要把我和弟弟谭正留在中国，而是当时要把连我俩在内的四个孩子（还有母亲）带去印度有实际的困难。

掌中国学院的父亲失去财政接济。前面已经说过，他没有积蓄，因为他把钱都用到中国学院的发展上了。亲近泰戈尔的大多数人都很高尚，和父亲关系融洽，国际大学不断扩展，情况就不一样了。后来参加大学的某些同事趁着地区政治运动来欺凌父亲的善良。在那些西方国家留学的、往往趋炎附势的印度学者与一位没有西方教育背景的中国学者之间存在着互相了解的隔膜。他们对父亲的忠诚罔若无闻，因此父亲终生为国际大学做出的贡献与牺牲，在他们那里并没有得到应有的认可。[①] 但是，得到了印度领导人和国际大学广大师生的高度评价。

父亲去世这么多年，现在中印两国还有人记得他的事业使我感到慰籍。我想引《奥义书》*Upanishad* 的几句话作为本文结束：

"真理在诽谤中永生。
光明在黑暗中永生。
生命在死亡中永生。"

[①] 谭中按：据我所知，不止是父亲，许多为国际大学作过贡献并作出牺牲的人都被遗忘。可是，由于谭云山在圣地尼克坦留下了很深的脚印，中国学院变成中印交往的历史丰碑（差不多所有印度领袖到中国讲演与会谈时都会提到它），谭云山的事迹是永远流传于国际大学的。

谭云山满崽海外思亲[1]

谭 同

当我为纪念父亲谭云山诞辰百周年撰写此文集思时，记忆与感想在脑海中好似万马奔腾，反复思索该写些什么，最后决定写父母两老，因为母亲是父亲所有事业不可缺少的一部分。本文是从儿女的角度来看他俩，儿女们都是在两老的养育下成长而成熟起来的。

我想谈一件从来没人谈过的轶事。在一次中印之间的海上行程中，父亲于日出时在甲板上看到"佛心"漂在海上。等他去舱房把家人叫上来看，那"佛心"却已消失。大概是那件奇事决定了他从中国学院院长岗位退休以后的下一步事业。

他在60多岁想不靠政府而靠私人捐款、单枪匹马地到菩提迦耶（Bodhgaya）创建"世界佛学苑"，对任何理智的人来说，这无异于不戴氧气瓶攀登珠穆朗玛峰。但这不要紧，上苍的号召必须执行。对物理学家[2]来说，这正像爱因斯坦追求"Unified Field Theory/统一场论"，终生无所成就。

父亲性格沉静、谈吐温和、为人谦虚，从不对任何人发怒，一贯与人无争。他也很敏感，对谗言毁谤痛定思痛，不去与人针锋相对，而是不声不响回到书房，整天一言不发，甚至不吃饭。第二天又恢复平常。

---

① 本文英文由谭同1998年完稿于美国亨茨维尔，中文由谭中2011年9月译于美国芝加哥。

② 谭中按：这儿"物理学家"指作者自己。弟弟谭同（英文名Arjun Tan）是退休的美国亚拉巴马州农业机械大学（Alabama Agriculture and Mechanical University）物理教授。

人们熟知他和泰戈尔、甘地与尼赫鲁交好。但甘地对他一生影响最大,甚至超过泰戈尔。他心目中的甘地是人中之极,快成神了——事实上是人的神化。甘地访问圣地尼克坦时,父亲和他长谈,咨询一些深奥问题、寻求人生指南。他认为自己所有的疑团都能从甘地那儿得到答案。

由于甘地是在星期三首次访问圣地尼克坦,所以国际大学以星期三为每周休息日。父亲效法甘地,规定星期三为沉默日。后来,由于生活日益复杂、工作日益繁重,他不得不把沉默的时间缩短,先是午饭以后解除沉默,后来改到早饭以后。

他效法甘地完全素食却碍难实现。作为大家庭的家长,家里又有那么多发育期间的儿女,他懂得营养平衡的重要性。我在饭桌上总是坐在他旁边,我清楚地记得,家人敬他肉时,他总会发出怨声,似乎请求饶恕。他喜欢吃鸡蛋,因为甘地允许他把鸡蛋当作素食。

父亲是个成家的圣者。他清早起床,观看日出,做"太阳礼拜"(Surya Namaskar)的瑜伽体操。然后,他摘一篮花摆到他中国学院的书房的神桌上,然后焚香拜佛,然后回家在神桌面前再向佛祷告。家人有时和他一起祷告,但经常缺席。我总觉得他的第二次祷告是代表家人。傍晚,他做了瑜伽动作后又祷告。

父亲在中国学院有自己的图书馆,勤奋读书。他图书馆的书多半是哲学、宗教、历史书。我对他图书馆根本没有科技方面的书(只有一本关于人体和另一本关于热带医学的书)大为失望。他有全套《大英百科全书》,我们可以去查阅、求得知识与资料。他图书馆的书中有很多是著名印度教法师湿婆阿难(Swami Sivananda)在他喜马拉雅山脚的书院写的。湿婆阿难经常和父亲通讯,把所有著作都送给他。据我所知,他俩从未见过面。奥罗宾多(Aurobindo)的书院和摩诃菩提会(Mahabodhi Society)也经常寄出版物给他。

父亲既是建筑家、又是园艺家。除了中国学院以外,他又在中国学院旁边建了好几幢房子。就像泰戈尔在他的住所增建房屋与过道那样,父亲也在中国学院后边我家住宅增建房间(与泰戈尔住所的增建相比是极小规模的)。在园丁的帮助下,父亲在中国学院周围栽了成荫树、花树和篱笆,今天人们看到的都是他辛勤劳动的结果。

父亲生活俭朴,思想高尚。他吃得很少,一生从不抽烟,对世俗的财富视为浮云。他唯一的奢侈品是一块劳力士牌怀表以及好几枝派克钢笔。年轻时在新加坡，他喜欢到海畔消遣咏诗。老年在圣地尼克坦练习中文书法。

父亲从来乐观，对消极方面不与计较。当财政拮据或家人生病时，他毫无难色。他在危机面前从不恐惧。他的坚强信念是："一切都会好起来的"。大概是他对神力的信仰使他有这样的信念。

现在来谈母亲。父亲终生献身于促进中印关系的事业，母亲毕生支持父亲也等于间接献身于这一事业。她足以成为志愿在终身伙伴阴影下安度一生的典范。像父亲一样，她出生在中国湖南的一个有文化的家庭。她遇见父亲时是马来亚一所小学的校长。她也教过算术和自然科学。我对科学与数学的兴趣一定是继承了她的志趣。

母亲刻苦耐劳，把家务担当起来，养育了七个儿女，还要照顾父亲。她在圣地尼克坦那种缺乏福利条件的环境中起早摸黑。来访的客人不断增加，母亲得为他们提供食宿。我从未见过她休假，但他仍然向新加坡的中文报纸写文章。她也参加妇女会的活动，但后来妇女会停办了。

母亲和父亲性格大不相同。父亲是个甘地主义者，母亲认为泰戈尔是凡人更好的表率。父亲是理想主义者、带哲学气味，母亲崇实、脚踏实地。父亲相信勿药有喜、自我消疾，母亲笃信西医。父亲重祈祷，母亲重决断解难。两老虽各有所好，却相辅相成，使家庭圆满。

家中分工合作。家务劳苦全由母亲担待。她开辟菜园，四邻称道，经常向邻居与朋友送菜。她永远为人，从不为己。她的一生可用"牺牲"两字概括。

父母俩都爱护别人，却继承东方文化美德不显露于形色。两老都尽量兼爱所有儿女，望子成龙、望女成凤。父亲希望儿女在自己选择的职业中鹤立鸡群，母亲希望儿女立志造福人类。

当两老的两个最小儿子移民美国之际，母亲痛哭流涕不知何时能再见面。对父亲来说，那却是喜庆时刻。我以后才知道，当我们的飞机升空以后，父亲高高举手久久不垂，似乎保佑我们前程似锦。那一保佑至今萦绕我的心怀。

名人心中的谭云山

黄蓉

中国和印度不仅是邻居,而且还是数世纪以来的兄弟朋友,谭云山教授毕生奉献于跨文化的交流,他可歌可泣的惊人伟业和精神,给世人留下了深刻的印象。

重建金桥 中印纽带

中印两国交往源远流长,早在两汉时期就有中国人前去身毒(今印度)取经学习,张骞、法显、玄奘、义净等古代高人,在中印两国之间搭起了一座桥梁并打下了良好的基础。可到了近代,尽管中国与印度的交往不断,可少有人如古人般为取得真经不畏艰难,鞠躬尽瘁。中印两国之间的姐妹情谊如何能继续保持亲密无间的关系让人担忧。谭云山的出现,让中印两国之间的桥梁纽带又重新搭建了起来。季羡林曾高度赞扬谭云山所做的贡献,并认为他在历史的长河中扮演了非常重要的角色——建立友谊金桥的人:

真正从事继续构建中印友谊金桥的人,却不是太多,这样的人必须具备大勇气和大智慧,识见逾越侪背,目光超过常人。换句话说,就是这样的人决非常人,决非等闲之辈。如果用一个譬喻的话,就是我们常用的凤毛麟角。

世界上,在中国,有没有这样的人呢?有的,他就是谭云山先生。

谭云山

云山先生踏着法显、玄奘、义净等古代高僧大德的足迹，从事继承和促进中印两个伟大民族间的传统友谊，可以说是穷毕生之力。他确实没有像古代的那些舍身求法者那样，过象碛，泛鲸波；然而他走过的道路，也绝非总是平川大道。……他在这些伟大人物之间，在中印两国之间，重新构建了一座友谊的金桥，比以前的更加辉煌，更加灿烂，更有意义，更有价值，完全适合现代的情况和需要。①

季先生所言精到贴切，谭云山所建的金桥确非虚设，而是切切实实起到了维系两国之间友谊的作用。1927年，谭云山在新加坡与诺贝尔奖获得者拉宾德拉纳特·泰戈尔相识，泰戈尔邀请谭云山去印度国际大学任教。1933年，他开始在中国和印度筹备建立中印学会，旨在"研究中印学术，沟通中印文化，融洽中印感情，联合中印民族，创造人类和平，促进世界大同"。第二年，谭云山携泰戈尔的书信及《建设国际大学中国学院计划书》回中国，积极筹募建设费用。经过一年多的努力，谭云山携捐款与捐书回圣地尼克坦，受泰戈尔委托建造中国学院大楼。1937年4月14日，中国学院宣告成立，自此谭云山开始展开中印学术活动，并成立中国语言文学专业，招生开课。1940年，谭云山促成由太虚法师率领的中国佛教代表团访印，中国国民政府考试院院长戴季陶访印，1942年蒋介石访印，1957年周恩来总理参观中国学院等中印活动，从1938年到1967年退休期间，谭云山用尽自己所有力量，为中印两国领袖搭桥，为中印两国学者搭桥，那些年代中国和印度的友好交往离不开谭云山的努力。

1962年12月24日，中印边境战争刚结束，尼赫鲁在圣地尼克坦国际大学的年会上发表演讲，当时的尼赫鲁还很痛苦，但是看到台下观众席中如菩萨般端坐在地上的谭云山，他不由自主地表达了自己的真实感受："你们有中国学院，院长是位著名的中国学者（谭云山）。这是很好的，使你们经常记得你们在过去与现在都不会与中国文化、与中国的伟大为敌。"② 在那种非常时期说出这样的话是多么地难能可贵，尼赫鲁的

---

① 谭中编：《谭云山与中印文化交流》，香港中文大学，2008，第 xv 页。
② 见《尼赫鲁演讲集》，第4册，第27页。转引自《谭云山与中印文化交流》，谭中编，香港中文大学，2008，第194页。

话让谭云山热泪盈眶，也让我们感受到尼赫鲁对中国的友好，更重要的一方面是可清晰看到谭云山在尼赫鲁心中，在印度圣地尼克坦人民心中的地位是如此的高大。

事实上，不只是尼赫鲁，谭云山在其他印度领导人，乃至伟人心目中也是如此备受敬重和爱戴的，他在印度被看作是中国的代表。1938年4月10日，尼赫鲁写信给谭云山要他把印度全力支持中国抗战的信息转告中国人民。同年4月12日，泰戈尔致书蒋介石交给谭云山转交。4月23日，国大党主席鲍斯写信给谭云山转告国大党支持中国抗战的决议。这些事例可见谭云山在当时印度领袖心目中的重要地位。

同样，在中国领导人心中，他是中国对印的代表。1938年7月14日，谭云山向蒋介石委员长述职并转交泰戈尔信，报告印度各界支持中国抗战。1959年9月5日，谭云山拜会普拉萨德总统讨论中印关系。印度总统纳拉雅南为纪念谭云山诞辰100周年写下祝词："谭云山是印度、中国文化之间深刻而持久的纽带的化身"。此赞誉毫无过辞，谭云山作为纽带的化身影响"深刻而持久"，直至今日我们仍然分享着谭云山先生留给我们的文化珍馐和交流成果。

文化大使　现代玄奘

进入20世纪，在中印文化交流使者的中国人中，最重要者当推谭云山教授。谭云山在印度留待了50多年，正如于右任在《印度周游记》一书的题辞中所言，谭云山是"中印民族与中印文化之联络者"。虽然他不从政，但是在为加强中印两国文化之间的密切联系而奉献了大半人生，是中国第一位驻印"文化大使"[1]，是第一位"中印文化交流"名副其实的执行者。因此，众多学者称他为"现代玄奘"，因为"他为恢复中断了近千年的中印交流作出了贡献。"[2]

拿谭云山与玄奘相比，是因为他和玄奘之间有许多相似之处。

---

[1] 谭中编：《谭云山与中印文化交流》，香港中文大学，2008，第163页。

[2] V. G. Nair, *Professor Tan Yun－Shan and Cutural Relations between India and China: Commemoration Volume*, Indo－Asian Publication, 1958. Pix.

首先他们都是不畏艰难，求学异邦的好学之人。谭云山1924年为寻找救国之道，去南洋教书，以实现世界和平之伟大宏图。1927年，他在新加坡会见倾慕已久的泰戈尔，两人一见如故，结成忘年交，并受泰戈尔之邀抵达印度圣地尼克坦（寂乡）的国际大学，从此过上了艰难的异乡生活，尽管如此，心里却一直是美滋滋的，并如同玄奘一样受世人怀念。正如印度学者H.P.雷易所说："他牺牲了有利可图的生计，参加了伟大诗人泰戈尔所致的工作……加强喜马拉雅山的两个孪生子中国和印度之间的纽带。……所有汉学爱好者都将以感激的心情怀念他的贡献。"①

　　其次，他们都致力于佛学研究。玄奘取经学道，回国后翻译大量佛经，并建立了法相宗。谭云山在中国学院时也一直从事中印佛学的研究。中国学院成立后，他总是尽力向印度朋友介绍佛教在中国发展的情况，他还写下了《今日中国佛教》（*Buddhism in China Today*），《中国佛教的方方面面》（*Some Aspects of Chinese Buddhism*）等英文著作，表达自己对佛教思想的理解。晚年为了实现世界大同的思想，他坚持筹建菩提伽耶中华佛寺，尽管在他的有生之年未能建好此佛学苑，但直到圆寂那一刻他都还在佛寺里。

　　第三，两者都是文化使者，地位重要，都受到两国政界领导人的厚爱。还兼做使节工作，在促进中印关系上起了桥梁的作用。

　　然而，从谭云山的生平中可以看到，他所担任的不仅仅如此。"和玄奘的性质不一样，玄奘来到印度学习，并把所学到的财富和有利于他的国家的人民利益的哲学带回去。谭云山不仅吸取印度文化之泉，而且像一个仁慈和宽容的儒家学者，把印度当做第二故乡，定居在圣地尼克坦，向印度人传授中国的文化和文明精粹。"② 郁龙余教授把谭云山定位为"功比玄奘，德配鉴真"的人。这种说法既全面又贴切。因为谭云山还一直致力于促进中印佛教之间的交流文化活动和培养佛教研究人材的活动。"玄奘取经前后19年，在印度15年，他主要是'取'；而谭云山在印度前后五十多年，除了研究、学习之外，主要是传播中华文化，也就是

---

　　① ［印度］H.P.雷易：《中国学在印度》，载《中外关系史论丛》第3期，世界知识出版社，1991年，第246页。
　　② V. G. Nair, *Professor Tan Yun-Shan and Cutural Relations between India and China: Commemoration Volume*, Indo-Asian Publication, 1958. Pix.

'送'。……从某种意义上说,谭云山更像唐代鉴真和尚。鉴真和谭云山都尝尽了酸甜苦辣,而又无怨无悔,都终老在异国他乡。最后他们都以文化交流的辉煌业绩彪炳史册,其无量功德赢得后人的敬仰。所以,我认同谭云山"既是现代玄奘,又是现代鉴真。"①

"送"出的第一个是在印度创建了中国学院。中国学院一直是泰戈尔的梦想,可以说构思是泰戈尔的,但实际的建造者却是谭云山,"如果把泰戈尔比做指路标,那谭云山教授就是筑路工,为中印文化铺路架桥,斩除了中印文化交流道路上数世纪以来丛生的荆棘杂草。我们也可以把泰戈尔比做导师,把谭云山比做高足。他俩组成了最理想的工作队,建造了文化交流的大厦——国际大学中国学院。"② 从书写计划书、筹款、募捐到兴建图书馆、宿舍等,每一个细微末节谭云山都呕心沥血,力求做到完美。特别值得骄傲的是,这里的图书馆是储藏着大量珍本、文献以及其它资料的中印学宝库,里面的中国佛典资料,是其它印度地区所无法比拟的。这些研究资料都是谭云山费尽心思,不辞辛劳,不远万里从中国搬到印度的。原本谭云山是打算把这些书译为梵文的,不过"这工作可能要几百年才能完成,因为圣地尼克坦中国学院收藏的佛经是如此浩繁",③ 但这些书却成了后来印度学者研究佛经的宝贵财富。

"送"出的第二个是培养了一批又一批的汉学家和印度学家。谭云山在担任国际大学中国学院院长的日子里,传道授业解惑,不仅教授汉语、汉文化,还充当了中印学术交流的枢纽站。这里曾兴起过汉语热,还吸引了不少印度梵文学家前来工作,其中著名的有历史学家师觉月(P. C. Bagchi)。他是印度少有的能利用中文资料研究中印交流史的专家,1945 - 1947 年间他曾接受中国政府文化奖学金在中国学院担任高级研究员和研究主任,后来派往北京大学担任访问教授。另一位是闻名印度的梵文与巴利文大师巴帕提(P. V. Bapat),他同样获得中国政府文化奖学金,曾在谭云山回中国时代理院长一职。1956 年,尼赫鲁总理在德里大学开办佛学系,巴帕提是第一位佛学教授和系主任。两位大师都和中国

---

① 郁龙余:《梵典与华章》,宁夏人民出版社,2004 年,第 465 页。
② 谭中编:《谭云山与中印文化交流》,香港中文大学,2008,第 163 页。
③ V. G. Nair, *Professor Tan Yun - Shan and Cutural Relations between India and China: Commemoration Volume*, Indo - Asian Publication, 1958. p2

学院有着不可分割的联系，从某种程度上看，中国学院对印度学者的佛教研究起着推动作用。

"送"出的第三个是交流的平台。把印度学者送去中国，例如，1943－1945年，辛哈先生（Mr. Krishna Kinkar Sinha）被谭云山介绍到中国昆明东方语文学院教印地语，这也是有史以来第一位来中国教印度语言的印度学者。除了送印度学者到中国，谭云山最重要的贡献是为印度人民传播中国先进文化提供了良好的平台。太虚法师、徐悲鸿等人的到访，对当时的印度产生了不小的影响，徐悲鸿在国际大学和加尔各答举办画展，泰戈尔还亲自写序，热情称赞其绘画艺术。

1958年10月2日，印度副总统S. Radhakrishnan致信给V. G. Nair出版的 *Professor Tan Yun – Shan and Cutural Relations between India and China*：*Commemoration Volume*（Indo – Asian Publication，1958）一书写道："谭云山教授毕生奉献于跨文化的交流。中国和印度不仅是邻居，而且还是数世纪以来的朋友，我们应该为增进两国的友谊而做贡献。"不管是"取"，还是"送"，谭云山作为中印两国的文化使者，既是玄奘又是鉴真，他给两国人民所留下的谭云山精神催人奋进。

爱国华侨　中国圣人

谭云山大半生一直在印度。他在中国人心里，是爱国华侨；在印度人心里，他是"中国圣人"。

作为爱国华侨，他始终以救国救民为己任。谭云山早年在新加坡、缅甸等地创办报纸，提倡新思想，在新加坡创办的《叻报》副刊《星光》，旨在"以小小的星光点燃黑暗寂寥的长夜"。后来，他响应泰戈尔世界大同的号召，跟随师尊泰翁创办学院以实现把圣地尼克坦作为世界大同的纽带，使东方智慧发扬光大。事实上，谭云山一生践行了他与泰戈尔不谋而合的大同思想。1930年11月，谭云山陪国民政府派赴西藏的特使谢国樑由仰光、经印度去西藏调解纠纷，解除误会。由于地势险要，路途艰辛，谢国樑特使因病殉职。谭云山不畏路途艰险，冒险前行，代谢国樑向十三世达赖喇嘛递交政府文件，并多次拜见达赖，成为达赖喇嘛坐上宾，避免了一场可能会发生的灾难。这种拯救世界的使命感不仅获得华侨的赞誉,而且还是大家所应该学习的榜样。

作为爱国华侨,他留印期间,始终不忘向国内传播印度最新发展状况,被誉为"我国近代以来第一位对印度了解最全面最深入的人,他的介绍很好地起到了帮助中国人民较多地了解印度的作用"。1931年,谭云山周游印度后,记下了一路见闻,把印度社会、民族、宗教等写成了《印度周游记》一书,为远在中国的人民了解那时的印度提供了详尽而准确的文本,很多现在成为印度学家的学者年轻时都有阅读过此书的记录和感言。中国著名印度学家王邦维曾回忆说"书很旧,竖排,纸已经发黄,看得出来,曾经被不少的人读过"。

作为爱国华侨,他始终心挂祖国,尤其是在抗战年代,谭云山所做的努力,不仅仅是笔头上的支持,而且还是实实在在地寻找外援"部队"。黄心川著文《缅怀中印友好与谭云山精神》称"谭云山是当代中印友好关系的奠基人,是中印文化交流的重要使者。他是构造当代中印友好大厦的设计师和建筑师。他以献身的精神和坚毅的努力,促进了中印两国人民之间的了解和友谊,加强了两国知识界、文化界的密切联系。特别值得一提的是,在中国人民反对日本帝国主义的危难时刻,他竭尽全力唤起印度各界人民对我抗战的支援。"[1] 1938年,国大党选派五名优秀医生援华抗日。谭云山回到国内,对他们给予种种帮助,还为他们取了中国名字,每位名字后面都加了一个"华"字。巴苏医生在1938年11月29日的日记中写道:"要是没有谭云山教授的不断关心与帮助,我们也许就完全脱离潮流了。"

谭云山在国际大学校园内被人尊称为"中国圣人"。印度前驻华大使任嘉德认为在印度如果要得到普遍崇敬的话不但要有杰出的头脑,而且还要时时为人表率,"谭并不是唯一在印度安家的中国人,在加尔各答和其他城市还有许许多多。但是在第二家乡——印度——能被人尊为圣人,他算是独一无二了。"[2]

谭云山之所以被称之为"中国圣人",首先由于他在印度被认为是中国人的代表。"在圣地尼克坦,认识谭云山的人都深怀敬意地叫他

---

[1] 谭中编:《谭云山与中印文化交流》,香港中文大学,2008,第177页。
[2] 谭中编:《谭云山与中印文化交流》,香港中文大学,2008,第196页。

"Tan Sahiba",意为谭先生、谭公、谭老。在当地印度人的心目中,谭云山是中国人的代表,是一位"中国圣人",从思想、言谈举止到服饰都是中国的。"① 他每天坚持练一种结合中国"八段锦"和印度瑜伽工夫的体操,穿的衣裳是自制的半中半印的款式,每逢周三是沉默日。从抗战胜利前后数十年间,凡是留学印度的中国人民或海外中国学者,几乎都曾受到过他的照顾,徐悲鸿在国际大学期间,吃住都在中国学院。印度人或政府凡遇到中国问题都会咨询谭云山,就连中文学科考试卷都找他审核。

其次,谭云山拥有大爱精神的"忍仙"形象深入人心。"忍仙"是谭云山的自号,也是他指导人生的准则,他的《中印箴铭》就写着"难行能行,难忍能忍;随缘不变,不变随缘"。谭云山的哲嗣在回忆父亲平凡伟大的一生时解释这个"忍"字说:"印度文化的影响使中文'忍'这个字起了字义的转化,使得它的字形和字义非常完美地结合起来形成一种'忍耐'的新文化。是这种'忍耐'的新文化给予中国广大的遭受过几千年天灾、人祸的老百姓一种惊人的忍耐毅力"。② 谭云山这种"忍仙"形象不仅激励着自己,也鼓励着身边的人。谭云山的大爱精神是被人称为"中国圣人"的根本内在原因。

这种大爱的精神离不开坚毅的魄力和矢志不渝的恒心,更离不开他心怀宏大的世界大同的信念。H. H. Shri Swami Sivananda's 说:"圣人谭云山教授属于这种博爱的人。他是中印两国间的桥梁,一个真正的使者。"③ 因为他始终把自己和圣地尼克坦连在一起,和印度人民一起,共患难,共享受。1943 – 1944 年,印度孟加拉大饥荒,死亡数百万人。宋庆龄、戴季陶等发起捐款。谭云山将这些善款捐给了加尔各答的印度大菩提协会机构,由他们去拯救饥民。

1983 年 2 月 22 日,印度总理英迪拉·甘地在悼念信中说谭云山:"是位伟大的学者,是崇高的文化人。泰戈尔师尊和我父亲(尼赫鲁)都敬爱他。他和圣地尼克坦心连心,对增进印度与中国两大文明之间的了

---

① 郁龙余:《梵典与华章》,宁夏人民出版社,2004 年,第 473 页。
② 谭中编:《谭云山与中印文化交流》,香港中文大学,2008,第 141 页。
③ V. G. Nair, *Professor Tan Yun – Shan and Cutural Relations between India and China: Commemoration Volume*, Indo – Asian Publication, 1958

解作了巨大的贡献"。英迪拉·甘地所言深刻地概括了谭云山在人们心目中的地位，无论是爱国华侨还是"中国圣人"，我们都将永远铭记这位重建中印金桥的"现代玄奘"。

谭云山对室利奥罗宾多思想的译释

朱 璇①

1939年11月，谭云山与其友、贝拿勒斯印度教大学（Banaras Hindu University）的哲学系主任及室利奥罗宾多学会（Sri Aurobindo Circle）主席 Sisir Kumar Mitra 教授同赴本地治理（Pondicherry），拜谒一代圣哲室利奥罗宾多（Sri Aurobindo，1872 – 1950）。② 关于这次会面，《母亲日志》（Mother's Agenda）记录了"母亲"③ 的这段回忆：1939年11月24日，一位来自圣蒂尼克坦的哲学家——谭云山来此"觐见"（darshan）④ 圣哲。"觐见"仪式始于1926年室利奥罗宾多得道隐退后，除院母外再不面见任何人，每年仅接受四次拜谒。时室利奥罗宾多修道院建立已近二十载，每到觐见之日，拜谒人群肃穆排成长队，静默上前致礼，又行礼而退，圣哲并不言语。当日拜谒后谭云山告诉"母亲"："中国是一个充满智慧的国家。中国人民一定能够理解室利奥罗宾多的著作，我想没有人能从硝烟弥漫中拯救世界。倘若以中国的智慧理解了圣哲思想，那将

---

① 北京大学外国语学院南亚学系2009级博士研究生，主要研究方向为印度宗教、哲学与文化。

② 室利，写作"Sri，在梵文通常表"崇高"，"富足"，"华美"，"智慧"，"吉祥"等。冠于名称则表尊敬，通常加之于神名或神圣之人。引徐梵澄：《南海新光》，室利奥罗宾多修道院国际教育中心华文组，1971年，第6页。

③ 法国人密那氏，于1914年定居本地治理，与室利奥罗宾多共创修道院并宣扬阿氏人类一统的理想，人称"母亲"（The Mother）。1926年阿氏退隐著述以后，一切院务皆由母亲办理。晚年筹建阿罗新城。

④ Darshan，印度教徒觐见神明、圣人与尊者，表达敬仰和信爱的一种方式。

是唯一的希望！"① 谭云山讲这番话甚为用心，他一向敬重"母亲"，将与"母亲"的交谈形容为与心灵至交的对话。据谭中回忆，父亲平日里胸前常佩戴印有"母亲"头像的小挂饰，圣蒂尼克坦每周的室利奥罗宾多诵读会父亲也欣然参与。在谭云山书房得神龛上，还贴着奥罗宾多的像片。

谭云山对室利奥罗宾多产生敬意并非偶然，谭云山本质上可谓精神性的人。在同行好友 Mitra 教授看来，谭云山不仅是位博学的学者，有着深厚的佛学造诣，亦虔诚地挚爱印度。谭云山称印度是自己的第二故乡，自己则是印度的朝圣者。在与圣哲会面之前，他已读过圣哲的著作，从朋友处了解了有关修道院的理想。他怀着一颗开放的心来到本地治理，待到返程时，已是思绪万千，一时间难以言表。他深受"母亲"一手打造的修道院氛围的感染，将一个少有条规戒律的修道院打理得井井有条，不啻表现在组织井然，更是人心纯良，宽松自由的气息无形中激发人内心深处为己修为、为众奉献的幸福感与使命感。同时，他亦深受室利奥罗宾多哲学思想的感悟，认为其精神实践哲学在人类精神领域中独一无二，圣哲本人强大的人格魅力与深邃的智慧之思无疑是人类思想的宝贵财富。这使得谭云山不禁感慨："中国从未被任何国家所折服，除了唯一的那次，她被伟大的佛陀折服。然而这次，她将会再次为另一位印度人所折服，这便是室利奥罗宾多。"②

作为印度现代三圣之一，室利奥罗宾多对印度近现代思想、政治和文化所产生的重要影响延续至今。他于 1872 年出生于印度加尔各答，早年在英国接受教育。21 岁回到印度，在孟买和巴罗达任职和任教，并秘密结社领导革命，事发入狱，一年始出。1910 年 38 岁的奥罗宾多移居本地治理，从此闭户修行，著书弘道，终身未出。在谭云山眼里，室利奥罗宾多不是印度常见的那种需要信众顶礼膜拜的"圣人"，他的身份，更多的是学者和作家，思想家和哲学家，师尊和教育家，革命家和瑜伽行者，更是一位伟大的古鲁③和精神导师。室利奥罗宾多的著述与思想，无

---

① Mother's Agenda, August 16th, 1969.

② Sisir Kumar Mitra: *Sri Aurobindo and His Asrama*, Sri Aurobindo Homage from Two Pilgrims, Sri Aurobindo Ashram Archives and Research Library, 1940, p6.

③ 古鲁 gu ru），祖师，宗师。

疑是将印度无数圣典中所弘扬的印度精神和文明，进行新一轮的伟大阐释。这种阐释非意义上的疏解，更是如室利奥罗宾多所言的哲人使命——对未来的启示，如同一盏明灯点亮印度母亲的心灵之光。

谭云山与圣哲奥罗宾多的缘分与泰戈尔有关。深受泰戈尔赏识的谭云山，作为圣诗终生的学生和朋友，对印度现代圣贤之间的情谊必是深有感悟的。许是同为诗人的关系，泰戈尔和室利奥罗宾多惺惺相惜，互相唱酬，室利奥罗宾多赞赏泰戈尔的精神诗歌意象纷呈①，泰戈尔盛赞室利奥罗宾多是真正的圣人（Rishi）与诗人的结合，② 并在1907年8月作《致奥罗宾陀》一诗献给圣哲奥罗宾多。泰戈尔曾回忆第一次见到室利奥罗宾多本人时的情形，发现"他的脸上有一种内在的光芒，他如此安详，使我切实地感觉到，他的灵魂未被专制的教条削弱和束缚。相反，他以简朴生活为乐。从他那里，我听到了来自远古修行者的声音，那份宁静遍入众生，给予人类灵魂以自由。我对他说，我们等待接受您的'话语'，印度将通过您而发声：请听我说啊。"③ 室利奥罗宾多虽对甘地闭门不见，但对泰戈尔的教育事业却从不吝惜赞誉之词。在印度的爱国运动如火如荼之际，室利奥罗宾多修道院与早两年建成的泰戈尔国际大学，无视战斗的喧嚣，在孟加拉湾西岸遥相呼应，致力于陶铸人类性灵的教育事业，似乎冥冥中有某种心灵上的相契。

印度对个人灵魂的一贯关注，对精神性的矢志追求，从古至今，激荡人心。在这个圣贤辈出的国度，圣哲奥罗宾多追寻先哲们足迹，将一个新的时代所生发的智慧汇入这条悠远绵延的文明长河中。1955年8月15日，为庆祝室利奥罗宾多84周年诞辰，贝拿勒斯印度教大学的室利奥罗宾多学会在通神学会（Theosophical Society）组织纪念会议。谭云山在会上提交名为《知觉性④的觉醒——室利奥罗宾多带给世界的启示》

---

① Sri Aurobindo：*Letters on Poetry and Art*, The Complete Works of Sri Aurobindo, Volume27, Sri Aurobindo Ashram Trust, 2004, p385.

② Tagore, R. N., A Letter of Nov. 30, 1919, 转引自 Asoka. K. Ganguli：*Sri Aurobindo's Savitri*, Sri Aurobindo Society, Pondicherry, 2002, p7.

③ Sri Aurobindo Birth Centenary souvenir, New Delhi, 1972–1973, p24.

④ Consciousness, 一般译为"意识"、"知觉"，徐梵澄将之译为"知觉性"，与通常意义上的"意识"区别开来，本文采纳这一译法。

(Awakening of Consciousness: Sri Aurobindo's Message to The World)① 一文，该文要点曾见诸报章，后由 Amrita Bazar Patrika 刊载全文。这篇文章也成为谭云山释读室利奥罗宾多思想的主要文本。

几十年过去，当笔者为研究室利奥罗宾多来到修道院查阅资料时，无意间发现了谭云山的这篇论文，读罢顿感哲思涌动、智门大开。众所周知，室利奥罗宾多思想精深广博，意涵丰硕，加之其论述风格磅礴且精微，似推宕飘忽，却又条分缕析，鞭辟入里。玄思者爱其高邈深远的思想意境，义理者好其纹络清晰的逻辑思辨。正因为此，印度不少专治阿氏之学者，视室利奥罗宾多为神明，视其著作为圣典，一头栽进汪洋恣肆的文海中，皓首穷经，沉迷于对字句的纠缠，难免令研究者深陷迷津。谭云山对室利奥罗宾多的释读，不是这样的路数，而是沿承其一贯的整体思维，少言精粹，点到为止。在《知觉性的觉醒》一文中，他以"知觉性"这一关键语汇作为切入点，文章不长，但直击要点，涉及印中思想的比较，突出两种文明的相通之处，不仅新意迭出，而且极富洞见。

对于像谭云山这样一位具有强烈开拓意识的思想者来说，立意论说皆有现实的指向意义，相较于词章考据、义理推敲，谭云山对文本背后的思想张力更感兴趣。他在文中指出室利奥罗宾多对世界的特别启示，即唤醒古老的知觉性。知觉性并非室利奥罗宾多首创，而是他对千百年来印度达磨（或法，dharma）和雅利安真理的重新发现。凡夫俗子之所以将人生视为苦难之旅，将世间变成充满仇恨、冲突和挣扎的竞技场，根因在于他们本初的知觉性受到了蒙蔽和阻滞。因此在这危机之际，重倡唤醒个人的知觉灵魂，不失为伟大、重要的启示。

"知觉性"（Consciousness），舶来之词，为室利奥罗宾多借用。这种借用不是拿来主义，而是将印度传统思想精华以提炼。不同于西方学者将"知觉性"等同于"意识"，认为是大脑的一种反应或心理机能的肤浅认识，"知觉性"在室利奥罗宾多看来首先必然是大梵的一相。在其构建的宇宙图景里，宏大的绝对者（不囿于梵或阿特曼等概念）包罗万象，万物既由其衍生，也终将复归于它。绝对者有"存在"（existence）、"知

---

① 该文由室利奥罗宾多修道院档案和研究馆（Sri Aurobindo Ashram Archives and Research Library）提供。

觉性·力量"（consciousness-force）、"福乐"（bliss）三权能或三相，知觉性作为存在的要核，以力量作为其表现方式。知觉性究竟为何物？并非我们的眼识能知见，因此"知觉性"之名仅为一种代称，而我们能见的或能推断的只有知觉性的表现方式——力量的运动。因而在我们的理解范畴中，万物的第一推动力似乎一虚空、一无有、一否定的存在，实际上那终究不是无中生有，而只是不为我们有限的知觉性所理解而已。正如谭云山所指出的，根据室利奥罗宾多所阐释的印度达磨或雅利安真理，知觉性实际上是由不同形式呈现、由不同名称表达的终极实在，其本质仍是宇宙的至高原则，与正理-胜论哲学中的"阿特曼"（Atma），数论瑜伽哲学所谓"神我"（Purusha）和吠檀多思想里的'梵'（Brahaman）并无二致。"知觉性"、"阿特曼"、"神我"、"梵"等称，虽异文别用，其要皆仍表本体，均意指初始的、遍在的、遍入的、无所不包的、意涵一切的、全知全能的终极实在。这一理解是非常精准的。

谭云山亦谈到室利奥罗宾多的精神进化论。精神进化论是室利奥罗宾多学说的亮点与基石之一，其内容是将精神运动分成下降和上升两个过程。上半圈是神圣知觉性向万物蔓衍与分有的过程。原本的绝对者或神圣精神性是自我护持、自我彰明的超上真实本体，唯有"超心思"（super-mind）的真理知觉性可以感知这一隐蔽、无限、光明之谜。但经由一现相上的堕退，神圣精神入乎了分化的个体心思存在，以此代替那纯粹、通彻、全然无分化的真理知觉性本体。这一跌落入下半圈，便堕入幽秘、喑哑的"无心知"。"无心知"是"超心知"的全盘遗忘和彻底遮蔽，实为"超心知"的另一名称或另一种形式，两者本质同一，并无他在。但在凡夫的心思中，"无心知"有如那遥不可及的"超心思"一般自我凝敛、自我隐藏、止息不动，为普通心思不可知。这便需要深藏于内的本体知觉性渐次外发，逐渐了悟外在现相无非是绝对者的自体表呈之相。但不论表呈现相如何纷繁，内质仍与绝对"太一"同一。这种外发式的演化也称为精神进化运动，本体从"物质"（matter）、"生命"（life）、"性灵"（psyche）"心思"（mind）渐次出现，到达以"超心思"为中介进入神圣有体。超心思是下降过程与上半圈中的工具和手段。在这一升降过程中，"知觉性"或准确称为"超心思"位列下降半圈，也是精神高级半圈的次高位阶。

在此需要说明的是，谭云山在文中所论述的重点不是"知觉性"的形而上意涵，而是室利奥罗宾多竭力在其论述中所谈的，感悟到个体内在精神的召唤，唤醒被沉睡、蒙蔽和阻滞的神圣知觉，驾驭意志对这一知觉性进行实践。这才是谭云山之所以称室利奥罗宾多之学为生活的实践哲学的原因所在。毫无疑问，知觉性纵然不可能与"梵"、"阿特曼"或"神我"完全等同，但谭云山注意到一点，位列次高位阶的知觉性，虽彰显于此，却并不被此位阶所局限，也并非不存在高于知觉性的其它真理。谭云山敏锐地注意到，"存在–知觉性·力–福乐"之所以被室利奥罗宾多视为进化阶序的最后三层，实为解释和理解的方便。

这一论断，可谓一语中的。我们知道，在奥义书中，"梵"的相为"识"（vijñāna）、"智"（prāj? ā）、"知"（cit）、"有"（存在，sat）、"喜乐"（ānanda），后吠檀多学者公认实有（有）、智识和喜乐为"梵"之三相，并将三者整理为一复合词"真–智–乐"（Sacidanandam）来定义梵。其中真即是智，智即是喜，喜即是真。室利奥罗宾多沿袭梵的"真–智–乐"三相，并与他自己的学说绝对者乃"存在–知觉性–福乐"之三位一体相比照，存在、知觉性、福乐均为梵之相。这样，不免令人心生疑窦，何以要将已定型的学理用语再度置换新词？谭云山便从为学之用的角度解答了这一疑惑。

室利奥罗宾多哲学不是要独创一个哲学体系，不是要以"存在–知觉性·力量–福乐"替代奥义书的"真–智–乐"，或为"梵"或"神我"另加一个名词来指称，而是试图由现代科学发现佐证，分条缕析"真–智–乐"在不同认识水平、理解层次上的相对意义，消解无所不包、无所不容的"梵"所带来的过于笼统和含糊的意蕴与日渐空泛抽象的理论基础，在新的转折时期为古老学理注疏，为这瓶"旧酒"换置新瓶。因此，室利奥罗宾多将印度古老的知觉性与20世纪初西方兴起的心理学研究方法结合，将知觉性分解、细化成多个层次，适用于不同用途，从实践角度重塑知觉性的内涵。所以我们看到，室利奥罗宾多将知觉性细化到物质、生命、心思的各个层面，赋予每一层面独特的知觉性，这一做法沿袭印度吠檀多派重"智"的思维方式，一切认识皆来自智识的认识，知觉性正是智识的代名词，从低等的物质到次级生命，再到高级心思，每一层阶都表现出知觉性的智识不断进步的过程，只不过知觉性比智识的涵盖面更广，除了本能、理性、智识，亦包括潜意识、直觉、超意识等。因此，在室利奥罗宾多《神圣人生论》中引述的各种知觉性用语，如"生命知觉性"、"心思知觉性"、"高上心思知觉性"、"超心思知觉性"等不同的表达，用以描述知觉性于不同位阶的功能。这样的表述正如谭云山所理解的，为了论述的需要。同时，室利奥罗宾多选取每个人心灵中都存有的"心思"，将知觉性与心思联系起来。但这一"心思"不是通常意义上的意识、想法或感觉，而是一个原本实存的高级整体，下降分化到每一个个体心灵，并有待个体心灵的唤醒和挖掘，这便是连接上升半圈与下降半圈的中介——"超心思"的双重任务。超心思因原初的创造权能，上接神圣，下济个体，只是被个体心灵所隐蔽，但普通的心思仍分有超心思的因子。另一方面，超心思也是心思进化的理想和终极目的，个体心思需要进过修炼以期获得进化上升至超心思。

　　文章的另一亮点之处，便是谭云山发现室利奥罗宾多的知觉性进化诸要与佛教的八识的诸多相通之处。佛教瑜伽行派和法相宗讲眼识、耳识、鼻识、舌识、身识、意识、末那识和阿赖耶识等八类识。谭云山认为前五识是认识的感识工具，意识是全息观察的智慧，末那识是静敛之智慧，阿赖耶识有所藏义，则是"全景式智慧之镜"。虽然室利奥罗宾多的知觉性进化乃"明"与"无明"的两相呼应，不似法相宗八识的进阶次序，但作为认识工具的末那之识，不仅存在佛教思想当中，也多见于印度哲学各流派中，室利奥罗宾多对此曾略述一二。室利奥罗宾多认为，印度哲学里知觉性的第六识，也是唯一之识——"末那"，超越了眼、耳、鼻、舌、身五识。前五识虽是我们观察现象有效的手段，却难以查明真理，因为真理常常"逍乎识外"，非经验手段所能证明，但我们却在无形中能感知到自己的存在，感知着真实的自我觉识，其原因正是"直觉"在发生作用。直觉作为末那之识，属心思的一种，但以超心思为源头，于是直觉成为心思与超心思的共通者，相当于"高上心思"，同时连接无上的"明"与遍在的"无明"，根连原始隐秘的高上神秘，又作用于心思的无明之中，并将其知觉性本身隐藏在这种双向作用的行为当中：直觉一方面受"超心思的真理知觉性"分有，决定着低等半圈的一切运动，并将之与至上的"真理知觉性"相接，但同时也以其璀璨的黄金之幔，障覆了那更伟大的"真理"的面庞，使我们的心思不复得见。若

"高上心思"的直觉可比末那识,超心思则可大致理解为阿赖耶识了。

相异思想的理解,往往在比较中更易把握。于是谭云山谈中印思想里精神性的互通,并将知觉性与中国传统思想和佛教思想里的"性"、"心"、"德"等概念进行比较。"乾道变化,各正性命,保合大和,乃利贞"(《易经·乾》)中"性命"可分别释译为"神圣知觉性"(divine consciousness)和"生命"(life);"性相近也,习相远也"(《论语·阳货》)中的"性"亦有知觉性的本性之意;"天命之谓性,率性之谓道,修道之谓教"(《中庸》)中"天命之性"即自然的知觉性;而"人心惟危,道心惟微,惟精惟一,允执厥中。"(《书经》)中"道心"可与知觉性对译;"大学之道,在明明德,在亲民,在止于至善"(《大学》)中"德"有知觉性之意。而到陆王心学,"心"、"良知"成为知觉性的代名词。谭云山又将知觉性的特点归纳为孟子所谓的恻隐、羞恶、辞让、是非,其核心便是仁、义、礼、智。单从谭云山所择取的"性"、"心"二字来对比,若说"性"是有情生命体相对内隐稳定的固有本质,"心"似意念流转的活动表象,则"性"较接近室利奥罗宾多的无心知知觉性或无心知本体,"心"则与其所言心思知觉性对应。

谭云山推崇中印学,中印思想常常比较而谈,当谈到知觉性的觉醒时,他认识到这不仅是室利奥罗宾多对印度古老真理的再发现、再阐释,其实这也是中国人对古老的"道"的真理的再发现。中印思想共通互惠,这也是他一贯所认为的:"印度的根本思想'和爱','和'即'和平';'爱'即'仁爱'。因'和平'故重'亲善',不重'斗争'。因'仁爱',故重'慈悲',不主'残忍'。与中国的'亲亲而仁民,仁民而爱物'以及'道平行而不相悖,万物并育而不相害'思想大致相同。但印度的"和爱"思想,比较更来的切实,更来得彻底。"①

谭云山在室利奥罗宾多研习上,虽论述不多,但所谈仍是目前中国治阿氏之学的要旨。其后,徐梵澄著《陆王学述》,其目的也与之有关。徐梵澄认为世界上真正称得上精神哲学的,仅室利奥罗宾多一家,出自古希腊、罗马一系的西方哲学和中国哲学不是没有,而是需要重建。"重

---

① 谭云山:《印度丛谈》,申报月刊社,中华民国二十四年七月一日,第146-147页。

温陆、王,即是意在双摄近代哲学与宗教原理而重建中国的精神哲学。其所以异于纯粹思辨哲学者,则在乎躬行实践,内外交修,求其实证,即所谓'自得',态度仍是科学的,脱出了玄虚。终期于转化人生,改善个人与社会,那么,亦可谓此为实用精神哲学。"① 如此看来,徐梵澄为陆象山、王阳明正名、宣扬,即是受室利奥罗宾多的影响,而这种影响,从谭云山到徐梵澄,直至现代学者,从未间断过。毕竟,人类的心智永远是相通的、不断进步的。

---

① 《徐梵澄文集》(一),上海三联书店,华东师范大学出版社,2006年,第421页。

附：

知觉性的觉醒[1]
——室利奥罗宾多带给世界的启示

谭云山

圣地尼克坦（1957年）

我有机会受邀来到神圣恒河边的古老圣城贝拿勒斯（Benaras）参加会议，于我而言，不只深感荣幸，也感谢给予我的特别殊荣。我怀着期待和敬仰的心情参加这一庄严大会，纪念室利奥罗宾多（Sri Aurobindo）84周年诞辰。我也是朝圣者和追寻路上的旅者。

8月15日，不仅是印度和她的人民的大日子，也是全世界和人类的大日子。这一天之所以如此神圣，不仅因为84年前室利奥罗宾多这一伟大圣哲的诞生，其崇高的教导，稍加关注便能获得启发，成为生命的基础；而且在印度这个圣贤辈出的国度，从克里希那、佛陀、摩诃毗罗大雄到罗摩克里希南、圣诗泰戈尔、圣雄甘地和室利奥罗宾多，这一精神和道德的启示化为一股积极的力量，使独立共和国在8年前的这一天获得新生。先知与共和国诞生于同一天，这不是历史的巧合，而是如室利奥罗宾多曾断言的，乃是神圣的机缘。

室利奥罗宾多不是那种通常意义上的伟人或圣人，需要人民对其欢呼颂扬、顶礼膜拜。大多数人对室利奥罗宾多的认识是，他是一位学者和作家；思想家和哲学家；师尊和教育家；革命家和瑜伽行者，最重要的是一位伟大的古鲁或精神科学的伟大导师，他是印度思想的伟大阐释者。印度的精神和宗教、文化和文明，早已融入无数圣典当中。再一次

---

[1] 朱璇译。

的,室利奥罗宾多不是一位普通意义上的解说者或阐释者,而是一位性灵通透的人,知觉性的化身。他的诗属于另一层次,其诗作《莎维特丽》(Savitri)毫无疑问媲美印度古代圣典和史诗,如《薄伽梵歌》(Bhagavat Gita)、《摩诃婆罗多》(Mahabharata)与《罗摩衍那》(Ramayana)。他对《薄伽梵歌》的解读写成《薄伽梵歌论》(Essays On The Gita),是对《薄伽梵歌》最有见地的评论。他的另一巨著《神圣人生论》(The Life Divine)面向人类存在或万物存在,可谓精神思想的巅峰。

朋友们,很抱歉我无法向大家全面讲述有关室利奥罗宾多的生平和著作。如果你们想了解这位伟大的先知、哲人和圣人,关于他的人生、教导,他的诗歌、哲学,他的宗教、瑜伽,你们必须读读他的著作,以上我提到的三本只是其中重要的三本。除此以外,他还写有其它一些同样重要的作品,值得认真阅读和深思,如《印度文化的基础》(The Foundations of Indian Culture)、《瑜伽的基础》(Bases of Yoga)、《瑜伽之光》(Lights of Yoga)、《综合瑜伽论》(The Synthesis of Yoga)、《人类统一的理想》(The Ideal of Human Unity)、《人类循环论》(The Human Cycle)等。你们也许希望读一些由长期跟随圣哲左右的弟子们,如 Sri Nalinikanta Gupta、Sisir Kumar Mitra 等所著的有关室利奥罗宾多思想的评论。

幸运的是,在这里贝拿勒斯,你们见到践行室利奥罗宾多人生观的杰出代表,Sisir Kumar Mitra 博士。如你们所知,他不仅是一位有名的哲学教授,也是一位哲学家。他谙熟东西方哲学,是室利奥罗宾多哲学研究的专家。你们中的一部分人已读过他的两本关于室利奥罗宾多哲学的书。此外,他还能向你们具体讲述室利奥罗宾多的生平、著作、教导、瑜伽、哲学、诗歌等相关的内容,你们可向他请教。因此,我的难处也就由此解决了。在此,我会简短地讲讲室利奥罗宾多对世界的特别启示,然后主要将其思想与佛教和中国思想进行比较。

在我看来,室利奥罗宾多对世界的特别启示在于,对唯一且至上主旨的开启——知觉性的觉醒。在当今这个危机重重的时代,这一启示不失伟大、重要且当务之急。知觉性的觉醒并非室利奥罗宾多首创,它正是印度和印度人民对古老达磨(法)或雅利安真理的再发现。请容我这样说,它也是中国和中国人民对古老的"道"或普遍真理的再发现。室利奥罗宾多是传授这一至高启示或神圣启示的现代大师之一,他可谓神圣启示在当今时代或人类循环中的神圣使者或化身。

何为知觉性的觉醒？为便于理解，我们首先谈谈什么是知觉性。知觉性（consciousness）是英语表达，其意相当于梵文词汇里的"智"（chit），但不能完全等同，这便造成一些疑惑和误解。西方学者、哲学家和科学家对知觉性价值和真正实存的认知不同于东方，如西方心理学家所认为的知觉性，译为"意识"，认为其只是大脑的一种反应，或心灵的一个特点，因此他们常将心灵和意识相提并论。早期西方哲学中，阿瑟·阿瓦朗（Arthur Avalon）就指出，意识属心灵的有限的和个人的感觉，用于认识心灵的状态和过程，是摄入个人内心的某种感觉。即使到了近代，仍有将知觉性仅视为对大脑进行修正的功能的趋向。如今西方心理学家正逐渐认识到知觉性从深度和广度上都远甚于大脑的意识，但他们又局限在对不同于意识和无意识的下意识（subliminal）或潜意识（sub-consciousness）的发掘，并错误地将潜意识视为我们生理和精神上最重要的和积极的部分，远未达到超知觉性（super-consciousness），或最多也仅触及超意识的外层范限。

根据室利奥罗宾多所理解的印度达摩或雅利安真理，知觉性是表现于不同形式，并以不同名称加以表达的终极实在，它是宇宙真正的至高原则，是最初的遍在遍入，无所不包，意涵一切；或用另一种说法，是全知全能且无所不在。印度经典中对知觉性的首次表达，应为《梨俱吠陀》（Rig-Veda）中"Rita-Cit"一词，室利奥罗宾多将此解释为：存在本质（satyam）的知觉性，生物的有规律真理（ṛtam）和浩大的自我觉识（bṛhat），唯在其中这知觉性是可能的。① 在正理胜论哲学中，它是"阿特曼"（Atma），在数论瑜伽哲学里，它是"神我"（Purusha），在吠檀多中，它是"梵"（Brahaman）。

在室利奥罗宾多的进化论中，知觉性出现在次高阶层：物质（matter）、生命（life）、灵魂（psyche）、心思（mind）、超心思（super-mind）、福乐（bliss）、知觉性·力（consciousness-force）、存在（existence）。这并不意味着知觉性被定义或被局限于此，因我们已经知道，知

---

① Sri Aurobindo：*The Life Divine*，*The Complete Works of Sri Aurobindo*，Sri Aurobindo Ashram Trust，2005，P125.

附：知觉性的觉醒——室利奥罗宾多带给世界的启示

觉性是普适遍在和意涵一切的。仅因在此阶层上，它被完全彰显。世界上也并非不存在任何高于知觉性的原理，而只是在最后三个阶段，福乐、知觉性·力、存在是三位一体的整体，对应于以真（sat）、智（chit）、乐（ananda）为阶序的 Sachchidananda。我想，此三者被室利奥罗宾多视为进化阶序的最后三层，实为解释和理解的方便。实际上，室利奥罗宾多在《神圣人生论》中曾引述了一系列短语用以描述和阐释知觉性的功能。如：世间知觉性（earth-consciousness）①；现相的知觉性（phenomenal-consciousness）；生命知觉性（life-consciousness）；心思知觉性（mind-consciousness）；高上心思知觉性（overmind-consciousness）；心思知觉性（mental-consciousness）；高上心思的知觉性（overmental-consciousness）；超心思知觉性（supramental-consciousness）；精神的知觉性（spiritual-consciousness）；高等知觉性（higher-consciousness）；低等（lower-consciousness）；较大的知觉性（larger-consciousness）；较深的知觉性（deeper-consciousness）；表面知觉性（surface-consciousness）；不完善的知觉性（imperfect-consciousness）；半知觉性（half-consciousness）；完全的知觉性（integral-consciousness）；全般知觉性（complete-consciousness）；活动的知觉性（active-consciousness）；被动的知觉性（passive-consciousness）；自我知觉性（self-consciousness）；私我知觉性（ego-consciousness）；宇宙知觉性（cosmic-consciousness）；宇宙知觉性（universal-consciousness）；无限知觉性（infinite-consciousness）；玄秘知觉性（gnostic-consciousness）；神圣知觉性（divine-consciousness）；优胜的知觉性（superior-consciousness）；无上真理知觉性（supreme truth-consciousness）；超心思的真理知觉性（supramental truth-consciousness）等等，为了在不同语境下与不同的叙述情形相符合。在此我无法逐一详释，我建议你们读读室利奥罗宾多的作品，尤其是《神圣人生论》，并向 Sisir Kumar Mitra 教授求教，他堪称室利奥罗宾多哲学的百科全书。知觉性及其觉醒是阿氏哲学的核心。接下来，我想重点谈谈

---

① 徐梵澄将此译为"土地知觉性"，但其后将 earth-conditions；earth-nature，earth-experience，earth-existence 均译为"世间的"，更为贴近原文意思，故翻译为"世间知觉性"。以下名词的翻译均沿用徐梵澄在《神圣人生论》中的译法。

中国传统思想和佛教思想里的知觉性。

中国，与印度一样，不断发现、熏陶和阐释源自远古的知觉性概念和实存。对其的解读也随着时代的不同，流派的不同与日俱新。关于知觉性，有不同的表达方式，包括"性"、"心"、"明"、"道"、"德"、"理"等。在中国最早的经典《易经》（相当于中国的《梨俱吠陀》）卷一谈到至上的乾卦："乾道变化，各正性命，保合大和，乃利贞"；另一古老经典《书经》有言"人心惟危，道心惟微，惟精惟一，允执厥中。"这两段经典文献是先民们渴望了解的源本，也是历代硕学鸿儒不断研习的主旨。不论是圣贤孔子的直接或间接的教示，还是后来的儒学各派，无一不在全面、细致地阐释和解读这一主旨。如孔子所言"性相近也，习相远也"，儒学经典《大学》开篇所言"大学之道，在明明德，在亲民，在止于至善"，以及《中庸》中"天命之谓性，率性之谓道，修道之谓教"等。

在中国思想里，知觉性的特点和德性为何？特点乃孟子所谓"恻隐"、"羞恶"、"辞让"、"是非"。其德性正是"仁"、"义"、"礼"、"智"。孟子在中国文学和哲学史上的地位仅次于孔子。孟子曰："无恻隐之心，非人也；无羞恶之心，非人也；无辞让之心，非人也；无是非之心，非人也。恻隐之心，仁之端也；羞恶之心，义之端也；辞让之心，礼之端也；是非之心，智之端也。"

这些在中国经典中的启示、原则或训导由先哲们表述和宣扬，其后发展成一新的思想流派，即唐宋时代的新儒学。新儒学后来分化出两支，分别为理学与心学。在此谈谈这两学派的两位大师，宋代的陆象山与明代的王阳明。陆象山在《杂著》里曾言"宇宙便是吾心，吾心即是宇宙。东海有圣人出焉，此心同也，此理同也。西海有圣人出焉，此心同也，此理同也。南海北海有圣人出焉，此心同也，此理同也。千百世之上，至千百世之下，有圣人出焉，此心此理亦莫不同也。"王阳明亦有类似见解，他说："良知只是个是非之心"；"良知，心之本体，即所谓性善也"；"自己良知原与圣人一般，若体认得自己良知明白，即圣人气象不在圣人而在我矣"。

佛教，尤其是大乘佛教思想，不论在中国还是印度，谈此问题都十分彻底和详尽。他们根据自身及其宗派学理，运用不同的术语来界定知觉性。比较常见的诸如"菩提"、"真如"、"如来"、"如来藏"等，也常与另外两个普遍用词"心"与"性"连用，如"菩提心"、"佛性"、"法性"，在此无法一一释明。我只讲一个重要的学派——唯识宗，也称法相宗。在此宗派思想里，意识分成八类：眼识（eye or visual consciousness）、耳识（ear or auditory consciousness）、鼻识（nose or odour consciousness）、舌识（tongue or taste consciousness）、身识（body or touch consciousness）、意识（mind or sense-centre consciousness）、末那识（mana or thought-centre consciousness）、阿赖耶识（alaya or store consciousness）。其中阿赖耶识最为重要，亦称意识的种子——"种子识"，它同时也贮藏所有其它的意识。只有将这八识完全培养，直至彻底彰明、了悟并觉醒，才算获得完整的智慧。前五识是完成其所应做，第六意识是全息观察的智慧，第七末那识则是静敛之智慧，第八阿赖耶识堪为"全景式智慧之镜"，在其实存里映射、反观万物。这便构成佛的四重完美智慧。其后，又发展出第九识，即无垢识（amala or pure consciousness），密教还发展了"无量识"等。

尽管说得相当简短，我们看到中国、佛教和室利奥罗宾多思想中的知觉性意义为何。倘若知觉性一直存在，倘若世界唤醒了知觉性，则世界无忧矣。世界必可成为一个充满爱与和平、和谐共融、欢乐的世界。但不幸的是它并非如此。今天的世界上充斥了如此多的恐惧、邪恶、罪行、冲突、争执和挣扎，人的一生被视作漫长而痛苦的旅程，是什么造成了如此多的悲惨和丑恶？根因实则是知觉性被蒙蔽与阻滞，如同一面沾满尘土与污浊的镜子，人们的知觉性就被那沾满无知、仇恨、贪婪、愤怒、嫉妒、自负、自私的尘埃所覆盖。如何让这被遮蔽或被隐藏的知觉性彰显出来？我想最简单、最简易，也是唯一的办法便是回到根本，时时处处跟随室利奥罗宾多的教示，朝夕审视我们自己的知觉性，我们做过什么或将要做些什么。这其实也是基督耶稣的教示："你想要别人如何待你，你先如何待人"；也是克里希那神在《薄伽梵歌》中的教示："不要做给他人带来痛苦的事情"；也是儒家所说的"推己及人"、"己所不欲勿施于人"；也是佛陀所言"教己也教人，利己也利人"，这便是知觉性的觉醒，做任何事都依据知觉性。

这便是我所看到的室利奥罗宾多对世界的特别启示，这也是他的人类进化论的核心观点。近半个世纪以来,他对这一启示孜孜以求,无声却坚定地指导着人类进化的进程。今天他虽离开了我们,但他的精神性工作通过神圣母亲得以延续。如今神圣启示和进化论——我称之为"知觉性的觉醒",由我们尊敬的母亲在本地治理继续实践。在此,让我们共同祈祷神圣母亲与我们一起,见证室利奥罗宾多崇高理想的实现,神圣职能的完成,以及神圣启示传播到世界的每一个角落。

谭云山中印友谊馆及其学术功能

蔡 枫

本馆纪念"现代玄奘"谭云山,缅怀这位中印文化交流的杰出使者,以伟大的人格魅力和弘毅躬行,为中印友谊作出的卓越贡献。本馆藏品由谭云山后人及其友人与机构捐赠,在此深表谢忱。

深圳大学校长　章必功
二〇〇七年十二月十八日

2006年3月13日,谭中教授应邀访问深圳大学,代表谭云山后人将谭云山先生生前保留下的文件与物品捐赠给深圳大学。首批赠品包括印度领袖如尼赫鲁、甘地等人的签名或手书致谭云山的信件,筹备印度国际大学中国学院开幕式时泰戈尔与印度知名人士的通信,谭云山写给中国印度政府及社会人士的信件,谭云山的研究手稿和发表文章以及剪报等逾千件。从此,谭云山文献正式"安家"深圳大学;从此,深圳大学的印度学研究增添了一个新的方向。2006年4月,印度研究中心启动谭云山文献数据化工作,当时在深圳大学就读的李朗宁、蔡晶、朱璇和闵孝等研究生利用课余时间分批扫描谭云山文献,并将实物文献分类归档。这是一项需要极大耐心和热情的工作,前后进行了一年多的时间。尽管过程枯燥,但结果喜人。文献数字化的最大意义在于更好地保存文献原本,更方便研究者检索和查阅文献。

谭云山先生不仅为世人留下历史文献,还留下弥足珍贵的谭云山精神。我们有责任去弘扬这种伟大的精神。在受赠谭云山文献之后,印度研究中心主任郁龙余教授便着手筹备建设谭云山中印友谊馆。2007年夏天,经过努力,深圳大学校长办公室正式发文同意将图书馆北馆六楼西北边的一间大阅览室建成谭云山中印友谊馆。深圳被誉为设计之都,设计人才辈出,但印度研究中心最后决定让深圳大学美术系的毕业生陈嘉泽负责谭云山中印友谊馆的室内设计。嘉泽不负众望,不足半月就完成设计方案,不仅找准"印度美感",而且深刻理解了"沟通中印文化"的要义。他特别为谭云山中印友谊馆绘制了两幅壁画,一幅临摹印度阿旃陀石窟的《持花菩萨》,一幅临摹中国敦煌石窟的《以肉贸鸽》,这两幅皆以佛教为主题。如今,这两幅画已成为谭云山中印友谊馆的名画,几乎所有的来宾都喜欢在这两幅画前面留影。谭云山中印友谊馆的室内装饰工程于2007年10月动工,至2008年初竣工。

谭云山中印友谊馆的建设得到国内外学术界的关注和支持。获印度莲花奖的季羡林先生在耄耋之年为谭云山中印友谊馆题写馆名;台湾故宫博物馆研究员胡进杉先生赠送谭云山友谊馆《龙藏经》一套和亲自书写的《后汉书·西域传》六幅以及《波罗蜜多心经》(梵文书写)一幅;著名画家徐悲鸿之子,中国人民大学徐悲鸿艺术馆馆长徐庆平先生为谭云山中印友谊馆题赠"梵典华章 情意绵长"八字,印度著名汉学家师觉月教授的后人获悉谭云山中印友谊馆建立,特意从印度送来师觉月文献和物品,等等。中印文人学者的题赠与捐赠,丰富了谭云山中印友谊馆的馆藏,也丰富了中印友好的文化内涵。

2008年11月21日,谭云山中印友谊馆隆重开馆,时任印度驻广州领事馆总领事班浩然先生和章必功校长为谭云山中印友谊馆揭牌。谭家三代人与中印二十多位来宾共同见证这一历史时刻,共同书写中印友谊的新篇章。中国人民对外友好协会陈昊苏会长、印度西孟加拉邦邦长G·甘地先生、印度驻华大使拉奥琦女士等中印知名人士发来了贺信和贺词。下面摘录部分贺信,以飨读者。

(一) 中国人民对外友好协会陈昊苏会长的贺词

欣闻谭云山中印友谊馆开馆,我谨代表中国人民对外友好协会致以热烈的祝贺。

谭云山是近现代中印文化交流史上的重要人物。作为成就显赫的著名学者,他为构筑中印友谊的桥梁,传播中印文化相通的精神付出了毕生精力。在首届中国南亚论坛暨谭云山、师觉月诞辰110周年国际学术研讨会举办之际开启谭云山中印友谊馆,将对促进中印两国学术交流和增进中印友谊起到积极的作用。

祝愿贵馆不断完善,成为中印友好和文化交流的园地。

(二) 印度驻华大使拉奥琦女士的贺词

衷心祝愿深圳大学谭云山中印友谊馆开幕!

我们将永远怀念谭云山教授为印中两国文化交流所作的贡献。谭云山教授精心地研究、睿智地洞察印度和中国的文明交融,毕生致力于传播两国友谊的福音。这位圣提尼克坦国际大学的中国研究教授,在他的同仁和弟子们心中留下了难忘的印象。师尊罗宾德罗纳特?泰戈尔非常珍惜谭教授的情谊。谭教授无私工作,帮助师尊泰戈尔实现了建立中国学院的理想。这个学院后来得益于师觉月教授的贡献进一步发展。这些贤哲们的智慧熏陶和滋养了中国学院,使之成为现代印中文化和学术交流的基石。

今年,我们无比自豪地纪念谭云山师觉月两位教授诞辰110周年。2008年也是印度医疗队来华70周年。为纪念此事,两国成立了印中联合医疗组织。一月份10名印度医生来到中国,重踏印度医疗队当年的足迹,中国医生也将组团在年底访问印度。这仅仅是一个开始,但这一理念会影响深远。

我们和中国人民的友谊可以追溯到数千年以前。历史上,我们两国的友好关系举世无双。印度和中国是21世纪全面开放新景象的关键力量。作为人口大国,中印两国的人口加起来约占世界总和的40%。两国人民的友谊有助于整个世界的和平与发展。两国在高层互访、经贸联系、文教交流等双边关系的范围和内容上正蓬勃发展。印中双边关系不断增强,其潜力无限。

我们相信,谭云山和师觉月教授的卓越贡献及其永恒价值,是印中友谊的珍贵财富。值此机会,我再次向深圳大学对谭云山教授生平及著述的重视表示敬意!

（三） 印度西孟加拉邦邦长 G·甘地的贺信

敬爱的谭老师：

很荣幸收到您的信，请接受我的感激与问候。

您的信让我们回忆起，以往在已故总统纳拉亚南的崇高身影面前写作时的愉快时光。我高兴地知道：中国，特别在深圳大学，将纪念您父亲的生平事迹。我深信这将通过人员交往、学术交流以及文化互惠来重温我们对印中关系发展前途的信心。

愿师尊泰戈尔的芬芳遗风为节庆增光！

这些贺信和贺词真切表达了当代中印学者和政要对被誉为"现代玄奘"的谭云山先生的高度敬仰，也表达了中印人民对中印友谊的热诚祝福。诚如谭云山的长子谭中先生在答谢词中所言："把谭云山的名字和'中印友谊'连接在一起是纪念谭云山的最好方式。将来到谭馆参观的人们就会发现，谭云山毕生的心血都关注于中印友好事业。现在深圳大学的'谭云山中印友谊馆'不是'大雁塔'，却是可以和'大雁塔'比美的中印友好的象征，也是从玄奘和其他古代先贤所创立的'朝圣精神'的象征。"

谭云山中印友谊开馆之后，真正践行了谭云山先生为中国学院所定下的宗旨："研究中印学术，沟通中印文化，融洽中印感情，联合中印民族，创造人类和平，促进世界大同"。开馆当天下午便迎来了两场学术活动，一是深圳大学师生和15位来宾共同举行"泰戈尔·谭云山·国际大学与中印友谊"小型学术会议，就泰戈尔、谭云山与印度国际大学中国学院创建等话题，共叙中印友谊。二是，谭云山先生的小女婿A. Ramachandran先生，印度著名画家，印度莲花奖得主，在谭云山中印友谊馆接受《深圳特区报》的专访，而担任中文翻译的是谭中先生的夫人黄绮淑教授。

深圳大学谭云山中印友谊馆自开馆以来，发挥了重要的学术和文化功能。

首先是谭云山中印友谊馆馆藏谭中先生等中印友好人士赠与给深圳

大学的文献或物品。目前馆藏的文献和物品包括谭云山文献（近二千份）、师觉月文献、台北故宫博物馆赠送的文献、印度总理顾问契特（G. K. Chadha）教授2005年访问深圳大学时赠送的六件印度国家博物馆高仿真文物（一尊萨尔那特阿育王柱头、两尊犍陀罗佛像、一尊笈多佛像、两组佛传木雕）、印度驻广州领事馆赠送的一系列印地语文学读物、深圳大学印度研究中心的系列出版物、印度各个访问团和访问学者赠送给深圳大学印度研究中心的礼物，等等。

其次，谭云山中印友谊馆是中国印度学术文化交流的场所。自谭云山中印友谊馆建成以来，谭云山中印友谊馆接待中印友好人士数十次，包括印度政府官员如印度ICCR主席杰伦·辛格博士、印度ICCR办公室主任高尔先生、印度驻华大使苏杰生先生、印度跨党派资深政治家代表团、印度喀拉拉邦教育与文化部长访问团、印度驻广州领事馆总领事班浩然先生和潘迪先生等人的来访；国内外学者如来自印度访问学者墨普德教授、舒明经教授和夏尔玛教授等，来自法国的教授如朱新天教授、鲍思岱教授；来自美国的哥伦比亚大学和加州大学的博士研究生等人的访问。当然，也包括中国大陆、香港和台湾研究印度学的知名学者。谭云山中印友谊馆内设有办公室，访问学者可以在这里进行研究，畅谈学术。

再次，谭云山中印友谊馆是深圳大学学生认识印度历史、文化和艺术的窗口。谭云山中印友谊馆每周工作日对学生开放参观。谭云山中印友谊馆以图片形式展示谭云山先生为中印友谊奉献一生的伟大事迹。学生们从图片展览可以了解近代中印文化的交流情况、印度国际大学中国学院的创建历程和谭云山先生的学术成就，接受印度文化的熏陶。学生们还可以从从馆内陈列的各种雕刻、壁画、书法作品和印度工艺品，可以窥见印度古代艺术之一斑。翻阅馆藏的印度文化图书，则能进一步认识印度文化，深化对中印友谊的理解。深圳大学印度研究中心的研究人员在深圳大学开设《印度文化概论》《印度电影》《印度文学》等课程，谭云山中印友谊馆成为选修这些课程的学生的必访之地。

季羡林先生曾称谭云山先生是"构建中印友谊金桥的人"，"踏着法显、玄奘、义净等古代高僧大德的足迹，从事继承和促进中印两个伟大民族间的传统友谊"。今天，深圳大学建立谭云山中印友谊馆，其意义正在于鼓励青年一代，沿着法显、玄奘、义净和谭云山等前辈的足迹，续写梵典与华章的故事，追求"中印大同，和谐世界"的理想。

谭云山年表

1898 年	农历九月初五申时生于湖南省茶陵县下东乡长乐村。父亲谭洪谋，母亲肖氏。谭云山是最小的"满崽"（有两个哥哥、两个姐姐），深得父母宠爱。取名"启秀"。
1904 年	6 岁时父母去世，茶陵黄塘乡富人亲戚黄勿仁收养他为子，送他去私塾念书。
1910 年？	进茶陵第一高小念书，改名"谭绍书"。
1919–23 年	8 月进湖南长沙第一师范就读，改名"谭云山"。学习期间曾追随高班校友毛泽东，参加毛泽东创办的新民学会和新文化书社，响应毛泽东的号召而积极组织新文学社，编辑《湖南日报》星期日增刊《新文学》周刊。在毛泽东离开长沙之后，又创办了中兴学社，还担任过湖南全省学生总会主席。
1923–24 年	第一师范毕业以后，效法毛泽东进长沙船山书院深造。
1924 年	5 月下半月到汨罗江、武昌、九江、南京、杭州、广州等地游历。 6 月 27 日从广州坐船去香港出国。 7 月到达新加坡开始教书生涯，先在新加坡工商学校教书。
1925 年	一边在工商学校教书，一边从 10 月 9 日开始为新加坡《叻报》出版《星光》副刊。

1926 年	一边在工商学校教书，一边从 9 月开始为新加坡《新国民日报》出版《沙漠田》副刊。 10 月到马来亚的柔佛（Johor）州麻坡（Muar）市中华学校教书。湖南省湘阴县（现汨罗县）桃花镇两位新女性姐妹陈乃蔚和陈策笙从湖南到马来亚教书。
1927 年	从麻坡去丁加奴州首府瓜拉丁加奴的中华维新小学当教务主任/校长。 在新加坡会见印度大文豪泰戈尔，接受泰戈尔邀请去印度国际大学。 帮助马来亚华侨在马来亚的柔佛（Johor）州巴株巴辖/峇株吧辖（Batu Pahat）市的爱群学校开办女校，陈乃蔚担任首任校长，陈策笙担任教员，谭云山也帮忙教课。
1928 年	和湖南同乡陈乃蔚女士结婚， 去印度孟加拉邦圣地尼克坦参加泰戈尔的国际大学教书。
1929 年	4 月 18 日，长子谭中诞生于巴株巴辖。6、7 月间，夫人陈乃蔚和小姨陈策笙抱着两个多月的婴儿访问圣地尼克坦，泰戈尔把孟加拉名字 "Asoka/阿输迦" 赐给谭中。7 月陈乃蔚和妹妹仍带谭中回马来亚巴株巴辖。
1930 年	夏天，夫人陈乃蔚在马来亚接到从家乡迟来的恶耗（伯父共产党员陈子厚于 1927 年 "马日事变" 时牺牲，父亲陈子树于 1928 年白色恐怖避难时病死），五内俱焚，归心似箭。谭云山接到电报，立刻离开印度去新加坡。先安排妻儿乘船回国，自己应邀到缅甸仰光担任《兴商日报》主笔。 11 月，陪国民政府派赴西藏的特使谢国樑由仰光、经印度去西藏。12 月谢国樑在到达拉萨前死于旅途后，谭云山于 12 月 22 日晋见十三世达赖喇嘛并把国民政府信件递交，然后电报向国民政府请示。

1931 年	在拉萨为达赖喇嘛上宾。等候国民政府回电却是音讯全无。2月15日离开拉萨，3月22日抵达加尔各答。23日回圣地尼克坦国际大学。 4月陪同道阶法师游历印度佛教名胜。4月27在印度西部巴多利拜谒圣雄甘地并转交十三世达赖喇嘛写给甘地的信。 6月离开印度经过香港，22日抵达上海，30日到南京去向国民政府呈交入藏报告。 7月到湘阴县桃花镇与妻儿团聚。 年底到前长沙第一师范学校的老师兼"新民学会"同志、匡互生（达人）创办的上海江湾立达学园教书，开始穿梭于上海与南京之间，筹备成立中印学会。
1932 年	7月7日次子谭正诞生于湘阴县桃花镇，然后夫人陈乃蔚带领两个孩子到上海住进江湾立达学园的教员宿舍。
1933 年	5月8日，"圣雄"甘地为了解放贱民而绝食三周，谭云山在南京进行同情绝食。著名佛教领袖太虚法师于5月13日探望绝食中的谭云山，第二天又打电报给圣雄甘地劝他"进食"。 9月从南京写信告诉印度泰戈尔中印学会已经成立（中印学会在南京成立，中央研究院院长蔡元培任会长，谭云山具体负责会务，国民政府考试院长戴季陶是重要支柱）。
1934 年	4月回圣地尼克坦，在圣地尼克坦建立印度的中印学会由泰戈尔任主席。 10月携建设中国学院计划回国，向蔡元培与戴季陶等人汇报，并积极筹募捐款。 11月30日，三子谭立诞生于上海。
1935 年 8 月	泰戈尔收到南京中印学会寄出的支票3.17万卢比。 谭云山在中国买书和募书11万册开始寄往印度。
1936 年	携捐款与捐书回圣地尼克坦受泰戈尔托建造中国学院。 7月4日，第四个孩子、长女谭文诞生于长沙。

1937 年	中国学院建成。4月14日泰戈尔主持中国学院建立庆典,泰戈尔和谭云山在会上作了热情洋溢的讲话。 谭云山任国际大学中国学院院长开始展开中印学术活动。中国学院全部经费由谭云山向中国筹集。 11月23日,尼赫鲁写信给谭云山告知国大党开始抵制日货。 出版英文著作两种:《印度与中国的文化交流》(Cultural Interchange Between India and China)和《今日中国的佛教》(Buddhism in China Today)。
1938 年	4月10日尼赫鲁写信给谭云山要他把印度全力支持中国抗战的信息转告中国人民。 4月12日泰戈尔致书蒋介石交给谭云山转交。 4月23日国大党主席鲍斯写信给谭云山转告国大党支持中国抗战的决议。 6月,日本对长沙平民狂轰滥炸时向谭家在北门外新建的小楼丢下一枚炸弹,在偏离房屋20公尺左右的田中爆炸,房屋门窗都被震动破坏,夫人陈乃蔚和四个孩子受到惊吓。谭云山接到电报后就赶忙回国一方面向国民政府领导人汇报,另一方面安排家小从长沙向湘西安全地带撤退。 7月9日在汉口向蒋介石委员长递交泰戈尔信,报告印度各界支持中国抗战。 7月14日蒋介石从汉口寄信给泰戈尔感激他对中国抗战的支持。 8月,谭云山把夫人陈乃蔚和四个孩子送到湘乡谷水白鹭湾著名教育家罗辀重办的陶龛学校,然后返回印度圣地尼克坦。 出版英文著作《中国的宗教是什么》(What is Chinese Religion)
1939 年	回国把夫人陈乃蔚及第三个孩子谭立和第四个孩子谭文接到印度圣地尼克坦(谭中和谭正留在国内念书,托罗辀重先生照管)。 安排尼赫鲁访华。 8月18日,把尼赫鲁抵渝日期电告重庆。

1940 年	促成中国政府考试院院长戴季陶访印，并安排与陪同戴季陶与圣雄甘地见面。 促成并安排由太虚法师率领的中国佛教代表团访问印度。 8月5日，第五个孩子、次女谭元诞生于圣地尼克坦，泰戈尔为她取名"Chameli/嘉美丽"（"茉莉花"的意思）。
1942 年	2月中国元首、盟军东战场总司令蒋介石夫妇访问印度，蒋介石夫妇参观中国学院并捐款扩建。谭云山安排尼赫鲁在圣地尼克坦和蒋氏夫妇会面，双方从专列火车上一直到抵达加尔各答一路亲切会谈。会谈的结果是圣雄甘地写信给蒋介石保证在反英群众运动中不损害中国的抗日大业。 4月3日，第六个孩子、四子谭吉（印度名字"Aujit"）诞生于圣地尼克坦。 出版英文著作三种：《印度对中国文化的贡献》（*India's Contribution to Chinese Culture*），《印度的中国研究》（*Chinese Studies in India*），《我献身给师尊泰戈尔》（*My Dedication to Gurudeva Tagore*）。
1943 年	8月6日，第七个孩子、五子谭同（印度名字"Arjun"）诞生于圣地尼克坦。
1944 年	出版英文著作三种：《国际大学中国学院》（*The Visva - Bharati Cheena - Bhavana*），《现代中国》（*Modern China*），《中国、印度与第二次世界大战》（*China, India and the War*）。
1945 年	抗战胜利，谭云山回中国接受胜利勋章。
1947 年	8月携夫人陈乃蔚、小女谭元和满崽谭同回国，在湖南长沙创办大同学校。
1948 年	回圣地尼克坦继续工作，被中国政府任命为"文化专员"。 8月26日尼赫鲁总理写信给谭云山，祝贺他担任中国"文化专员"。

1949年	5月谭云山回中国把夫人和三个孩子谭元、谭吉（曾经送给好友丘太太，丘太太逝世后又接回家）和谭同接回印度。 出版英文著作三种：《印度与中国文化的精神》（The Spirit of Indian and Chinese Cultures），《世界大同与亚洲联合》（Great World Union and Union of Asia），《中印文化的"不害"精神》（Ahimsa in Sino-Indian Culture）。
1950年	1月26日应邀参加新德里印度共和国开国大典。29日在总统府拜谒普拉萨德总统。 写信给故人毛泽东主席，提出三点建议：（一）不要"一边倒"，（二）加强中印友好合作，（三）和平解决国共问题。 出版英文著作两种：《中印关系》（Sino-Indian Relationship），《通往和平之道》（Ways to Peace）。
1952年	出版英文著作：《中国语文及文学的历史》（The History of Chinese Language and Literature）。
1956年	应国务院邀请回中国观光，在北京与毛泽东主席、周恩来总理长谈。周总理接受谭云山建议访问国际大学并接受名誉学位。
1957年	1月，周恩来到圣地尼克坦接受国际大学荣誉学位，参观中国学院并捐款。 出版英文著作两种：《觉醒：圣哲奥罗宾多对世界的启示》（Awakening of Consciousness: Sri Aurobinto's Message to the World），《国际大学中国学院二十周年》（Twenty Years of Visva-Bharati Cheena-Bhavana）。
1958年	2月20日，谭云山和夫人在新德里拜会普拉萨德总统。
1959年	9月5日，谭云山再度拜会普拉萨德总统讨论中印关系。 9-12月应中国政府邀请回国观光，周恩来总理在北京数度接见讨论中印关系。
1960年	尼赫鲁总理在新德里国会办公室接见谭云山讨论中印关系，印度外交部副部长钱达在座。

1962年	12月24日，尼赫鲁总理在圣地尼克坦国际大学年会上演说，称赞国际大学有中国学院和谭云山这样的学者，宣布印度"在过去与现在都不会与中国文化，与中国的伟大为敌。"
1967年	谭云山从国际大学退休、仍住中国学院。
1973年	开始筹建世界佛学苑，到香港、新加坡募款。
1979年	12月接受国际大学最高荣誉学位。
1980年	3月4日，夫人陈乃蔚逝世于圣地尼克坦。
1983年	2月12日，谭云山逝世于菩提伽耶中华佛寺。 2月22日，印度总理英迪拉·甘地夫人吊唁说谭云山是"伟大的学者，是崇高的文化人"，"对增进印度和中国两大文明之间的了解作了巨大的贡献。"

后 记

2010年8月,北京大学召开"理解泰戈尔:新视野和新研究国际学术研讨会"。谭中先生给予了极大支持,不但与会发表演讲,还和王邦维教授一起,主编出版了《泰戈尔与中国》一书。此书中英文合璧出版,请印度著名诗人外交家拉奥琦(Nirupama Rao)写《前言》,收入了1998年经济学诺贝尔奖得主阿莫多尔·沈的《泰戈尔与中国》等著名学者的论文。会议开得十分圆满。

我回到深圳不久,收到谭中先生来信。他说在北京开会期间,中央编译出版的邓彤责编约他编写一本关于谭云山的书。随信附来编写大纲,撰稿人名单,希望我们给予支持。我很快回信,表示愿全力配合。原因主要有两条:第一,谭云山精神为我们时代所需要,而对谭云山其人其事,国内还鲜有人知。谭中的《谭云山与中印文化交流》一书,是首次介绍、评价他的专书。但此书在1998年出版于香港中文大学,内地难觅其踪影。应该有内地著名出版社出一本关于谭云山的新著。第二,谭云山中印友谊馆设在深圳大学。在谭云山研究上,我们具有资料上的便利。自从2008年谭云山中印友谊馆开馆以来,我们一直有一个愿望,编写一本《谭云山生平》。由于各种原因,这个工作尚未能正式启动。现在,有机会为一本新的谭云山专书出力,大有喜不自胜之感。

本来是帮谭中先生做事的,但是他非要我们添位主编、副主编。我们知道他是率直之人,也不便过多辞让,认真把工作做好才是。

此书作者的主体是谭云山的家人和亲戚,所以文字弥足珍贵。谭中是谭云山的长子,子承父业,蜚声海内外,这早已为人所知;黄绮淑,教授,谭云山长儿媳;谭文,副教授,谭云山长女;谭元,著名画家,谭云山二女；谭立，工程师，谭云山三子；谭同，谭云山幼子；胡玲玲，教授，谭中的表妹，其母陈莱笙一辈子支持谭云山、陈乃蔚夫妇的事业。

　　长女谭文已于 1998 年去世，《亲切回忆父亲谭云山》写于 1997 年，由谭中译成中文。谭立、谭元、谭同的文章，原文都是英文，均由谭中译成中文。谭中先生已经 83 岁，其他人也都年逾古稀。而且，所居之地，又在世界各地。所以能在这么短的时间内完成书稿，凭的是"难行能行"的精神，怀着抢救口传历史的责任心。不愧是谭云山的后人，实在让我们感动。出版社的约稿，谭中的毅然签约组稿，才促成这本著作的问世。《名人心中的谭云山》的作者黄蓉，是深圳大学印度研究中心的讲师，做了大量的编务工作。《谭云山对室利奥罗宾多思想的译释》的作者朱璇，是北京大学的博士研究生。她的文章，让我们真切地看到了谭云山高深、精妙的哲学造诣。《深圳大学〈谭云山中印友谊馆〉》的作者蔡枫，是深圳大学印度研究中心的讲师，北京大学的博士研究生。

　　从上述介绍中可以看出：谭云山既是一位家庭中的长者，又是一位中印现代关系史中的关键人物。没有谭云山，谭氏家史要重写。同样，没有谭云山，中印现代关系史也要重写。谭云山并不居于要津高位，为何在中印现代关系史上地位如此重要呢？这是值得中印学者深入研究的。

　　本书的作者，一部分人已入蔗境，一部分人正值韶华。通过这次合作，象征着谭云山研究的接力棒，正由老一辈人逐渐交到了年轻人的手中。这是十分令人欣慰的，谭云山研究后继有人。

　　最后，要感谢邓彤责编，她是一位博士后才女。2011 年 7 月，我出席文化部主办的"谭云山现象与 21 世纪中印文化交流——中印文化艺界高层论坛"时，就《谭云山》的编写出版一事和她交换意见。她给我的深刻印象是：敏锐、干练、真诚。此书的顺利出版，与她的辛勤努力是分不开的。在此，我要代表全体作者，向她致深深的敬意与谢忱。

郁龙余

2011－12－16

图书在版编目（CIP）数据

谭云山 / 谭中，郁龙余主编 . —北京：中央编译出版社，2012.8
（中印研究丛书）
ISBN 978-7-5117-1446-6

Ⅰ . ①谭…
Ⅱ . ①谭… ②郁…
Ⅲ . ①谭云山（1898—1983）– 生平事迹
Ⅳ . ① K825.46

中国版本图书馆 CIP 数据核字（2012）第 168264 号

谭云山

出 版 人	刘明清
出版统筹	邢艳琦
责任编辑	邓　彤
责任印制	尹　珺
出版发行	中央编译出版社
地　　址	北京西城区车公庄大街乙 5 号鸿儒大厦 B 座（100044）
电　　话	（010）52612345（总编室）　（010）52612352（编辑室）
	（010）66161011（团购部）　（010）52612332（网络销售）
	（010）66130345（发行部）　（010）66509618（读者服务部）
网　　址	www.cctphome.com
经　　销	全国新华书店
印　　刷	北京中印联印务有限公司
开　　本	787 毫米 × 960 毫米　1/16
字　　数	334 千字
印　　张	21.75
版　　次	2012 年 10 月第 1 版第 1 次印刷
定　　价	58.00 元

本社常年法律顾问：北京市吴栾赵阎律师事务所律师　闫军　梁勤
凡有印装质量问题，本社负责调换。电话：(010)66509618